J. M. Coetzee

Was ist ein Klassiker?

Essays // Aus dem Englischen
von Reinhild Böhnke

S. Fischer

Inhalt

Vorwort

Die Essays in diesem Buch stammen aus vier früheren Sammlungen und aus neueren verstreuten Arbeiten. Die Auswahl wurde im Hinblick auf ein deutsches Lesepublikum getroffen. Der früheste hier abgedruckte Text verdankt seine Entstehung einem dreijährigen Aufenthalt im Staat Texas während der späten 1960er Jahre. »Erinnerungen an Texas« ist ein Rückblick auf jene Jahre. Als Mittzwanziger war ich damals, als ich zur Universität von Texas kam, um mich – wie ich glaubte – auf eine Laufbahn als Sprach- und Literaturwissenschaftler vorzubereiten, für Eindrücke besonders empfänglich. Meine Jahre in Texas – Jahre, in denen auch der Vietnamkrieg und die damit einhergehenden Unruhen in den Vereinigten Staaten ihren Höhepunkt erreichten – hinterließen zweifelsfrei Spuren bei mir, wenn auch nicht genau die Spuren, die ich erwartet hätte.

1987 wurde mir im Rahmen der Jerusalemer Buchmesse der Buchpreis der Stadt Jerusalem verliehen. Die Jerusalemer Buchmesse ist den Erwartungen, die ihre Organisatoren einst mit ihr verknüpft hatten, nicht gerecht geworden, teilweise wegen der ständig wachsenden Isolation Israels. Meine Rede zur Preisverleihung beschäftigte sich nicht mit Israel, sondern mit der Situation in meinem Heimatland. Mitte der 1980er Jahre durchlebten die Südafrikaner eine Zeit der Verzweiflung: die Regierung von P. W. Botha schien sich einer Politik der Repression nach innen und einer militärischen Abenteuerpolitik nach außen verschrieben zu haben. Der Geist dieser Epoche spiegelt sich in meiner Rede.

Niemand konnte ahnen, dass schon in wenigen Jahren infolge des Zusammenbruchs der Sowjetunion und der damit einhergehenden geopolitischen Veränderungen die verfahrene Lage in Südafrika überwunden werden würde.

1988 veröffentlichte ich unter dem Titel *White Writing* eine Auswahl von Essays über südafrikanische Literatur, in denen ich mich nicht nur mit einzelnen Schriftstellern beschäftigte, sondern auch mit den Umbrüchen einer Kultur, die sich in einem Teil der Welt, wo das Schreiben aus dem Ausland importiert worden war, auf das geschriebene Wort gründete. »Müßiggang in Südafrika« stammt aus *White Writing* und greift eine der wichtigsten ideologischen Gegensätze auf, die der Kolonialismus zur Rechtfertigung seiner Handlungen benutzte: den Kontrast zwischen afrikanischer Trägheit und europäischem Fleiß.

Aus *Doubling the Point* (1992) habe ich einen Essay ausgewählt über das Bekennen oder Beichten und die Schwierigkeit eines wahren Bekenntnisses in einem Zeitalter, in dem es nicht mehr ausreicht, einem Priester, der den Heiligen Geist vertritt, zu beichten und von ihm losgesprochen zu werden, obwohl der Drang, die Seele zu reinigen, wahrscheinlich stark wie eh und je ist. In der Literatur des modernen Europa wird die Frage, wie man beichten soll, nirgends tief schürfender behandelt als in den Werken von Leo Tolstoi und F. M. Dostojewski, die beide Kenntnis vom Präzedenzfall des Jean-Jacques Rousseau hatten.

Franz Kafka ist ein Schriftsteller von rätselhafter Kraft, dessen Texte ich mit ehrfurchtsvoller Bewunderung lese, aber auch mit einem aufmerksamen Ohr für ihre Sprache. Je genauer ich die Erzählung »Der Bau« las, zuerst in englischer Übersetzung, dann im Original, desto mehr fesselte mich ihr Umgang mit Zeit. Die Beziehung zwischen der Uhrzeit, der gelebten Zeit und den Zeitverhältnissen, die im indoeuropäischen Verb mit seinen Markern für Tempus, Modus und Aspekt bzw. Aktionsart enthalten sind, ist schon seit langem ein wissenschaftliches Forschungsgebiet. In der Sprachtheorie des Gustave Guillaume und seiner Schüler habe ich das beste Rüstzeug für eine Erkundung der seltsamen Zeit-Welt von Kafkas Erzählung gefunden.

Eine lange fruchtbare Beziehung verbindet mich mit der *New York Review of Books* und ihrem Herausgeber Robert B. Silvers, eine Beziehung, die es mir ermöglichte, die Werke bedeutender Schriftsteller des zwanzigsten Jahrhunderts, darunter auch einiger aus dem deutschen Sprachraum, in Essays, die eher für den normalen, gebildeten Leser als für den Kenner gedacht sind, zu erkunden. Die in dieser Auswahl enthaltenen Essays über Robert Walser, Walter Benjamin und Robert Musil sind zuerst in der *New York Review* erschienen.

Die Essays über Desiderius Erasmus, Ossip Mandelstam und Zbigniew Herbert sowie der Essay »Anstoßnehmen« stammen aus *Giving Offence*, einem Buch über die Zensur, das ich 1996 veröffentlicht habe. Das Beleidigtsein ist in meinen Augen ein moralisch fragwürdiger Geisteszustand, den man hinterfragen, unterdrücken oder zurückweisen sollte, statt sich ihm hinzugeben. Obwohl die Götter des Olymps schnell beleidigt sind, kann ich mir das bei Sokrates nicht vorstellen. Die Zensurinstitution rechtfertigt ihre Existenz und ihre Handlungen auf verschiedene Weise. Eine ihrer Selbstrechtfertigungen lautet, dass sie die Gottheit, die Regierung und/oder die Allgemeinheit davor schützt, beleidigt zu werden. »Anstoßnehmen« ist eine Erkundung des Phänomens; andere Essays verfolgen das Schicksal einzelner Schriftsteller, die nicht nur die Zensur zu umgehen versuchten, sondern auch die heimtückischere Vergiftung ihres Schreibens durch das Verbot des Zensors.

Die zwei Jahrzehnte nach 1968 waren eine Zeit der Umwälzungen für westliche Universitäten, besonders in den geisteswissenschaftlichen Fakultäten. In den Vereinigten Staaten wurden weiße Schriftsteller, vor allem tote weiße Schriftsteller, misstrauisch betrachtet und von den Pflichtlektüre-Listen entfernt – zugunsten von Schriftstellerinnen und anderen bisher unterdrückten Gruppen von Schriftstellern. Der Prozess nannte sich Erneuerung des Kanons; in einem Land, dessen literarische Kultur im Lehrbetrieb am Leben erhalten wird, war es zu erwarten, dass man die Pflichtlektüre der Universität mit dem literarischen Kanon identifizierte. Auf die Frage, wie stabil der Kanon ist, geht der Essay »Was ist ein Klassiker?« ein, in dem ich mich der Vorstellung nähere, der Kanon sei ein Schauplatz unaufhörlicher Auseinandersetzung.

J. M. Coetzee

Was ist ein Klassiker? Ein Vortrag (1993)

I

Im Oktober 1944, als die alliierten Streitkräfte auf dem europäischen Festland kämpften und deutsche Raketen in London einschlugen, hielt der sechsundfünfzigjährige Thomas Stearns Eliot als Präsident der Vergil-Gesellschaft in London eine Ansprache. In seinem Vortrag erwähnt Eliot die Kriegsumstände nicht, abgesehen von einem einzigen Hinweis – versteckt, unaufdringlich, in bester britischer Art – auf »die Wechselfälle unserer Zeit«, die es ihm erschwert hätten, an die zur Vorbereitung benötigten Bücher zu kommen. So weist er die Zuhörer darauf hin, dass es eine Perspektive gibt, aus der betrachtet der Krieg nur ein – wenn auch heftiger – Schluckauf im Leben Europas ist.

Der Vortrag trug die Überschrift »Was ist ein Klassiker?«, und Eliot wollte mit ihm eine These erneut vorbringen und untermauern, die er schon seit langem vertrat: dass die westeuropäische Zivilisation eine Einheit darstellt, dass sie über die römische Kirche und das Heilige Römische Reich von Rom herkommt und dass ihr klassisches Hauptwerk daher das römische Epos sein muss, Vergils *Äneis*.[1] Jedes Mal, wenn diese These erneut vorgebracht wurde, war die Autorität des Mannes, durch den das geschah, in der Öffentlichkeit gewachsen, und 1944 konnte man von ihm sagen, er habe als Dichter, Dramatiker, Kritiker, Verleger und Feuilletonist eine beherrschende Stellung in der literarischen Landschaft Englands. Dieser Mann hatte London als Hauptstadt der englischsprachigen Welt ins Auge gefasst, und mit einer Bescheidenheit, hinter der sich rücksichtslose Zielstrebigkeit verbarg, hatte er sich ganz bewusst zur maßgebenden Stimme dieser Hauptstadt gemacht. Jetzt stritt er für Vergil als die herausragende Stimme der imperialen Metropole Rom, ein Rom, dessen überragende imperiale Bedeutung Vergil zu seiner Zeit kaum verstehen konnte.

»Was ist ein Klassiker?« gehört nicht zu Eliots besten Aufsätzen. Wenn er sein Publikum *de haut en bas* anredet, was er in den 20er Jahren des 20. Jahrhunderts so erfolgreich getan hatte, um der literarischen Welt Londons seine persönlichen Vorlieben aufzudrängen, klingt das inzwischen maniert. Die Prosa wirkt auch ein wenig müde. Dennoch ist der Text immer geistreich und – wenn man erst einmal seinen Hintergrund zu erforschen beginnt – schlüssiger, als es beim ersten Lesen den Anschein hat. Außerdem steht dahinter das Wissen, dass das Ende des Zweiten Weltkriegs eine neue kulturelle Ordnung mit sich bringen muss, mit neuen Möglichkeiten und neuen Gefahren. Was mir besonders aufgefallen ist, als ich in Vorbereitung des heutigen Vortrags Eliots Text noch einmal gelesen habe, war aber die Tatsache, dass Eliot an keiner Stelle etwas über sich als Amerikaner sagt, oder wenigstens über seine amerikanische Herkunft und von daher über den doch etwas seltsamen Blickwinkel, unter dem er einen europäischen Dichter vor einem europäischen Publikum würdigt.

Ich sage »europäisch«, aber natürlich ist selbst das Europäertum von Eliots britischem Publikum problematisch, und die Abstammung der englischen Literatur von der römischen Literatur gleichermaßen. Denn einer der Schriftsteller, die Eliot in Vorbereitung seines Vortrags noch einmal lesen wollte, aber nicht konnte, ist Sainte-Beuve, der in *seinen* Vorträgen Vergil zum »Dichter des gesamten klassisch-romanischen Sprachraums«, zum Dichter Frankreichs, Spaniens und Italiens, aber *nicht* ganz Europas erhob.[2] Eliots Vorhaben, eine Abstammung von Vergil zu beanspruchen, muss deshalb damit beginnen, für Vergil eine umfassende europäische Identität zu beanspruchen; und auch damit, England eine europäische Identität zuzuschreiben, die ihm manchmal nur ungern zugestanden wurde und zu der es sich nicht immer freudig bekannt hat.[3]

Statt im Einzelnen die Schritte nachzuvollziehen, die Eliot macht, um Vergils Rom mit dem England der 40er Jahre des 20.Jahrhunderts zu verbinden, möchte ich fragen, wie und warum Eliot selbst so weit Engländer wurde, dass ihm diese Frage wichtig war.[4]

Warum ist Eliot überhaupt Engländer »geworden«? Ich vermute, dass die Motive zunächst komplexer Natur waren: Teils spielte Anglophilie eine Rolle, teils Solidarität mit der englischen bürgerlichen Intelligenz, teils war es schützende Verkleidung, bei der eine gewisse Verärgerung über die amerikanische Rohheit eine Rolle gespielt haben könnte, teils wurde es als Parodie genutzt von einem Mann, der gern schauspielerte (als Engländer durchzugehen ist bestimmt eine der schwierigsten Rollen). Vermutlich war die innere Logik: zunächst Wohnsitz in London (lieber noch als in England), dann Etablierung in der Londoner Gesellschaft und danach die ganz spezifischen Überlegungen zur kulturellen Identität, die ihn schließlich dazu bewegten, eine europäische und *römische* Identität zu beanspruchen, der eine Londoner, eine englische und eine angloamerikanische Identität untergeordnet waren.[5]

1944 setzte er voll und ganz auf diese Identität. Eliot *war* Engländer, obwohl, zumindest seiner Meinung nach, ein römischer Engländer. Er hatte gerade einen Gedichtzyklus vollendet, in dem er seine Ahnen benannte und East Coker in Somersetshire, die Heimat der Elyots, für sich in Anspruch nahm. »Heimat ist dort, wo man anfängt«, schreibt er. »In meinem Anfang ist zugleich mein Ende.« »... was du besitzest ist, was dir nicht gehört« – oder andersherum: Was dir nicht gehört, besitzt du.[6] Jetzt bestand er nicht nur auf jenem Verwurzeltsein, das für sein Kulturverständnis so wichtig ist, sondern er hatte sich auch mit einer Geschichtstheorie ausgestattet, in der England und Amerika als Provinzen einer ewigen Metropole, nämlich Rom, definiert wurden.

Nun versteht man, wieso Eliot es 1944 nicht für notwendig hält, sich der Vergil-Gesellschaft als Außenseiter zu präsentieren, als Amerikaner, der zu Engländern spricht. Wie präsentiert er sich dann?

Für einen Dichter, der in seiner Glanzzeit so erfolgreich den Maßstab der Unpersönlichkeit in die Literaturkritik eingeführt hat, sind Eliots Gedichte erstaunlich persönlich, um nicht zu sagen autobiographisch.[7] Es überrascht also nicht, wenn wir bei der Lektüre des Vergil-Vortrags entdecken, dass er einen Subtext hat und dass dieser Subtext Eliot selbst betrifft. Die Eliot-Figur in diesem Vortrag ist nicht, wie man erwarten könnte, Vergil, sondern Äneas, der in typisch Eliotscher Manier verstanden oder sogar verwandelt wird in einen ziemlich müden Mann mittleren Alters, von dem gesagt wird: »An sich wäre Äneas lieber in Troja geblieben, aber er wird zum Landflüchtigen ... Sein Exil dient einem höheren Zweck, als er selber es wissen kann; einem Zweck jedoch, welchen er anerkennt.« »[M]itnichten das, was man unter Menschen sonst einen glücklichen oder erfolgreichen Mann nennt«: »Was ihm an Lohn zuteil wurde, war kaum mehr als ein schmaler Küstenstreif im neuen Land und eine politische Heirat, da er schon ein müder älterer Mann wurde: Seine Jugend eingescharrt ...« (WiK 243, 243, 246–47)

Bei der wichtigsten romantischen Episode in Äneas' Leben, der Beziehung zur Königin Dido, die mit Didos Selbstmord endet, geht Eliot weder auf die große Leidenschaft der Liebenden noch auf Didos Liebestod ein, sondern er hebt das »kultivierte« Betragen des Liebespaares bei seinem späteren Zusammentreffen in der Unterwelt hervor, und dazu die Tatsache, dass »Äneas sich selbst nicht verzeihen kann ..., obwohl er sich durchaus im Klaren ist, dass er sich mit seinem Handeln in Übereinstimmung mit dem Schicksal befunden ... hat« (WiK 234). Die Parallele der Geschichte dieser Liebenden, wie sie von Eliot wiedergegeben wird, zur Geschichte von Eliots unglücklicher erster Ehe ist kaum zu übersehen.[8]

Es hat meiner Meinung nach schon etwas Zwanghaftes, wie Eliot in diesem Vortrag und vor diesem Publikum die Äneas-Geschichte zur Allegorie des eigenen Lebens macht – und es ist das genaue Gegenteil von unpersönlich. Doch damit beschäftige ich mich hier nicht. Stattdessen möchte ich hervorheben, dass Eliot mit seiner Lesart der *Äneis* nicht nur diese Fabel vom Exil, wo dann eine Heimat gegründet wird (»In meinem Ende ist mein Beginn«), als Muster seiner eigenen Wanderung von Kontinent zu Kontinent verwendet – eine Wanderung, die ich genau deshalb nicht Odyssee nenne, weil es Eliot darum geht, die vom Schicksal bestimmte Laufbahn des Äneas höher zu schätzen als die müßigen und letztendlich kreisförmigen Wanderungen des Odysseus –, sondern auch das kulturelle Gewicht des Epos zur Rückenstärkung für sich nutzt.

In dem Palimpsest, den Eliot uns präsentiert, ist er, Eliot, nicht nur Vergils pflichtgetreuer *(pius)* Äneas, der den Kontinent seiner Geburt verlässt, um einen Brückenkopf in Europa zu schaffen (*Brückenkopf* ist ein Wort, das man im Oktober 1944 nicht benutzen konnte, ohne an die vor wenigen Monaten erfolgte Landung in der Normandie ebenso zu erinnern wie an die 1943 erfolgte Landung in Italien), sondern auch Äneas' Vergil. Wenn Äneas neu definiert wird als Eliot'scher Held, dann wird Vergil als ziemlich Eliot-ähnlicher »gelehrter Schriftsteller« definiert, dessen Aufgabe es nach Eliot war, »dass er in gewisser Hinsicht die lateinische Poesie umschrieb, dass er sie neu fasste« (Eliot bevorzugte für sich die Formel »Vervollkommnung des gemeinverbindlichen Stils«) (WiK 235, 229–30).

Natürlich würde ich Eliot verleumden, wenn ich den Eindruck erweckte, dass er sich 1944 auf einfältige Art zur Reinkarnation Vergils stilisieren wollte. Sein Geschichtsverständnis und seine Vorstellung vom Klassischen sind dafür viel zu anspruchsvoll. Für Eliot kann es nur einen Vergil geben, weil es nur einen Christus gibt, eine Kirche, ein Rom, eine abendländische christliche Zivilisation und einen Originalklassiker dieser römisch-christlichen Zivilisation. Während er nicht so weit geht, sich mit der so genannten adventistischen Interpretation der *Äneis* zu identifizieren – nämlich dass Vergil eine neue christliche Ära prophezeit –, lässt er dennoch die Tür offen für die Vermutung, dass Vergil von einer Macht, die größer war als er selbst, benutzt wurde für einen Zweck, der ihm nicht klar gewesen sein konnte – das heißt, dass er im größeren Zusammenhang der europäischen Geschichte vielleicht eine Rolle gespielt hat, die man prophetisch nennen könnte.[9]

Wenn man Eliots Vortrag als Eingeweihter liest, erscheint er als Versuch, die *Äneis* als Klassiker zu bestätigen, und das nicht einfach im Horaz'schen Sinne – als ein Buch, das eine lange Zeit überdauert hat *(est vetus atque probus, centum qui perfecit annos)* –, sondern im allegorischen Sinn: als ein Buch, das es aushält, wenn man eine Bedeutung für Eliots eigenes Zeitalter hineinliest. Zu dieser Bedeutung gehört nicht nur die Allegorie des Äneas als trauriger, lang-leidender verwitweter Held mittleren Alters, sondern auch der Vergil, der in den *Vier Quartetten* als ein Element des multiplen »toten Meisters« erscheint und mit dem Brandschutzwart Eliot in den Ruinen Londons spricht, der Dichter, ohne den – mehr noch als ohne Dante – Eliot nicht geworden wäre, was er ist. Wenn man den Vortrag als Außenstehender unter kritischem Vorzeichen liest, erscheint er als Versuch, einem radikal-konservativen politischen Programm für Europa eine gewisse historische Rückendeckung zu geben, einem Programm, das durch das kurz bevorstehende Ende der Kampfhandlungen und die Herausforderung des Wiederaufbaus möglich wurde. In groben Zügen wäre das ein Programm für ein Europa der Nationalstaaten, in dem alle Anstrengungen unternommen würden, die Menschen auf dem Land zu halten, in dem die jeweilige Nationalkultur gefördert würde und ein insgesamt christlicher Charakter erhalten bliebe – ja, ein Europa, in dem die katholische Kirche die wichtigste übernationale Organisation wäre.

Setzt man diese Lektüre als Außenstehender fort und sieht das Ganze auf persönlicher Ebene, doch immer noch kritisch, dann kann man den Vergil-Vortrag in ein jahrzehntelang von Eliot verfolgtes Programm einordnen, mit dem er die Nationalitätenfrage neu definieren wollte, damit er, Eliot, nicht an den Rand gedrängt werden konnte als kulturbeflissener Parvenü aus Amerika, der die Engländer und/oder die Europäer über ihr Erbe belehren und sie dazu bringen will, sich dessen würdig zu erweisen – ein Klischee, in das Eliots einstiger Mitarbeiter Ezra Pound nur allzu leicht verfiel. Auf einer allgemeineren Ebene ist der Vortrag ein Versuch, für die westeuropäische Christenheit – und ihre Einflussbereiche – eine kulturhistorische Einheit geltend zu machen, in deren Rahmen die Kulturen der einzelnen Nationen nur Teile eines größeren Ganzen darstellen.

Das ist nicht ganz das Programm, nach dem die neue Nordatlantische Ordnung, die nach dem Krieg entstehen sollte, handeln würde – die Dringlichkeit für deren Programm ergab sich aus Ereignissen, die Eliot 1944 nicht vorhersehen konnte –, es ist aber trotzdem durchaus damit vereinbar. Eliot irrte sich insofern, als er nicht voraussah, dass die neue Ordnung von Washington aus geführt werden würde, nicht von London und gewiss nicht von Rom aus. Hätte Eliot weiter vorausschauen können, dann wäre er selbstverständlich enttäuscht gewesen von der Richtung, in die sich Westeuropa tatsächlich entwickelte – hin zur

Wirtschaftsgemeinschaft, aber mehr noch zur kulturellen Gleichför-
migkeit.[10] Aus Eliots Vortrag von 1944 leite ich den beschriebenen Prozess ab,
den ich für sensationell halte: Wir erleben einen Schriftsteller beim Versuch, sich eine neue Identität zu *schaffen*, indem er diese Identität nicht
auf der Grundlage von Einwanderung, Niederlassung, Wohnsitz, Ein-
bürgerung, Kulturaneignung beansprucht, wie das andere tun, oder
nicht allein dadurch (weil Eliot mit der ihm eigenen Beharrlichkeit all
das auch tut), sondern indem er Nationalität so definiert, wie es ihm
günstig ist, und dann seine geballte kulturelle Macht dazu nutzt, die
Meinung der Gebildeten im Sinne dieser Definition zu beeinflussen.
Auch ordnet er den Nationalitätsbegriff einem bestimmten – in diesem
Fall katholisch geprägten – Internationalismus oder Kosmopolitismus
zu und erscheint dadurch dann nicht als Spätankömmling, sondern als
Wegbereiter, ja sogar als eine Art Prophet. Bei dieser Identitätsfindung
wird zudem eine neue und bisher nicht vermutete Herkunft geltend
gemacht – eine Abstammung weniger von den Eliots aus Neuengland
und/oder Somerset, als von Vergil und Dante, oder wenigstens eine
Ahnenlinie, bei der die Eliots ein exzentrischer Zweig der großen Vergil-
Dante-Linie sind.

»Born in a half savage country, out of date« (»Geboren in halb wildem
Land, und hintenan« [Übersetzung: Eva Hesse]), sagte Pound von seinem Hugh Selwyn Mauberley. Das Gefühl, unzeitgemäß zu sein, in eine
zu späte Epoche hineingeboren zu sein oder seine Zeit auf unnatürliche
Weise überlebt zu haben, findet sich überall in Eliots frühen Gedichten,
von »Prufrock« bis zu »Gerontion«. Der Versuch, dieses Gefühl oder dieses Schicksal zu verstehen, ja ihm Bedeutung zu verleihen, gehört zu
seiner Dichtung und zu seinem essayistischen Werk. Diese Erfahrung
machen recht viele Menschen aus den Kolonien – Eliot ordnet sie den
so genannten »Menschen aus der Provinz« zu –, besonders junge Menschen, die damit ringen, ihre ererbte Kultur mit ihrer täglichen Erfahrung in Einklang zu bringen.

Zu solchen jungen Leuten kommt die Hochkultur der Metropole
vielleicht in Form von eindringlichen Erlebnissen, die aber nicht auf
natürliche Weise in ihr Leben integriert werden können und die daher

anscheinend in einem transzendenten Bereich existieren. In extremen Fällen führt das dazu, dass sie ihrer Umgebung vorwerfen, sie werde der Kunst nicht gerecht, und sich in eine Kunstwelt zurückziehen. Das ist ein Provinz-Schicksal – Gustave Flaubert diagnostizierte es bei Emma Bovary und gab seiner Fallstudie den Untertitel *Mœurs de province* –, insbesondere aber ein koloniales Schicksal für jene Menschen in den Kolonien, die mit der Kultur des üblicherweise Mutterland genannten Landes, das aber in diesem Kontext Vaterland genannt zu werden verdiente, aufgewachsen sind.

Eliot war als Mensch und besonders als junger Mann offen für Erfahrungen, sowohl ästhetische als auch reale, und das ging so weit, dass er beeinflussbar und sogar verwundbar war. Seine Gedichte sind auf vielerlei Art eine Meditation über solche Erfahrungen und ein Ringen damit; während er sie in Poesie verwandelt, wandelt er sich zu einer neuen Persönlichkeit. Die Erfahrungen können vielleicht nicht religiöse Erfahrungen genannt werden, sie sind aber von der gleichen Art.

Es gibt viele Möglichkeiten, den Lebensentwurf eines Mannes wie Eliot zu begreifen. Zwei davon möchte ich herausgreifen. Die eine (weitgehendes Wohlwollen voraussetzende) Möglichkeit ist, diese transzendentalen Erlebnisse als Ursprung des Subjekts zu behandeln und den ganzen Rest des Lebens in ihrem Licht zu interpretieren. Das ist eine Herangehensweise, die den Ruf ernst nehmen würde, der von Vergil quer durch die Jahrhunderte zu Eliot zu dringen scheint. Sie würde die Selbststilisierung, die jener Ruf auslöst, als Teil einer gelebten poetischen Berufung sehen. Das heißt, sie würde Eliot weitgehend in seinem eigenen Rahmen verstehen, in dem Rahmen, den er für sich selbst wählte, als er die Tradition als eine Ordnung definierte, der man nicht entrinnen kann, in der man sich vielleicht einzurichten versucht, aber in der jedermanns Platz bestimmt ist und stets neu bestimmt wird durch aufeinander folgende Generationen – eine in der Tat völlig überpersönliche Ordnung.

Die andere (eine weitgehend kritische Haltung voraussetzende) Möglichkeit, Eliot zu verstehen, ist das soziokulturelle Herangehen, das ich eben skizziert habe: Danach erscheinen seine Bemühungen als das grundsätzlich magische Unternehmen eines Mannes, der die Welt um

sich – Amerika, Europa – lieber neu zu definieren versucht, als dass er
der Realität ins Auge sieht, der Realität seiner nicht gerade grandiosen
Position als ein Mann, dessen eng akademische, eurozentristische Bildung ihn für kaum etwas anderes vorbereitet hatte als für das Leben
eines Mandarins in einem der Elfenbeintürme Neuenglands.

II

Ich möchte diese alternativen Interpretationen – die transzendental-
poetische und die soziokulturelle – weiter verfolgen und sie näher an
unsere Zeit heranführen, indem ich einen autobiographischen Weg
beschreite, der methodologisch vielleicht gewagt ist, aber den Vorteil
hat, das Problem anschaulich zu machen.

Eines Sonntagnachmittags im Sommer 1955 – ich war damals fünfzehn Jahre alt – lungerte ich im Garten hinter unserem Haus in einem
Kapstadter Vorort herum und wusste nichts mit mir anzufangen, da
Langeweile in jenen Tagen das Hauptproblem meines Daseins war, als
ich plötzlich aus dem Nachbarhaus Musik vernahm. Solange die Musik
erklang, war ich wie gebannt, ich wagte kaum zu atmen. Diese Musik
sprach zu mir, wie Musik noch nie zu mir gesprochen hatte.

Was ich da hörte, war eine Aufnahme von Bachs *Wohltemperiertem
Klavier*, auf dem Cembalo gespielt. Den Titel erfuhr ich erst geraume
Zeit später, als ich vertrauter geworden war mit dem, was ich im Alter
von fünfzehn Jahren nur als »klassische Musik« kannte, der ich – wie es
bei Teenagern so üblich ist – etwas misstrauisch und sogar ablehnend
gegenüberstand. Das Haus nebenan war Durchgangsstation für studen-
tische Mieter; der Student/die Studentin, der/die jene Bachschallplatte
abgespielt hatte, musste wohl kurz darauf ausgezogen sein oder den
Gefallen an Bach verloren haben, denn ich hörte nichts Derartiges mehr,
obwohl ich die Ohren spitzte.

Ich komme nicht aus einer musikalischen Familie. In den Schulen,
die ich besuchte, wurde kein Musikunterricht angeboten, und ich hätte
ihn auch nicht genutzt, wenn er angeboten worden wäre: In den Kolonien galt klassische Musik als unmännlich. Ich kannte Chatschaturjans

Säbeltanz, die Ouvertüre zu Rossinis *Wilhelm Tell*, Rimski-Korsakows *Hummelflug* – auf diesem Niveau bewegte sich mein Musikverständnis. Bei uns zu Hause gab es kein Musikinstrument, keinen Plattenspieler. Im Radio war viel leicht verdauliche amerikanische Popmusik zu hören (George Melachrino und seine Silver Strings), aber sie machte keinen großen Eindruck auf mich.

Ich beschreibe damit bürgerliche Musikkultur der Eisenhowerzeit, wie man sie in den ehemaligen britischen Kolonien vorfand, Kolonien, die sehr rasch zu kulturellen Provinzen der Vereinigten Staaten wurden. Die so genannte klassische Komponente dieser Musikkultur war ja vielleicht europäischen Ursprungs, aber es war ein vom populären Orchester »Boston Pops« vermitteltes und in gewisser Weise instrumentiertes Europa.

Dann der Nachmittag im Garten und Bachs Musik – danach änderte sich alles. Ein Moment der Offenbarung, den ich nicht einen Eliot'schen Moment nennen will – das wäre eine Beleidigung für die Momente der Offenbarung, die in Eliots Dichtung gefeiert werden –, doch trotzdem für mein Leben von größter Bedeutung: Zum ersten Mal erfuhr ich die Macht *des Klassischen*.

Bei Bach ist nichts unklar, kein einzelner Schritt ist so wundersam, dass er nicht imitiert werden könnte. Doch wenn die Klangfolge in der Zeit verwirklicht wird, ist dieser Prozess ab einem bestimmten Moment nicht mehr eine bloße Verbindung von Einheiten; die Einheiten verknüpfen sich zu einem Gebilde höherer Ordnung – und das auf eine Weise, die ich nur mit einer Analogie als Inkarnation der Expositions-, Durchführungs- und Auflösungs-Idee beschreiben kann, die allgemeiner ist als Musik. Bach denkt in Musik. Musik denkt in Bach.

Die Offenbarung im Garten war ein Schlüsselerlebnis in meiner Entwicklung. Jetzt möchte ich diesen Moment erneut befragen, und dabei soll mir als Gerüst dienen, was ich über Eliot gesagt habe – insbesondere soll mir Eliot, der Mensch aus der Provinz, als Muster und Vertreter meiner selbst dienen. Ebenso sollen, mit einer gehörigen Portion Skepsis, die Fragen zur Sprache kommen, die von der zeitgenössischen Kulturwissenschaft in Bezug auf Kultur und kulturelle Ideale gestellt werden.

Die Frage, die ich mir stelle, ist – etwas vereinfacht – die: Kann ich in irgendeinem nicht floskelhaften Sinn sagen, dass der Geist Bachs zu mir gesprochen hat – über die Jahrhunderte und über die Ozeane hinweg – und mir gewisse Ideale gezeigt hat; oder bedeutete dieser Moment vielmehr, dass ich die europäische Hochkultur, und die Beherrschung der Chiffren dieser Kultur, symbolisch als einen Weg wählte, der mich aus meiner Klassenposition in der weißen südafrikanischen Gesellschaft herausführen würde, und schließlich auch heraus aus dem, was ich (wie verschwommen und verworren auch immer) damals als historische Sackgasse empfunden haben mag – einen Weg, der mich schließlich (wieder symbolisch) auf ein europäisches Podium bringen würde, von dem aus ich zu einem kosmopolitischen Publikum über Bach, T. S. Eliot und die Frage des Klassischen sprechen würde? Anders ausgedrückt: War diese Erfahrung wirklich das, als was ich sie begriff – eine objektive und in gewissem Sinn unpersönliche ästhetische Erfahrung, oder drückte sich in ihr eigentlich ein verschleiertes materielles Interesse aus?

Man würde sich etwas vormachen, wenn man glaubte, man könne eine solche Frage über sich selbst beantworten. Das soll nicht heißen, man dürfe sie nicht stellen; wenn man es aber tut, dann ordentlich, so klar und umfassend wie möglich. Ich versuche das nun, indem ich der Frage nachgehe, was ich mit der Aussage meinen könnte, das Klassische habe über die Jahrhunderte hinweg zu mir gesprochen.

In zwei von drei möglichen Bedeutungen ist Bach ein Klassiker der Musik. Bedeutung eins: Klassisch ist, was nicht an eine Zeit gebunden ist, was für folgende Jahrhunderte bedeutungsvoll bleibt, was »lebt«. Bedeutung zwei: Ein Teil der Bach'schen Musik gehört zu dem Repertoire, das ziemlich frei »klassisch« genannt wird, das heißt zum lebendigen Teil des europäischen Musikkanons. Viele Werke Bachs werden immer noch überall gespielt, wenn auch nicht besonders oft oder vor besonders zahlreichem Publikum. Die dritte Bedeutung des Klassischen trifft auf Bach nicht zu – er gehört nicht zur Renaissance der so genannten klassischen Werte in der europäischen Kunst, die im zweiten Viertel des 18. Jahrhunderts einsetzte.

Bach war nicht nur zu alt und zu altmodisch für die frühklassische Bewegung; seine geistigen Bindungen und seine ganze musikalische

Orientierung galten einer Welt, die allmählich aus dem Blickfeld entschwand. Nach der weit verbreiteten, romantisierten Darstellung verschwand Bach, der schon zu Lebzeiten und besonders in seinen späteren Jahren unbekannt genug war, nach seinem Tod völlig aus dem Gedächtnis der Öffentlichkeit und wurde erst ungefähr achtzig Jahre später wiederentdeckt, hauptsächlich durch den Enthusiasmus Felix Mendelssohn Bartholdys. Nach dieser weit verbreiteten Darstellung war Bach für mehrere Generationen kaum ein Klassiker: Er gehörte nicht zur Frühklassik, und er sprach noch dazu niemand über jene Generationen hinweg an. Seine Musik wurde nicht verlegt, sie wurde selten gespielt. Er gehörte zur Musikgeschichte, er war ein Name in der Fußnote eines Buches, das war alles.[11]

Diese unklassische Geschichte des Nicht-Verstehens, Vergessenwerdens und Verstummens (die vielleicht nicht exakt der wahren Geschichte entspricht, aber der Geschichte als einer der Schichten, die sich auf den historischen Tatsachen ablagern) möchte ich hervorheben, weil sie allzu leichtfertige Auffassungen vom Klassischen als dem Zeitlosen, als dem, was problemlos über alle Grenzen hinweg spricht, in Zweifel zieht. Der Klassiker Bach bildete sich historisch heraus, daran will ich erinnern, er wurde durch erkennbare historische Kräfte und in einem bestimmten historischen Kontext geschaffen. Erst wenn wir das anerkennen, sind wir in der Lage, die komplizierteren Fragen zu stellen: Was sind die Grenzen, wenn es sie gibt, für diese historische Relativierung des Klassischen? Was bleibt vom Klassischen, wenn nach seiner geschichtlichen Einordnung überhaupt etwas bleibt, das noch in Anspruch nehmen kann, über die Jahrhunderte hinweg zu uns zu sprechen?

1737, mitten in der dritten und letzten Schaffensphase, wurde Bach zum Gegenstand eines Artikels in einer führenden Musikzeitschrift. Der Artikel stammte von Johann Adolf Scheibe, einem ehemaligen Schüler Bachs. Scheibe äußerte sich darin folgendermaßen über Bach: »Dieser grosse Mann würde die Bewunderung gantzer Nationen seyn, wenn er mehr Annehmlichkeit hätte, und wenn er nicht seinen Stücken durch ein schwülstiges und verworrenes Wesen das Natürliche entzöge, und ihre Schönheit durch allzu große Kunst verdunkelte. ... Die Schwülstigkeit hat ... von dem natürlichen auf das künstliche, und von dem erhabenen auf das Dunkle geführet; und man bewundert ... die beschwerliche Arbeit und eine ausnehmende Mühe, die doch vergebens angewendet ist, weil sie wider die Natur streitet.«[12]

Scheibes Artikel war natürlich ein Angriff der Jugend auf das Alter, aber ebenso ein Manifest für eine neue Art von Musik, die sich auf die aufklärerischen Werte Gefühl und Vernunft berief und das hinter Bachs Musik stehende geistige (scholastische) Erbe wie auch das musikalische (polyphone) Erbe zurückwies. Indem Scheibe Melodie mehr schätzt als den Kontrapunkt, indem er Einheitlichkeit, Natürlichkeit, Klarheit und Annehmlichkeit der architektonischen Komplexität vorzieht und das Gefühl dem Intellekt, spricht er für das sich entwickelnde moderne Zeitalter und macht Bach, und mit Bach die ganze polyphone Tradition, zum letzten Atemzug des Mittelalters.

Scheibes Haltung mag polemisch sein, doch wenn wir uns daran erinnern, dass Haydn 1737 erst ein Kind von fünf Jahren war, und Mozart noch nicht geboren, müssen wir anerkennen, dass sein Gespür dafür, wohin sich die Geschichte bewegte, richtig war.[13] Scheibes Urteil war das Urteil des Zeitalters. In seinen letzten Jahren war Bach ein Mann von gestern. Die Reputation, die er hatte, gründete sich auf das, was er vor seinem vierzigsten Lebensjahr komponiert hatte.

Alles in allem haben wir es demnach weniger damit zu tun, dass Bachs Musik nach seinem Tod vergessen wurde, als damit, dass sie schon zu seinen Lebzeiten keine rechte öffentliche Aufmerksamkeit mehr erfuhr. Wenn also Bach vor seiner Wiederentdeckung ein Klassiker war, dann war er nicht nur ein unsichtbarer, sondern auch ein stummer Klassiker. Er war Zeichen auf Papier; er hatte keine gesellschaftliche Präsenz. Sein Werk war nicht nur nicht kanonisch, es war im öffentlichen Bewusstsein nicht vorhanden.

Wie wurde Bach nun zuteil, was ihm gebührte?

Das geschah nicht einfach und allein durch die Qualität der Musik, das muss gesagt sein, oder wenigstens nicht durch die Qualität dieser Musik, ehe sie entsprechend verpackt und präsentiert wurde. Der Name und die Musik Bachs mussten zuerst Teil einer Sache werden, und diese Sache war das deutsche Nationalgefühl, das sich als Reaktion auf Napoleon entwickelte, und die damit einhergehende Renaissance des Protestantismus. Die Gestalt Bachs wurde für die Unterstützung des deutschen Nationalgefühls und des Protestantismus instrumentalisiert; umgekehrt wurde Bach im Namen Deutschlands und des Protestantismus als Klassiker gestützt; und dem Ganzen kam die romantische Attacke gegen den Rationalismus zu Hilfe sowie die Begeisterung für die Musik als der Kunst, die unmittelbar von Herz zu Herzen spricht.

Das erste Buch über Bach, 1802 veröffentlicht, ist in dieser Hinsicht sehr aufschlussreich. Es hatte den Titel: *Über Johann Sebastian Bachs Leben, Kunst und Kunstwerke. Für patriotische Verehrer echter musikalischer Kunst.* In der Einleitung schreibt der Autor:»Die Werke, die uns Johann Sebastian Bach hinterlassen hat, sind ein unschätzbares National-Erbgut, dem kein anderes Volk etwas Ähnliches entgegensetzen kann.« Und er beendet sein Buch mit den Sätzen:»Und dieser Mann – der größte musikalische Dichter und der größte musikalische Declamator, den es je gegeben hat, und den es wahrscheinlich je geben wird – war ein Deutscher. Sey stolz auf ihn, Vaterland, sey auf ihn stolz, aber, sey auch seiner werth!«[14] Dieselbe Betonung des Deutschtums und sogar des Nordischen bei Bach finden wir in späteren Würdigungen. Die Gestalt und die Musik Bachs prägten das Bild Deutschlands und sogar das der so genannten germanischen Rasse mit.

Die Befreiung aus der Vergessenheit und der Aufstieg zu Ruhm kamen mit den oft beschriebenen Aufführungen der Matthäuspassion 1829 in Berlin, die Mendelssohn leitete. Aber zu behaupten, dass mit diesen Aufführungen Bach zu seinen eigenen Bedingungen in die Geschichte zurückkehrte, wäre naiv. Mendelssohn arrangierte Bachs Partitur nicht nur in Anbetracht der größeren Orchester- und Chorstärke, die ihm zur Verfügung stand, sondern auch in Anbetracht dessen, was kürzlich beim Berliner Publikum gut angekommen war, einem Publikum, das den romantischen Patriotismus von Webers *Freischütz* stürmisch begrüßt hatte. In Berlin verlangte man nach weiteren Aufführungen von Bachs Matthäuspassion. In Königsberg dagegen, der Stadt Kants und immer noch ein Zentrum des Rationalismus, fiel die Matthäuspassion durch, und die Musik wurde als»veralteter Trödel« kritisiert.[15]

Ich kritisiere Mendelssohns Aufführungen nicht dafür, dass sie nicht»den wahren Bach« brachten. Was ich sagen will, ist einfach und begrenzt: Die Berliner Aufführungen, ja die ganze Bach-Renaissance, waren stark historisch bedingt, auf eine Weise, die für die treibenden Kräfte dahinter meist nicht zu erkennen war. Außerdem können wir über unser eigenes Bach-Verständnis und unsere Aufführungspraxis – auch, und vielleicht besonders, wenn unsere Absichten von der reinsten, puristischsten Art sind – eines mit Sicherheit sagen: Beide sind in für uns nicht erkennbarer Weise historisch geprägt. Und dasselbe gilt für die Ansichten, die ich hier äußere.

Damit möchte ich nicht in eine hilflose Art von Relativismus zurückfallen. Der romantische Bach war zum Teil das Werk von Männern und Frauen, die auf eine ihnen nicht vertraute Musik mit einer Erschütterung reagierten, die dem Gefühl nicht unähnlich war, das mich 1955 in Südafrika ergriff, und zum anderen Teil das Produkt eines allgemeinen Gefühlstrends, der in Bach ein Medium fand, um sich auszudrücken. Viele Elemente jenes Gefühls – die ästhetische Emotionalität, der nationale Eifer – haben sich verflüchtigt, und wir bringen sie nicht mehr in unsere Aufführungen Bach'scher Werke ein. Seit Mendelssohns Zeit hat uns die Forschung einen anderen Bach beschert und uns in die Lage versetzt, bei Bach Züge zu entdecken, die für die Generation seiner Wiederentdecker nicht erkennbar waren, zum Beispiel die komplizierte lutherische Scholastik, unter deren Einfluss sein Schaffen stand.

Solche Erkenntnisse stellen einen wirklichen Fortschritt beim historischen Verständnis dar. Historisches Verständnis ist das Verstehen der Vergangenheit als gestaltende Kraft für die Gegenwart. Insoweit jene gestaltende Kraft in unserem Leben deutlich spürbar wird, ist historisches Verständnis Teil der Gegenwart. Unser historisches Sein ist Teil unserer Gegenwart. Diesen Teil unserer Gegenwart – nämlich den Teil, der zur Geschichte gehört – können wir nicht ganz verstehen, weil das von uns verlangen würde, dass wir uns nicht nur als Objekt historischer Kräfte, sondern auch als Subjekt unseres eigenen historischen Selbstverständnisses begreifen.

In diesem Zusammenhang stelle ich mir die Frage: Bin ich, zeitlich und als Persönlichkeit, weit genug entfernt von 1955, um meine erste Beziehung zum Klassischen – die eine Beziehung zu Bach ist – allmählich im historischen Sinn zu verstehen? Und was bedeutet die Behauptung, dass 1955 ein Klassiker zu mir sprach, wenn dem fragenden Ich bewusst ist, dass der Klassiker – vom Ich ganz zu schweigen – historisch bedingt ist? Wenn Bach für Mendelssohns Berliner Publikum 1829 eine Gelegenheit bot, Hoffnungen, Gefühle und eine Art Selbstbestätigung zu verkörpern und durch sein Andenken und die Wiederaufführung seiner Werke auszudrücken (heute können wir das erkennen, untersuchen, benennen, einordnen und sogar voraussagen, was daraus folgt), wozu bot dann Bach 1955 für einen Südafrikaner, und wozu bot insbesondere die Wahl Bachs als Klassiker, Gelegenheit? Wenn die Auffassung vom Klassischen als dem Zeitlosen untergraben wird von einer umfassend historischen Betrachtung der Bach-Rezeption, wird dann der Moment im Garten – ein Moment, wie ihn auch Eliot, zweifellos geheimnisvoller und stärker, erlebte und zu einigen seiner größten Dichtungen verarbeitete – ebenfalls untergraben? Können wir die Vorstellung, dass jemand über die Jahrhunderte hinweg zu einem spricht, heute nur noch als Selbstbetrug sehen?

Um diese Frage zu klären, die ich gern mit Nein beantworten möchte, und damit zu sehen, was von der Idee des Klassischen gerettet werden kann, möchte ich zu Bachs Geschichte zurückkehren, zu dem noch nicht erzählten Teil der Geschichte.

III

Eine einfache Frage: Wenn Bach ein so unbekannter Komponist war, wieso kannte dann Mendelssohn seine Musik?

Wenn wir genau verfolgen, wie es Bachs Musik nach seinem Tod ergangen ist, und uns dabei nicht um den Ruf des Komponisten kümmern, sondern um die Aufführungspraxis, wird allmählich offenbar, dass Bach, obwohl wenig beachtet, doch nicht ganz so vergessen war, wie uns die Geschichte seiner Wiederentdeckung glauben machen möchte. Zwanzig Jahre nach seinem Tod gab es in Berlin einen Kreis von Musikern, die seine Instrumentalstücke regelmäßig in privatem Rahmen, als eine Art auserlesener Freizeitbeschäftigung, aufführten. Der österreichische Gesandte in Preußen gehörte jahrelang zu diesem

Kreis und nahm bei seiner Abreise Bach-Noten mit nach Wien, wo er bei sich zu Hause Bach-Aufführungen organisierte. Mozart gehörte zu seinem Kreis; Mozart machte sich Abschriften von den Noten und studierte die *Kunst der Fuge* gründlich. Auch Haydn gehörte zu dem Kreis.

Es gab also eine begrenzte Bach-Tradition, die keine Bach-Renaissance war, einfach weil die Verbindung zu Bachs eigener Zeit bei professionellen Musikern und ernsthaften Laienmusikern nie abgerissen war, es gab sie in Berlin, und sie wurde nach Wien exportiert, obwohl sich das nicht in öffentlichen Aufführungen äußerte.

Und was die Chorwerke angeht, so war ein Großteil davon Berufsmusikern wie C. F. Zelter, Direktor der Berliner Singakademie, bekannt. Zelter war ein Freund von Mendelssohns Vater. In der Singakademie lernte der junge Felix Mendelssohn Bartholdy dann auch die Chorwerke kennen, ließ sich trotz der ablehnenden Haltung Zelters, der der Meinung war, die Passionen seien unaufführbar und nur für Spezialisten von Interesse, eine Kopie der *Matthäuspassion* anfertigen und stürzte sich in die Aufgabe, sie für eine Aufführung zu bearbeiten.

Ich sagte, *nur für Spezialisten (oder Berufsmusiker) von Interesse*. Das ist der Punkt, an dem die Parallelen zwischen Literatur und Musik, zwischen den literarischen Klassikern und den musikalischen Klassikern, allmählich enden und wo die Musikinstitutionen und die musikalische Praxis sich vielleicht als gesünder erweisen als die literarischen Institutionen und die literarische Praxis. Denn der Berufsstand der Musiker besitzt Möglichkeiten, etwas Geschätztes lebendig zu erhalten, die sich qualitativ von den Möglichkeiten literarischer Institutionen, aus dem Blickfeld geratene, aber geschätzte Autoren lebendig zu erhalten, unterscheiden.

Weil man, um Musiker zu werden, ob nun als Interpret oder als Schöpfer von Musik, nicht nur nach der Tradition des Westens, sondern auch nach anderen wichtigen Welt-Traditionen, eine lange Ausbildungs- und Lehrzeit nötig hat, weil diese Ausbildung naturgemäß wiederholtes Vorspielen, intensives Zuhören und praktische Kritik ebenso wie Auswendiglernen einschließt, weil sich eine Vielfalt von Aufführungsarten eingebürgert hat, vom Vorspiel vor dem Lehrer über das Vorspiel vor der

Klasse bis zu verschiedenen öffentlichen Aufführungen – aus allen diesen Gründen ist es möglich, Musik in Musikerkreisen lebendig und vital zu erhalten, während sie im öffentlichen Bewusstsein nicht existiert, nicht einmal bei gebildeten Leuten.

Wenn einem irgendetwas Vertrauen zum Status Bachs als Klassiker geben kann, dann der Prozess seiner Prüfung durch Berufsmusiker, den er durchlaufen hat. Dieser provinzielle religiöse Mystiker überlebte nicht nur die Aufklärung und ihre Hinwendung zur Rationalität und zur Metropole, sondern er überlebte auch etwas, was ein Todeskuss hätte sein können, nämlich seine Erhebung zum großen Sohn deutschen Bodens während der Bach-Renaissance im neunzehnten Jahrhundert. Und heute wird Bach jedes Mal, wenn ein Anfänger durch das erste Präludium der »48« stolpert, von neuem innerhalb des Musikerstandes geprüft. Darf ich sagen, das Klassische in der Musik ist, was diesen Prozess der alltäglichen Prüfung unbeschadet übersteht?

Als Prüf- und Überlebenskriterium gilt nicht einfach ein minimaler, pragmatischer Horaz'scher Maßstab (Horaz sagt sinngemäß, wenn ein Werk hundert Jahre nach seiner Entstehung immer noch präsent ist, dann muss es ein Klassiker sein). Es muss ein Kriterium sein, das ein gewisses Vertrauen in die Tradition des Prüfens ausdrückt, und ein Vertrauen darauf, dass Berufsmusiker nicht Generation für Generation Arbeit und Aufmerksamkeit für das Bewahren von Musikstücken aufwenden, deren Lebensfunktionen erloschen sind.

Dieses Vertrauen macht es mir möglich, zu dem autobiographischen Moment im Mittelpunkt dieses Vortrags und zu den von mir dazu vorgeschlagenen alternativen Interpretationen mit etwas mehr Optimismus zurückzukehren. Ich habe meine Reaktion auf Bach im Jahre 1955 daraufhin abgeklopft, ob sie wirklich eine Reaktion auf eine innere Qualität der Musik war und nicht eher eine symbolische Entscheidung meinerseits für die europäische Hochkultur als Weg aus einer gesellschaftlichen und historischen Sackgasse. Es ist von entscheidender Bedeutung für diese kritische Fragestellung, dass der Begriff *Bach* hier einfach als Substitut für die europäische Hochkultur dienen sollte, dass Bach oder der Begriff *Bach* keinen Wert an sich haben sollte – dass eigentlich die Vorstellung vom »Wert an sich« kritisch hinterfragt werden sollte.

Ich habe mich nicht auf eine idealistische Rechtfertigung des »Wertes an sich« berufen oder versucht, irgendeine Qualität, ein Wesen des Klassischen herauszuschälen, das alle Werke besitzen, die den Prozess der Prüfung überstehen, und hoffe, den Begriffen *Bach* und *das Klassische* damit ermöglicht zu haben, mit einem eigenen Wert hervorzutreten, auch wenn dieser Wert nur in erster Linie professionell und in zweiter Linie gesellschaftlich ist. Ob ich mit fünfzehn begriff, auf was ich mich da einließ, spielt hier keine Rolle: Bach ist eine Art Prüfstein, weil er der Überprüfung durch Hunderttausende vor mir, durch Hunderttausende Mitmenschen standgehalten hat.

Was bedeutet es praktisch, wenn man sagt, das Klassische ist das, was überlebt? Wie offenbart sich eine solche Vorstellung vom Klassischen im Leben der Menschen?

Um diese Frage möglichst ernsthaft zu beantworten, können wir nichts Besseres tun, als uns dem großen klassischen Dichter unserer Zeit, dem Polen Zbigniew Herbert, zuzuwenden. Für Herbert ist der Gegensatz zum Klassischen nicht das Romantische, sondern das Barbarische; mehr noch, das Klassische steht nicht so sehr im Gegensatz zum Barbarischen als vielmehr in Konfrontation mit ihm. Herbert schreibt aus der historischen Perspektive Polens, eines Landes mit einer bedrohten westlichen Kultur, das zwischen zwei zeitweilig barbarischen Nachbarn gefangen ist. Nicht weil es eine besondere Qualität besitzt, gelingt es dem Klassischen in Herberts Augen, den Angriffen der Barbarei zu widerstehen. Vielmehr: Was die schlimmste Barbarei übersteht, deshalb übersteht, weil Generationen von Menschen es sich einfach nicht leisten können, es aufzugeben, und daher um jeden Preis an ihm festhalten – das ist das Klassische.

Wir sind also bei einem gewissen Paradox angelangt. Das Klassische definiert sich dadurch, dass es überlebt. Deshalb gehört das Infragestellen des Klassischen, wie feindselig auch immer, notwendig zur Geschichte des Klassischen und muss sogar begrüßt werden. Denn solange das Klassische vor Angriffen geschützt werden muss, kann es sich nicht als klassisch beweisen.

Man könnte sogar noch weiter gehen und sagen, dass die Funktion der Kunstkritik vom Klassischen her definiert wird: Kritik ist das, was

pflichtgemäß das Klassische in Frage stellen muss. Damit kann die Be-
fürchtung, der Klassiker werde Kritik, die ihn zu entthronen versucht,
nicht überstehen, ins Gegenteil verkehrt werden: Statt der Feind des
Klassischen zu sein ist Kritik, ja, Kritik der schärfsten Art, vielleicht
das, was das Klassische braucht, um sich selbst zu definieren und sein
Überleben zu sichern. Kritik ist vielleicht in diesem Sinn ein listiges
Werkzeug der Geschichte.

Erinnerungen an Texas (1984)

Im September 1965 (das ist ein Essay, der keinen anderen Anfang haben kann) kam ich auf einem italienischen Schiff, früher als Truppentransporter genutzt, nun voll gestopft mit jungen Leuten aus dem Ausland, die in Amerika studieren wollten, im Hafen von New York an. Ich kam direkt aus England; ich war fünfundzwanzig, und mein Ziel war Austin, wo die Universität von Texas mir sage und schreibe 2.100 Dollar jährlich dafür geben wollte, dass ich die Studenten des Erstsemesters in Englisch unterrichtete und gleichzeitig weiterführende Studien betrieb.

In den Kolonien, wo ich letztlich herkam, hatte ich ein konventionelles Anglistikstudium absolviert. Das heißt, ich hatte gelernt, Chaucers Verse mit der richtigen Aussprache zu lesen und Handschriften aus der elisabethanischen Epoche zu entziffern; ich war mit dem Dichter des Poems »Pearl« und Thomas More und John Evelyn und vielen anderen literarischen Größen vertraut; ich konnte Literaturkritik »betreiben«, obwohl mir nicht ganz klar war, wie sie sich von Buchrezensionen oder höflicher Unterhaltung über Bücher unterschied. Alles in allem hatte sich diese lückenhafte Imitation des Oxforder Anglistikstudiums als langweilige Geliebte erwiesen, von der ich mich dankbar in die Arme der Mathematik begeben hatte; aber jetzt, nach vier Jahren in der Computerbranche, während deren ich sogar im Schlaf von spitzfindigen Logikproblemen heimgesucht worden war, war ich bereit, es noch einmal zu versuchen.

In einem Austin, das feuchtheißer war als das Afrika, an das ich mich erinnerte, schrieb ich mich für Kurse in Bibliographie und Altenglisch ein. Von William B. Todd lernte ich, wie der Hinman-Collator[1] funktioniert; für Rosamund Lehmann erarbeitete ich eine minutiöse Klassifizierung der rhetorischen Figuren in den Predigten des Bischofs Wulfstan (ein Projekt, das ich mir selbst ausgedacht hatte). Professor Lehmann benotete meine Arbeit mit A–, das Minus deshalb, weil eine Arbeit wie die meine die Philologie in Verruf bringe, sagte sie. Sie hatte Recht; ich nahm das nicht übel, obwohl ich nicht wusste, welchen Weg man sonst einschlagen sollte.

In der Handschriftensammlung der Bibliothek fand ich die Hefte, in die Samuel Beckett auf einem Bauernhof in Südfrankreich – seinem Versteck vor den Deutschen – *Watt* geschrieben hatte. Ich studierte sie wochenlang und dachte über die Skizzen und Zahlen und Kritzeleien an den Rändern nach, und die Entdeckung beunruhigte mich, dass die immer wieder beschriebene Qual beim Verfassen eines Meisterwerkes keine anderen Spuren als diese Albernheiten hinterlassen hatte. Lag die Qual vielleicht ganz im Warten, fragte ich mich, im Dasitzen und auf das leere Blatt Starren?

Ein gewisser Charles Whitman, ein Student (ein Kommilitone? waren das alles Kommilitonen? alle 23 000 Studenten?), fuhr mit dem Lift bis zur obersten Plattform des Uhrturms und schoss von dort auf die Menschen unten in den Höfen. Er erschoss ziemlich viele, dann wurde er erschossen. Ich kroch unter meinen Tisch und blieb in Deckung, solange die Schießerei anhielt. In Kapstadt ermordete ein Grieche den Premierminister Hendrik Frensch Verwoerd, den Architekten der Großen Apartheid. »Wenn dir der Krieg so zuwider ist«, sagte ein Freund und meinte den Krieg in (gegen?) Vietnam, »warum verschwindest du dann nicht? Hier hält dich doch nichts.« Doch er hatte mich missverstanden. Es ging nicht um Mitschuld – Mitschuld war damals viel zu hoch gegriffen. Es ging darum, dass man wusste, was vor sich ging. Es war nicht klar, wo man hingehen konnte, um vor diesem Wissen zu fliehen.

Die Studenten, die ich in meinen Schreibkursen unterrichtete, hätten ebenso gut von den Trobriandinseln stammen können, so unzugänglich waren für mich ihre Kultur, ihre Freizeitaktivitäten, ihre Gedankenwelt. Ich bewegte mich auf nur einer Ebene der Universitätsgemeinschaft, einer Ebene der Jungakademiker, die in Mietwohnungen, wo Babyspielzeug über den Fußboden verstreut war, ein karges Dasein fristeten und sich wie die Schildkröten abmühten, um ihre Kurse zu beenden oder sich auf mündliche Prüfungen vorzubereiten oder Dissertationen zu schreiben. Wenn sie sich nicht über die Lehrkräfte unterhielten (über ihre Eigenarten und Schwächen), dann sprachen sie davon, dass sie hier rauswollten, einen Job in Huntsville oder Texarkana ergattern und richtig Geld verdienen wollten. Mit weniger handfesten Zielen oder vielleicht ganz ohne solche mühte ich mich mit meinen altenglischen Texten und meiner deutschen Grammatik ab.

Sonntags spielte ich mit einer Gruppe Inder auf einem Baseballfeld Cricket. Wir bildeten eine Mannschaft, fuhren zum College, spielten gegen eine Mannschaft der Texas Agricultural and Mechanical University, ebenfalls zusammengesetzt aus nostalgischen Kindern der Kolonien, hierher verschlagen, verirrt. Ich erinnerte mich an einen früheren Freund aus meiner Englandzeit. Wir hatten Spaziergänge in der ländlichen Gegend von Surrey gemacht, einer Gegend, die uns beiden nichts bedeutete, da waren wir uns einig gewesen. »In Amerika gibt es wenigsten Hamburgerbuden, die die ganze Nacht geöffnet sind«, sagte er (er hatte eine Zeit lang in Columbus, Ohio, gelebt). Obwohl ich mir nichts aus Hamburgers machte, schien das Amerika, das er beschrieb, dem England, das ich kannte, entschieden vorzuziehen. Jetzt war ich in Amerika, oder wenigstens in Texas; aber die grünen Hügel, die ich vorfand, waren genauso fremd wie die baumlosen Höhenzüge von Surrey. Was ich vermisste, war offenbar eine gewisse Leere, leere Erde und leerer Himmel, an die mich Südafrika gewöhnt hatte. Ich vermisste auch den Klang einer Sprache, deren Nuancen ich verstand. Hier in Texas schien die Sprache keine Nuancen zu haben; oder wenn es Nuancen gab, dann bekam ich sie nicht mit.

Für Archibald Hill schrieb ich ein Referat über die Morphologie von Nama, Malaiisch und Niederländisch, nicht verwandten Sprachen, die sich am Kap der Guten Hoffnung gegenseitig beeinflusst hatten. In der Bibliothek stieß ich auf Bücher, die seit den 20er Jahren keiner mehr in die Hand genommen hatte: Berichte über Südwestafrika, verfasst von seinen deutschen Entdeckern und Verwaltern, Beschreibungen der Strafexpeditionen gegen die Nama und Hereros, Dissertationen über die physische Anthropologie der Eingeborenen, Monographien von Carl Meinhof über die Khoi-San-Sprachen. Ich studierte die behelfsmäßig von Missionaren verfassten Grammatiken, ging zeitlich noch weiter zurück zu den frühesten linguistischen Aufzeichnungen über die alten Sprachen am Kap, Wortlisten, die von Seeleuten des 17. Jahrhunderts zusammengestellt worden waren, und verfolgte das Geschick der Hottentotten innerhalb einer Geschichte, die nicht von ihnen, sondern für sie, von oben herab, geschrieben worden war, von Reisenden und Missionaren, worunter auch mein ferner Vorfahr Jakobus Coetzee war, *floruit* 1760. Jahre später in Buffalo – ich verfolgte diese Spur immer noch – sollte ich mich dann an meinen eigenen Beitrag zur Geschichte der Hottentotten wagen: eine Art Biographie, die immer mehr anschwoll, bis sie in einen ersten Roman, *Dusklands*, mündete.

Eine zweite Spur führte mich vom Nama und Malaiischen tiefer hinein in die Syntax von exotischen Sprachen, auf Streifzüge, die immer mehr ausuferten, während ich herausfand (ich entdeckte jetzt das Rad neu), dass der Begriff *primitiv* nichts bedeutete, dass jede der 700 Sprachen von Borneo so schlüssig und komplex und schwierig zu analysieren war wie das Englische. Ich studierte Noam Chomsky und Jerrold Katz und die neuen Universalgrammatiker[2] und erreichte einen Punkt, an dem ich mich fragte: Wenn eine Spätzeit-Arche je den Auftrag bekäme, das Beste, was die Menschheit zu bieten hat, an Bord zu nehmen und auf fernen Planeten einen neuen Anfang zu machen, wenn es je dazu käme, könnten wir dann nicht Shakespeares Stücke und Beethovens Quartette zurücklassen, um Platz zu machen für den letzten Sprecher von Dyirbal,[3] auch wenn dieser letzte Sprecher eine fette Alte sein sollte, die stinkt und sich kratzt? Das schien eine seltsame Position für einen Studenten des Englischen, der wichtigsten Weltsprache. Für jemand mit literarischen Ambitionen, wenn auch nur den vagesten – Ambitionen, eines Tages auf irgendeine Weise mit eigener Stimme zu sprechen –, war es doppelt seltsam, sich bei der Vermutung zu ertappen, dass Sprachen Leute sprechen oder zumindest durch sie sprechen.

Ich verließ Texas 1968. Ich hatte bis zum Schluss nie begriffen, warum die Universität – und der amerikanische Steuerzahler – so viel Geld an mich verschwendet hatte, damit ich puren Launen nachgehen konnte. Manchmal hielt ich es für ein Versehen, ein unwichtiges Versehen, ermöglicht durch das System, und glaubte, dass es keine Rolle spielte, wenn unter den Tausenden Erdölingenieuren und Politikwissenschaftlern, die jedes Jahr von der Universität hervorgebracht wurden, der eine oder andere meinesgleichen war. Zu anderen Zeiten erschien mir das Fulbright-Austauschprogramm ein außerordentlich weitsichtiges und großzügiges Projekt, dessen menschlichen Nutzen alle Beteiligten erst weit in der Zukunft zu spüren bekämen. Wo lag die Wahrheit? Vielleicht irgendwo in der Mitte.

Weder bei der Ankunft noch bei der Abreise fühlte ich Bedauern. Ich glaubte, dass ich unbeschädigt, unversehrt, außer durch die Zeit, wegging. Keiner hatte mir etwas beizubringen versucht, wofür ich dankbar war. Was ich im Lauf der drei Jahre gelernt hatte, war nicht unerheblich, obwohl zum größten Teil zufällig aufgelesen. Ich hatte eine großartige Bibliothek zur Verfügung gehabt, wo ich auf Bücher gestoßen war, von denen ich sonst vielleicht nicht einmal geahnt hätte, dass es sie gab. Wenn ich an einem Samstagnachmittag fünf Uhr an der Tür von James Sledds Büro vorbeikam und drinnen die Schreibmaschine hörte, war ich beruhigt, dass der Bereich der Anglistik nicht Dilettanten vorbehalten war, wie es der Lebensstil meiner Lehrer in den Kolonien zu beweisen schien. Die Ausbeute hätte magerer sein können.

Müßiggang in Südafrika (1982)

I

»Die hiesigen Eingeborenen haben viel mit dem Vieh gemein, abgesehen von ihrer Menschennatur... [Sie] sind sprachlich behindert und kollern wie die Truthähne oder wie die deutschen Alpenbewohner, die vom Trinken des harten Schneewassers einen Kropf bekommen haben... Sie ernähren sich von Kräutern, Rind- und Wildfleisch und Fisch. Die Tiere verzehren sie zusammen mit ihren Innereien. Diese werden nur etwas ausgeschüttelt und nicht gewaschen, sondern mit Haut und allem Drum und Dran gegessen, sobald das Tier getötet oder erlegt wurde... Sie schlafen gruppenweise zusammen in der Grassteppe und unterscheiden dabei nicht zwischen Mann und Frau... Sie stinken allesamt erbärmlich, was man drei Meilen gegen den Wind riechen kann, und sie sehen auch so aus, als hätten sie sich nie gewaschen.«

Diese Bemerkungen über die Hottentotten[1] am Kap der Guten Hoffnung wurden 1652 – im Jahr der europäischen Besiedlung des Kaps – vom Amsterdamer Verlag Jodocus Hondius aus Berichten Reisender zusammengestellt (Hondius 26–28). Mit den Fußnoten, Landkarten und Stichen, die Hottentotten in typischen Posen zeigen, möchte Hondius' Büchlein offenbar betonen, dass es kein Werk der Fantasie ist: Alles darin Berichtete stammt von Augenzeugen. Doch das von den Hottentotten gelieferte Bild ist, obwohl es sich nicht von der Wahrheit entfernt, selektiv. Die Fakten, die wir in dem Buch über sie erfahren, sind vor allem außergewöhnliche Fakten, die von den Verfassern der ursprünglichen Berichte aus der Unmenge von Eindrücken, die sie am Kap gewonnen hatten, wegen ihrer Außergewöhnlichkeit ausgewählt worden waren und die wiederum von Hondius ausgewählt wurden, weil sie den Mann auf der Straße wahrscheinlich ebenso beeindrucken würden.

In den frühen Aufzeichnungen findet man ein Spektrum außergewöhnlicher Fakten über die Hottentotten, die ständig wiederholt werden: ihre Verschlusslaute (»Truthahnkollern«), der Verzehr ungewaschenen Gedärms, das Beschmieren des Körpers mit Tierfett, der Brauch, sich getrocknete Eingeweide um den Hals zu wickeln, Besonderheiten der Vulva ihrer Frauen, ihre Unfähigkeit, sich einen Gott vorzustellen, ihre unverbesserliche Trägheit. Obwohl viele dieser Einzelheiten lediglich voneinander abgeschrieben waren, müssen wir doch annehmen, dass sie in einigen Fällen wiederentdeckt oder aus eigener Erfahrung bestätigt wurden. Dabei handelt es sich um einige der auffälligeren *Unterschiede* zwischen dem Hottentotten und dem Westeuropäer, oder wenigstens dem Westeuropäer, wie er sich selbst sah.

Aber während es ganz gewiss Unterschiede gibt, werden diese einzelnen Unterschiede im Rahmen der *Gleichheit* wahrgenommen und betrachtet, und dieser Rahmen ergibt sich durch die allgemein akzeptierte These, die zu Anfang des Hondius-Zitats weiter oben formuliert wird: Obwohl die Hottentotten nur Tiere zu sein scheinen, sind sie in Wirklichkeit Menschen. Da die Hottentotten-Gesellschaft eine menschliche Gesellschaft ist, muss sie sich innerhalb eines Systems beschreiben lassen, das für alle menschlichen Gesellschaften gilt. Die Kategorien und Subkategorien dieses Systems stellen die Gleichheit her, die für alle Gesellschaften gilt. Sie sind die Universalien, während die besonderen Beobachtungen, die in die verschiedenen Spalten eingetragen werden, die Unterschiede darstellen, durch die sich die einzelnen Gesellschaften auszeichnen.

Obwohl das System von Kategorien, in dem sich die Reiseschriftsteller bewegen, von ihnen nirgends ausdrücklich erwähnt wird, kann man es doch ohne Mühe aus ihren Texten herauslesen. Dabei käme etwa folgende Aufstellung heraus:

1. Äußere Erscheinung
2. Bekleidung: a) Kleidungsstücke, b) Schmuck, c) Kosmetik
3. Ernährung: a) Nahrungsmittel, b) Zubereitung
4. Medizin
5. Handwerk: a) Handwerkliche Fertigkeiten, b) Werkzeuge
6. Technik
7. Waffen
8. Verteidigung und Kriegführung
9. Freizeitbeschäftigungen
10. Bräuche
11. Wohnen: a) Behausungen, b) Dorfanlage
12. Religion (einschließlich Aberglaube, Hexerei, Zauberei)
13. Gesetze
14. Wirtschaft
15. Regierung
16. Auswärtige Beziehungen
17. Handel
18. Sprache
19. Charakter

Obwohl vielleicht nicht in jedem Fall neunzehn Kategorien bedient werden, liegt jeder der Abhandlungen mit dem Titel »Bericht von den Hottentotten« oder »Beschreibung der Hottentotten« ein solches Raster zugrunde. Dieser Raster funktioniert zunächst einmal als Kompositionshilfe, indem er die Fakten in eine gewisse Ordnung bringt. Darüber hinaus funktioniert der Raster als Begriffsgefüge, und als solcher schafft er die Gefahr, dass Beobachtungen verfälscht werden, um in diese oder jene Spalte hineinzupassen, wenn doch »in Wirklichkeit« mehrere Kategorien betroffen sind, oder dass Dinge, die in keine vorgesehene Spalte passen, einfach übersehen werden. Um hypothetische Beispiele zu liefern: Beobachtungen von drogenabhängigen Trancezuständen und Prophezeiungen könnten so unter Medizin oder Religion oder (möglicherweise) unter Gesetz oder Regierung fallen, aber bestimmt nicht unter alle vier Kategorien; Beobachtungen von Ritualen beim Rinderschlachten könnten unter Ernährung oder Bekleidung oder Religion oder (möglicherweise) unter Wirtschaft fallen, aber nicht unter alle vier Kategorien. Um reale Beispiele zu liefern: Wir lesen bei O. F. Mentzel, wie er sich Gedanken macht, ob das so genannte *Pisplechtigheid* (das zeremonielle Urinieren) der Hottentotten eine Freizeitbeschäftigung oder eine religiöse Zeremonie darstellt und ob es als Beweis für die Armut ihrer Sprache anzuführen sei, dass die Hottentotten einen einzigen Ausdruck (übersetzt als *andersmaken*) benutzen, um verschiedene Akte – das Verheiraten eines Paares, die Einführung eines Jugendlichen ins Mannesalter, die Heilung einer Krankheit und das Austreiben eines Geistes – zu benennen (Mentzel 2:281, 288).

Von den Seeleuten, Schiffsärzten und Kompaniebeamten, die zu dem Korpus, das ich ab jetzt ganz allgemein Kap-Texte nennen werde, Beiträge liefern, wäre es natürlich zu viel verlangt, wenn man forderte, dass sie ihre ererbten eurozentristischen Begriffsgefüge zugunsten eines auf einheimischen Begriffskategorien fußenden Gefüges aufgeben sollten. Das wäre völlig anachronistisch. Des Weiteren könnte man sagen, wenn man gewisse Kategorien wie (zum Beispiel) Ernährung, Medizin und Religion nicht voneinander trennte, dann erhielte man statt einer systematischen Abhandlung nur das Ausgangsmaterial des Reisenden, nämlich eine Reihe von visuellen Eindrücken und Beobachtungen, die aus Sinneswahrnehmungen nur deshalb ausgewählt wurden, weil sie auffällig und außergewöhnlich sind; das heißt, man erhielte eine bloße *Schilderung* statt einer umfassenden *Beschreibung*.

Der gravierende Nachteil der anthropologischen Schilderung gegenüber der anthropologischen Beschreibung ist, dass sie auf eine chronologische Abfolge zurückgreift und damit auf die Möglichkeit verzichtet, die achronologische, räumliche, allwissende Organisation der Beschreibung nach Kategorien zu nutzen. Einige Reiseschriftsteller versuchen beides – die Unmittelbarkeit der Schilderung und die Zusammenschau der Beschreibung – zu nutzen, indem sie diese für jene ausgeben. Hier ist beispielsweise, was Christopher Fryke über einen Besuch am Kap im Jahr 1685 geschrieben hat:

»Meine Neugier verführte mich dazu, eine [ihrer Hütten] zu betreten und zu sehen, wie diese Menschen lebten. Bei meinem Eintreten erblickte ich einen Haufen von ihnen beieinander liegen wie die Schweine und fest schlafen; aber sobald sie meiner gewahr wurden, sprangen sie auf und kamen auf mich zu, wobei sie truthahnähnliche Laute von sich gaben. Ich war recht besorgt; aber als ich merkte, dass sie mir nichts Böses wollten, holte ich etwas Tabak hervor und gab es ihnen. Sie waren hoch erfreut, und um mir ihre Dankbarkeit zu zeigen, hoben sie jene Lappen aus Schafsleder, die vor ihren Geschlechtsteilen hingen, um mir diese zu zeigen. Wegen des erbärmlichen Gestanks beeilte ich mich, den Rückzug anzutreten; ich konnte auch schnell feststellen, dass es dort nichts Besonderes zu sehen gab. Außerdem traf ich einige beim Essen an, was den Gestank noch unerträglicher machte, weil sie nur ein Stück Kuhhaut hatten, das auf den Kohlen briet, und sie hatten den Kot aus den Därmen gedrückt und sich gegenseitig damit eingerieben. Und die Haut holen sie vom Feuer, wenn sie gebraten ist, zerstampfen sie und verzehren sie dann. Das drehte mir den Magen um, so dass ich mich schnell auf den Rückzug begab. [Raven-Hart, CGH 2:259]«

Der historische Wahrheitsgehalt dieser Schilderung ist sehr fragwürdig (ein paar Seiten später stößt Fryke auf eine Schlange, die einen Hottentotten verschlingt). Man beachte aber, wie die kurze Geschichte zusammengestellt wurde, indem anthropologische Allgemeinplätze aus den Kategorien Äußere Erscheinung, Kleidung, Ernährung, Freizeitbeschäftigung, Bräuche, Behausung, Sprache und Charakter aneinander gereiht wurden:

1. Die Hottentotten schlafen tagsüber (Faulheit als Charakterzug der Hottentotten) in einer Hütte (Behausung der Hottentotten), wo alle übereinander liegen (Sexualsitten der Hottentotten) wie die Schweine (Platz der Hottentotten auf der Stufenleiter der Schöpfung).

2. Sie geben truthahnähnliche Laute von sich (Hottentottensprache).

3. Sie nehmen Tabak an (Freizeitbeschäftigung der Hottentotten) und heben ihre Lappen (Bekleidung der Hottentotten), um ihre Geschlechtsteile (anatomische Besonderheiten der Hottentotten) zu entblößen (Sexualsitten der Hottentotten).

4. Der Gestank (Unsauberkeit der Hottentotten) treibt Fryke in die Flucht, wobei er noch beobachtet, dass die Hottentotten einander mit Kot beschmieren (Kosmetik der Hottentotten) und Kuhhaut und Därme essen (Nahrung der Hottentotten).

Einer der Gemeinplätze der Kap-Texte ist, dass die Hottentotten faul sind. Da es sich hier nicht um einen Brauch, sondern um die Abwesenheit eines Brauchs handelt, nicht um Freizeitbeschäftigung, sondern um die Abwesenheit von Beschäftigung, wird diese Faulheit gewöhnlich in die Kategorie 19 als Charakterzug der Hottentotten eingeordnet. Es überrascht, dass die Faulheit der Hottentotten in den durch R. Raven-Hart zusammengefassten ungefähr 150 Berichten von Reisenden, die dem Kap vor 1652 einen flüchtigen Besuch abstatteten, kaum erwähnt wird.[2] Aber als sich die Niederländisch-Ostindische Kompanie niederzulassen beginnt und Berichte über die Hottentotten detaillierter werden, rückt das Thema immer mehr in den Vordergrund, und Faulheit wird beschrieben und im selben Atemzug angeprangert.

»Sie sind träger als die Schildkröten, die sie jagen und essen.« – Johan Nieuhof, 1654 [Raven-Hart, CGH 1:22]

»Es ist ein träger und schmutziger Menschenschlag, der nicht arbeiten will … Sie sind faul und sitzen gern untätig herum.« – Volquart Iversen, 1667 [Raven-Hart, CGH 1:103]

»Ihre Hauptbeschäftigung besteht lediglich darin, Wurzeln auszugraben und zu essen … Wenn sie satt sind, legen sie sich hin und kümmern sich weiter um nichts.« – George Meister, 1667 [Raven-Hart, CGH 1:203]

»Der Männer meiste Arbeit ist faulentzen, es sey denn, dass sie der Hunger zwinget.« – Johann Schreyer, 1679 [L'Honoré Naber 40]

»Wenn sie keinen Hunger haben, arbeiten sie nicht.« – Christopher Fryke, 1681 [Raven-Hart, CGH 2:234]

»Sie sind sehr träge und leiden lieber Hunger, als zu arbeiten.« – Fr.-T. de Choisy, 1685 [Raven-Hart, CGH 2:269]

»Sie sichern sich einen genüsslichen Müßiggang, sie pflügen nie, sie säen nichts, sie ernten nichts, sie kümmern sich nicht darum, was sie essen und trinken werden … Wer sie als Sklaven beschäftigen will, muss sie hungern lassen.« – William ten Rhyne, 1686 [Schapera 123]

»Sie sind ein sehr träger Menschenschlag. … Sie leben lieber … in Armut und Elend, als sich für Reichtum anzustrengen.« – William Dampier, 1691 [Raven-Hart, CGH 2:385]

»Der ihnen eigene Hang zum Müßiggang und zu einem sorglosen

Leben lässt es kaum zu, dass man sie, sei es mit Gewalt, sei es mit Belohnung, aus dieser angeborenen lethargischen Verfassung reißt.« – John Ovington, 1693 [Raven-Hart, CGH 2:396]
»Sie sind außerordentlich träge und würden lieber beinahe verhungern, als sich anzustrengen.« – François Leguat, 1698 [Raven-Hart, CGH 2:432]
»Es ist kein Volk unter der Sonnen, das gleichen Abscheu, als dieses, vor allem Nachdenken und Arbeiten bezeuget. Man sollte meinen, sie ließen ihre Glückseeligkeit in einem müßigen und sorglosen Leben bestehen.« – Peter Kolb, 1731 [Kolb 45]
»Die Männer... sind... die trägsten Kreaturen, die man sich vorstellen kann, da es ihre Angewohnheit ist, nichts oder sehr wenig zu tun...Wenn etwas getan werden muss, dann überlassen sie das ihren Frauen.« – Francois Valentijn, 1726 [Valentijn 71–73]
»[Eine] schwerfällige, träge und, so hätte ich beinahe gesagt, völlig apathische Veranlagung... ist das Hauptmerkmal ihres Geistes..., zwangsläufig durch ihre ungesunde Ernährung und durch ihre extreme Lethargie und Faulheit verursacht.« – Anders Sparrman, 1783 [Sparrman 209]
»Träge, faul, sorglos.«... – O. F. Mentzel, 1787 [Mentzel 2:276]
»Vielleicht die trägste Nation auf der ganzen Welt... [Aber] die Frauen sind sehr fleißig, was ihren Haushalt angeht.« – C. F. Damberger, 1801 [Damberger 57–58]

Obwohl es hin und wieder gegenteilige Äußerungen gibt,[3] und obwohl die Urteile vieler Schreiber auf Aussagen anderer oder auf vorgefassten Meinungen basieren, muss die Hartnäckigkeit dieser kritischen Urteile auffallen, die sich bis in die Zeit der britischen Okkupation des Kaps fortsetzen (siehe unten). Müßiggang, Trägheit, Faulheit, Phlegma, Lethargie – diese Begriffe sollen ein Laster der Hottentotten bezeichnen, von dem sich der Schreiber distanziert. Nirgendwo in der großen Echokammer der Kap-Texte erhebt sich eine Stimme, die fragt, ob das Leben der Hottentotten nicht eine Version des Lebens vor dem Sündenfall sein könnte (wie das Bartolomé de las Casas im Hinblick auf die Indianer der Neuen Welt andeutete), eines Lebens, in dem der Mensch noch nicht dazu verdammt ist, sein Brot im Schweiße seines Angesichts zu essen, sondern im Gegensatz dazu seine Tage damit zubringen kann, in der Sonne zu dösen, oder im Schatten, wenn die Sonne zu heiß wird, dem Singen der Vögel zu lauschen und den Windhauch auf der Haut zu spüren, sich zum Essen aufraffend, wenn der Hunger ihn überkommt, ein Pfeifchen Tabak genießend, wenn er welchen hat, eins mit seiner Umgebung und zufrieden, ohne sich Gedanken zu machen. Die Vorstellung, der Hottentotte könne Adam sein, wird nicht einmal erwogen, um sie zurückzuweisen (zum Beispiel mit der Begründung, dass der Hottentotte Gott nicht kennt). Gewiss erwägt keiner auch nur im Traum, ob das, was wie das *dolce far niente* des Hottentotten aussieht, nicht bloß die äußere Erscheinung eines tiefgründig kontemplativen Lebens des Hottentotten sein könnte. Und wenn man an die Sache eher praktisch herangeht: Keiner fragt, warum ein Volk, das sich traditionell von Fleisch, Milch und *veldkos* (gesammelten Pflanzen) ernährt, nach 1652 zu dem Schluss kommen sollte, dass Gemüse besser ist, und Ackerbau betreiben sollte; oder warum die Einheimischen, nachdem man bei ihnen künstlich den Appetit auf gebackenes Brot, Tabak und Alkohol geweckt hat, mehr von ihrer Arbeitskraft verkaufen sollten, als zur unmittelbaren Befriedigung dieser Gelüste dient. Keiner macht sich die Mühe, ernsthaft die ethische Frage zu stellen: Was ist besser – zu leben wie die Ameise und fleißig Nahrung für den Winter zu sammeln, oder wie der Grashüpfer, der den lieben langen Tag in der Sonne singt und sich nicht um morgen schert? Der pastorale Gemeinplatz, dass der wandernde Hirte mit seinen wenigen Habseligkeiten und seinen leicht zu stillenden Bedürfnissen uns einen Weg zeigt, aus der Mühsal der Zivilisation auszubrechen, wird an keiner Stelle ausgesprochen.

Es reicht nicht, wenn man die Frage, warum solche Fragen nicht gestellt wurden, damit beantwortet, dass die Leute, von denen die Kap-Texte stammen, nie auf die Idee gekommen wären, diese Fragen zu stellen. Gewiss waren viele der Reiseschriftsteller einfache Kompaniebeamte, Schiffskapitäne oder Soldaten; aber es gab unter ihnen auch Wissenschaftler von Rang (Kolb, Sparrman) und Gelehrte (Ten Rhyne), ebenfalls gewissenhafte Laienbeobachter (Schreyer). Außerdem wurde der sagenhafte Hottentotte in Europa allmählich zu einem Begriff im gelehrten Gespräch, obschon weniger bei der Erforschung der natürlichen Beschaffenheit des Menschen als bei der Debatte, ob es ein einheitliches Geschöpf Mensch gebe oder verschiedene Menschenrassen, von denen einige den Tieren näher stehen als andere.[4] Um zu verstehen, warum die Lebensweise der Hottentotten, für die Müßiggang charakteristisch war (und die deshalb stigmatisiert wurde), in Europa keineswegs als ein Modell des Lebens im Garten Eden galt, müssen wir die damals in Europa vorherrschende Haltung zum Müßiggang kennen, als Europa, und besonders das protestantische Europa, das Kap kolonisierte.

In der Kirche des Mittelalters wurde Kontemplation höher geschätzt als Arbeit. Luther lehnte die privilegierte Position des kontemplativen Lebens zusammen mit dem privilegierten Status des Klerus ab. Besonders nach der Reformation in Deutschland betonten Prediger immer nachdrücklicher, dass Arbeit das grundlegende göttliche Gebot sei, ein Gebot, dem alle Menschen gehorchen müssen, um Adams Sündenfall zu sühnen. Müßiggang war die Missachtung des Gebots; keine Vorsorge zu betreiben – sich darauf zu verlassen, dass Gott einen vor dem Hungertod errettete – war ein tadelnswertes Vergehen, eine Versuchung Gottes. Die religiöse Literatur der Zeit wettert gegen den »Fluch des Müßiggangs«; die Herrnhuter Brüdergemeine, die 1727 gegründet wurde und das Vorbild für die Hottentotten-Missionen der Mährischen Brüder liefern sollte, ist typisch für ihr Zeitalter, wenn sie in ihre Statuten aufnimmt, jedermann, der sich der Gemeinde anschließt, sei verpflichtet, sich seinen Lebensunterhalt selbst zu erarbeiten (Vontobel 67–70,38; Marais 147–48).

Es gehörte auch zur Reformation, dass die aus der Renaissancezeit (und letztlich aus der Antike) stammende Unterscheidung zwischen schlichtem Müßiggang und *otium*, Zeit für die persönliche Entwicklung, abgelehnt wurde. Man hielt die Menschheit weitgehend für so schwach, dass sie ohne die Disziplin ständiger Arbeit in Sünde zurückfallen müsse. Bucer ging so weit, die Exkommunikation als äußerste Strafe für Müßiggang vorzuschlagen (Vontobel 78). Max Weber schreibt, dass besonders im Calvinismus »*Zeitvergeudung*... die erste und prinzipiell schwerste aller Sünden [ist]. Die Zeitspanne des Lebens ist unendlich kurz und kostbar, um die eigene Berufung ›festzumachen‹. Zeitverlust durch Geselligkeit, ›faules Gerede‹, Luxus, selbst durch mehr

als der Gesundheit nötigen Schlaf... ist sittlich absolut verwerflich«
(124–25).

Zur gleichen Zeit wurde ein Krieg gegen soziales Schmarotzertum
in Gang gesetzt. Sogar das Almosengeben wurde als »große Sünde« verdammt, weil es Menschen ermuntere, Gottes Arbeitsgebot zu umgehen
(Vontobel 75). Um die Mitte des siebzehnten Jahrhunderts hatte begon-
nen, was Michel Foucault »das große Einsperren« nennt. Darin gipfel-
ten eine Reihe von Maßnahmen, die das Vagabundentum und Betteln
als Lebensweise beenden sollten. Das Ganze begann mit dem Einsperren
der Bettlerschicht, und später ging man dazu über, die Geisteskranken
und die Kriminellen aus dem Weg zu schaffen. In Krisenzeiten mit hoher Arbeitslosigkeit wurden die Verwahranstalten praktisch zu Gefängnissen für die Arbeitslosen; in ökonomischen Konjunkturzeiten dienten
sie als Herbergen und Fabriken. Als Produktionsstätten waren sie ein
Misserfolg, aber das spielte keine Rolle: Ihr Zweck war nicht, Profit zu
machen, sondern den ethischen Wert der Arbeit zu verkünden. In dieser
frühesten Phase der Industrialisierung und dieser primitiven Phase des
ökonomischen Denkens galten Arbeit und Armut als einfache Gegensätze, meint Foucault: Man stellte sich vor, dass Arbeit die Macht hätte,
die Armut abzuschaffen oder zu überwinden, und sie verdanke das
»nicht so sehr ihrer Produktivkraft wie einer gewissen moralischen Verzauberung« (*Wahnsinn und Gesellschaft* 82–89).

Der Krieg gegen Bettler fand sowohl im katholischen als auch im protestantischen Europa statt, obwohl er in protestantischen Ländern mit
größerer Härte geführt wurde, und er dauerte an, solange Landstreicherei ein gravierendes soziales Problem war, das heißt bis weit in das neun-
zehnte Jahrhundert hinein. Die Verdammung des Müßiggangs, die ein
Aspekt dieses Krieges war, ließ während der Aufklärung nicht nach;
denn die Aufklärung ersetzte einfach die alte Verurteilung des Müßiggangs als Ungehorsam gegenüber Gott durch eine Betonung der Arbeit
als Pflicht des Menschen sich selbst und seinem Nächsten gegenüber.
Durch die Arbeit begibt sich der Mensch auf eine Erkundungsreise, deren Ziel letztlich die Entdeckung des Menschen ist; durch Arbeit wird
der Mensch zum Beherrscher der Welt; durch gemeinschaftliche Arbeit
entsteht die Gesellschaft. Karl Marx ist voll und ganz ein Kind der Auf-

klärung, wenn er schreibt: »[D]ie *ganze sogenannte* Weltgeschichte [ist] nichts anders ... als die Erzeugung des Menschen durch die menschliche Arbeit« (197).

Diese beiden Haltungen – dass Müßiggang eine Sünde ist, dass Müßiggang ein Verrat am eigenen Menschsein ist – können in den Kap-Texten nachgewiesen werden. Etwa in den ersten hundert Jahren der Kolonie wird der Müßiggang der Hottentotten im gleichen Geist angeprangert wie der Müßiggang der Bettler und anderen Nichtsnutze in Europa. Man könnte sagen, dass die in Europa zur Rechtfertigung des Klassenkampfes benutzten Phrasen pauschal und gedankenlos auf die Kolonie übertragen werden, um die Weigerung der Eingeborenen, als Lohnarbeiter in die dortige Wirtschaft integriert zu werden, zu verdammen. Diese Aussage muss jedoch modifiziert werden. Denn die erste Welle der verdammenden Äußerungen über den Müßiggang der Hottentotten stammt nicht so sehr von den Beherrschern des Kaps, was im Hinblick auf ihr vordringliches Problem, Arbeitskräfte zu finden, nicht verwundern würde, sondern sie ist in den primitiven ethnographischen Abhandlungen der Reiseliteratur zu finden.[5] Außerdem ist Faulheit, rein logisch gesehen, genau das, was der neu angekommene Siedler von Heiden, die Gottes Wort nicht vernommen haben und nichts von der Verdammung des Müßiggangs wissen, erwarten sollte. Den Angriff auf den passiven Widerstand der Hottentotten gegen Lohnarbeit (nennen wir es einmal so) als Anprangerung des Müßiggangs zu tarnen war eigentlich die übliche Taktik in einer späteren Phase der Kapgeschichte; die Hervorhebung des Müßiggangs bei den Hottentotten in der Literatur ist, obwohl bei Beobachtern mit protestantischem Hintergrund im siebzehnten Jahrhundert verständlich, eine Reaktion auf nahe liegendere Frustrationen. Was der Müßiggang der Hottentotten für den frühen Ethnographen bedeutet, wird deutlich, wenn wir fragen, was der Hottentotte *nicht tut*, wenn er für faul befunden wird.

Der Vorwurf des Müßiggangs wird (manchmal als Höhepunkt) zusammen mit einer Reihe anderer Charakterisierungen geäußert: dass die Hottentotten hässlich sind, dass sie sich nie waschen, sondern sich im Gegenteil mit Tierfett beschmieren, dass ihre Nahrung unrein und ihr Essen halb roh ist, dass sie sich mit Tierhäuten bekleiden, dass sie in den schäbigsten Hütten leben, dass Männer und Frauen sich wahllos paaren, dass ihre Sprache nicht wie die von menschlichen Wesen klingt. Diese Vorwürfe lassen sich auf den Nenner bringen, dass sie den Hottentotten als *unterentwickelt* kennzeichnen – unterentwickelt nicht nur nach europäischem Maßstab, sondern nach menschlichem Maßstab. Wenn er Nahrungstabus entwickeln würde, ebenso gewisse Gewohnheiten, die Körperhygiene betreffend, Sexualsitten, handwerkliches Können, einen vielfältigeren Körperschmuck als das eintönige Beschmieren, eine eigene Architektur und Technik, eine Sprache mit menschlichen statt tierischen Lauten, denn würde der Hottentotte, wenn nicht zum Holländer, dann wenigstens menschenähnlicher werden. Und die Tatsache, dass er offensichtlich seine Fähigkeiten nicht dazu nutzt, sich in dieser Weise zu entwickeln, sondern stattdessen in der Sonne herumliegt, ist der Beweis, dass Faulheit die Ursache für seine Rückständigkeit sein muss.

Was für ein Geschöpf ist dieser Mensch, zu dem der Hottentotte, der in seinem jetzigen Zustand »mehr unter das dumme Vieh alß in die Zahl der vernünfftigen Menschen ... gerechnet werden [kann]« (J. C. Hoffman, 1680 [L'Honoré Naber 31]), aus Faulheit nicht werden will? Es ist ein Mensch, der sich nach seiner äußeren Erscheinung, seiner Kleidung, Ernährung, Medizin, Handwerkskunst usw. auf einer hohen Entwicklungsstufe befindet – mit anderen Worten, er ist, was wir den anthropologischen Menschen nennen können. Der Hottentotte ist ein Mensch, aber noch kein anthropologischer Mensch; und in diesem zurückgebliebenen Zustand wird er durch Müßiggang gehalten. Daher ist sein Müßiggang ein anthropologischer Skandal: Trotz der Tatsache, dass man sich nichts vorstellen kann, was vom europäischen Menschen weiter entfernt und verschiedener wäre als der Hottentotte, stellt sich bei genauerer Betrachtung heraus, dass der Hottentotte im Hinblick auf sein Verschiedensein nur äußerst armselige Daten für die Kategorientabelle liefert. Statt diese Daten zu liefern, liegt er einfach nur herum. Anstelle einer Religion hat er praktisch einen blinden Fleck. Seine Bräuche sind zufällig. Eine Regierung gibt es bei ihm nur ansatzweise. Obwohl der Hottentotte sich weit stärker vom Europäer unterscheidet als der Türke oder der Chinese, bietet er paradoxerweise viel weniger Unterschiede, über die man berichten könnte.

Die Unerbittlichkeit der selbstgerechten Verdammung des Hottentotten in den Kap-Texten erklärt sich aus dem geballten Gewicht von zwei Jahrhunderten, in denen von der Kanzel und vom Richterstuhl herab Müßiggang in Europa verurteilt worden war. Aber der Reiseschriftsteller, die Urform des Anthropologen, dem er so viel an Unterschieden verspricht und so wenig liefert, reagiert auf den Müßiggang des Hottentotten mit besonderer Feindseligkeit. Wenn wir uns dann von den anthropologischen Beschreibungen, wo das strenge Schema vom Autor verlangt, dass er achtzehn oder neunzehn Schreibblöcke mit Listen bemerkenswerter Unterschiede füllt, wegbewegen und zur historischen Abhandlung kommen, die in ihrer schlichtesten Form vom Autor nur verlangt, dass er jeden Tag die bemerkenswerten Tagesereignisse festhält, fällt auf, dass dort der Müßiggang der Hottentotten viel weniger betont wird (vgl. Fußnote 6, weiter unten). Ja, die Hottentotten erscheinen in der Geschichte plötzlich als zu geschäftig – sie schmieden Ränke, stehlen Vieh, betteln, spionieren.

Es liegt mir fern abzustreiten, dass die Hottentotten faul waren, insoweit das Wort *faul* überhaupt eine objektive Bedeutung hat, oder zu behaupten, dass die Verurteilung des Müßiggangs bei den Hottentotten nichts mit dem Wunsch der Siedler zu tun hatte, sie mit Gewalt als Arbeitskräfte anzuwerben. Ich möchte allerdings hervorheben, dass die beinah universelle Stigmatisierung des Hottentotten bei Reiseschriftstellern eine Reaktion auf eine Herausforderung, einen Skandal darstellt, der sie besonders *als Schriftsteller* betrifft; dass nämlich der Müßiggang des Hottentotten eine vielversprechendere Abhandlung über den einfachen Menschen verhindert. Und diese Schriftstellergeneration ist nicht die letzte, die auf die Weigerung der Kolonien, Material für ihre Texte zu liefern, mit Frustration reagiert. Der Völkerkundler Gustav Fritsch, der in den sechziger Jahren des neunzehnten Jahrhunderts Südafrika bereiste, bemerkt, dass es unmöglich sei, das Leben der Buren als Erzählstoff zu verwenden, weil im Leben der Buren nie etwas geschehe (161); und ziemlich zur selben Zeit beklagt sich Nathaniel Hawthorne über den »prosaischen Wohlstand im normalen hellen Tageslicht« in einem Amerika, das »nichts Geheimnisvolles« und »keine lange Vergangenheit« habe, wodurch ein amerikanischer Roman unmöglich gemacht werde (9).

In beiden Fällen wird erklärt, der koloniale Stoff sei zu unbedeutend für die europäische Form; in beiden Fällen ist zu fragen, ob die neuen Stoffe nicht ein Überdenken der alten Formen, der alten Begriffssysteme erfordern. Der Moment, wo der Reiseschriftsteller den Hottentotten für sein Nichtstun verdammt, ist der Moment, wo der Hottentotte ihn mit seinen vorgefassten Meinungen konfrontiert (vorausgesetzt, er bemerkt es).

Dass wir es hier mit einem Phänomen zu tun haben, das mehr bedeutet als das Unvermögen einer Reihe von Gelegenheitsschriftstellern mit grober Durchschnittsmentalität, ihren ethnozentrischen Vorurteilen zu entkommen, kann man an einem Höhepunkt der anthropologischen Literatur erkennen, Jean-Jacques Rousseaus *Abhandlung über den Ursprung und die Grundlagen der Ungleichheit unter den Menschen* (1754). In einem Abschnitt, der speziell die Hottentotten erwähnt, charakterisiert Rousseau den Menschen in seinem naturbelassenen Zustand als »einsam, müßig *[oisif]* und immer von Gefahren umgeben«, eine Kreatur, die einfach »gern schlafen« muss. Der Mensch wird aus seinem primitiv-wilden Zustand gehoben durch die Erfindung von Werkzeugen, was die erste Revolution in der menschlichen Kultur zur Folge hat und ihm ein leichteres, weniger gefahrvolles Leben gestattet. In der neuen Phase der durch die Werkzeuge ermöglichten relativen Muße *[loisir]* fängt er an, sich gewisse Annehmlichkeiten zu schaffen, Annehmlichkeiten, die sich schließlich zum Joch der Zivilisation entwickeln. Mit der Erfindung von Metallurgie und Landwirtschaft, mit der Einführung des Privateigentums, der Zunahme sozialer Ungleichheit und dem Heranwachsen der Arbeit zu einem unvermeidlichen Bestandteil des täglichen Lebens wird eine kulturelle Revolution kommen. Zwischen der Trägheit des Wilden und dieser kulturellen Revolution gibt es eine Phase der Muße, hervorgehoben von Rousseau als »die glücklichste und beständigste Epoche ... Das Beispiel der Wilden, die man fast alle auf dieser Entwicklungsstufe angetroffen hat, scheint zu bestätigen, dass der Mensch dazu bestimmt war, ständig in dem Zustand zu verharren, welcher das wahrhafte Jugendalter der Welt ist. Alle weiteren Fortschritte waren ebenso viel Schritte ... zum Verfall der Gattung« (131, 169–170).

Als Rousseau sich daranmacht zu verdeutlichen, wie das Leben in dieser »glücklichsten und beständigsten Epoche« sein könnte, ähnelt die von ihm gelieferte Beschreibung, obwohl sie sich auf Berichte aus der Neuen Welt stützt, sehr einem Panorama des Hottentottenlebens: Die Menschen haben primitive Hütten, aus Fellen gefertigte Kleidung, Schmuck aus Federn und Muscheln, Pfeil und Bogen als Waffen, primitive Musikinstrumente. Worin besteht dann der entscheidende Unterschied, der dem Hottentotten den Zutritt zum Goldenen Zeitalter verwehrt? Gewiss spielen seine unappetitlichen persönlichen Angewohnheiten und sein Verstoß gegen europäische Tabus bei Zubereitung und Verzehr von Fleisch eine Rolle. Aber der wesentliche Unterschied besteht darin, dass der Hottentotte träge ist, seine »Freizeit« schlafend verbringt, während bei anderen Wilden, die die Werkzeug schaffende Revolution hinter sich haben, Freizeit zur Muße wird, Zeit, die man »fleißig« der Verbesserung von »Annehmlichkeiten« (ibd.) widmet. Rousseau lässt also in Übereinstimmung mit dem aufklärerischen Gedankengut die humanistische Unterscheidung von Muße (lateinisch *otium*, griechisch *schole*, Zeit zur Selbstverbesserung) und Müßiggang wieder aufleben: Der Hottentotte gehört nicht zur glücklichsten aller Epochen, weil er faul ist.[6] Muße beinhaltet das Versprechen, all jene Unterschiede zu erzeugen, aus denen Kultur besteht und die den Menschen zum anthropologischen Menschen machen; Müßiggang verspricht nichts außer Stillstand.

II

Die frühen Kap-Texte verurteilen den Hottentotten wegen seines Müßiggangs und schließen ihn tatsächlich aus Eden aus, indem sie festlegen, dass er, obwohl Mensch, nicht in die Abstammungslinie gehört, die von Adam durch ein Leben voll Mühe und Arbeit bis zum zivilisierten Menschen führt. Das soll heißen, der Hottentotte ist kein Urtypus des zivilisierten Menschen. Obwohl nicht behauptet werden kann, dass hinter den kritischen Äußerungen der frühen Schriftsteller eine so weitreichende Absicht lag, so bereitet doch diese Schlussfolgerung den Boden für die nächste Phase des Angriffs auf den Lebensstil der Hottentotten. Dieser Lebensstil war schon Mitte des 18.Jahrhunderts nicht mehr auf das Volk der Hottentotten beschränkt, sondern hatte Anhänger unter den holländischen Buren der entlegenen Grenzgebiete gefunden. Also schrieb O. F. Mentzel, der 1732–41 am Kap lebte, dass einige dieser Buren »sich so weit an das sorglose Leben, die Gleichgültigkeit, die faulen Tage und die Gemeinschaft mit Sklaven und Hottentotten gewöhnt haben, dass man zwischen ihnen und denen keine großen Unterschiede mehr erkennen kann« (2:115). Dieses »Hottentottenleben«, geprägt von Müßiggang und Sorglosigkeit, dieses *lekker lewe*, findet in den Kap-Texten nie einen Fürsprecher. Die List, zu der man durchaus hätte Zuflucht nehmen können – nämlich die, eine Analogie zwischen dem Hottentotten und dem Menschen vor dem Sündenfall, zwischen dem Kap und Eden, herzustellen und mit Hilfe dieser Analogie eine dürftige Legitimierung zu erreichen –, wird nie angewandt;[7] und obwohl das müßige Leben allseits weiter praktiziert wird, geschieht das unerlaubterweise und defensiv, und wenn die Öffentlichkeit es erfährt, wird es stets als skandalös empfunden.

Die Trägheit der Hottentotten wird von britischen Kommentatoren nach der Übernahme des Kaps durch Großbritannien im Jahre 1795 von neuem entdeckt. Robert Percival berichtet von »der besonderen Trägheit und fehlenden Energie des Hottentottencharakters«, was er als »angeborene schlechte Eigenschaft« diagnostiziert (84–85). John Barrow berichtet von Trägheit als »der Hauptursache für den Untergang« der Hottentotten, »eine wahre Krankheit, die offenbar nur durch Angst geheilt werden kann«, weil es sich gezeigt hat, dass Hunger nichts dagegen ausrichten kann (1:102). William Burchell lobt die mährischen Missionare dafür, dass sie auf körperlicher Arbeit bestehen, und sagt voraus, dass sie, wenn sie den Hottentotten erst einmal »die Notwendigkeit redlichen Fleißes« beigebracht haben, »wenigstens die Hälfte der Leiden der Hottentottenrasse mit der Wurzel ausgerissen« haben werden (1:80). Man ist sich einig, dass die Lebensweise der Hottentotten – gekennzeichnet vom Existenzminimum, das durch so wenig Lohnarbeit wie möglich erreicht wird (»Trägheit«), vom Umherziehen auf der Suche nach grüneren Weiden (»Landstreicherei«) und von einer manchmal unbekümmerten Haltung fremdem Eigentum gegenüber (»Stehlen«) – durch *Disziplin* (ein Schlüsselwort des Zeitalters) reformiert werden muss, wenn der Hottentotte in der Kolonie eine Rolle spielen (»seinen Beitrag leisten«) soll. Insofern diese Einstellung dem Umstand Rechnung trägt, dass ein Stammesleben der Hottentotten in den von Siedlern besetzten Gebieten nicht mehr existiert und dass die Hottentotten nur innerhalb der kolonialen Wirtschaft überlebensfähig sind, kann sie als realistisch bezeichnet werden. Aber insofern sie »Trägheit« als »Rassencharakter« der Hottentotten sieht, als »angeborene schlechte Eigenschaft«, die nur strenge Disziplin über Generationen hinweg ausrotten (»mit der Wurzel ausreißen«) wird, können wir zu Recht von einer rassistischen Einstellung sprechen. Ein Mensch mit dieser Einstellung betrachtet den Hottentotten und sieht nur Schmutz, Krankheit und völlige Lethargie; er verschließt die Augen vor der Möglichkeit, dass Menschen, die man vor die Wahl zwischen Müßiggang (mit daraus folgender Armut) und dem Elend lebenslanger körperlich schwerer Arbeit stellt, sich ausdrücklich für das Erstere entscheiden. Wenn er den angeborenen Fleiß des Europäers mit der angeborenen Faulheit des Hottentotten vergleicht, vergisst er anscheinend die Frühzeit der europäischen Industrialisierung, in der eine »Charakter«-Umwandlung über Generationen hinweg nötig war, ehe sich die Arbeiterklasse das Prinzip zu eigen machte, dass man mehr arbeiten sollte, als nötig ist, um die Stufe der materiellen Existenz, in die man hineingeboren wurde, abzusichern.[8] Um diese Umwandlung zu erreichen und die Leute glauben zu lassen, dass »die Möglichkeit, mehr zu verdienen, attraktiver ist als die, weniger zu arbeiten«, bedurfte es eines ausdauernden Programms der ideologischen Indoktrinierung, umgesetzt durch Schulen, Kirchen und die Massenblätter, ein Programm, das die unteren Klassen davon überzeugen sollte, dass Arbeit »notwendig und edel« ist (Anthony 41, 22). Ein Schriftsteller wie Barrow, Sohn eines Selfmade-Mannes und einflussreicher Berater in Fragen der Kolonialpolitik, ist ein bedingungsloser Befürworter dieser Ideologie, desgleichen die Missionare, denen das Indoktrinierungsprogramm in der Kolonie anvertraut war.

John Philip von der London Missionary Society (LMS) gestattete die Einrichtung eines Ladens auf der Missionsstation, um die Hottentotten von Bethelsdorp zu überreden, ihre Zeit mit dem Sammeln von Aloesaft zu verbringen. Das »Experiment«, die Hottentotten zum Arbeiten anzuhalten, indem man sie der Verlockung attraktiver, zum Kauf angebotener Waren aussetzte, war erfolgreich: »Geld stieg sofort in ihrer Wertschätzung.« Es spielt hier keine Rolle, wie »die Schaffung künstlicher Bedürfnisse« – Philip gibt zu, dass es sich darum handelt – moralisch zu beurteilen ist. Für Philip als Sozialwissenschaftler hatte der Hottentotte eindeutig keine Zukunft, wenn er nicht lernen würde, seine Arbeitskraft zu verkaufen. Er sagte seinen Schützlingen ganz offen, sie sollten nicht erwarten, dass sie die Missionsstationen als Zuflucht vor dem Schleppnetz der Kolonialverwaltung, die sie als Arbeitssklaven auf Farmen festsetzen wollte, nutzen könnten, als Zufluchtsorte, wo ein vorkoloniales System des Müßiggangs, der Sorglosigkeit und der lockeren Sitten weiter bestehen könnte; einmal ganz abgesehen von der Tatsache, dass die Missionare eine solche Lebensweise nicht gutheißen würden, »erwarteten die Welt und die Kirche Christi«, von der die Missionen finanziert wurden, »Zivilisation und Fleiß als Beweise für die Besserungsfähigkeit [der Hottentotten],... [da] Weltmänner keine anderen Kriterien hatten, nach denen sie urteilen konnten« (1:204–05, ix, 212). Mit anderen Worten, wenn die Hottentotten nicht auf den Missionsstationen arbeiten lernten, würden die Missionsstationen schließen, und sie wären auf Gedeih und Verderben den Farmern ausgeliefert. So oder so: sie mussten arbeiten. Während also die Siedler die Stationen der Londoner Missionsgesellschaft als »Brutstätten des Müßiggangs« denunzierten, war ebendiese Faulheit für die Missionare der »Charakterzug« des Hottentotten, der vor allen anderen getilgt werden musste.[9]

Wenn es auf den Stationen der Londoner Missionsgesellschaft nie ganz so bienenfleißig zuging wie angeblich auf den mährischen Missionsstationen, dann hauptsächlich deswegen, weil dort die Leute nicht ausgeschlossen wurden, die sich nicht an der Arbeit beteiligen, aber am Wohlergehen ihrer Landsleute teilhaben wollten. Wie ein Beobachter beklagte, wurde der Wohlstand der fleißigeren Hottentotten der Kat-River-Siedlung von »Squattern« (vermutlich Verwandten) aufgezehrt, die »sich einer gewohnheitsmäßigen Faulheit und lustlosen Untätigkeit hingaben«; und John Philip äußerte ähnliche Kritik an Missionsstationen, wo »die Einkünfte der Fleißigen von den Faulen aufgezehrt werden« (Marais 225, 249).

Aber der wahre Skandal des 19. Jahrhunderts war nicht der Müßiggang der Hottentotten (den man mittlerweile für rassenbedingt hielt), sondern der Müßiggang der Buren. Das Abrutschen der Farmer in eine faule Lebensart kann bis in die ersten Siedlungsjahrzehnte zurückverfolgt werden. Gouverneur Wagenaar, van Riebeecks Nachfolger, schrieb 1663 an die Handelskammer und schlug vor, dass ein halbes Dutzend freier Farmer heimbeordert werden sollten wegen ihrer »Trägheit und ... ihrer ungeregelten und zügellosen Lebensweise«. Von der Kammer, die das Problem schon aus der ostindischen Kolonie kannte, wurde er in tolerantem Ton daran erinnert, dass »unsere Leute im Ausland immer mühsam zur Arbeit bewegt werden müssen«, und ihm wurde vorgeschlagen, dass er sich stärker auf Sklaven stützen solle (D. Moodie 270, 279). »Zu viel Glück hat bei den Farmern Faulheit erzeugt«, schreibt Grevenbroek 1695 (Schapera 273). Ein Jahrhundert später bemerkt Le Vaillant, dass »man aus der völligen Untätigkeit, von der ihr Leben bestimmt ist, schließen könnte, ihr höchstes Glück sei das Nichtstun«.[10]

Dieses Abgleiten in Faulheit betraf nicht nur den Farmer, sondern auch den Bürger von Kapstadt. Stavorinus beschreibt einen typischen Tag im Leben eines Bürgers Ende des 18. Jahrhunderts: am Vormittag ausgedehntes Rauchen und Spazierengehen, ein oder zwei Stunden Geschäfte, ein Mittagessen, gefolgt von einem Schläfchen, am Abend Kartenspiel – alles in allem »ein sehr gemächliches Leben« (248). Percival und Barrow bestätigen diesen Bericht ein Jahrzehnt später: »Ein äußerst beklagenswertes Bild der Faulheit und trägen Dummheit«, nennt es Percival (Percival 255; Barrow 2:100–01).

Die schroffsten Bemerkungen der Kommentatoren des 19. Jahrhunderts sind aber für die Buren in den Grenzregionen reserviert. Barrow schreibt in seinem Überblick über das Wirtschaftspotential der Kolonie: »Ihre Einfallslosigkeit verhindert aber, vielleicht zu ihrem Glück, dass ihnen die Zeit lang wird ... [Sie haben ein] kaltes, phlegmatisches Temperament und [eine] müßige Lebensweise ..., einen trägen Körper und ein unterwürfiges Gemüt.« Da Barrow Faulheit als inzwischen zum »Wesen« des Buren gehörig ansieht, vermutet er, dass die Kolonie nicht rentabel werden wird, ehe nicht dieses »Wesen« verändert wird, oder, wenn das nicht gelingt, die Buren durch fleißigere und unternehmungslustigere Siedler ersetzt werden (1:32; 2:118; 1:386).

Dieser Kehrreim wird von jedem Reisenden wiederholt, der in das Hinterland vordringt und auf Farmer trifft, die in schäbigen Behausungen auf riesigen Flächen leben, Menschen, die kaum des Lesens und Schreibens mächtig sind und primitive Kleidung tragen, umgeben von Sklaven und Dienern mit zu wenig Beschäftigung, die körperliche Arbeit verachten und sich damit zufrieden geben, in einem Land der möglichen Fülle Ackerbau nur für den Eigenbedarf zu betreiben. Percival kommentiert das so: »Wahrscheinlich findet man in keiner Gegend der Welt ein Beispiel europäischer Abenteurer, denen es so gänzlich an Unternehmungsgeist mangelt und denen die Kunst, ihre Situation zu verbessern, so völlig gleichgültig ist.« Die Frauen in den Grenzgebieten findet er besonders »faul, lustlos und träge«, und dieses Urteil wird von J. W. D. Moodie bestätigt: »Ihr Benehmen und ihre Angewohnheiten sind außerordentlich träge und phlegmatisch, ihre Kleidung ist schmutzig und schlampig« (Percival 211; Moodie 1:170). In den Grenzregionen »gehen die Tage und Jahre in elender Untätigkeit dahin«, sagt John Campbell (81). Burchell macht die Beobachtung, dass der neu Eingewanderte, voller Tatkraft und Energie, schnell zu Wohlstand kommt, dann aber »die groben Manieren [des Afrikaners] annimmt, die er zuerst verachtet hat, und dass sein Leben nach und nach zur rein triebhaften Existenz degeneriert.« Burchell wiederholt Barrows Diagnose, dass Faulheit zum Bestandteil des Burencharakters geworden ist, und hält sich an Barrows Rezept, dass eine Art Missionsarbeit nötig sein wird, um den Buren in die moderne Welt einzugliedern: »Die Ungezwungenheit eines trägen Lebens mit all seinen Mängeln erscheint [ihnen] so viel angenehmer als die Mühsal eines arbeitsamen Lebens mit all seinen Vorteilen, dass das Leben solcher Menschen völlig neu gestaltet werden muss, ehe sie in der Lage sind, die Fortschritte anderer Länder zu übernehmen« (1:194, 377). Fünfzig Jahre nach Burchell findet Gustav Fritsch unter den Buren einen Grad »von Indolenz und Gleichgültigkeit«, der »im Erfolg der Beständigkeit chinesischer Zustände durchaus gleich ist« (90); und die

Carnegie-Kommission der 30er Jahre des 20.Jahrhunderts erwähnt wieder die »Trägheit« der »armen weißen« Nachkommen dieser Farmer, eine Trägheit, die sie unter anderem dem südafrikanischen Klima, dem Vorurteil gegen »Kaffernarbeit« und einer Tradition des leichten Lebens zuschreibt (Wilcocks 52–79).

Die Wortführer des Kolonialismus sind abgestoßen vom Leben der Buren in Schmutz und Elend und Trägheit, weil es ein düsteres Zeugnis sei, wie sich Menschen europäischer Herkunft nach wenigen Generationen in Afrika zurückentwickeln können.[11] Weil der Bure sich damit zufrieden gibt, nicht mehr als den unmittelbaren Lebensunterhalt aus dem Boden herauszuholen, scheint er darüber hinaus die Kolonisierungsmission zu verraten, da der Kolonialismus zur Rechtfertigung seiner Eroberungen demonstrieren muss, dass der koloniale Siedler ein besserer Verwalter der Erde ist als der Eingeborene (zur Unterstützung wird meist die Bibelstelle Matthäus 25:14–30, das Gleichnis vom anvertrauten Vermögen, zitiert). In dem Vergleich, den britische Kommentatoren zwischen dem arbeitsamen englischen Kleinbauern und dem lustlosen holländischen Buren ziehen, ist auch das chauvinistische Element nicht zu übersehen.

Aber bei der britischen Reaktion auf den burischen Müßiggang gibt es eine weitere Komponente, eine Komponente der moralischen Empörung, die ihren Ursprung in der Wahrnehmung hat, dass die burische Muße auf Kosten des elenden Lebens der Sklaven und Diener erreicht wird. Die Muße der Farmer ist skandalös, weil sie verdorben ist: Der Fall Kapkolonie scheint das aus der Antike stammende Verdikt (s. Davis Kap. 3; Lecky 1:277), dass die Sklaverei den Sklavenhalter korrumpiert, zu bestätigen.»Der Besitz von Sklaven und die Unterwerfung der Hottentotten ... waren die Ursache für die ungeheure Demoralisierung aller Klassen in dieser Kolonie« (J. W. D. Moodie 1:176).»Der Makel der Sklaverei macht den weißen Mann, hier wie anderenorts auch, träge« (Alexander 1:70). In der Kap-Provinz äußert sich der Makel auf besonders heimtückische Weise, weil, abgesehen von dem eigenen Vorurteil des Sklavenhalters gegen körperliche Arbeit, Müßiggang als um sich greifende Lebensweise auch zur Folge hat, dass sich um jeden Farmherrn eine Schar Abhängiger und Schmarotzer bildet, die nur wenig arbeiten und die armseligsten Löhne erhalten. Während also die Verachtung der Arbeit bei den Herren selbstverständlich wird, hat das System nicht einmal den Ausgleich, dass Arbeitseifer bei den Dienern gefördert wird – die oft burische Herren den britischen vorziehen, wie man feststellen kann, weil Letztere, obwohl sie besser bezahlen, zu viel Arbeit verlangen (Marais 130–31).

Andererseits geraten die Berichterstatter *als Schriftsteller* durch den Müßiggang der Buren nicht in dieselbe Krise wie damals im 17.Jahrhundert durch den Müßiggang der Hottentotten. Denn während das frühere Schreiben im Rahmen der sich entwickelnden Wissenschaft vom Menschen mit ihren universellen und daher obligatorischen kulturellen Kategorien stattfand, nimmt die Berichterstattung im 19.Jahrhundert die Form der episodenhaften Erzählung an, bei der es dem Erzähler freisteht, quer durch die Kolonie zu reisen, Sehenswürdigkeiten zu besichtigen, Jagdabenteuer zu bestehen, Leute kennen zu lernen, Anekdoten und seltsame Begebenheiten zu erzählen. Es handelt sich hier eigentlich um das Genre *Plaudereien*, wie die typischen ausführlichen Kapitelüberschriften andeuten.[12] Bei dieser Form kann fast jedes Material die ethnographische Lücke füllen, die von der Lethargie der Hottentotten und Buren geschaffen wird, solange es unterhaltsam ist.

Die Tatsache, dass der Müßiggang der Buren auf Kosten einer Dienerklasse erreicht wird und sich daher in einer entscheidenden Hinsicht vom alten Müßiggang der Hottentotten unterscheidet, hat die natürliche Folge, dass die philosophische Frage, die in Bezug auf die Hottentotten nicht gestellt wurde, noch viel weniger in Bezug auf die Buren gestellt wird, nämlich, ob diese Farmer der Grenzgebiete, wenn wir einmal von ihrem schmutzigen Äußeren, den Wolken von Fliegen, der groben Kleidung absehen, nicht eigentlich für die Ablehnung des Fluches von Disziplin und harter Arbeit zugunsten einer paradiesischen afrikanischen Lebensweise stehen, bei der man die Früchte der Erde genießt, wenn sie einem in den Schoß fallen, bei der Arbeit als Geißel angesehen und gemieden wird und Müßiggang und Muße eins werden? Das moralische und politische Weltbild des typischen britischen Besuchers am Kap machte es unwahrscheinlich, dass ein solcher Gedanke aufkam. Trotzdem wurde die Fantasievorstellung von einem afrikanischen Eden nicht völlig unterdrückt, besonders nachdem die Bemühungen der ersten romantischen Welle, im Kind oder im Bauern oder im Wilden den Menschen vor dem Sündenfall zu entdecken, die Suche nach den Wurzeln des Menschen zum Gemeinplatz der Reiseliteratur gemacht haben. Natürlich fragt keiner, ob die Lethargie des Hottentotten oder die Faulheit des Buren ein Zeichen dafür ist, dass alle Bedürfnisse gestillt und alle Wünsche erfüllt sind und Eden wiedergefunden wurde. Aber es gibt einen aufschlussreichen Moment in den *Travels* von Burchell, der unter den Reiseschriftstellern des 19.Jahrhunderts vielleicht derjenige ist, der für die Lebensweise der Eingeborenen am ehesten Sympathie hegt. 1812 verbrachte Burchell einen Abend mit einer Gruppe Buschmänner irgendwo zwischen Prieska und De Aar, machte sich Aufzeichnungen zu ihrer Musik und beobachtete sie beim Tanz. Um Mitternacht ging er schlafen. Über den Abend sagt er:

»Wenn ich über diese Wilden nichts weiter erfahren und gewusst hätte als die Ereignisse dieses Tages und den Zeitvertreib dieses Abends, dann hätte ich nicht gezögert, sie zu den glücklichsten aller Sterblichen zu erklären. Frei von Sorgen und genügsam schien ihr Leben dahinzugleiten, wie ein ruhiger Fluss durch Blumenwiesen strömt. Sie verbrachten die Stunden lachend und fröhlich, grübelten nicht, sorgten sich nicht um die Zukunft und dachten nicht an die Vergangenheit.«

Obwohl mit Einschränkungen versehen (»Wenn ich über diese Wilden nichts weiter erfahren und gewusst hätte ...«), ist das eine Vision vom Menschen vor dem Sündenfall, und Burchell bestätigt das Verführerische dieser Vision: »Ich saß dort, als wäre die Hütte mein Zuhause, und fühlte mich inmitten dieser Horde, als wäre ich einer von ihnen; eine Weile lang ... vergaß ich, dass ich ein einsamer Fremder in einem Land wilder ungebildeter Menschen war« (2:48). Und selbst Barrow, der die Buren so kritisiert und die Hottentotten so verachtet (»vielleicht die elendste aller Menschenrassen« [1:93]), kann von den Kaffern beeindruckt sein und mutmaßen, dass der natürliche Adel ihrer Haltung von einfacher Ernährung, festen Gewohnheiten, Alkoholabstinenz, reiner Luft, viel Bewegung und Keuschheit herrühren muss – mit anderen Worten, von der Abwesenheit der krankmachenden Zivilisationsfaktoren in einem System, das die britische Public School später zu kopieren versuchte. Aber was Barrow zu diesen afrikanischen Spartanern hinzieht, ist in erster Linie ihre »Lebhaftigkeit, Geschäftigkeit und Lebendigkeit« (1:119), während Burchells Lobrede erst kommt, nachdem die Buschmänner getanzt haben, »bis das Morgenlicht ankündigte, dass andere Pflichten ihre Zeit forderten«. Es scheint, als ob der Wilde sich erst unter das Joch von »Geschäftigkeit« und »Pflichten« begeben müsse, ehe der Gedanke zugelassen wird, dass er zum Goldenen Zeitalter gehört.

III

Heute sehen wir wohl den Müßiggang der Hottentotten nicht so kritisch (die Buren sind ein etwas anderer Fall). Ein Jahrhundert der anthropologischen und historischen Schulung liegt hinter uns, weswegen wir uns davor hüten, das Leben fremder Völker allzu oberflächlich und von einem zu egozentrischen Standpunkt aus zu betrachten. Wenn wir die Möglichkeit hätten, das Kap-Gebiet des 17. Jahrhunderts zu besuchen, könnten wir durchaus erwarten, Züge des Hottentottenlebens zu entdecken, die Beobachtern des 17. Jahrhunderts entgangen waren. Wir würden vielleicht die jahreszeitlichen Unterschiede in der Aktivität und den Rhythmus der Hottentotten-»Woche« eher bemerken. Wir wären nicht so vorschnell, ein ganzes Volk träge zu nennen, weil die Männer herumliegen, während die Frauen arbeiten (ein Umstand, den mehrere frühe Reisende bemerkten). Wir würden vielleicht unsere Aufmerksamkeit weniger auf die Jagd und den Fischfang und die Zubereitung von Fleisch richten – ein Gebiet, auf dem Tabus oft miteinander kollidieren – und mehr auf die Sammeltätigkeit der Frauen und Kinder. Wir würden uns hüten, jene Hottentotten an den Rändern der holländischen Siedlungen als typisch für alle Hottentotten anzusehen.[13] Mit unserem größeren historischen Wissen könnten wir auch besser würdigen, was für eine gewaltige kulturelle Revolution damit verbunden ist, wenn ein Volk von einer Subsistenzwirtschaft zu einer Vorratswirtschaft übergeht, vom nomadisierenden Hirtenleben zur Landwirtschaft – in der Tat eine

Entwicklung, von der man sagen kann, dass der Begriff *Arbeit* hier in der Geschichte auftaucht.

Wir treten dem Hottentotten – so möchten wir gern glauben – mit unserer modernen Wissenschaft vom Menschen aufgeschlossen gegenüber. Doch gerade darin steckt der Keim eines heimtückischen Verrats. Denn es ist bei der modernen Wissenschaft vom Menschen nicht wesentlich anders als bei der Wissenschaft vom Menschen, die es mit den echten Hottentotten zu tun hatte und frustriert von ihnen war – beide gründen sich auf den Willen, in einer Gesellschaft das Wirken einer Kultur zu sehen. Die Wissenschaft vom Menschen ist selbst eine Disziplin, eine von denen, die Foucault die Disziplinen der Überwachung nennt; zu ihren Aufgaben gehören das Aufspüren und Erforschen unbekannter Gesellschaften in allen Winkeln der Erde, das Fotografieren und Aufzeichnen und Entschlüsseln ihrer Aktivitäten (*Überwachen und Strafen* 221). Wenn der Hottentotte die Ideologie der Arbeit nicht innerhalb einer Generation in sich aufnahm, können wir nicht erwarten, dass der Bürger der westlichen Welt seine Loyalität ihr gegenüber von heute auf morgen abschütteln kann. Es wäre besonders voreilig, wenn man erwarten wollte, dass der moderne Forscher und Schriftsteller großzügiger als seine Vorfahren auf eine Lebensweise reagieren sollte, die in ihrer extremen Form so träge ist, dass sie ihm nichts zu berichten gibt. Die Versuchung zu sagen, es sei etwas *am Wirken*, wenn es nichts Derartiges gibt, ist immer groß. Das Kapitel hier widersteht dieser Versuchung nicht ganz. Die Herausforderung des Müßiggangs gegenüber der Arbeit, die Skandalträchtigkeit des Müßiggangs, ist heute so radikal wie eh und je. Wir könnten uns wirklich die Frage stellen – aber das würde den Rahmen unserer jetzigen Diskussion sprengen –, ob die Herausforderung, die der Müßiggang für die Philosophie darstellt, weniger groß oder subversiv ist als die Herausforderung durch das Erotische, speziell durch das *Schweigen* der Erotik (vgl. Bataille 273–76).

Die Geschichte des Müßiggangs in Südafrika ist kein Randthema oder keine Kuriosität. Um das bestätigt zu bekommen, braucht man sich nur das Erscheinungsbild der Arbeit in Südafrika im 20. Jahrhundert anzuschauen. Der Müßiggang der Buren existiert noch in den Tabus für bestimmte Arten körperlicher Arbeit *(hotsnotswerk, kafferwerk)* und auch in Ritualen der Muße, die sich von Müßiggang nicht unterscheiden lassen (auf der Veranda sitzen, am Strand liegen). Der Müßiggang des Eingeborenen ist noch anwesend in der Tradition der Überbeschäftigung und Unterbezahlung, die in beiden Lagern gepflegt wird. Demzufolge werden zwei Männer angeheuert, um die Arbeit eines Mannes zu tun, wobei jeder die Hälfte der Zeit arbeitet und die Hälfte der Zeit untätig herumsteht und dafür je einen halben Lohn bekommt. Der luxuriöse Müßiggang des Siedlers wird immer noch von Europa aus kritisiert, der Müßiggang des Eingeborenen immer noch von seinem »Master« beklagt. Es ist hoffentlich klar geworden, dass ich keinesfalls in den Chor der moralisierenden Missbilligung einstimme. Ich hoffe im Gegenteil eine Möglichkeit eröffnet zu haben, Müßiggang seit 1652 als authentische Reaktion der Eingeborenen auf eine fremdartige Lebensweise zu interpretieren, eine Reaktion, die in der Literatur nur selten verteidigt wurde, und auch dann nur halbherzig (man denke an H. C. Bosman), die aber eine gewaltige allgemeine Anziehungskraft ausgeübt hat, und das seit den Zeiten, als Berichterstatter über Europäer, die infolge ihres zu nahen Umgangs mit den Hottentotten in ein faules Leben abglitten, den Kopf zu schütteln begannen. Es zeigt, wie gewaltig diese Anziehungskraft bis in unsere Zeit geblieben ist, wenn die Regierung nach 1948 ein Gesetzesprogramm zur Reformierung der südafrikanischen Gesellschaft auf den Weg brachte – und insoweit sie damit auf gesellschaftliche Realitäten reagierte, war sie dazu gezwungen. Zwei Ecksteine dieses Programms waren das so genannte Gesetz gegen Unmoral (Immorality Act: Gesetz, das Sex zwischen verschiedenen Rassen verbot) und das Gesetz gegen Mischehen (Mixed Marriages Act: Gesetz, das eine Ehe verschiedenrassiger Partner verbot), Gesetze, deren hauptsächliche Absicht und deren praktische Auswirkung es waren, den weißen Männern die Freiheit zu nehmen, aus den Reihen der arbeitenden Klasse auszusteigen, sich mit farbigen Frauen einzulassen, sich ein mehr oder weniger faules, träges, unbekümmertes Leben anzugewöhnen und Heerscharen zerlumpter Kinder aller Farbschattierungen zu zeugen, ein Prozess, der am Ende, wenn man seine Beschleunigung zuließe, so sah man voraus, den Untergang der weißen christlichen Zivilisation an der Spitze Afrikas bedeuten würde.

Bekenntnis und Zwiespalt der Gedanken: Tolstoi, Rousseau, Dostojewski (1985)

Im zweiten Buch seiner *Bekenntnisse (Confessiones)* erzählt Augustinus, wie er als Junge zusammen mit einigen Freunden eine gewaltige Menge Birnen aus Nachbars Garten stahl, und zwar nicht, weil sie die Birnen essen wollten (die Jungen verfütterten sie dann an die Schweine), sondern weil es ihnen Spaß machte, etwas Verbotenes zu tun. Er wurde ohne Not kriminell, »ohne dass es für meine Bosheit einen Grund gab, ausgenommen die Bosheit selbst«. Seine »nichtswürdige Seele« war »nicht etwa durch schändliches Tun auf etwas aus ..., sondern auf das schändliche Tun selbst«. Er beging den Diebstahl mit Freunden zusammen, »aus Schamgefühl, nicht schamlos zu sein«.[1]

Zu jener Zeit, so berichten die *Bekenntnisse*, erfüllt der Diebstahl das Herz des jungen Augustinus mit Scham. Aber den Jungen (so erinnert sich der Erwachsene) verlangt es in seinem Herzen nach ebendiesem Gefühl der Scham. Und er ist in seinem Herzen nicht beschämt (geläutert) durch das Wissen, dass er danach strebt, Scham kennen zu lernen: im Gegenteil, das Wissen darum, dass sein eigenes Verlangen beschämend ist, befriedigt das Verlangen, Scham zu erleben, und gibt gleichzeitig einem Gefühl der Scham Nahrung. Und dieses Gefühl der Scham wird sowohl mit Genugtuung erlebt als auch durch Selbsterforschung als eine weitere Quelle der Scham erkannt, wenn es erkannt wird; und so weiter ohne Ende.

In den »zahllosen Feldern, Grotten und Höhlen meines Gedächtnisses« (10. Buch/XVII/26; S. 270) lebt die Scham im erwachsenen Mann fort. »Wer könnte diese mehrfach verschlungene und verwickelte Verknotung lösen? Sie ist widerwärtig; ich will ihr keine Beachtung mehr schenken« (2. Buch/X/18; S. 69). Augustinus' Not ist wirklich abgrundtief. Er möchte wissen, was den Anfang des Geflechts aus erinnerter Scham bildet, was die Quelle ist, aus der sie entspringt, aber das Geflecht ist endlos, die Stufen der Selbsterforschung, die nötig sind, um den Anfang zu erreichen, nehmen kein Ende. Doch solange der Ursprung der beschämenden Tat nicht gefunden ist, kann das Selbst keine Ruhe finden.

Die Beichte ist eine Komponente in einer Abfolge von Sünde, Beichte, Reue und Absolution. Absolution bedeutet das Ende der Episode, das Schließen des Kapitels, Befreiung von der bedrückenden Erinnerung. Die Absolution ist deshalb in diesem Sinne das unabdingbare Ziel allen Bekennens, innerhalb oder außerhalb der Institution Kirche. Im Gegensatz dazu ist die Sünde keine elementare Komponente. In Augustinus' Geschichte ist der Birnendiebstahl die Sünde, aber das, was er bekennen muss, verbirgt sich hinter dem Diebstahl, eine Wahrheit über ihn selbst, die er noch nicht kennt. Seine Birnengeschichte ist deshalb ein zwiefaches Bekennen von etwas, das er kennt (die Tat), und von etwas, das er nicht kennt: »So will ich denn bekennen, was ich von mir weiß und was ich von mir nicht weiß, denn was ich von mir weiß, das weiß ich, weil du mich erleuchtest, und was ich von mir nicht weiß, das weiß ich so lange nicht, bis meine Finsternis taghelles Licht wird in deinem Angesicht« (10. Buch/V/7; S. 255). Die Wahrheit über das Selbst, mit der die Suche nach dem Ursprung des Falschen im Selbst beendet ist, kann – so bestätigt er – mit Introspektion auch weiterhin nicht erlangt werden.

In diesem Essay verfolge ich das Schicksal einer Reihe von weltlichen Beichten, erdichtet und autobiographisch, während ihre Verfasser sich dem Problem stellen oder ihm ausweichen, wie man die Wahrheit über sich selbst kennen kann, ohne sich selbst zu täuschen, und wie man die Beichte im Geist dessen, was man für das weltliche Äquivalent der Absolution hält, enden lässt. Eine gewisse Unschärfe ist unvermeidlich, wenn

man den Ausdruck *Beichte* von einem religiösen in einen weltlichen
Kontext überführt. Trotzdem können wir eine Art von autobiographi-
schem Schreiben, das sich mit *Beichte* oder *Bekenntnis* bezeichnen lässt,
von den *Memoiren* und der *Apologie* abgrenzen durch das zu Grunde
liegende Motiv, eine wesentliche Wahrheit über sich selbst zu sagen.[2]
Diese Art wird manchmal von Montaigne gepflegt,[3] aber sie wird ganz
besonders durch Rousseaus *Bekenntnisse* definiert. Und was die literarischen Bekenntnisse angeht, so wurde diese Form schon von Defoe
mit seinen erfundenen Bekenntnissen solcher Sünderinnen wie Moll
Flanders und Roxana gepflegt; und in unserer Zeit sind literarische
Bekenntnisse zu einer besonderen Romanform geworden, bei der Probleme der Wahrhaftigkeit und Selbsterkenntnis, der Täuschung und
Selbsttäuschung im Vordergrund stehen.[4] Zwei dieser literarischen Texte,
die ich näher betrachte, Dostojewskis *Aufzeichnungen aus dem Kellerloch*
und Tolstois *Kreutzersonate* können literarische Bekenntnisse im engeren
Sinne genannt werden, weil sie überwiegend aus der Wiedergabe von
Bekenntnissen abscheulicher Taten, die von ihren Erzählern begangen
wurden, bestehen. Ippolit Terentjews»Erklärung« in *Der Idiot* ist eine
Apologie auf dem Totenbett, bei der es bald auch um die Probleme
Wahrheit und Selbsterkenntnis geht, die für das Bekenntnis typisch
sind. Schließlich wirft Stawrogins Bekenntnis in *Böse Geister* die seit
Montaignes Zeit nicht mehr gestellte Frage auf, ob eine weltliche
Beichte, für die es – fiktiv oder real – einen Zuhörer oder ein Publikum
gibt, aber keinen zur Absolution bevollmächtigten Beichtvater, jemals
zu jenem *Abschluss* führen kann, der bekanntlich das Ziel der Beichte
ist.[5]

Tolstoi

Es ist der zweite Abend einer langen Bahnreise. Das Gespräch unter
den Reisenden hat sich dem Thema Ehe, Ehebruch und Scheidung
zugewandt. Ein grauhaariger Herr äußert sich zynisch über die Liebe.
Er nennt seinen Namen: Posdnyschew, verurteilter Mörder seiner Gat-
tin. Die Mitreisenden rücken von ihm ab und lassen ihn mit dem

namenlosen Erzähler allein, dem er jetzt anbietet, »alles von Anfang an [zu] erzählen«. Die Beichte Posdnyschews, wiedergegeben von diesem Erzähler, macht den Hauptteil von Tolstois *Kreutzersonate* (1889) aus.[6] Posdnyschews Geschichte ist die eines Mannes, der in einem »Abgrund von Irrtümern und Täuschungen in Bezug auf die Frauen und unser Verhältnis zu ihnen« lebte und der schließlich eine »Episode« krankhafter Eifersucht durchmachte, in der er seine Frau tötete. Erst später, nachdem er ins Gefängnis gesteckt worden war, geschah es, dass »mir… die Augen aufgegangen sind und ich alles in einem ganz anderen Licht sehe. Alles ist wie ausgetauscht, alles ist auf den Kopf gestellt.« (150). Der Augenblick, als alles auf den Kopf gestellt worden ist (*nawyworot'*, »von innen nach außen gekehrt/auf den Kopf gestellt«), ist der Moment der Erleuchtung, der ihm die Augen für die Wahrheit öffnet und ein wahres Bekenntnis möglich macht. Die Beichte, die er im Zug beginnt, hat somit zwei Seiten: die Tatsachen der »Episode«, die natürlich schon vor Gericht herausgekommen sind, und die Wahrheit über sich, für die ihm seitdem die Augen geöffnet wurden. Das Erzählen dieser Wahrheit ist wiederum eng verbunden mit dem Anprangern eines Irrtums, eines Irrtums, in dem seiner Meinung nach die ganze Klasse, aus der er kommt, immer noch befangen ist.

Mit seinem erregten Gehabe, dem merkwürdigen kleinen Laut, den er von sich gibt (halb Husten, halb unterdrücktes Lachen), seinen seltsamen Ansichten über Sex und seiner Vorgeschichte als Gewalttäter ist Posdnyschew offenkundig ein sonderbarer Mensch, und man wäre nicht überrascht, wenn die von ihm berichtete Wahrheit nicht mit der Wahrheit übereinstimmte, wie sie von dem ruhigen, nüchternen Zuhörer verstanden und uns später nacherzählt wird. Wir wären, anders ausgedrückt, nicht überrascht, wenn sich unsere Lektüre als eines jener Bücher herausstellte, in denen der Sprecher glaubt, dass er uns die eine Wahrheit erzählt, während uns langsam klar wird, dass eigentlich eine andere Wahrheit erzählt wird – ein Buch wie Nabokows *Fahles Feuer* beispielsweise, in dem der Erzähler glaubt, er spreche *für* sich, wir ihn aber nur allzu leicht in einem Sinn verstehen, der *gegen* ihn spricht.

Ich möchte damit anfangen, die Wahrheit so zusammenzufassen, wie sie Posdnyschew sieht, und ihn selbst zu Wort kommen lassen.

Posdnyschews Wahrheit

Als Sohn meiner Klasse erhielt ich meine sexuelle Initiation in einem Bordell. Der Umgang mit Prostituierten verdarb meine Beziehungen zu Frauen für immer. Doch mit »verschiedenen entsetzlichen Verbrechen, an Frauen begangen, auf dem Gewissen« wurde ich in den Häusern von meinesgleichen willkommen geheißen, und mir wurde gestattet, mit ihren Frauen und Töchtern zu tanzen (154).

Ich verlobte mich mit einem Mädchen. Es war eine Zeit, in der Sinnesfreuden versprochen wurden, was noch durch aufreizende Kleider, gehaltvolles Essen und Mangel an körperlicher Bewegung gesteigert wurde. Unsere Flitterwochen waren enttäuschend, und das Eheleben entwickelte sich so, dass Anfälle von Feindseligkeit mit Anfällen von Sinnlichkeit einander abwechselten. Wir verstanden nicht, dass die Feindseligkeit, die wir füreinander verspürten, »der Protest der menschlichen Natur gegen das Tierische, von dem sie unterdrückt zu werden drohte«, war (175).

Die Gesellschaft billigt durch ihre Priester und Ärzte unnatürliche Praktiken: Geschlechtsverkehr während der Schwangerschaft und der Stillperiode, Empfängnisverhütung. Empfängnisverhütung war der Umstand, »den niemand beachtete, der aber alles Weitere verursachte«, denn er gestattete meiner Frau, sich unter fremden Männern zu bewegen, mit der »ganze[n] verführerische[n] Kraft eines dreißigjährigen, gutgenährten und erregten Weibes, das keine Kinder mehr zur Welt bringt« (193, 194).

Ein Mann namens Truchatschewski, ein Violinist, erschien auf der Bildfläche. Von einer »eigentümliche[n], verhängnisvolle[n] Kraft« getrieben, ermutigte ich seine Freundschaft mit meiner Frau, und es begann »die alte Lügenkomödie«. Er spielte mit meiner Frau Duos, ich kochte vor Eifersucht, hielt aber eine lächelnde Fassade aufrecht, meine Eifersucht erregte meine Frau, während ein »elektrischer Strom« zwischen ihr und ihm floss (203–04). Im Rückblick sehe ich jetzt, dass gemeinsames Musizieren, wie miteinander Tanzen, wie die Vertrautheit von Bildhauern mit ihren weiblichen Modellen oder von Ärzten mit ihren Patientinnen, ein Weg ist, den die Gesellschaft offen hält, um illegale Liaisons zu ermutigen.

Ich begab mich auf eine Reise, doch ich musste immer an eine Äußerung denken, die Truchatschewskis Bruder einmal gemacht hatte: Er schliefe nur mit verheirateten Frauen, weil sie »sicher« waren. Bei ihnen würde er sich nicht anstecken. Von eifersüchtiger Wut übermannt, eilte ich nach Hause. Truchatschewski und meine Frau spielten Duos. Ich stürmte mit einem Dolch zu ihnen hinein. Truchatschewski floh. Meine Frau flehte mich an: »Komm zu dir! Was willst du? Was ist dir? Es ist nichts, nichts, nichts ... Ich schwöre es dir!« (333). Ich erstach sie.

Im Gefängnis ging »die sittliche Wandlung« in mir vor, und ich erkannte, wie mein Schicksal vorbestimmt gewesen war. »Ja, hätte ich gewusst, was ich jetzt weiß, so wäre alles ganz anders gekommen. Ich ... hätte überhaupt nicht geheiratet« (234, 239).

Tolstois Wahrheit

Als Antwort auf einen Brief von Lesern, die danach fragten, »was ich über den Gegenstand, welcher den Inhalt meiner Erzählung *Die Kreutzersonate* bildet, denke«, veröffentlichte Tolstoi 1890 ein »Nachwort«, in dem er in der Form von Regeln aussprach, was er »sagen wollte«. Es ist falsch, wenn Unverheiratete sich ungehemmtem Geschlechtsverkehr hingeben. Die Menschen sollten lernen, natürlich zu leben und mäßig zu essen; dann würde ihnen sexuelle Enthaltsamkeit leichter fallen. Man sollte ihnen auch nahe bringen, sexuelle Liebe »als einen den Menschen erniedrigenden tierischen Zustand« zu betrachten. Empfängnisverhütung und die Praxis des Geschlechtsverkehrs während der Stillperiode sollten aufhören. Keuschheit ist ein für die Ehe vorzuziehender Zustand.[7]

Die andere Wahrheit »von« Posdnyschew

Wenn man aber Posdnydschews Geschichte noch einmal liest und andere Elemente betont als die, welche Posdnydschew und der Tolstoi des »Nachworts« zu betonen beliebten, entdeckt man eine andere Wahrheit.

Ich könnte diese alternative Wahrheit »von« Posdnyschew mit eigener Stimme aus dem eigenen »Ich« heraus sprechen lassen. Doch dann könnte man mich so verstehen, als beurteile ich den Fall im Voraus, indem ich dieser zweiten Stimme die gleiche Autorität zubillige wie der ersten, der Stimme, die Posdnyschew für die seine hält. Ich möchte also die andere Wahrheit einfach als etwas niederschreiben, was »von« oder »über« Posdnyschew postuliert wird, was man seinen Äußerungen entnehmen kann, doch nicht als die Wahrheit, die er selbst bekennt.

In den Ballsälen und Salons von Posdnyschews Klasse will es die Konvention, dass keiner hinter das »schön sauber gewaschen[e], glatt rasiert[e], parfümiert[e]« Äußere der jungen Männer schauen darf, um sie zu sehen, wie sie bei ihren schmutzigen nächtlichen Ausschweifungen mit Prostituierten sind. Eine andere Konvention behauptet, es gäbe zwei Arten von Frauen, anständige Frauen und Prostituierte, selbst wenn sich anständige Frauen gelegentlich wie Prostituierte kleiden, »die gleichen nackten Arme, Schultern, Brüste, die gleiche Art, den Leib einzuschnüren«. Ja, die Frauen wollen uns mit ihren Kleidern aufreizen. Posdnyschew: »Jetzt aber empfinde ich geradezu ein Grauen ... und möchte nach der Polizei rufen, Schutz gegen die Gefahr fordern« (154, 163).

Posdnyschew heiratet und begibt sich in die Flitterwochen. Die Erfahrung ist enttäuschend – er vergleicht sie mit dem Besuch einer Jahrmarktsattraktion, die in einer Bude gegen Bezahlung gezeigt wird, wo man drinnen entdeckt, dass man betrogen wurde, aber sich wegen seiner Leichtgläubigkeit zu sehr schämt, als dass man andere Neugierige vor dem Betrug warnt. Er denkt besonders an eine als bärtiges Weib angepriesene Jahrmarktsattraktion, die er einst in Paris besuchte (166). Und was den Geschlechtsverkehr angeht, so führt er zu Hass und letztendlich zum Mord. Das Morden geschieht immerzu. »Genauso wie sie alle jetzt morden, alle, alle ...« Doch selbst wenn eine Frau schwanger ist, wird »dieses heilige Werk« gestört dadurch, dass sie das Eindringen des männlichen Glieds gestattet (175, 176).

Dann kommt Truchatschewski, mit seinem »stark entwickelte[n] Hinterteil«, »mit seinem hüpfenden, an einen Vogel erinnernden Schritt«, mit der Angewohnheit, »den Hut an der leise zuckenden Lende« zu halten. Obwohl Posdnyschew Truchatschewski verabscheut, scheint ihn »eine eigentümliche, verhängnisvolle Kraft« zu treiben, »ihn nicht abzuweisen«, sondern ihn im Gegenteil in sein Haus einzuladen. Truchatschewski bietet an, Posdnyschews Frau zu Diensten zu sein, und Posdnyschew nimmt an und fordert ihn auf, »einmal abends seine Geige mitzubringen und mit meiner Frau zu musizieren [*igrat'*, spielen]«. »Vom ersten Augenblick an, als seine Blicke und die meiner Frau sich trafen, sah ich, daß das Tier, das in beiden saß, ... fragte: ›Darf ich?‹ Und die Antwort lautete: ›Gewiß!‹« (197, 204, 203, 204, 205).

Auf dem schnellsten Weg nach Hause eilend, um das Paar zusammen zu ertappen, steigert er seine Eifersucht durch die Vorstellung, wie Truchatschewski seine Frau sieht: »Sie ist freilich nicht mehr ganz jung, ein Zahn fehlt ihr, und ihr Körper ist etwas füllig«, aber wenigstens wird sie keine Geschlechtskrankheit haben. Posdnyschews größte Qual ist, »daß ich mir das unbeschränkte, unanfechtbare Recht auf ihren Körper zusprach, als wäre es mein eigener Körper, und zugleich doch fühlte, daß ich über diesen Körper keine Gewalt habe, daß er nicht mir gehört und daß sie über ihn verfügen kann, wie sie will, und daß sie über ihn nicht so verfügt, wie ich es wünsche« (223, 225).

Sich zum Zimmer schleichend, aus dem die Musik kommt, fürchtet Posdnyschew nur noch, »daß sie rechtzeitig auseinander gehen ... und mich so der Möglichkeit berauben könnten, ihre Schuld unwiderleglich zu beweisen«. Als er dabei ist, seine Frau zu erstechen, ruft sie: »Komm zu dir! Was willst du? Was ist dir? Es ist nichts, nichts, nichts ... Ich schwöre es dir!«»Ich hätte vielleicht noch gezögert, aber diese letzten Worte, aus denen ich das Gegenteil schloß, das heißt daß alles wirklich war, heischten Antwort«, und er tötet sie (228–29, 233).

Diese Zusammenstellung von Auszügen aus Posdnyschews Text erzählt wirklich eine andere Geschichte als die, welche er selbst erzählt. Das ist die Geschichte eines Mannes, der überall den Phallus sieht, wie er spöttisch hervorschaut oder drohend aus den Körpern von Männern und Frauen ragt. Er heiratet in der Hoffnung, das sexuelle Geheimnis zu erfahren (den Bart der Frau), wird aber enttäuscht. In seiner Vorstellung ist der Geschlechtsverkehr das bohrende Suchen des rachsüchtigen Phallus nach dem Leben des ungeborenen Kindes, mit dem Posdnyschew sich identifiziert, des Kindes im Leib der Mutter. Bei dem Gedanken, dass der Körper seiner Frau/Mutter ihm nicht allein gehört, empfindet er die Qual des ödipalen Kindes. Er versucht, das Problem zu lösen, indem er sie dem drohenden Rivalen gibt (den er als wandelnden Phallus sieht) und dadurch magische Kontrolle über das Paar gewinnt; und als sie die Szene, die er ihnen vorgeschrieben und gestattet hat, nicht aufführen, verliert er die Kontrolle und gerät in mörderische Wut.

Wir hören Posdnyschew diese »andere« Wahrheit über sich aussprechen, wenn wir eine gewisse Reihe von Elementen in seinem Text hervorheben und jene Elemente vernachlässigen, auf die er uns hinlenken will – seine Besuche bei Prostituierten, seine Ernährung mit Fleisch und so weiter. Zweifellos können wir mit derselben Methode eine dritte und eine vierte Wahrheit aus dem Text herauslesen. Doch was ich sagen will, ist nicht spektakulär und braucht keine weiteren Interpretationen. Ich will nur sagen, dass Posdnyschew und sein Gesprächspartner und Tolstoi und sein Publikum sich in einer Ordnung bewegen, die eine zweite Lesart möglich macht, eine Lesart, die in den Winkeln von Posdnyschews Erzählung nach Beispielen sucht, wo die Wahrheit, die »unbewusste« Wahrheit versehentlich in seltsamen Assoziationen und falschen rationalen Erklärungen, in Lücken und Widersprüchen offenbar wird. Wenn die »unbewusste« Wahrheit Posdnyschews derjenigen gleicht, die ich skizziert habe, dann wird Posdnyschews Bekenntnis zu einem jener »ironischen« Bekenntnisse, bei denen der Sprecher etwas zu sagen meint, aber »in Wahrheit« etwas ganz anderes sagt. Insbesondere glaubt Posdnyschew, dass ihm seit der »Episode« »die Augen aufgegangen sind« und er in gewisser Weise nun Bescheid weiß über sich als Individuum und auch als Repräsentant einer gesellschaftlichen Klasse, was ihn in die Lage versetzt zu sagen, was mit ihm »nicht gestimmt hat« und was mit seiner Klasse (deren Vertreter, alle bis auf einen, seine Diagnose nicht hören wollen und in einen anderen Eisenbahnwagen umziehen) immer noch nicht stimmt. Aber als die wahre Wahrheit »von« Posdnyschew stellt sich heraus, dass er sehr wenig über sich weiß. Und während er weiß, dass er, »hätte ich gewußt, was ich jetzt weiß ..., überhaupt nicht geheiratet« hätte, weiß er nicht, warum er nicht geheiratet haben sollte oder warum er seine Frau getötet hat. Das Besondere daran ist jedoch, dass dieser unfähige Diagnostiker die volle Unterstützung des Autors Tolstoi in dessen »Nachwort« bekommt: Was Posdnyschew für verkehrt an der Gesellschaft hält, ist wirklich das, was verkehrt an ihr ist, sagt Tolstoi. Wenig davon, was ich bisher über *Die Kreutzersonate* gesagt habe, ist neu. »Die Konventionen, die sie beherrschen, sind verworren«, sagt Donald Davie. »Der Leser weiß nicht, ›wie er es auffassen soll‹. Und diese Vagheit war auch nicht vom Autor beabsichtigt, soweit wir sehen können. Es ist daher ein in hohem Maße unvollkommenes Werk.«[8] »Es hat ein gebrochenes Rückgrat«, lautet T. G. S. Cains Urteil: eine »technisch brillante Erzählung vom moralischen Verfall einer Ehe …«, die eingeleitet wird und teilweise durchsetzt ist von einer Reihe zwanghaft dummer, simpler Verallgemeinerungen …, die Posdnyschew ausspricht, die jedoch … ohne Zweifel von Tolstoi gebilligt werden.«[9]

Sowohl der Kommentar von Davie als auch der von Cain, und meine obigen Bemerkungen ebenfalls, deutet auf ein Vermittlungsproblem hin. Ein Bekenntnis, das eine offensichtlich inadäquate Selbstanalyse darstellt, wird von einem Erzähler vermittelt, der mit keiner Silbe andeutet, dass er die Analyse anzweifelt, und die Analyse wird dann vom Autor, der außerhalb der literarischen Fiktion schreibt, (durch »Was ich damit sagen wollte«) bestätigt. Diese Vermittler von Posdnyschew geben sich allzu schnell zufrieden, denkt man bei sich: Zu leicht lässt sich eine andere, »tiefere« Wahrheit aus Posdnyschews Bekenntnis herauslesen. Aber wenn man bei Posdnyschew selbst nach einem Anzeichen dafür sucht, dass ihn der innere Druck beim (»bewussten«) Formulieren einer Wahrheit nervös macht, während die andere Wahrheit sich »unbewusst« offenbart, findet man nichts als das rätselhafte Symptom des präverbalen Lauts – halb Husten, halb Lachen –, was auf inneren Druck, aber genauso gut auf Wut hindeuten kann; wenn man beim Erzähler nach Hinweisen auf eine kritische Haltung sucht, findet man nur Schweigen; und wenn man bei Tolstoi sucht, findet man nur eine aggressiv vorgetragene, allzu simple Unterstützung von Posdnyschews Wahrheit. Auf allen Ebenen der Darstellung mangelt es daher an Reflexion. *Die Kreutzersonate* bietet eine Erzählung, bestätigt ihre Interpretation (ihre Wahrheit) und bestätigt obendrein, dass es keine Interpretationsprobleme gibt.

Ein selbstsuggestiver Glaube, dass die Dinge so und so seien, wenn sie eigentlich anders sind, ist eine Form von Selbsttäuschung. Ob Posdnyschew einer Selbsttäuschung unterliegt und ob der Erzähler einer Täuschung unterliegt, sind Fragen, die der Text nicht beantworten will. Denn die Frage »Unterliegt Posdnyschew einer Selbsttäuschung?«, kann nur bedeuten: »Wird mit Posdnyschew ein Mensch dargestellt, der der Selbsttäuschung unterliegt?«, und der Text erörtert dieses Problem nicht. Ob der Erzähler von Posdnyschew getäuscht wird, wissen wir nicht, weil der Erzähler dazu schweigt. Aber es ist sinnvoll, die Frage zu stellen, ob Tolstoi als Schriftsteller und bewusster Kritiker seiner selbst im besten Falle einer Selbsttäuschung unterliegt, wenn er mit der Behauptung, Posdnyschew sei ein zuverlässiger Kritiker der Gesellschaft, voraussetzt, dass Posdnyschew seine eigene Geschichte versteht und dass deshalb sein Bekenntnis wirklich das bedeutet, was es zu bedeuten vorgibt. Denn es gibt zum einen eine Unzahl biographischer Hinweise darauf, dass das gewohnheitsmäßige Führen eines Tagebuchs den Dichter unter den besonderen Bedingungen des Tolstoi'schen Haushalts täglich mit den Versuchungen der Täuschung und den Problemen der Unaufrichtigkeit und der Selbsttäuschung, die der Tagebuchform und bekennenden Texten generell anhaften, konfrontierte.[10] Und zum anderen finden die Mechanismen der Selbsttäuschung in den Romanen der mittleren Schaffensperiode Tolstois genauso viel Beachtung wie andere psychologische Fragen.

Wenn man das weiß, überrascht es schon, dass Tolstoi über so ambivalente Dinge ein so verständnisloses Werk wie *Die Kreutzersonate* geschrieben hat – Dinge wie den Bekenntnisdrang und die Entstellungen der Wahrheit, die die Beichtsituation mit sich bringt, eine Situation, in der es immer einen anderen gibt, dem man etwas beichtet, auch wenn – wie beim privaten Tagebuch – die Natur dieses anderen vielleicht nicht näher bezeichnet wird und in der Schwebe bleibt. Weder für die Beichte innerhalb der Beichte (als Posdnyschew der Verlobten seine Tagebücher zeigt) noch für Posdnyschews Beichte dem Erzähler gegenüber gibt es einen Rahmen, in dem Fragen gestellt werden. Wie das Öffentlichwerden der Tat für Posdnyschew unter anderem die Auswirkung hat, dass es ihm leicht fällt, sein früheres Selbst abzulegen und dieses Selbst mitleidlos zu betrachten, so scheint das »Kennen der Wahrheit« für Tolstoi die Auswirkung gehabt zu haben, dass es ihm im Jahre 1889 leichtfiel, seinem früheren Selbst und dessen Ansicht, Selbsttäuschung und Selbstzufriedenheit blockiere das Erkennen der Wahrheit, den Rücken zu kehren und die Probleme beim Bekennen der Wahrheit im Vergleich mit der Wahrheit selbst als belanglos einzuschätzen.

Man könnte sagen, dass *Die Kreutzersonate* nicht nur für eine Zweit- und Drittinterpretation offen ist, sondern dass sie leichtfertig offen dafür ist – als ob Tolstoi die Interpretationsspielereien, die von Leuten mit zu viel Zeit betrieben werden könnten, gleichgültig gewesen wären. *Die Kreutzersonate* scheint also die Unterdrückung des eigenen Talentes durch Tolstoi zu bestätigen, »der sich mit unendlicher Mühe bis ins eigene Blut hinein widerrief«, wie Rilke sagt.[11]

Posdnyschews Leben zerfällt in ein Davor und ein Danach, das Davor ist dabei ein »Abgrund von Irrtümern und Täuschungen« und das Danach eine Zeit, in der alles »wie ausgetauscht«, wie »auf den Kopf gestellt« ist. Seine zeitliche Position im Danach verleiht ihm in seinen Augen die vollständige Selbsterkenntnis, die für William C. Spengemann charakteristisch für den »gewandelten Erzähler« ist, dessen wissendes, gewandeltes, erzählendes Ich unsichtbar hinter dem erlebenden, handelnden Ich, über das er berichtet, steht.[12] Der Text schweigt sich aus über das Erlebnis, das Posdnyschew verwandelt hat, und sagt nur, dass er begriffen habe, weil er sich so gequält habe (150). Solange wir jedoch *Die Kreutzersonate* als die Äußerung eines gewandelten Ichs statt als Rahmen für programmatische Verlautbarungen (»meide Prostituierte, meide Fleisch ...«) lesen, können wir im Text weiterhin nach Spuren für das Gefühl, *im Besitz der Wahrheit zu sein*, suchen, das den gewandelten Erzähler ergreift, als er die Vergangenheit vollständig begriffen zu haben meint.

Um zu bestätigen, dass dieses Gefühl, die Wahrheit in der eigenen Person zu verkörpern – und natürlich der Bekehrungsprozess selbst –, für Tolstoi von unmittelbarem Interesse war, können wir uns nicht nur *Anna Karenina*, sondern auch einem zehn Jahre vor der *Kreutzersonate* geschriebenen Dokument zuwenden. *Meine Beichte* ist hauptsächlich eine Analyse der Krise, die Tolstoi 1874 durchlebte, als ihm der Verstand sagte, das Leben sei sinnlos, und er nahe am Selbstmord war, bis eine Kraft in ihm, die er »den Lebenstrieb« nennt, die Schlussfolgerung seines Verstandes ablehnt und ihn rettet.[13] Es lohnt sich, die Sprache, in der Tolstoi diesen Wettkampf der Kräfte darstellt, ausführlich zu betrachten. Obwohl der Geisteszustand, der ihn dazu bringt, »jede Schnur« zu verbergen, »damit ich mich nicht an der Querleiste zwischen den Schränken in meinem eigenen Zimmer erhängte«, mit logischem Denken zu tun hat, wird er als passiver Zustand beschrieben: »Es überkamen mich Augenblicke des Zweifels, förmlichen Stillstands des Lebens« (39, 34). Umgekehrt ist die Regung, die sein Leben rettet, nicht einfach eine sinnliche Lebenskraft, sondern sie berührt auch den Intellekt: Es ist eine dunkle »Ahnung von der Unrichtigkeit meiner Gedanken«, ein Gefühl: »Irgendwo habe ich einen Irrtum begangen«; es sind »Zweifel« (75, 78, 79). Und obwohl die Regung schließlich als »Lebenstrieb« benannt wird, wird sie begleitet »von einem qualvollen Gefühl … Dieses Gefühl kann ich nicht anders nennen als ein Suchen nach Gott« (108). Der Gegensatz besteht somit nicht zwischen einer klaren und überwältigenden Überzeugung, dass das Leben absurd ist, und einem instinktgeleiteten kreatürlichen Drang zu leben: der Irrtum, der Todestrieb, ist eine zunehmende Trägheit, als verebbe das Leben selbst, während die rettende Wahrheit einer instinktiven intellektuellen Kraft entspringt, die der Vernunft irgendwie misstraut. Die zweite Kraft stößt nicht mit der ersten zusammen und besiegt sie. Genau genommen gibt es keinen Konflikt. Vielmehr gibt es zwei gleichzeitig existierende Geisteszustände, der eine ist ein auf den Tod gerichteter Stillstand des Lebens, der ihn einfach *überkommt* (*na menja stali nachodit' minuty snatschala nedoumenija, ostanowki schisni*: »Es überkamen mich Augenblicke des Zweifels, förmlichen Stillstands des Lebens«), der andere ist geprägt von Misstrauen und Vorsicht; und aus Gründen, die der Verstand nicht begreifen kann, wendet sich das Blatt, der zweite Geisteszustand kommt langsam hinzu, der erste beginnt sich aufzulösen.

Man irrt sich nicht, wenn man in diesem Bericht eine gewisse philosophische Präzision entdeckt. Es gibt eine andere, konventionelle Sprache, in die Tolstoi hätte verfallen können, um dieses Bekehrungserlebnis zu beschreiben, eine Sprache, in der das Ich selbstsüchtig beschließt, der

Stimme der Vernunft zu folgen, dann aber vom Irrtum befreit wird durch eine andere Stimme, die aus dem Herzen kommt. Das wäre dann eine Sprache des falschen Ich und des wahren Ich, das falsche Ich wäre dabei das rationale und gesellschaftlich determinierte, das wahre Ich das instinktive und individuelle. Bei Tolstoi gibt es keinen solchen vereinfachten Dualismus des falschen und des wahren Ich. Das Ich ist vielmehr ein Ort, wo der Wille sich auf eine Weise entwickelt, die einer Introspektion nur vage zugänglich ist. Nicht das Ich oder ein Ich versucht, Gott zu fassen. Eher erlebt das Ich den Versuch, Gott zu fassen (*iskanijem Boga*, »ein Suchen nach Gott«). Das Ich wandelt sich nicht; vielmehr findet ein Wandel im Ich statt: »Wann und wie sich diese Umwandlung in mir vollzog *[sowerschilsja wo mne etot pereworot]*, könnte ich nicht sagen« (112).

Wenn man in *Meine Beichte* eine Antwort auf die Frage sucht, was die Bedingung für Aufrichtigkeit ist, dann lautet sie: sie entsteht, wenn man auf eine innere Regung hört, die Tolstoi eine Regung zu Gott hin nennt, und positiv darauf reagiert. Die Bedingung für Aufrichtigkeit ist nicht vollkommene Selbsterkenntnis, sondern Streben nach Wahrheit, was der Bauer in *Anna Karenina* mit »für sein Seelenheil leben« ausdrückt, und diese Worte treffen Lewin wie ein Blitz.[14] Mit seiner skeptischen Haltung zur rationalen Selbsterkenntnis, mit seiner Überzeugung, dass die Menschen in Übereinstimmung mit inneren Kräften handeln – in einer Weise, die ihnen nicht bewusst ist, geht Tolstoi immer noch konform mit Schopenhauer;[15] er trennt sich allerdings von Schopenhauer, wenn er die Regung zu Gott hin als eine dieser Kräfte identifiziert.

Bei allem, was Tolstoi in belletristischen und nicht-belletristischen Texten schreibt, geht es um die Wahrheit; in den späteren Werken wird das zum vorherrschenden Thema. Die nicht nachlassende Ungeduld mit landläufigen Wahrheiten, das Bemühen, die Grundlagen für einen Zustand der Wahrhaftigkeit im Ich aufzudecken, die sowohl den Lewin-Episoden in *Anna Karenina* als auch den späteren autobiographischen Schriften eigen sind, haben bei den Lesern immer wieder den Eindruck der »völligen Aufrichtigkeit« hinterlassen, von dem Matthew Arnold berichtet.[16] Sowohl im autobiographischen Text *Meine Beichte* als auch in den späten Erzählungen wie »Der Tod des Iwan Iljitsch« finden wir die Krise (eine Konfrontation mit dem eigenen Tod), die dem Hauptcharakter eine Erleuchtung für sein Leben beschert, wodurch es ihm absurd erscheint, in einer von Selbsttäuschung geprägten Lebensweise zu verharren. Nach dieser Krise kann er als (beschränkter) Zeuge der Wahrheit weiterleben oder auch nicht. Das von der Krise erzeugte Gefühl der Dringlichkeit, die Unerbittlichkeit des Prozesses, in dem das Ich seiner tröstlichen Fiktionen beraubt wird, die Zielstrebigkeit der Wahrheitssuche – alle diese Eigenschaften gehen in den Ausdruck *Aufrichtigkeit* ein.

Man würde daher erwarten, dass eine Erzählung in Bekenntnisform Tolstoi ein kongeniales und adäquates Instrument für die wahrhaftige Literatur liefern würde, die er schreiben wollte – das heißt eine Erzählung, in deren Mittelpunkt eine Erleuchtung bringende Krise steht und die von einem Sprecher (der jetzt im Besitz der Wahrheit ist) als Rückblick auf sein früheres, der (Selbst-)Täuschung erlegenes Ich erzählt wird. Aber was man stattdessen in der *Kreutzersonate* vorfindet, ist fehlendes Interesse an den Möglichkeiten der Bekenntnisform, dafür aber eine andere, dogmatische Vorstellung davon, was es heißt, die Wahrheit zu erzählen. Infolgedessen finden wir an zwei Stellen im Text lähmendes Schweigen. Zunächst ist da das Schweigen über das Bekehrungserlebnis. Wie Tolstois eigene *Beichte* zeigt, wird bei diesem Erlebnis die innere Erfahrung, ein Träger der Wahrheit zu sein, ganz intensiv als Gegensatz zur früheren, von Selbsttäuschung geprägten Existenzform empfunden. Das Schweigen über dieses Erlebnis hat eine mangelnde Dramatisierung zur Folge. Das zweite und schwerwiegendere Schweigen betrifft den Erzähler. Da Posdnyschews Bekenntnis ein erzählerischer Monolog ist, der von einer neu gefundenen Selbstgewissheit geprägt wird, muss die Aufgabe, kehrtzumachen und die Wahrhaftigkeit der von Posdnyschew verkündeten Wahrheit zu prüfen, in Ermangelung eines Besseren seinem Zuhörer zufallen. Der Zuhörer übernimmt eine derartige Aufgabe nicht und unterstützt dadurch indirekt die Auffassung von der Wahrheit, die Tolstoi selbst in seinem »Nachwort« anbietet: dass die Wahrheit ist, wie sie ist, dass es Wichtigeres zu tun gibt, als die Umtriebe des Willens in demjenigen, der die Wahrheit ausspricht, kritisch zu untersuchen. Diese autoritäre Position bestreitet im Namen einer höheren Wahrheit, dass es angebracht ist, das Interesse des Bekennenden daran, die Wahrheit auf seine Weise darzustellen, zu hinterfragen: Welche Absicht auch hinter dem Bekenntnis stecken mag (Gräfin Tolstoi glaubte, letztendlich sei es die Absicht Tolstois, sie schlecht zu machen), die Wahrheit transzendiert die dahinterstehende Absicht. Die Wahrheit transzendiert auch den Verdacht, dass die Aussage: »Die Wahrheit transzendiert die dahinterstehende Absicht« suggestiv und egoistisch sein könnte. Die Haltung, die in der *Kreutzersonate* eingenommen wird, sowohl durch den interpretierenden Rahmen, mit dem Tolstoi die Erzählung umgibt, als auch durch die fehlende Abwehr anderer, unautorisierter Deutungen, anderer Wahrheiten – eine fehlende Abwehr, die man schließlich als verächtlich, geringschätzig deuten muss –, ist mit anderen Worten eine Haltung, die Selbstzweifel und Selbstprüfung im Namen einer autonomen Wahrheit umgeht.

Weil die Selbstreflexion hauptsächlich von Zweifeln und Fragen angetrieben wird, ist die Wahrheit, die das reflektierende Ich sich selbst erzählt, ihrer Natur nach nicht endgültig. Diese fehlende Endgültigkeit wird natürlich von einem Schriftsteller, der so nach der Wahrheit strebt wie Tolstoi, mit besonderer Qual erlebt. Der endlose Knoten der Selbsterkenntnis wird zum Gordischen Knoten. Doch wenn er nicht gelöst werden kann, gibt es mehr als eine Art, ihn zu durchtrennen. »Und in dem Menschen bringt diese höchste Eigenschaft seiner Natur [die Vernunft] plötzlich einen so qualvollen Zustand hervor, daß der Mensch oft ... den Gordischen Knoten seines Lebens durchhaut, sich tötet, nur um sich von dem in unserer Zeit bis auf das Äußerste gesteigerten inneren Widerspruch zu befreien, den das vernünftige Bewußtsein geweckt hat«, schrieb Tolstoi 1887.[17] Als Alternative kann der Mensch den Knoten durchtrennen, indem er das Ende des Zweifels im Namen der offenbarten Wahrheit verkündet. Doch dieses Manöver, von Tolstoi in der *Kreutzersonate* angewandt, schafft sein eigenes Problem. Denn welche Glaubwürdigkeit eine Beichte in einem säkularen Kontext hat, leitet sich vom Status des Bekennenden als dem Helden des Labyrinths ab, der dem Schlimmsten in sich selbst entgegenzutreten bereit ist (Rousseau nimmt für sich in Anspruch, ein solcher Held zu sein). Ein Bekennender, der nicht an sich selbst zweifelt, wenn es offensichtliche Gründe für Zweifel gibt (wie in Posdnyschews Fall), ist nicht besser als derjenige, der sich zu zweifeln weigert, weil sich Zweifel nicht lohnen. Keiner von beiden ist ein Held, keiner bekennt mit der nötigen Glaubwürdigkeit.

Rousseau

Welchen Eindruck die erste Lektüre von Rousseau auf Tolstoi gemacht hat, ist bekannt. Eine Zeitlang hatte er als junger Mann ein Medaillon mit Rousseaus Bild um den Hals hängen. »Es wäre bis zu einem gewissen Grad gerechtfertigt«, schreibt V. V. Zenkovski, »wenn man alle Anschauungen Tolstois als Variationen seiner Rousseau-Nachfolge erklärte – so tief wurde er bis an sein Lebensende von Rousseau beeinflusst.«[18] Rousseaus *Bekenntnisse* beeindruckten Tolstoi zunächst wegen »der Verachtung für menschliche Lügen und der Wahrheitsliebe«, die aus ihnen sprach, obwohl er später Maxim Gorki gegenüber urteilte, dass »Rousseau log und seine Lügen glaubte«.[19] Das Terrain der Wahrheit, Selbsterkenntnis und Aufrichtigkeit, auf dem sich Tolstoi als Schriftsteller so oft bewegte, war von Rousseau vermessen worden, und nur gelegentlich geht Tolstoi bei der Erkundung dieses Terrains über Rousseau hinaus.

Die *Bekenntnisse* beginnen so: »Ich beginne ein Unternehmen, das ohne Beispiel ist ... Ich will meinesgleichen einen Menschen in der ganzen Naturwahrheit zeigen, und dieser Mensch werde ich sein.« Rousseau stellt sich im Weiteren vor, wie er mit dem Buch in der Hand vor Gott erscheint und sagt: »Ich habe mich so gezeigt, wie ich bin. Verächtlich und niedrig, wenn ich es war, gut, edelmütig, groß, wenn ich es war. Ich habe mein Inneres entblößt ...«[20] Die Aufgabe, die sich Rousseau selbst stellt, ist daher die der totalen Selbstoffenbarung. Aber man kann sofort fragen, wie ein Leser von Rousseaus Autobiographie, außer Gott dem Allwissenden, beurteilen kann, ob er wirklich die Wahrheit erzählt hat.

Rousseau verteidigt sich zunächst damit, dass er die Probe besteht, bei der Montaigne versagt: Während Montaigne »scheinbar seine Fehler eingestand«, jedoch nur die »liebenswürdigen« Fehler gestand (Buch X,

S. 505), ist er, Rousseau, bereit, die Fehler zu gestehen, die ihm Schande bringen, wie die Lust, die er empfindet, wenn er von einer Frau geschlagen wird (Buch I, S. 11). Diese Verteidigung entkräftet natürlich nicht den Vorwurf, dass er zwar glauben mag, die Wahrheit zu sagen, sich aber dennoch täuscht. Darauf erwidert er, es sei seine Methode in den *Bekenntnissen*, dass »[ich] alles darstelle, was mir begegnete, alles, was ich tat, alles, was ich dachte, alles, was ich fühlte«, ohne jegliches Interpretationsgerüst: »Seine [des Lesers] Sache ist es, die Elemente zu verbinden und das Wesen zu bestimmen, das sich daraus zusammensetzt, das Ergebnis soll sein Werk sein« (Buch IV, S. 171). Und wenn diese Antwort ausweichend zu sein scheint (wenn sie zum Beispiel nicht den Vorwurf der selektiven Erinnerung entkräftet), dann ist Rousseaus Position die folgende:

»Ich kann Lücken in den Tatsachen lassen, umstellen, in den Daten irren, aber ich kann mich nicht über das täuschen, was ich gefühlt habe, noch über das, was mich meine Gefühle haben tun lassen ... Der eigentliche Stoff meiner Bekenntnisse ist, genau mein Inneres in allen Lagen meines Lebens erkennen zu lassen. Die Geschichte meiner Seele habe ich versprochen; und, um sie treu zu schreiben, brauche ich keine andern Erinnerungen. Es genügt mir, wie ich bisher getan, in mein Inneres einzukehren.« (Buch VII, S. 269)

Rousseaus Position ist demnach, dass man sich bei dieser Erinnerung unmöglich täuschen könne, weil das Ich für sich selbst transparent sei. Vorhandene Selbsterkenntnis sei eine Tatsache.

Wie wirkt sich diese Position in der Praxis aus? Wir wollen an dieser Stelle auf die oft besprochene Geschichte vom Diebstahl eines Bandes kommen, die nicht nur im Buch II der *Bekenntnisse*, sondern auch im vierten Teil der *Träumereien eines einsamen Spaziergängers* erzählt wird. In seiner Zeit als Diener stiehlt Rousseau ein Stück Band. Man findet das Band bei ihm. Rousseau behauptet, das Dienstmädchen Marion habe ihm das Band gegeben, und wiederholt diese Behauptung in ihrer Gegenwart. Rousseau und Marion werden beide entlassen. Rousseau kommentiert: »Wahrscheinlich hat sie danach nicht leicht eine gute Stellung gefunden«; und er fragt sich düster, ob sie sich womöglich umgebracht habe (Buch II, S. 81–82).

79

Obwohl ihn vierzig Jahre lang Reue gequält hat, wie Rousseau 1766 schreibt, hat er bis dahin seine Schuld nie gestanden. Die Tat war »schändlich«, und der Anblick der armen, fälschlich beschuldigten Marion hätte jedes außer ein »barbarisches Herz« gerührt. Trotzdem wäre dem Zweck der *Bekenntnisse* nicht Genüge getan, wenn er nicht auch versuchen würde, die innere Wahrheit der Geschichte aufzuzeigen. Die innere Wahrheit ist: »Ich klagte sie an, getan zu haben, was ich tun wollte«, das heißt, er klagte Marion an, ihm das Band gegeben zu haben, weil es seine Absicht war, es ihr zu geben. Und was sein Versagen angeht, nämlich dass er seine Lüge nicht widerrufen hat, als er Marion gegenübergestellt wurde, so geschah das aus einem »unbesiegbaren Schamgefühl« heraus. »Ich war der Kindheit kaum oder besser noch gar nicht entwachsen« – die Situation überforderte ihn einfach (Buch II, S. 81–83).

Paul de Man sieht in dieser Geschichte zweierlei angelegt: ein Element der *Beichte*, mit der Absicht, eine überprüfbare Wahrheit zu offenbaren, und ein Element der *Entschuldigung*, mit der Absicht, den Leser davon zu überzeugen, dass die Dinge so waren und sind, wie sie Rousseau sieht.[21] Obwohl de Man sich mit der Feststellung irrt, dass die Wahrheit, die einer gesteht, im Prinzip nachprüfbar sein muss (man kann zum Beispiel unreine Gedanken gestehen), erlaubt uns seine Unterscheidung zwischen dem eigentlichen Geständnis und der Entschuldigung zu erkennen, warum Geständnisse von der Art, wie wir sie bei Rousseau erleben, Probleme der Verifizierung aufwerfen, die bei Geständnissen von Fakten nicht aufgeworfen werden. Der begangene Diebstahl war böse, sagt Rousseau, aber es steckte eine Absicht dahinter, die gut war, und daher war die Tat nicht völlig zu verdammen. Auf ähnliche Weise war die Beschuldigung von Marion schlecht, aber sie geschah aus Furcht und war daher bis zu einem gewissen Grad entschuldbar. An diesem Punkt hört Rousseaus Selbstprüfung auf. Aber der Prozess der Bewertung, den er in Gang gesetzt hat, kann weitergeführt werden. Wie kann er wissen, dass der Teil von ihm, der sich an die gute Absicht hinter der bösen Tat erinnert, diese Absicht nicht im Nachhinein konstruiert, um ihn zu rechtfertigen? Doch andererseits müssen wir darauf achten (so können wir den Verfasser der Autobiographie sagen hören), dass das Gute in uns genauso zur Geltung kommt wie das Böse: Was in mir könnte sich wünschen, gute Absichten zu schmälern, indem man ihnen das Etikett der nachträglichen Erklärungen anheftet?[22] Aber ist eine Frage wie die letztere nicht genau die Art von Frage, die ich stellen würde, wenn ich mich vor dem Wissen um das Schlimmste in mir selbst schützen wollte? Und doch ...

Um zur »wirklichen« Wahrheit der Band-Geschichte zu gelangen, geht de Man über ein Abwägen der behaupteten guten Absichten gegen behauptete böse Taten hinweg zu einer genauen Untersuchung der Sprache des Bekennens. »Die im Tonfall deutlich werdende Befriedigung und die Eloquenz des Abschnitts ... der bereitwillige Gebrauch von Hyperbeln ... das offenkundige Vergnügen, mit dem das Verlangen, sich zu verstecken, aufgedeckt wird« – diese Stilelemente deuten alle darauf hin: »Was Rousseau *wirklich* wollte, ist weder das Band noch Marion, sondern die öffentliche Szene der Bloßstellung, die er dann auch bekommt. Sowohl der Diebstahl als auch das verspätete An-die-Brust-Schlagen verbergen Rousseaus »wirkliches« Verlangen, sich zur Schau zu stellen. Und wenn Zurschaustellung das wahre Motiv ist, dann ist es umso befriedigender, je mehr Verbrechen, je mehr Verbergen, je mehr Verzögerung es beim Aufdecken gibt. Das »wirklich schändliche« Verlangen, das Rousseau sich zu gestehen schämt, ist das Verlangen, sich zur Schau zu stellen, ein Verlangen, dem Marion geopfert wird. Und de Man weist darauf hin, dass dieser Prozess von Scham und Zurschaustellung wie der Prozess des Bekennens und Bewertens einen unendlichen Regress bedeutet: »Jede neue Stufe der Enthüllung suggeriert eine tiefere Scham, eine größere Unmöglichkeit der Offenbarung und eine größere Befriedigung darüber, diese Unmöglichkeit zu überlisten.«[23]

Es ist vielleicht naiv von de Man, darüber zu schreiben, »was Rousseau wirklich wollte«, als wenn das historisch recherchierbar sei. Es ist vielleicht auch riskant, eine Interpretation auf eine Stilanalyse zu stützen. Aber was das Letztere betrifft, hat de Man nicht nur die Autorität von Rousseau hinter sich, sondern auch die der romantischen Dichter. Von einer frühen, rein antiklassizistischen Position, die in der Aufrichtigkeit – verstanden als ehrliche Beziehung des Autors zu sich selbst – einen Ersatz für eine Nachahmung der Klassiker sieht,[24] bewegt sich die Romantik schnell zur Keats'schen Formel, die eine Umkehrung zulässt:

Nicht nur ist in der Wahrheit Schönheit präsent; in der Schönheit ist auch Wahrheit. Von hier ist es nicht allzu weit zu der Position, dass die Dichtung ihre eigenen, autonomen Maßstäbe der Wahrheit schafft.[25] Die Auffassung, dass der Künstler seine eigene Wahrheit schafft, nimmt in den *Bekenntnissen* eine besonders radikale Form an, da sich Rousseau hier in einem Medium – der Autobiographie – bewegt, das engere Verbindungen zur Geschichte, und zu den diesbezüglichen Wahrheitskriterien, hat als zur Dichtung. Wir können die Stufen leicht nachvollziehen, über die sich Rousseau zu dieser Position vortastet, wenn wir das Thema Exhibitionismus in den *Bekenntnissen* verfolgen.

In Buch III beschreibt Rousseau eine Reihe von sexuell exibitionistischen Handlungen, die er als junger Mann beging. Die Beschreibung dieser Handlungen ist natürlich selbst eine Art Exhibitionismus. Welche Motive verbinden diese beiden Arten der Selbstoffenbarung? Jean Starobinski bietet eine Antwort an: Beide stellen eine Zuflucht zu der »magischen Wirkung« der »unmittelbaren Verführung« dar – das Subjekt streckt die Hände aus nach anderen, ohne sich selbst zu verlassen; es zeigt, wie es ist, und bleibt es selbst und bleibt in sich selbst.[26] Rousseaus Selbstoffenbarungen haben tatsächlich immer das Ziel, Liebe und Anerkennung zu gewinnen. Selbstoffenbarung bietet die Wahrheit des Ichs an, eine Wahrheit, die zu sehen man vielleicht auch andere überreden kann. Mit den Worten von Starobinski, dessen Analyse von Rousseaus Exibitionismus ich mich anschließe, sind »die *Bekenntnisse* in erster Linie ein Versuch, den Irrtum der anderen zu korrigieren, und nicht die Suche nach einer ›verlorenen Zeit‹. Rousseaus Bemühen setzt denn auch mit der Frage ein: Weshalb findet das innere Gefühl... seinen Widerhall nicht in Anerkennung, die ihm ebenso unmittelbar zuteil wird?« Um diese Überzeugungsabsicht umzusetzen, muss eine Sprache *(écriture)* erfunden werden, die den einzigartigen Charakter der persönlichen Erfahrung wiedergibt, eine Sprache, »die geschmeidig und differenziert genug wäre, um die Mannigfaltigkeit, die Widersprüchlichkeiten, die winzigen Details, die Nichtigkeiten, die Verkettung der ›kleinen Wahrnehmungen‹ zu nennen, deren Gewebe die einzigartige Existenz von Jean-Jacques bildet.«[27] Rousseaus eigener Kommentar zu diesem stilistischen Vorhaben lautet:

»Ich werde mich also mit dem Stil ganz nach den Dingen richten. Ich werde nicht danach streben, ihn einheitlich zu machen, sondern immer den haben, der mir eben zufällt, und ihn ungescheut nach meiner Stimmung wechseln, ich werde jede Sache so sagen, wie ich sie empfinde, wie ich sie sehe, ohne Nachforschung, ohne Scham, ohne mich an dem Stilgemisch zu stören. Indem ich mich zugleich der Erinnerung an den vergangenen Eindruck wie dem gegenwärtigen Gefühl hingebe, werde ich den Zustand meiner Seele in zweifacher Weise abschildern *[je peindrai doublement]*, nämlich in dem Augenblick, da das Ereignis mir geschah, und in dem Augenblick, da ich es beschrieb.«[28]

Die Unmittelbarkeit der Sprache, wie sie Rousseau vorschwebt, soll die Wahrheit der erzählten Vergangenheit garantieren. Es ist nicht länger eine Sprache, die ihren Gegenstand beherrscht, wie das die Sprache des Historikers tut. Es ist stattdessen eine naive Sprache, die den Bekenner im Moment des Bekennens zeigt und gleichzeitig die Vergangenheit, die er bekennt – eine Vergangenheit, die notwendigerweise unsicher geworden ist. Starobinski drückt es so aus, dass wir uns vom Bereich der Wahrhaftigkeit, wo das Bekenntnis noch der historischen Überprüfung unterliegt, zum Bereich der Authentizität begeben. Authentizität verlangt nicht, dass die Sprache eine Realität wiedergibt; stattdessen verlangt sie, dass die Sprache ihre »eigene« Wahrheit verkündet. Die Distanz zwischen dem schreibenden Ich und dem Ursprung der Gefühle, über die es schreibt, ist beseitigt – und das unterscheidet eben die Authentizität von der Aufrichtigkeit –, denn der Ursprung ist immer hier und jetzt. »Was immer geschieht, ereignet sich in einer Gegenwart, die von solcher Reinheit ist, daß selbst die Vergangenheit in ihr als gegenwärtige Empfindung erlebt wird.«[29] Die Voraussetzung dafür ist daher zuallererst, *man selbst zu sein*. Man ist in Gefahr, nicht man selbst zu sein, wenn man in reflektierender Distanz zu sich selbst lebt (eine aufschlussreiche Werteumkehr für die Autobiographie).

Die Sprache selbst wird deshalb für Rousseau zum Wesen des authentischen Ichs, und die Berufung auf eine äußere »Wahrheit« wird davon abgetrennt. Der Lesertyp, der bei Rousseau zwischen Wahrheit und Falschheit unterscheiden kann, während er gleichzeitig – wenn auch nur vorläufig – die Prämissen des Rousseau'schen Bekenntnis-

Projekts akzeptiert, dürfte einer wie de Man sein, der nicht-authentische Momente bei Rousseau durch nicht-authentische Momente in Rousseaus Sprache aufzudecken sucht. De Mans Analyse der Band-Episode hängt von der Prämisse ab, dass ein Bekenntnis mangelnde Authentizität verrät, wenn der Bekenner in eine fremde Sprache verfällt. Auf Grund der »Befriedigung«, die de Man in Rousseaus Tonfall entdeckt, eines »Vergnügens« an den eigenen Offenbarungen, bezichtigt er Rousseau der (Selbst-)Täuschung, aber die Befriedigung und das Vergnügen werden eben in der »sprachlichen Eloquenz« und »einem bereitwilligen Gebrauch von Hyperbeln« entdeckt, das heißt in Sprachmerkmalen, die nicht zu Rousseau gehören. Rousseau spricht nicht (für sich) selbst; ein anderer spricht durch ihn.[30]

Ohne dass wir diese Gleichsetzung der Authentizität mit der Wahrheit anfechten, können wir offenbar den *Bekenntnissen* genauso wenig eine zweite Interpretation geben, wie wir der *Kreutzersonate* eine zweite Interpretation geben können, ohne Tolstois autoritäre Wahrheit anzufechten. De Man gelingt es nur, der Band-Episode eine zweite Interpretation zu geben, indem er einen Riss im Text, eine Authentizitätslücke, entdeckt und erkundet. Solange seine Sprache seine eigene Sprache ist, bleibt Rousseau wohl der alleinige Urheber seiner eigenen Wahrheit.

Um zu zeigen, dass es einen alternativen Weg zu einer zweiten Interpretation von Rousseaus Text gibt, den Weg über widersprüchliche Stellen anstelle stilistisch falscher Stellen, möchte ich einen Abschnitt herausgreifen, in dem Rousseau seine Haltung zum Geld erörtert (Buch I, S. 32–34). Hier stellt sich Rousseau als Mensch mit »heftigen Leidenschaften« dar, der in ihrem Banne »keine Schonung, keine Rücksicht, keine Furcht, keinen Anstand« kennt. Aber solche Anwandlungen sind gewöhnlich von kurzer Dauer. Er verfällt bald darauf in »Gleichgültigkeit und Schüchternheit«, wird von »Furcht und Verschämtheit« überwältigt und von den Blicken anderer in einem solchen Maße eingeschüchtert, dass er sich am liebsten verstecken möchte. Nicht nur, dass seine Wünsche von dieser Gleichgültigkeit und Schüchternheit eingeschränkt werden, die Palette seiner Neigungen selbst ist auch eingeschränkt. »[K]eine der mich beherrschenden Neigungen [ist] auf käufliche Dinge gerichtet«, schreibt er. »[D]as Geld vergiftet alle [Freuden].« »Käufliche Frauen würden für mich allen Reiz verlieren; ich zweifle sogar, ob ich es über mich gewinnen könnte, sie zu gebrauchen. So ist es mit allen Freuden, die mir erreichbar sind; wenn sie sich mir nicht umsonst darbieten, so finde ich sie fad.«

Warum sollte Geld das Verlangen vergiften? Die Erklärung, die Rousseau anbietet, ist die, dass *für ihn der Tausch immer unfair ist.* »Ich wünsche eine in jeder Beziehung gute Ware; mit meinem Geld bin ich sicher, eine schlechte zu erhalten *[je suis sûr de l'avoir mauvaise].* Ich kaufe teuer ein frisches Ei, es ist alt; eine schöne Frucht, sie ist unreif; ein Mädchen, es ist verdorben.«

Diese erste Erklärung, die dem Ei oder der Frucht oder dem Mädchen die Schuld gibt, wird von den Tatsachen nicht gestützt (das einzige Mädchen, das er jemals kauft, ist nicht »verdorben«; vielmehr ist Rousseau impotent).[31] Die Wendung »ich bin sicher, schlechte Ware zu erhalten« ist aufschlussreicher: im Vergleich mit dem, was er wünscht, ist, was er *kauft* (nicht was er *erhält*), bestimmt schlecht/unreif/verdorben. »[W]enn sie [die Freuden] sich mir nicht umsonst darbieten, so finde ich sie fad.« Die Voraussage, was ich kaufe, ist bestimmt schlecht, bewahrheitet sich selbst.

Rousseau liefert nun Beispiele, wie er den Kaufvorgang erlebt. Er geht zum Konditor und bemerkt, wie Frauen sich lachend auf »das kleine Leckermaul« aufmerksam machen. Er geht zur Obsthändlerin, sieht jedoch Passanten, die seine Kurzsichtigkeit in »Bekannte« verwandelt. »Überall lasse ich mich einschüchtern, durch ein Hindernis zurückhalten. Mein Begehren wächst mit meiner Schüchternheit, und endlich gehe ich wieder wie ein Narr nach Hause, von Begierde verzehrt und mit den Mitteln, sie zu befriedigen, in der Tasche, aber ohne den Mut, etwas zu kaufen.«

Was scheinen die ihn beobachtenden Augen zu entdecken und lächerlich zu finden, wenn er einen Laden betritt? Geht es darum, was er (kaufen) will? Oder geht es um den Vorgang des Bittens um etwas? Oder um den Vorgang des Geldanbietens? Statt nach einer Antwort zu suchen, weicht Rousseau typischerweise aus und zieht sich zurück. Er meint, wenn der Leser seine Lebensbeschreibung liest »und meinen wahren Charakter erkennt, wird er all das heraussühlen, ohne daß ich es ihm zu sagen nötig hätte«. Dem ganzen Verhaltensmuster verpasst er das Etikett eines »scheinbaren Widerspruchs *[contradiction]*«, »daß sich nämlich in mir ein fast schmutziger Geiz mit der größten Verachtung des Geldes verbindet«. Die Entschuldigung für Geiz ist, »daß ich es [das Geld] lange aufhebe, ohne es auszugeben, weil ich es nicht nach meinem Gefallen zu verwenden verstehe [faute de savoir l'employer à ma fantaisie]«; und er geht sofort dazu über, zwischen dem *Besitz* von Geld (wo Geld »das Mittel zur Freiheit« ist) und dem *Streben* nach Geld (wo es »ein Mittel zur Knechtschaft« ist) zu unterscheiden, eine Unterscheidung, die das Laster des Geizes, das er gerade gestanden hat, elegant neutralisiert.

Warum verlangt es ihn nicht nach Geld? Seine Antwort darauf ist, dass man an Geld an sich kein Vergnügen haben kann, »während sich zwischen der Sache selbst und ihrem Genuß ein solches [Mittelglied] nicht findet. Ich sehe die Sache, sie reizt mich; wenn ich nur das Mittel sehe, sie zu gewinnen, komme ich nicht in Versuchung. Ich habe also *[donc]* Kleinigkeiten gestohlen und stehle sie manchmal noch, die mich verlocken und die ich lieber nehme als erbitte.«

Es lohnt sich, die Logik dieses Abschnitts zu untersuchen. Wie Starobinski ihn versteht, liefert Rousseau hier ein Beispiel, wie »Geld alle [Freuden] vergiftet«.[32] Aber wenn wir Rousseaus Logik richtig umschreiben, ist er so zu verstehen: »Ich begehre die Sache, aber nicht die Mittel, die sie verschaffen; also nehme (stehle) ich die Sache, aber nicht die Mittel«; nicht etwa: »Ich begehre die Sache, aber nicht die Mittel, also nehme (stehle) ich die Sache, um nicht die Mittel benutzen zu müssen.« Auf die Frage »Warum überhaupt stehlen?«, gibt der Abschnitt keine bessere Erklärung als: »Ich nehme lieber, als dass ich etwas erbitte.« Und Rousseau treibt die Erkundung seiner Haltung zum Geld auch nicht weiter voran, obwohl er in den *Bekenntnissen* mehrfach auf das Thema zurückkommt.[33]

Da Rousseau mit der Erklärung seines »scheinbaren Widerspruchs« nicht vorankommt und da die Aufklärung, die er dem Leser verspricht, zumindest bei einigen Lesern nicht ankommt, will ich meine eigene Erklärung für den von ihm beschriebenen Verhaltenskomplex versuchen. Wenn wir weniger seine Reflexionen als die von ihm beschriebenen

Ladenszenen beachten, stellen wir fest: Was Rousseau stört, ist die Offenheit und Legitimität der Geldtransaktionen. Dadurch, dass er in den Laden geht und sagt:»Ich möchte einen Kuchen« und Geld dafür bietet, willigt er ein, dass man in einer Weise mit seinem»Ich möchte« umgeht, die es in der Tat»vergiftet«. Es wird öffentlich gemacht und mit dem »Ich möchte« jedes Hinz und Kunz, der den Laden betritt, gleichgesetzt; es verliert seine Einmaligkeit: Alle (alle Augen, die ihn beobachten) wissen es nun, und gleichzeitig verliert er die Kontrolle über die Bedingungen, zu denen er es wissen lassen will; es wird mit Sous und Francs öffentlich *verrechnet*. Für Rousseau sind seine eigenen Wünsche *Ressourcen*, solange sie einzigartig und geheim bleiben – anders ausgedrückt, solange sie potentielle Beichtinhalte sind. An die Öffentlichkeit gezerrt, offenbaren sie sich lediglich als Wünsche, wie sie jedermann hat. Das Tauschsystem, das Rousseau beunruhigt, das System, an dem er keinen Anteil haben will, ist somit eins, bei dem sein Wunsch nach einem Apfel gegen einen Apfel eingetauscht wird, mit Hilfe des schnöden Geldes, das alle benutzen; denn jedes Mal, wenn ein solcher Tausch stattfindet, verliert der Wunsch seinen Wert. *Anstößigkeit* und *Wert* sind damit austauschbare Begriffe. Denn im System der Beichte sind nur solche Bedürfnisse einzigartig, stellen nur solche Bedürfnisse eine Beichtwährung dar, die anstößig sind. Ein anstößiger Wunsch ist ein wertvoller Wunsch. Umgekehrt muss ein Wunsch, wenn er Wert haben soll, eine geheime, anstößige Komponente haben. Das Bekennen besteht in einer doppelten Bewegung: Man bietet an,»Widersprüche« auszugeben, und hält genug zurück, um die»Freiheit« aufrechtzuerhalten, die man durch Kapitalbesitz hat. Dieser Prozess der halben Offenbarung und des darauf folgenden Rückzugs ins Geheimnisvolle, ein Prozess, der *faszinieren* soll, wird in dem Abschnitt als ganzem sehr gut veranschaulicht.

Wenn das *Kaufen* inakzeptabel ist, weil es Wünsche öffentlich verrechnet (das ist die Natur des Geldes), dann bietet das *Stehlen*, obschon auch hier das Äquivalent des Wunsches in dem gestohlenen Objekt offenbar wird, gewisse Kompensationen, indem es den offenbar gewordenen, und nun nicht länger anstößigen Wunsch gegen ein Verbrechen – selbst eine Beichtwährung – eintauscht und das Geheimnis schafft, warum er stiehlt, wenn er sich den käuflichen Erwerb leisten könnte: eben das Ge-

heimnis, das er zur Sprache bringt und vor dessen Lösung er dann zu-
rückweicht.

Ich möchte meine Interpretation nicht als *die* Wahrheit hinstellen,
die Rousseau eigentlich über seine Haltung zum Geld erzählt haben sollte, was er aber nicht getan hat oder tun konnte. Genauso wenig möchte
ich meine Interpretation von Tolstois Posdnyschew als *die* Wahrheit hinstellen, die Posdnyschew nicht über sich selbst erkennen konnte. Vielmehr dienen diese Neuinterpretationen nebenbei auch dazu, die Vorstellung von *der* Wahrheit in Frage zu stellen.

Andererseits ist es meiner Ansicht nach an diesem Punkt angebracht,
nun einen schmaleren, aber erfolgversprechenderen Weg einzuschlagen
statt Derridas Gedankengang weiter zu verfolgen, dass nämlich die Idee
der Wahrheit einer bestimmten Epoche zuzuordnen ist, der »Epoche der
Supplementarität«, und dass sie eine Praxis des Schreibens ermöglicht,
bei der die Idee als eine Art »blinder Fleck« dient, auf den sich das Schreiben durch eine »Abfolge von Supplementen«, die unablässig die Wahrheit verschieben, zubewegt.[34] Die Selbstinterpretationen, die Rousseau
und Posdnyschew geliefert haben, und meine Neuinterpretationen,
soweit diese sich im Namen der Wahrheit als gerechtfertigt erwiesen
haben, sind ganz bestimmt Supplemente im Sinne Derridas; und die
Dekonstruktion der von mir bei der Neuinterpretation von Rousseau
und Posdnyschew angewandten Methoden könnte ganz sicher zu noch
»besseren«, »genaueren« Neuinterpretationen führen; und so weiter ad
infinitum. Aber die Ausführungen Derridas sind für alles Schreiben, das
sich an der Wahrheit orientiert, relevant; während ich darauf hinweisen
möchte, dass die Möglichkeit, die Wahrheit »hinter« einem wahren Bekenntnis zu entdecken, besonders das Bekenntnis-Genre betrifft.

Wenn wir uns nun wieder der *Kreutzersonate* und Rousseaus *Bekenntnissen* zuwenden, können wir feststellen, dass wir in beiden Fällen einen
ähnlichen Verlauf erlebt haben. Ein Verbrechen wird gestanden (Mord,
Diebstahl); zur Erklärung des Verbrechens wird ein Anlass oder eine
Ursache oder ein psychologischer Hintergrund angeboten; darauf liefert
eine Neuinterpretation des Bekenntnisses eine »wahrere« Erklärung.
Wir sollten uns nun folgende Frage stellen: Wie muss die Reaktion
des Bekennenden auf diese oder andere »wahrere« Korrekturen seines

Bekenntnisses sein? Meiner Ansicht nach lautet die Antwort, dass in dem Maße, wie eine neue, »tiefere« Wahrheit als wahr akzeptiert wird, die Reaktion des Bekennenden ein Element der Scham enthalten muss. Denn entweder kannte der Bekennende die tiefere Wahrheit, verschleierte sie jedoch und täuschte in diesem Fall den Beichtvater, oder er kannte die tiefere Wahrheit nicht (obwohl er sie jetzt anerkennt) und stellt somit seine Kompetenz als Bekennender in Frage: Was als sein Geheimnis, die Münze seines Bekenntnisses, angeboten wurde, war nicht das wahre Geheimnis, war Falschgeld, und daher fand de facto ein Betrug statt, der einen neuen Anlass zu einem Bekenntnis bietet.[35]

Bisher habe ich mich mit dem hypothetischen Fall eines Posdnyschew oder eines Rousseau beschäftigt, der, wenn er mit einer Interpretation eines Bekenntnisses konfrontiert wird, die zu einer »tieferen« Wahrheit als der von ihm eingestandenen führt, diese neue Wahrheit eingesteht und seinen Standpunkt ändert. In einem solchen Fall können wir doch wohl fragen, an welcher Stelle der Bekennende auf seinem Standpunkt *beharren* wird? Denn wenn wir seine Geschichte einmal neu interpretiert haben, können wir es im Prinzip auch ein zweites Mal tun. Wenn der Bekennende *im Prinzip* bereit ist, seinen Standpunkt zu ändern, wenn eine Neuinterpretation erfolgt, falls man ihn davon überzeugen kann, dass sie »wahrer« als die vorherige ist, dann ist er nichts weiter als ein Biograph der eigenen Person, ein Konstrukteur von Hypothesen über sich, die durch andere Biographen verbessert werden können. Dann ist sein Bekenntnis nicht kompetenter als die Darstellung eines anderen Biographen – es erwächst vielleicht aus Erkenntnissen, aber nicht aus Selbsterkenntnis.

Ob der Bekennende sich der neuen Wahrheit über seine Person beugt, hängt davon ab, wie stark er seinem ursprünglichen Bekenntnis verpflichtet ist. Je stärker er sich für die Wahrheit dieses Bekenntnisses verbürgt hat, desto stärker ist dessen Wahrheit Teil seiner Identität geworden. Wenn er sich später der neuen Wahrheit beugt, dann beschädigt das diese Identität. Im Fall eines Posdnyschew oder eines Rousseau ist der Schaden besonders groß, weil es zum Wesen der beiden gehört, dass sie Bekennende geworden sind, Menschen, die die Wahrheit sagen.

Der Bekennende kann sich aber auch weigern, die neue Wahrheit anzuerkennen, und dabei genau den Standpunkt eines Menschen einnehmen, der sich einer Selbsttäuschung hingibt und sich die »wirkliche« Wahrheit über seine Person lieber nicht eingestehen will, und es sich lieber auch nicht eingestehen will, dass es so ist, und so fort ad infinitum.[36] Wie kann er dann unterscheiden zwischen sich und dem Bekenner, der einer Selbsttäuschung erliegt, dem Bekenner, dessen Wahrheit eine Lüge ist, da beide »glauben«, die Wahrheit zu kennen?

Eine dritte Möglichkeit ist, »unvoreingenommen« zu bekennen und von Anfang an zuzugeben, dass das, was man für die Wahrheit hält, möglicherweise nicht die Wahrheit ist. Aber diese Einstellung hat etwas wirklich Schamloses. Denn wenn man davon ausgeht, dass die Verfehlungen, die man »wirklich« begangen hat, schwerer sein könnten als die, deren man sich bezichtigt, dann geht man auch davon aus, dass die Verfehlungen, die man »wirklich« begangen hat, harmloser sein könnten als die, deren man sich bezichtigt (Rousseau ist in seinem Fall von Letzterem überzeugt – vgl. FN 22). Zu wissen, dass man diese Einstellung hat – und das folgt zwangsläufig daraus, wenn man unvoreingenommen an die Frage seiner eigenen Wahrhaftigkeit herangeht –, ruft schon nach einem Bekenntnis; zu wissen, dass diese Einstellung nicht sträflich ist (weil unvermeidlich), ruft wieder nach Scham und Bekenntnis; und so fort bis ad infinitum.

Was ich bis hierher geschrieben habe, weist darauf hin, dass das Unternehmen Bekenntnis, wenn das Subjekt in hohem Maß sich seiner selbst bewusst und empfänglich für Selbstzweifel ist, komplizierte und offenbar unlösbare Probleme hinsichtlich der Wahrhaftigkeit aufwirft, Probleme, deren gemeinsamer Nenner ein unendlicher Regress der Selbsterkenntnis und des Selbstzweifels zu sein scheint. Es wird überhaupt nicht deutlich, dass der Rousseau der *Bekenntnisse* oder der Tolstoi der *Kreutzersonate* diese Probleme sehen. Aber sich darauf zu verlassen, dass Hinweise auf ein solches Problembewusstsein sich zwingend im Text offenbaren müssen, wenn dies eben gerade nicht im Interesse der beiden Schriftsteller liegt, wäre unbedacht. Vorläufig können wir nur sagen, dass die Probleme nicht ausgesprochen werden. Im Moment sind wir in der Position von Hume, der, als er sich einem Gesprächspartner gegenübersieht, der behauptet, er besitze unmittelbare Selbsterkenntnis (und kenne daher – obschon das nicht bei Hume steht – die Wahrheit über sich), sich nicht anders zu helfen weiß, als das Gespräch wegen fehlender gemeinsamer Basis abzubrechen.[37]

Dostojewski

Bei Dostojewski gibt es überall Bekenntnisse. In einfacheren Fällen benutzt Dostojewski das Bekenntnis als eine Möglichkeit, durch die sich ein Charakter offenbaren, seine eigene Wahrheit erzählen kann. Das Bekenntnis von Fürst Walkowski in *Erniedrigte und Beleidigte* (1861) ist beispielsweise kaum mehr als eine solche Möglichkeit der Offenbarung.[38] Aber schon in diesem frühen Roman schleicht sich ein Element des Überflüssigen in das Bekenntnis: Die Freimütigkeit der Offenbarung ist weder für die Handlung noch die Motivation unbedingt erforderlich; diese Offenheit ist eigentlich charakter-untypisch. In den späteren Romanen nimmt der Grad des Überflüssigen derart zu, dass man das Bekenntnis nicht länger bloß für einen kommentierenden Kunstgriff halten kann: Das Bekenntnis selbst, mit all den damit verbundenen psychologischen, moralischen, erkenntnistheoretischen und schließlich metaphysischen Problemen, rückt ins Zentrum des Interesses. Es kann zwar in anderen literaturwissenschaftlichen Zusammenhängen durchaus sinnvoll sein, das Bekenntnis in den großen Romanen einerseits als eine Spielart des Masochismus beziehungsweise als ein Übel zu behandeln, das nach Dostojewskis Meinung typisch für das Zeitalter ist,[39] andererseits als eine der Formen, aus denen der Dostojewski'sche Roman besteht.[40] Doch ich schlage hier vor, drei der wichtigen Bekenner-Episoden auszuwählen – aus *Aufzeichnungen aus dem Kellerloch*, *Der Idiot* und *Böse Geister* – und zu fragen, wie das Problem des *Schlusses* gelöst ist, wenn das Nachdenken über sich selbst dahin tendiert, das Bekennen endlos in die Länge zu ziehen.

Aufzeichnungen aus dem Kellerloch (1864) zerfällt in zwei Teile, der eine ist eine Abhandlung über Selbsterkenntnis, der zweite eine Geschichte aus der Vergangenheit des Erzählers. Obwohl man beide Teile für Bekenntnisse halten kann, sind sie doch Bekenntnisse verschiedener Art, das erste ist nämlich eine Offenbarung der Persönlichkeit, das zweite eine Offenbarung einer beschämenden Vergangenheit. Im ersten und eher theoretischen Teil ist die Selbstoffenbarung jedoch einer breiteren Diskussion untergeordnet – einer Diskussion darüber, ob es möglich ist, in einem Zeitalter des Nachdenkens über sich selbst oder des »übersteigerten Bewusstseins«, der Krankheit »unseres unglücklichen neunzehnten Jahrhunderts« (so der namenlose Erzähler) und von St. Petersburg, »der abstraktesten und ausgedachtesten Stadt der ganzen Welt«, die Wahrheit über sich zu sagen. Die Gesetze des »übersteigerten Bewusstseins«, die eine unaufhörliche Bewusstheit der Bewusstheit diktieren, machen den Menschen mit übersteigertem Bewusstsein zur Antithese des normalen Menschen. Da ihm die Basis der Gewissheit fehlt, kann er keine Entscheidungen treffen und nicht handeln. Er ist nicht einmal in Bezug auf seine eigene Selbsterkenntnis handlungsfähig und kann sie nicht an irgendeinem Punkt anhalten, denn sie folgt ihren eigenen Gesetzen. Er kann sich auch nicht als verantwortlich Handelnder begreifen, denn wenn man Verantwortung für seine Handlungen übernimmt, ist das ein endgültiger Standpunkt. (Das bedeutet natürlich nicht, dass er sich für nichts schuldig fühlt: im Gegenteil, er fühlt sich für alles schuldig. Aber er tut dies aus einem Reflex heraus, der seinen Ursprung in den Gesetzen der Selbsterkenntnis hat.)[41]

So viel zur Theorie. Doch bevor er sich seinen eigenen beschämenden Erinnerungen hingibt, beschwört der Erzähler-Held den Präzedenzfall von Rousseau.

»Jetzt … will ich es gerade ausprobieren: Kann man denn wenigstens sich selbst gegenüber ganz und gar aufrichtig sein, ohne vor der vollen Wahrheit zurückzuschrecken? … Heine behauptet, zuverlässige Autobiographien seien etwas Unmögliches, der Mensch werde über sich selbst niemals die Wahrheit sagen. Er meint, Rousseau habe sich in seinen Bekenntnissen zweifellos selbst verleumdet, und sogar aus Eitelkeit bewußt verleumdet. Ich bin überzeugt, daß Heine recht hat …« (47)

Was ihn aber selbst betrifft, so wird er keine Leser haben und daher nicht in Versuchung kommen zu lügen, versichert er.

Das Vorhaben, *nicht zu lügen*, wird in der Geschichte seiner Beziehung zu der jungen Prostituierten Lisa auf die schwerste Probe gestellt. Nach einer Nacht »ohne Liebe, roh und schamlos«, wacht er, so erzählt er, in ihrem Bett auf und ertappt sie dabei, wie sie ihn forschend anblickt. Da ihm unbehaglich ist, fängt er eine unüberlegte Unterhaltung mit ihr an, drängt sie, sich zu bessern, und bietet ihr dazu seine Hilfe an. Warum tut er das?, fragt er sich später. Er erklärt es als »Spiel«, das Spiel, ihre ganze Seele aufzuwühlen und ihr Herz zu brechen. Er hat jedoch eine blasse Ahnung, dass es nicht nur Spiel ist, was ihn reizt (100, 116 f.). Am Tag darauf dämmerte ihm die »scheußliche Wahrheit«, dass er sentimental gewesen ist. Seine Reaktion darauf ist, dass er Lisa zu hassen beginnt; trotzdem kann er ihr »klägliches, ... gezwungenes, verzerrtes Lächeln« nicht vergessen, mit dem sie ihn angeblickt hatte. »Irgend etwas stieg in mir auf, ununterbrochen stieg es in meiner Seele auf, unter Schmerzen, und ließ sich nicht abweisen« (120, 124, 123).

Bald darauf besucht ihn Lisa, um ihn beim Wort zu nehmen. Voller »Bosheit« beginnt er ein grausames Geständnis. Er sagt, während er gefühlvoll zu ihr gesprochen habe, hätte er sich die ganze Zeit innerlich über sie lustig gemacht. Denn weil er von seinen Freunden gedemütigt worden sei, hätte er sich an ihr schadlos gehalten und nun seinerseits sie gedemütigt. Er hätte nur sein »Spiel« gewollt. Jetzt könne sie der Teufel holen. Sie begreife doch wohl, dass er ihr nie verzeihen könne, weil sie zu seiner Behausung gekommen und die erbärmlichen Zustände gesehen habe, in denen er lebe? Er müsse sie einfach leiden machen, weil er »der gemeinste, der lächerlichste, der kleinlichste, der dümmste, der neidischste Wurm aller Erdenwürmer« sei; und weil sie ihm dieses elende Bekenntnis abgenötigt habe, weil sie ihn sprechen gehört habe, wie »der Mensch nur ein einziges Mal im Leben« spricht, müsse sie sogar noch mehr bestraft werden, und so weiter (136–38).

Zunächst ist Lisa abgestoßen von seinem »Zynismus«; dann umarmt sie ihn plötzlich, als dämmere ihr, dass auch er unglücklich ist. Er ist überwältigt. »Man läßt mich nicht... ich kann nicht... gut sein!«, schluchzt er in ihren Armen. Fast unmittelbar meldet sich aber ein Gefühl der Beschämung, weil er »ein ebenso erniedrigtes und zerstörtes Geschöpf« ist (137, 139, 140). In seinem Herzen regt sich plötzlich ein anderes Gefühl: »... die Gier nach Macht und Besitz. In meinen Augen flackerte die Leidenschaft, und ich drückte fest ihre Hände. Wie haßte ich sie, und wie zog es mich in diesem Augenblick zu ihr hin! Die eine Empfindung steigerte die andere. Es war fast wie Rache! ... Auf ihrem Gesicht zeigte sich zuerst Verblüffung, beinah sogar Angst, doch nur für einen Augenblick. Sie umarmte mich voller Hingabe und Leidenschaft.« (140)

In »diesem Fieber eines Schwankens« (17), das typisch für das übersteigerte Bewusstsein ist, sind seine nächsten Handlungen fast voraussagbar. (1) Er drückt Lisa Geld in die Hand, um zu zeigen, dass sie für ihn eine Hure bleibt; als sie ihn dann verlässt, (2) eilt er ihr »voll Scham und Verzweiflung« nach, wobei er allerdings denkt, (3) dass die wahre Ursache für seine Scham ist, dass diese Geste »gekünstelt, ... *literarisch*« ist. Er gibt die Verfolgung auf und redet sich ein, (4) dass ein Gefühl der Empörung sie »erheben und läutern« wird. Diese Formulierung gefällt ihm, und (5) er verachtet sich, weil sie ihm gefällt (142–144).

Hier endet die Geschichte von Lisa: »ich habe keine Lust mehr, ›aus dem Kellerloch‹ zu schreiben«, sagt der Erzähler. Aber auf seinen Text folgt eine Notiz des »Autors«: »Übrigens sind hier die Aufzeichnungen dieses paradoxen Menschen noch nicht zu Ende. Er konnte es nicht lassen und setzte sie fort. Aber auch uns will scheinen, daß man hier ohne weiteres aufhören kann.« (146)

Die Zusammenfassung, die ich vom »Lisa-Bekenntnis« geliefert habe, ist nicht unparteiisch. Ich habe jene Momente betont, bei denen etwas aus dem tiefen Inneren des Erzählers aufsteigt, das er nicht einmal nach fünfzehn Jahren im Rückblick begreift. Teil I hat uns auf ein Bekenntnis vorbereitet, bei dem im Licht des übersteigerten Bewusstseins kein Motiv verborgen bleiben wird, wodurch Rousseau noch an Offenheit übertroffen werden soll. Jene Momente, wenn der Erzähler sich selbst nicht versteht, haben daher eine besondere Relevanz: Entweder wurden sie vor fünfzehn Jahren nicht verstanden, als er der Handelnde in seiner Geschichte war, und werden nun von ihm in der Rolle des Bekennenden berichtet, ohne sie zu hinterfragen; oder es wird ihnen nun im Rückblick eine Erklärung gegeben, aber eine Erklärung, die nicht deshalb merkwürdig ist, weil sie falsch ist, sondern weil sie endgültig ist, das heißt, weil sie nicht dem unendlichen Regress der Selbsterkenntnis unterliegt (ich werde gleich ein Beispiel dafür geben).

Insbesondere an folgenden Punkten würden wir vermutlich das »Lisa-Bekenntnis« hinterfragen wollen.

1. Wenn es ein »Spiel« ist, Lisa zu demütigen, was veranlasst den Erzähler zu der Aussage, dass es nicht nur Spiel ist?

2. »Irgend etwas wollte in mir nicht sterben in der Tiefe des Herzens und des Gewissens ... Irgend etwas stieg in mir auf, ununterbrochen stieg es in meiner Seele auf, unter Schmerzen, und ließ sich nicht abweisen. Gänzlich zerschlagen kehrte ich schließlich heim. Es war mir, als laste auf meiner Seele irgendein Verbrechen« (123). Was ist das für ein »irgend etwas«, und um welche Art von Verbrechen handelt es sich?

3. »Man läßt mich nicht ... ich kann nicht ... gut sein!«, schluchzt er und stößt Worte aus, die von einem Fremden in ihm zu kommen scheinen. Was bedeutet diese Äußerung? Eine Erklärung ist, dass er weiter sein »Spiel« mit Lisa treibt, indem er vorgibt, dass ihn etwas quält und unglücklich macht. Eine andere Erklärung ist, dass die innere Stimme die unterdrückte Stimme eines besseren Ich ist, das »man« daran hindert, sich zu zeigen.

4. In Lisas Umarmung durchläuft er eine Reihe schnell aufeinander folgender Gemütszustände, die bemerkenswert sind wegen ihrer Mehrdeutigkeit: Triumph, dass er sein aggressives Geständnis losgeworden ist, ohne eine Abfuhr zu bekommen, ein Verlangen, seinen Sieg damit zu besiegeln, dass er das Mädchen sexuell besitzt, und ein anhaltender Wunsch, sie noch weiter zu demütigen. Zweifelsohne haben die beiden die Voraussetzung für ein bei Dostojewski so häufig vorkommendes sadomasochistisches Paar. Aber was ich gerade geschildert habe, rührt nur vom Bericht, den er von seiner inneren Verfassung gibt, und von dem, was er auf Lisas Gesicht liest; und was sie auf seinem Gesicht liest (und er wiederum auf ihrem Gesicht liest) ruft bei ihr zuerst Verwunderung und Entsetzen, doch dann eine überschwängliche Reaktion hervor. Interpretiert sie ihn falsch, sieht sie »wahre« Liebe, wo sie sadistisches Verlangen erkennen sollte?

In gewisser Weise, ja: Seine Verhöhnung ihrer Person gründet sich darauf, dass sie eine schlechte Interpretin ist, die ihn von Anfang an falsch interpretiert hat, so als wäre er aufrichtig, wo er es nicht ist. Aber man darf nicht vergessen, dass er als Schreiber seiner eigenen Geschichte in der privilegierten Position ist, Interpretationen diktieren zu können. Seine »Aufzeichnungen« diktieren eine Interpretation, nach der Lisa sowohl im Bordell als auch in seiner Wohnung getäuscht wird. Er ist nicht nur der Verfasser seiner Geschichte; er spielt auch den Führer in den beiden Dialogen mit Lisa, bei denen er Fragen stellt und ihr sagt, wer und was sie ist. Nur ein Urteil von ihr über ihn wird wiedergegeben: »Aber Sie sprechen ... genau wie nach dem Buch« (III). Ihre Interpretation seiner Person wird im Übrigen in seinen »Aufzeichnungen« nur mit den beiden Blicken Lisas in Erinnerung gerufen: die »zwei offene[n] Augen, die mich neugierig und beharrlich betrachteten«, als er in ihrem Zimmer aufwacht (100), und ihr Blick in seiner Behausung, der in seiner Miene Leidenschaft erkennt. Nicht viel Material, aus dem sich auf ihre Interpretation seiner Person schließen lässt. Und doch haben wir eine recht gute Vorstellung davon, was die weit geöffneten Augen sehen: einen Mann, der sein Geld bezahlt und zwei Stunden in ihrem Bett zugebracht und Sex mit ihr gehabt hat, »ohne Liebe, roh und schamlos« (100). Ihr Kommentar, dass er wie nach dem Buch spricht, trifft auch zu. Können wir dann sicher sein, dass sie ihn falsch versteht, als er sagt, er möchte, dass sie der Prostitution entflieht, und noch einmal, als er sagt, er fühle Leidenschaft für sie – oder brauche sie sogar? Es scheint nicht ausgeschlossen, dass Lisa vom Erzähler so viel weiß oder zumindest erahnt, wie er, als Erzähler seiner Geschichte, sich nicht einzugestehen vermag – und dass aus dieser Sicht (dieser bevorzugten Sicht) die drei Erkenntnismomente, die er Lisa zubilligt, Makel im Gewebe seiner Erzählung sind.

Es wäre naiv, wollte man nun – auf Grund der drei Lisa zugebilligten Momente und der Momente, in denen sich bei ihm ungebeten eine Stimme aus seinem Inneren meldet – eine Interpretation der Erzählung vorschlagen, nach der unser Held »in Wirklichkeit« als unglücklicher, von Selbstvorwürfen geplagter junger Mann erscheint, der sich nach der Liebe einer Frau sehnt, aber davor zurückscheut, diese Sehnsucht zu offenbaren. Im Grunde sind die *Aufzeichnungen aus dem Kellerloch* ironisch, aber die Ironie besteht nicht darin, dass der Held nicht so schlecht ist, wie er von sich behauptet. Die wahre Ironie besteht darin, dass er ein Geständnis verspricht, das Rousseau noch an Wahrhaftigkeit übertreffen soll, und glaubt, er wäre für ein solches Geständnis geeignet, weil er an einem in höchstem Maße übersteigerten Bewusstsein leidet, und sein Geständnis dann nichts so sehr enthüllt wie die Hilflosigkeit des Geständnisses gegenüber dem Verlangen des Ich, seine eigene Wahrheit zu konstruieren.

Es lohnt sich, noch einmal zum Teil I der *Aufzeichnungen* zurückzukehren und nachzulesen, was der Held zum Verlangen zu sagen hat. Er sagt, die aufgeklärte Ansicht der 60er Jahre des 19. Jahrhunderts ist es, dass das Verlangen einem Gesetz folgt, dem Gesetz, dass der Mensch nur etwas begehrt, was ihm zum Vorteil gereicht.[42] Die Wahrheit ist aber, dass der Mensch hin und wieder Verlangen nach etwas hat, was schädlich für ihn ist, eben »um das *Recht zu haben*, sich sogar das Dümmste wünschen zu können«, ohne durch ein Gesetz eingeschränkt zu sein. Und er verlangt diese Freiheit von Fremdbestimmung, »denn es erhält uns jedenfalls das Allerhauptsächlichste und Allerteuerste, unsere Persönlichkeit und unsere Individualität« (35). Das Ur-Verlangen ist daher das Verlangen nach einer Freiheit, die der Held mit einzigartiger Individualität gleichsetzt.

Die Frage, die man sofort stellen könnte, heißt: Woher weiß das Subjekt, dass die Wahl, die es trifft, selbst eine »perverse« Wahl, die ihm keinen Vorteil bringt, wirklich unbeeinflusst ist? Woher weiß es, dass es nicht Sklave eines perversen Wahlmusters ist (vielleicht eines pathologischen Musters), das für alle außer ihm erkennbar ist? Selbsterkenntnis wird ihm die Frage nicht beantworten, denn das ist in den *Aufzeichnungen aus dem Kellerloch* eine Krankheit. Krankhaft daran ist, dass sie sich aus sich selbst speist, hinter jedem Motiv ein anderes entdeckt, hinter jeder Maske eine andere Maske, bis zum letzten Motiv, das maskiert bleiben muss (sonst würde der endlose Regress beendet, die Krankheit geheilt). Dieses letzte Motiv können wir das *Motiv der eigenen Demaskierung* nennen. Was der Mann im Kellerloch bei seiner Selbstbefragung nicht wissen kann, ist deshalb, warum er die Wahrheit über sich sagen will; und es ist möglich, dass die Wahrheit, die er über sich erzählt (die perverse Wahrheit, die Wahrheit als Geschichte von einer perversen

»freien« Wahl, die er getroffen hat), selbst eine perverse Wahrheit ist, eine perverse Wahl, die er nach einem Muster getroffen hat, das für ihn nicht sichtbar ist, aber möglicherweise für andere. Wir haben jetzt alle Fragen der Aufrichtigkeit hinter uns gelassen. Nunmehr sehen wir uns der Möglichkeit eines Geständnisses gegenüber, das durch einen Prozess der gnadenlosen Selbst-Demaskierung erreicht wurde und das trotzdem nicht die Wahrheit, sondern eine sich selbst dienende Fiktion sein kann, weil das unerforschte, unerforschbare Prinzip dahinter vielleicht nicht ein Verlangen nach Wahrheit ist, sondern ein Verlangen, *so und nicht anders zu sein*. Je schlüssiger eine solche hypothetische Fiktion von der eigenen Person ist, desto geringer sind die Chancen des Lesers zu erkennen, ob es sich um ein wahres Geständnis handelt. Wir können seine Wahrhaftigkeit nur kontrollieren, wenn es sich widerspricht oder in Widerspruch zu einer »äußeren«, verifizierbaren Wahrheit gerät, und diese beiden Möglichkeiten kann ein aufmerksamer Erzähler bei seinem Geständnis theoretisch vermeiden. Wir hätten keinen Grund, die Wahrheit des Geständnisses vom Mann aus dem Kellerloch und besonders seiner These, dass seine höchste Eigenschaft Bewusstsein ist, anzuzweifeln, wenn es da nicht Ungereimtheiten an der Oberfläche des Geständnisses gäbe, zum Beispiel Momente, in denen der Körper unter Anspannung Worte ausstößt wie »Ich kann nicht gut sein«, Zeichen eines nicht untersuchten unterschwelligen Kampfes.

Wäre das Geständnis tatsächlich eine lügnerische, eigennützige Fiktion, dann würde man sich nicht wundern, dass die unterdrückte Wahrheit durchbräche, besonders in angespannten Momenten, und sich in Regungen des Herzens äußerte, Andeutungen dessen, was man nicht zugeben will, Äußerungen des tiefsten Inneren, oder dass die Wahrheit bald wieder unterdrückt würde. Wenn wir die *Aufzeichnungen aus dem Kellerloch* als eine Untersuchung von Bekenntnis und Wahrheit betrachten, ist das Enttäuschende an dem Text, dass er sich, was die *eigene* Wahrheit betrifft, nicht nur auf das Wiederauftauchen des Verdrängten auf der Ebene des handelnden Subjekts (des Helden der Lisa-Geschichte) verlässt, sondern auch auf das Fehlen einer *späteren* Zensur auf der Ebene des erzählenden Subjekts (des Helden, der seine Geschichte fünfzehn Jahre später erzählt). Es scheint so, als sei *ein* Prozess von der selbstkritischen Prüfung ausgenommen, nämlich der Erzählprozess selbst. Indem der Erzähler die Geschichte seiner Beziehungen zu Lisa in groben Zügen als Geschichte zweier autonomer Personen wiedergibt (Lisa darf sich selbst äußern, hat ihre eigenen Blicke), indem er die Stimme aus dem Kellerloch wiedergibt, die vor fünfzehn Jahren in ihm sprach, macht er es uns leicht genug, eine andere, eine »bessere« Wahrheit als diejenige, die er liefert, herauszulesen. Ist die Naivität, die es zulässt, dass die Stimme der »anderen« Wahrheit unzensiert bleibt, ein Anhaltspunkt für einen geheimen, fragwürdigen Appell an den Leser, den der Erzähler nicht eingestehen will? Zweifellos behandelt er die Frage, ob seine Geschichte ein »öffentliches« oder ein »privates« Bekenntnis ist, ambivalent: Im Endeffekt wird sie zu einem pseudo-öffentlichen, »in Wahrheit« aber privaten Dokument.[43] Doch die *Aufzeichnungen* enden unbestimmt. Die Paradoxe der Selbsterkenntnis könnten tatsächlich endlos weitergehen, wie die Koda des Autors entschuldigend sagt. Trotzdem bleiben die Fragen, die ich aufgeworfen habe, nicht nur unbeantwortet (sie sind ihrem Wesen nach nicht zu beantworten), sondern auch unerforscht. Dostojewski hat in den *Aufzeichnungen aus dem Kellerloch* für das Problem, *wie man die Geschichte beendet*, keine Lösung gefunden. Und die Lösung dieses Problems hat Michael Holquist zu Recht als die große Leistung von Dostojewskis reifen Jahren bezeichnet.[44]

Der Idiot (1868–69) ist auf verschiedene Weise ein Buch über letzte Dinge. Man denkt an die Anspielungen auf die Offenbarung und das Holbein-Gemälde des toten Christus, an Ippolit Terentjews Konfrontation mit seinem eigenen kurz bevorstehenden Tod und an die vielen Geschichten von den letzten Augenblicken Verurteilter. Das alles durchdringende Gefühl, dass die Zeit begrenzt ist, wirkt sich auch auf die Haltung zum Bekenntnis aus: Es geht viel um die Suche nach einem geeigneten Beichtvater und um die Ungeduld mit Bekenntnissen, die nicht ehrlich sind.

Die hauptsächlichen Beichtepisoden in *Der Idiot* sind das Spiel des Wahrheitsagens bei Nastasja Filippowna und Ippolits »Erklärung«. Zunächst möchte ich mich aber mit einer Episode beschäftigen, die kurz und bündig einige der philosophischen Probleme des Bekennens ausdrückt.

Keller kommt mit beschämenden Geschichten über sich selbst zu Fürst Myschkin und behauptet, tief betrübt zu sein, erzählt aber seine Taten so, als wäre er stolz auf sie. Der Fürst lobt ihn, weil er »außerordentlich wahrheitsliebend« sei, fragt aber, welches Motiv hinter der Beichte stecken könnte: ob er sich Geld borgen möchte? Ja, gesteht Keller, »auf diese Weise habe ich die Beichte zubereitet wie so einen ›Fenesärf im Tränenmantel‹, um mir mit ebendiesen Tränen den Weg zu versüßen und damit Sie mir vor Rührung hundertfünfzig Rubelchen auf den Tisch blättern. Finden Sie das nicht gemein?«[45]

Wir erkennen, dass wir am Anfang eines potentiell unendlichen Regresses der Selbsterkenntnis und Selbsterniedrigung sind, wobei die selbstzufriedene Offenheit, mit der auf jeder Ebene unlautere Motive bekannt werden, zur neuen Quelle von Scham wird und jede Regung von Scham zur neuen Quelle von Eigenlob. Das Muster kennen wir von den *Aufzeichnungen aus dem Kellerloch*, und auch die Menschen in *Der Idiot* kennen es und entdecken schnell den Wurm der Eitelkeit in der Selbsterniedrigung der anderen und reagieren kaum mit Empörung, wenn er bei ihnen bemerkt wird. Den Kern dieses Musters bildet, was Myschkin *dvoinaja mysl'* nennt, »zwiefache Gedanken«, was man sich aber besser als eine Kehrtwende des Gedankens vorstellen kann, die charakteristische Bewegung der Selbsterkenntnis (450). Keller hegt zwiefache Gedanken, wenn er Myschkin aufrichtig beichten will, um seine »moralische Entwicklung« zu befördern, während er gleichzeitig Geld borgen will; es ist die Kehrtwende des Gedankens, die die Redlichkeit des Beichtwillens untergräbt, indem sie dahinter eine Täuschungsabsicht entdeckt, und hinter der Entdeckung des zweiten Motivs ein drittes Motiv (den Wunsch, für seine Offenheit bewundert zu werden), und so weiter.

Myschkin identifiziert in den »zwiefachen Gedanken« somit die Misere, die der Beichte die Kraft nimmt, die Wahrheit zu sagen und zu einem Schluss zu kommen. Myschkin tut eigentlich mehr, als die Misere zu benennen. Er meint, »daß es allen Menschen so geht« – auch er hat die zwiefachen Gedanken erlebt. Aber die Erkenntnis, dass das Denken von zwiefachen Gedanken allgemein verbreitet ist, ist selbst ein zwiefacher Gedanke, wie Myschkin sofort erkennt: »Ich habe sogar gelegentlich gedacht ..., daß es allen Menschen so geht, und schon begann ich, mich zu rechtfertigen« (450). Somit wird ihm durch ebendiesen Erkenntnisvorgang das Verhaltensmuster aufgezwungen. Es lohnt sich, das zu betonen. Keller und Lebedew (der ein oder zwei Seiten später Myschkin ein Geständnis macht) sprechen beide die Frage an, warum sie sich den Fürsten als Beichtvater ausgewählt haben. Fragen nach dem Geist, in dem gebeichtet wird, und nach der Eignung des Beichtvaters können nach dem Gesellschaftsspiel mit Beichten (207–26) nicht mehr ignoriert werden. Nachdem die Gäste reihum die schlimmsten Taten ihres Lebens gebeichtet haben, bleiben sie beschämt und unzufrieden zurück, und Totskis zynischer Kommentar, dass Beichten nur »eine Prahlerei besonderer Art« sei, scheint gerechtfertigt (207). Keller und Lebedew liefern ähnliche Erklärungen dafür, dass sie Myschkin als Beichtvater gewählt haben: Er wird »ein menschliches Urteil sprechen« (*po-tschelowetscheski*, »wie ein Mensch«). Und weiter, da er kein vollwertiger Mensch ist, sondern ein Idiot, »einfältig« (wie ihn Keller explizit nennt), eine Maus *(mysch')*, beteiligt er sich nicht an dem allzu menschlichen Spiel, die Wahrheit für die eigenen Zwecke zu benutzen. Er ist ein Geschöpf, das weder gottgleich durch Strenge ist (obwohl Aglaja Jepantschina ihre Bedenken äußerst, dass er in seiner Wahrheitsliebe ohne »Zartgefühl« [618] urteilen könnte) noch menschlich in dem Sinne, dass er die Wahrheit seinen Wünschen unterwirft. Wenn Keller und Lebedew Myschkin zum Beichtvater wählen, so suchen sie – obwohl dunkel und aus unlauteren, »zwiespältigen« Motiven – Vergebung statt Urteil, Christus statt Gott.

Als Kontrast zu dieser idealen Beichtvater-Figur können wir die Gäste sehen, die als Beichtväter für Ippolit Terentjews »Erklärung« dienen müssen. Noch bevor Ippolit angefangen hat, sein Bekenntnis vorzulesen, haben sich einige seiner Zuhörer ihre eigene Meinung darüber gebildet, was sein Akt des öffentlichen Bekennens selbst bedeuten könnte. Myschkin sieht ihn als Trick, von Ippolit ausgedacht, um sich dazu zu zwingen, seinen Selbstmord wirklich auszuführen; Rogoschin dagegen sieht ihn als Möglichkeit für Ippolit, seine Zuhörer dazu zu bringen, seinen Selbstmord zu verhindern. Beide betrachten also seine Beichte als nicht der Wahrheit, sondern einem tieferen Verlangen dienend (dem Verlangen zu sterben, zu leben).

Und das Bekenntnis selbst müht sich mit seinen eigenen Motiven auf eine Art ab, die wir inzwischen bei Dostojewski gewohnt sind. Erstens behauptet Ippolit, sein Geständnis werde »nur die Wahrheit« sein, weil er bald an Tuberkulose sterben wird und daher kein Motiv zu lügen hat (anders gesagt, ist sein Geständnis überschattet von den letzten Dingen). Zweitens müssten seine Zuhörer, wenn etwas an seinem Geständnis falsch sei, es heraushören, weil er das Dokument absichtlich hastig geschrieben und nicht korrigiert habe (das Argument der Authentizität des Stils, von Rousseau übernommen). Drittens, weil ihm klar ist, dass sein Geständnis als Mittel zum Zweck aufgefasst werden könnte, als eine Art Rechtfertigung und Bitte um Vergebung, leugnet er beides als Motiv. Da er sich sozusagen auf dem Schafott befindet und deshalb privilegiert ist, besteht er auf seinem Recht, einfach deshalb zu beichten, »weil ich es eben will«; und er besteht auf seinem Recht, auf einer »freien« Beichte ohne Motiv zu bestehen und sich gegen jede Unterstellung eines Motivs zu verwahren. Seine Beichte gehört zu den letzten Dingen, sie *ist* ein letztes Ding, und hat deshalb einen anderen Status als jede Kritik an ihr. Die Lauterkeit des Motivs hinter letzten Bekenntnissen könne nicht in Zweifel gezogen werden, sagt er, weil diese Lauterkeit durch den Tod des Bekennenden garantiert werde. Die Lauterkeit einer jeden Kritik an ihm andererseits könne und solle unaufhörlicher Kritik unterworfen werden. Ihre Urheber ziehen sein Motiv aus eigenen Motiven in Zweifel; sie wollen nicht die Wahrheit über Leben und Tod erfahren, und aus diesem Grund sind sie bereit, ihm das Schweigen und die Heuchelei, die folgen muss, wenn Schweigen als Zustimmung verstanden wird, aufzuzwingen: »Wisset, daß im Bewußtsein der eigenen Nichtigkeit und Schwäche es eine Grenze der Schmach gibt, die der Mensch nicht überschreiten kann und an der er beginnt, in seiner Schmach einen unermeßlichen Genuß zu empfinden ...« (599). Die Wahrheit, die seine Zuhörer nicht hören wollen, ist die, dass es kein Leben nach dem Tod gibt und dass Gott einfach »eine riesige, widerwärtige Tarantel« ist (593). Sein Selbstmord ist deshalb eine Bestätigung seiner Freiheit, »den Spott und Hohn« einer solchen Existenz des Menschen abzulehnen. (601).

Das von Ippolit vorgebrachte Argument ist somit, dass im Angesicht des Todes die durch Selbsterkenntnis verursachte Spaltung des Ich transzendiert und der unendliche Regress des Selbstzweifels überwunden werden kann durch einen übermächtigen Willen zur Wahrheit. Der Augenblick vor dem Tod gehört zu einer anderen Art von Zeit, wo die Wahrheit schließlich die Kraft hat, als Offenbarung zu erscheinen. Die Erfahrung der Zeit außerhalb der Zeit wird sehr klar in Myschkins epileptischen Anfällen beschrieben, bei denen es einen letzten Augenblick der Klarheit vor dem Hereinbrechen der Dunkelheit gibt: »Den Kopf, das Herz erhellte ein unvorstellbares Licht; alle Erregungen, alle seine Zweifel, alle Unruhe lösten sich gleichsam in einem Frieden, waren aufgehoben in einer höchsten Ruhe voll klarer, harmonischer Freude und Hoffnung, voller Weisheit und letztem Grund… Diese Momente waren ja gerade nichts anderes als eine außergewöhnliche Intensivierung des Bewußtseins seiner selbst… und gleichzeitig der in höchstem Maße unmittelbaren Empfindung seiner selbst.« (326 bis 327)

Über solche Momente nachdenkend erinnert sich Myschkin an die Worte, »dass *hinfort keine Zeit mehr sein soll*« (328). Mit diesen Worten leitet Ippolit später seine Beichte ein.

Der Moment, da die irdische Zeit endet, der Selbstzweifel aufhört, das Ich ein organisches Ganzes bildet und die Wahrheit bekannt ist, taucht in Myschkins Erzählungen von Hinrichtungen wieder auf. In einer der Geschichten (87–90) berichtet er von der außerordentlichen Intensität, mit der der Verurteilte die schlichtesten Einzelheiten des Lebens erlebt. In einer anderen (93–97) stellt er sich einen Mann auf dem Schafott vor, der in seinem letzten Moment »alles weiß«. Später hat Myschkin seine eigene Erfahrung mit dem »unwahrscheinlichen *inneren* Licht«, das die Seele des Menschen unter dem Henkerbeil durchflutet (339).

Ippolit behauptet, sich genauso auf dem Schafott zu befinden wie ein jeder von Myschkins Verurteilten. Von dieser privilegierten Position aus möchte er der Menschheit seine »Wahrheit« vermachen, die er sich als Saat vorstellt, die wachsen und Großes bewirken kann. Insbesondere hofft er, dass sein Tod in einem Universum ohne Bedeutung etwas bedeu-

ten könne, wenn er die Vorstellung von einem philosophischen Selbstmord wie dem seinen in das Bewusstsein der Menschen säen kann.
Aber besitzt Ippolit »wirklich« das Privileg der Wahrheit? Die Pro-
gnose seines Todes binnen eines Monats hat bloß ein Medizinstudent
gestellt; Ippolit befindet sich keineswegs auf seinem Sterbelager; und die
meisten Gäste reagieren auf seine »Erklärung« »hell entrüstet« (602) und
fassen sie als Trick eines eitlen jungen Mannes auf, um Aufmerksamkeit
zu erregen. Sie weigern sich, seinen Schwur, sich selbst zu töten, ernst zu
nehmen. Er weigert sich im Gegenzug, ihre Gleichgültigkeit seinem
Schwur gegenüber als echte Gleichgültigkeit aufzufassen, und interpretiert sie als Druck, der ihn zwingen soll, den Selbstmord zu vollziehen.
Mit einer plötzlich lächerlichen Situation konfrontiert, in der er und
seine Zuhörer quasi zu Pokerspielern geworden sind, die einander aus-
tricksen wollen, in der er, wenn er sich umbringt, es vielleicht aus
Gehässigkeit oder Frust tut und in der die dringlichste Aufforderung, er
solle sein Leben schonen, von Lebedew kommt, der nicht will, dass sein
Fußboden ruiniert wird, setzt er sich eine Pistole an den Kopf und
drückt ab, nur um festzustellen, dass die Waffe nicht geladen ist. Was als
Vorhaben philosophischer Selbstmord angefangen hatte, verkommt
zu chaotischem Gelächter und Schluchzen. Die Frage, ob Ippolit ein
privilegiertes, »wahres« Verständnis von Leben und Tod hatte, wird von
Keller in einer neuen und banalen Art formuliert: Hat er vergessen, die
Pistole zu laden, oder war das Ganze ein Bluff?

Der groteske Schluss der Episode bestätigt nachdrücklich das Pro-
blem, das Ippolit hinter sich gelassen zu haben behauptet, das Problem
der Selbsttäuschung und des unendlich regressiven Selbstzweifels. Das
Vorhaben Selbstmord als eine Möglichkeit, die Wahrheit der eigenen
Geschichte damit zu bestätigen, dass man mit dem Leben dafür bezahlt,
schrumpft nach Rogoschins ätzendem Kommentar zusammen: »So 'ne
Sache macht man anders, Bursche, anders ...« (559). Man sollte es ohne
»Erklärung« machen, will Rogoschin damit sagen, ohne Warum und
Wozu, schweigend und unbeachtet. Die Erklärung, die privilegierte
Wahrheit, die mit dem Tod bezahlt wird, ist eigentlich ein Samen, eine
Art Weiterleben nach dem Tod: Sie lässt deshalb an der Ehrlichkeit des
Entschlusses zu sterben zweifeln. Die einzige Wahrheit ist Schweigen.

Der Traum, den Ippolit in seiner Beichte erzählt, vertieft das Paradox.
Ippolit träumt, dass er einem Mann befiehlt, sein ganzes Gold ein-
zuschmelzen und einen Sarg daraus herzustellen, dann das »erfrorene«
Kind zu exhumieren und es im goldenen Sarg neu zu bestatten (590). Der
Traum hat eine Basis im wirklichen Leben, wo Ippolit eine gute Tat für
einen Fremden getan hat, und er hält seine Tat für einen Samen, der in
der Welt ausgesät wurde. In der komplexen Verdichtung des Traumes ist
der achtzehnjährige Ippolit das erfrorene Kind, die »Erklärung« der gol-
dene Sarg, der wie ein Samen in die Erde versenkt wird. Der Traum prophezeit, dass das Kind nicht auferweckt werden wird (unmittelbar nach
dem Traum denkt Ippolit an das Holbein-Gemälde des toten Christus,
eines Christus, der nie auferstehen wird). Wie die ungebetenen Äußerungen des Helden von *Aufzeichnungen aus dem Kellerloch* ist auch der Traum
eine Äußerung einer »tieferen«, »wahreren« Ebene des Ichs, die Ippolits
Zweifel an der Fruchtbarkeit seines »Samens« offenbart und den Wahr-
heitsstatus der »Erklärung«, in der er enthalten ist, untergräbt.⁴⁶
    Die poetische Wirkung des Traumes ist stark. Aber statt den Traum
als privilegierte Wahrheit, die aus dem »Inneren« von Ippolit kommt, zu
lesen – ein Vorgehen, das zweifellos das Unbewusste zur Quelle der
Wahrheit machen würde –, möchte ich hier, wie schon bei den *Aufzeichnungen aus dem Kellerloch*, fragen, warum diese Beichtenden aus ihren
Beichten nicht die Spuren einer »tieferen« Wahrheit tilgen, die der
Wahrheit, die sie ausdrücken wollen, widerspricht. Eine Antwort darauf
könnte sein, dass Dostojewski, indem er auf die Ich-Erzählung dieselbe
Genremixtur »im Stile des Menippos« überträgt, die seine Romane insgesamt prägt – eine Mixtur, die philosophische Kommentare, Bekenntnisse und Träume einschließt –, den Selbstverrat des Erzählers als eine
rein formale Frage behandelt, die nur ein banaler Realist ernst nehmen
würde. Die Frage macht aber weiterhin zu schaffen. Wir empfinden
nach wie vor, dass Dostojewski, wenn er auf eine eindeutige »innere«
Wahrheit zurückgreift, darauf verzichtet, Vorstellungen von der Aufrichtigkeit zu hinterfragen, was er sonst mit Hilfe einer rigoros bewussten
Dialektik zu tun pflegt.
    Der Mann im Kellerloch setzt sich hin, um seine Bekenntnisse auf-
zuschreiben, vage von Erinnerungen aus der Vergangenheit bedrückt,

im Übrigen gelangweilt und müßig. Er will seine Geschichten erzählen, um sich zu beruhigen; er will die Wahrheit sagen, weil er – anders als Rousseau – nur für sich schreiben will. So weit geht seine Untersuchung des eigenen Motivs für die Beichte, des Geistes, in dem er beichtet, und der Bedeutung einer Zuhörerschaft. Genau diese Fragen rückt *Der Idiot* in den Vordergrund. In *Der Idiot* kann ein Geständnis nur einem geeigneten Beichtvater gemacht werden; und selbst Fürst Myschkin, der christusähnliche Mann, stellt sich als ungeeignet heraus, nicht im Stande, den Beichtenden loszusprechen (wie er auch außer Stande ist, sich selbst zu befreien) von der Spirale der zwiefachen Gedanken. Und was den Geist der Beichte angeht, sagt *Der Idiot*, so ist es lächerlich zu glauben, dass man die Wahrheit als Spiel, zum Zeitvertreib sagen kann. Keine Willensanstrengung ist offenbar in der Lage, die Wahrheit heraufzubeschwören, nicht einmal das Erzwingen eines Erleuchtungsmoments durch das Erzwingen des eigenen Todes, weil dieses Wollen selbst ein zwiespältiger Gedanke sein kann. Dostojewskis Beichtkritik bringt uns offensichtlich fast dazu, das Sagen der Wahrheit quasi als Gnade aufzufassen.

Dostojewski tut die nächsten, und letzten, Schritte bei der Erforschung der Grenzen der weltlichen Beichte im Roman *Böse Geister* (1871–72). Dort gibt es zwei Episoden, die uns interessieren. Kirillow plant wie Ippolit, sich umzubringen, um eine Saat der Wahrheit in den Geist der Menschen zu senken. Der Unterschied ist, dass Kirillow sich tatsächlich umbringt; und der Schwerpunkt des Interesses liegt nicht auf der Erklärung, die er für seinen Selbstmord (die Saat) liefert – eine Erklärung voll wilder, bombastischer, blasphemischer Unvernunft[47] –, sondern auf dem tatsächlichen Selbstmord.

Die Fragen, ob Kirillow seine Motive für das Vorlegen seines Selbstmord-Manifests (man zögert, es ein Bekenntnis zu nennen) prüft und ob er Selbstzweifel und Selbsttäuschung kennt, werden fast bedeutungslos, da der Roman keinen Zugang zu seinen Gedanken gestattet. Die Szene seines Selbstmords wird mit den Augen des jüngeren Werchowenski gesehen (es ist ein für das Buch typischer ironischer Zug, dass Kirillow, der glaubt, sein Selbstmord bestätige seine Freiheit, die ganze Zeit über von Werchowenski dazu getrieben wird). Daher müssen wir durch Gesten, Posen und äußere Details die letzten Momente Kirillows, so gut wir können, interpretieren und zusehen, wie er »sich in einer taumelnden Inbesitznahme an sich selbst zu binden« hofft, wie René Girard sagt,[48] und sich durch den Tod selbst zu transzendieren versucht. Kirillow nimmt hinter einem Schrank in einem dunklen Zimmer eine rätselhafte Pose ein und gerät in einen trance-ähnlichen Zustand, »die schwarzen Augen, völlig unbeweglich, starrten auf irgendeinen Punkt im Raum« (864). Wenn man ihn richtig interpretiert – mit Myschkins Interpretation von Verurteilten im Hinterkopf –, scheint er auf den Augenblick zu warten, wo das Ich dem Ich ganz gegenwärtig ist und die Zeit aufhört, um sich dann eine Kugel durch den Kopf zu jagen. *In dieser Interpretation* geht Kirillow weiter als jeder andere Charakter bei Dostojewski in der Kultivierung des Todes als alleinigem Garanten für die Wahrheit einer Geschichte, die man über sich selbst erzählt. Aber wir dürfen nicht vergessen, dass Kirillow in seinen letzten Stunden mehr und mehr ein Irrer ist und ein Tier (als letzte Tat vor seinem Selbstmord beißt er Werchowenski) und dass die Interpretation von außen, die uns von Dostojewski aufgenötigt wird, vielleicht andeutet, Kirillows Bewusstsein sei gewissenlos, nicht menschlich, nicht zu verstehen.

Das Kapitel »Bei Tichon«, das vom Herausgeber des *Russischen Boten* aus der Fortsetzungsroman-Version von *Böse Geister* und später vom Autor aus der Sonderausgabe des Romans eliminiert wurde, nimmt das skeptische Hinterfragen des Beichtimpulses wieder auf. Stawrogin besucht den Mönch Tichon und zeigt ihm ein Pamphlet, das er verteilen will, in dem er ein Verbrechen an einem Kind gesteht; doch bald schon werden Stawrogins Motive für sein Geständnis untersucht, und sie werden ihrerseits zum Gegenstand eines Geständnisses.

Stawrogin erzählt sein Vergehen (einen nicht näher geschilderten sexuellen Übergriff, gefolgt von einer Herausforderung zum Selbstmord) ohne Erklärung des Motivs, wenn nicht Langeweile als Erklärung gelten kann. Anstelle einer Erforschung des Motivs, was sehr leicht zur Selbstrechtfertigung tendiert – wie wir bei Rousseau sehen –, besteht Stawrogin auf seiner Schuld und Verantwortung (581, 582, 585). Selbst als ihm das Kind Jahre später in Halluzinationen zu erscheinen anfängt, beharrt er darauf, dass diese Halluzinationen nicht ungewollt sind: Er ist dafür verantwortlich, er beschwört sie selbständig herauf, obwohl es zwanghaft geschieht (588). Das Bild des Kindes ist damit keine Ausdünstung eines schuldigen »inneren« oder »unbewussten« Ichs: Dasselbe Ich, das die Tat zwanghaft begangen hat, konfrontiert sich mit seiner schuldbeladenen Erinnerung; es gibt keinen Unterschied zwischen einem Ich, das will, und einem Ich, das handelt.[49] Stawrogins Tat wird sowohl von ihm selbst als auch von Tichon als Gemeinheit gesehen. Was Tichon jedoch in Frage stellt, ist das Motiv hinter Stawrogins Wunsch, seine Schuld öffentlich zu machen. Die Frage nach diesem Motiv, in Tichons Befragung Stawrogins nach außen verlagert, nimmt die Stelle der nach innen verlagerten Selbstbefragung ein, die wir von bekenntnishaften Erzählungen in der ersten Person gewohnt sind. Mit dieser Befragung öffnet Tichon die Kluft, die Stawrogin zudecken wollte, die Kluft zwischen dem Wissen des Ichs von sich selbst und der Wahrheit.

Die Begegnung zwischen Stawrogin und Tichon (558–601) besteht aus einer doppelten Prüfung. Während Tichon den Wahrheitsgehalt der von Stawrogin für sein öffentliches Geständnis angegebenen Motive prüft, prüft Stawrogin die ganze Zeit Tichons Eignung als Beichtvater. Er will, dass Tichon seine Macht zur Absolution beweist, indem er die von Stawrogin selbst gelieferten Unwahrheiten durchschaut und die Wahrheit dahinter aufdeckt. Aber wie sich herausstellt, dass es Grenzen gibt für die Buße und die Art Vergebung, die Stawrogin anzunehmen bereit ist, stellt sich ebenso heraus, dass es Grenzen gibt für die Art Wahrheit, die Tichon zu sehen gestattet sein soll. Insbesondere ist Stawrogin nicht bereit, Tichon zu gestatten, einen gewissen Identitätskern, den er für sich selbst beanspruchen will, zu berühren. So wird Stawrogins Beichte trotz seiner Bereitschaft, auf jedes Recht zu verzichten, sein Verbrechen zu erklären und seine Schuld wegzureden – eine Bereitschaft, die den Eindruck erweckt, dass er die absolute Wahrheit und wahre Absolution will –, zu einem Spiel, bei dem es im Wesentlichen darum geht, dass gewisse Grenzen nicht überschritten werden, obwohl die Teilnehmer einander und sich selbst vormachen, dass es keine Grenzen gäbe. Es ist daher ein Spiel der Täuschung und Selbsttäuschung, ein Spiel der beschränkten Wahrheit. Tichon beendet das Spiel, indem er die Regeln verletzt.[50]

Die Identität, die Stawrogin zu behaupten gewillt ist, ist die eines großen Sünders. Er stellt sein Verbrechen gegenüber dem Kind als umso verachtenswerter dar – groß in seiner Verächtlichkeit –, weil das Motiv dazu so sinnlos, die Leidenschaft so matt war. Tichon meint, dass ein so schäbiges und dennoch so großspuriges Verbrechen nur Gelächter verdienen könnte, und rät Stawrogin, still zu büßen statt »unendliches Leid« zu suchen. Tichon stellt also die *Größenordnung* in Frage, in der Stawrogin sein Verbrechen und seine Strafe sieht. Stawrogin will, dass ihm »unermeßliches Leid« zugeteilt wird als Zeichen, dass seine Schuld maßlos ist; und die Maßlosigkeit seiner Schuld müsse sich aus der Banalität des Bösen seines Verbrechens ergeben. Tichon gibt Stawrogin zu bedenken, dass er vielleicht bloß ein ausschweifender, wurzelloser Aristokrat voll byronesker Protzerei ist, der durch das Begehen einer einfachen Gemeinheit und das öffentliche Geständnis dieser Gemeinheit im Schnellverfahren berühmt werden will.

Es ist wichtig zur Kenntnis zu nehmen, dass Tichon diese Darstellung Stawrogin gegenüber nicht als *die Wahrheit über ihn* präsentiert, weil sich Tichon dadurch als Quelle der unbezweifelbaren Wahrheit präsentieren würde. Er präsentiert sie als mögliche Wahrheit, eine Möglichkeit, der sich Stawrogin stellen müsste, wenn er in einem Programm der geistigen Selbstbefragung ernsthaft danach streben würde, die Wahrheit über sich zu erfahren (wie auch Tichon seine eigenen Motive dafür, dass er das Ausmaß von Stawrogins böser Tat herunterspielt, im Zuge seiner eigenen Selbstprüfung untersuchen müsste). So bricht Tichon die böse Unendlichkeit einer regressiven Selbsterkenntnis ab. Eine solche regressive Selbsterkenntnis wird noch deutlicher von solchen sich öffentlich an die Brust schlagenden Büßern wie Marmeladow und Lebedew verkörpert, bei denen die Schamlosigkeit der Beichte ein weiteres Motiv für Scham ist, und so endlos fort; weniger von Stawrogin, dessen Version des Regresses ist, dass die Gemeinheit seiner Tat eine gewisse Größe darstellt, und die Gemeinheit dieser bewussten List wieder eine gewisse Größe, und so weiter. Darauf folgt dann ein anderer Regress der Selbstprüfung, der das Potential hat, sich unendlich fortzusetzen, aber auch ein echtes Potential, in Selbstvergebung zu enden.

Selbstvergebung bedeutet das Schließen des Kapitels, das Ende der Abwärtsspirale der Selbstanklage, deren Tiefen nie ergründet werden können, weil die durch einen Willensakt herbeigeführte Entscheidung, an einem beliebigen Punkt aufzuhören, die Entscheidung, dass die Schuld an genau dem Punkt endet, selbst eine möglicherweise falsche Handlung ist, die geprüft zu werden verdient. Wie man unterscheiden soll zwischen einem »wahren« Moment der Selbstvergebung und einem Moment der Selbstgefälligkeit, wo das Ich entscheidet, dass es bei seiner Selbstprüfung weit genug gegangen sei, ist ein Geheimnis, das Tichon nicht aufhellt, sondern vielleicht dem geistigen Ratgeber »von solch wahrhaft christlicher Weisheit, wie wir beide sie nie begreifen werden« (599), anheim stellt – obwohl man nach aufmerksamer Lektüre des Dostojewski'schen Textes vermuten könnte, dass dieser Mönch den Unterschied nie in Worte fassen würde – und das deshalb, weil der Unterschied, wenn er erst einmal in Worte gefasst wäre, zu einem neuen Spiel mit Täuschung und Selbsttäuschung anregen würde; und weiter, dass das Verkünden eines Entschlusses, den Unterschied nicht in Worte zu fassen, auf ähnliche Weise Teil eines Spiels werden könnte; und so endlos fort. Die endlose Kette wird offenbar, sobald Selbsterkenntnis hinzukommt; wie man in den Besitz der Wahrheit über sich selbst kommt, wie man Selbstvergebung erhält und den Selbstzweifel hinter sich lässt, würde wohl aus strukturellen Gründen in einem Bereich des Geheimnisvollen bleiben müssen; und selbst die Abgrenzung in diesem Bereich, selbst die nähere Erläuterung der strukturellen Gründe, müsste auf ähnliche Weise unausgesprochen bleiben; und die Gründe für dieses Schweigen ebenfalls.

Das Ende des Bekenntnisses

Das Bekenntnis ist beendet, wenn man sich selbst und für sich selbst die Wahrheit sagt. Das Schicksal des Bekenntnisses, das ich in drei Romanen Dostojewskis untersucht habe, zeigt, wie skeptisch Dostojewski war und warum er der Art des säkularen Bekenntnisses, wie es Rousseau und vor ihm Montaigne versucht haben, so skeptisch gegenüberstand.

Wegen der Beschaffenheit des Bewusstseins, gibt Dostojewski zu verstehen, kann das Ich sich selbst nicht die Wahrheit über sich selbst sagen und zur Ruhe kommen, ohne dass die Möglichkeit der Selbsttäuschung besteht. Wahres Bekennen erwächst nicht aus dem sterilen Monolog des Ich oder aus dem Dialog des Ich mit seinem Selbstzweifel, sondern (und hier gehen wir über Tichon hinaus) aus Glauben und Gnade. Man kann *Aufzeichnungen aus dem Kellerloch*, *Der Idiot* und Stawrogins Bekenntnis als eine Textfolge lesen, in der Dostojewski die Sackgasse der säkularen Beichte erkundet und schließlich auf das Beichtsakrament als den einzigen Weg zur Wahrheit über sich selbst weist.

In einer langen Besprechung von *Anna Karenina*, die in sein *Tagebuch eines Schriftstellers* aufgenommen wurde, lobt Dostojewski Tolstoi für die »unvergleichliche psychologische Ergründung der Menschenseele«, die in dem Roman stattfindet. Diese Tiefe an Einsicht sieht er in der Episode von Annas beinahe tödlicher Krankheit veranschaulicht, während deren Anna, Wronski und Karenin in einem Geist des »gegenseitigen Verzeihens« Schluss machen mit »Lüge, Schuld und Verbrechen«, nur um sich nach Annas Genesung auf einem Weg nach unten in »jenen unüberwindlichen Zustand, wo das Böse sich der Seele des Menschen bemächtigt und ihn fesselt, jede Bewegung, jede Widerstandskraft, jeden Gedanken, jede Lust zum Kampf gegen das Böse lähmt,« wiederzufinden.[51] Im Fall Karenins machen das Mitleid, die Reue und die befreiende Freude, die er empfindet, als er Anna verzeiht, nicht unempfindlich gegen die Scham, die er empfindet, als er in der Rolle, die für ihn vorgesehen ist – der des gedemütigten Ehemanns –, in die Gesellschaft zurückkehrt, »in Schande geraten, verspottet und völlig überflüssig« (*Anna Karenina*, S. 607). Zunächst bemitleidet er sich selbst, dann kommt ihm der beschämende Verdacht, dass er damit, dass er mit seiner verzeihenden Haltung Anna gegenüber nicht die Großzügigkeit der Person ausgedrückt hat, die er sein will, sondern die Schwäche und vielleicht Impotenz der Person, die er nicht sein will. Selbstbeobachtung gestattet ihm also, das, was er zuvor als Befreiung seines wahren, besseren Ichs erlebt hat, im Namen einer neuen Wahrheit zu verleugnen, die »tiefer« in dem Sinn ist, dass sie die frühere untergräbt. Diese »tiefere« Wahrheit ist natürlich eigentlich eine selbstsüchtige Selbsttäuschung,

die (in Tolstois Kommentar) Karenin erlaubt, »alles zu vergessen, woran
er nicht gern dachte« (624): Bei einem so völlig weltlichen Geschöpf
(»Er war ein gottesfürchtiger Mensch, der sich für die Religion hauptsächlich aus politischen Gründen interessierte«[612]) ist Selbsterforschung kein Mittel der Wahrheitsfindung, sondern soll bloß dazu
dienen, sich wohl zu fühlen, respektiert zu werden und so weiter.

Die Frage, die gewöhnlich in Bezug auf *Die Kreutzersonate* gestellt
wird, ist die: Wie konnte Tolstoi nach der »unvergleichlichen psychologischen Ergründung der Menschenseele«, die *Anna Karenina* (1874–
1876) auszeichnet, und insbesondere der Analyse der Selbsttäuschungs-
manöver, die wir dort finden, dann später ein so naives und einfältiges
Buch schreiben, in dem die Wahrheit, die der Wahrheitssager erzählt, als
nackte Phrase über die Kontrolle der Begierden erscheint? Ehe wir die
Frage in dieser Form akzeptieren, sollten wir uns jedoch drei Dinge in
Erinnerung rufen. Das Erste ist, dass wir in *Anna Karenina* schon das
Schauspiel eines Wahrheitssuchers haben, der, obwohl von Selbstzwei-
feln zerfressen, die Wahrheit nicht durch den labyrinthischen Prozess
der Selbstprüfung findet, sondern durch eine Erleuchtung von außen
(in Lewins Fall die plötzliche Erleuchtung durch die Worte eines Bauern). Das Zweite ist, dass kein Argument die Überzeugung des Mannes
im Kellerloch, die Selbsterkenntnis arbeite nach eigenen Gesetzen, überlisten wird; und eines dieser Gesetze ist, dass hinter jeder wahren, end-
gültigen Position eine andere wahrere und endgültigere Position lauert.
Von einem Gesichtspunkt aus ist das ein fruchtbares Gesetz, weil es die
unaufhörliche Entwicklung des Textes vom Ich, wie er durch die *Aufzeichnungen aus dem Kellerloch* veranschaulicht wird, erlaubt. Von einem
anderen Gesichtspunkt aus, dem des nach Wahrheit Hungernden, ist es
fruchtlos, zögert die Wahrheit endlos hinaus, kommt nie zu einem
Schluss. Als Drittes muss man im Kopf behalten, dass die Art von Transzendenz der Selbsterkenntnis, die Dostojewski als Weg, zum Schluss zu
kommen, empfiehlt, für einen rationalistischen, moralischen Christen
wie Tolstoi nicht gangbar sein mag, für einen, der die Wahrheit bei
einfachen Leuten ohne Selbsterkenntnis finden kann, der aber skeptisch
ist, dass man durch Selbsterkenntnis zur Wahrheit jenseits der Selbsterkenntnis gelangen kann.

Mit diesen Überlegungen im Hinterkopf können wir vielleicht unsere Frage auf eine für den späten Tolstoi angemessenere Weise wie folgt umformulieren: Ein Schriftsteller, für den die Psychologie der Selbsttäuschung kein uferloses Feld darstellt (das im Übrigen praktisch schon erobert ist) und für den sich Selbstzweifel nur als endlose Plackerei erwiesen haben – welche Möglichkeiten der Wahrheitsgewinnung kann der in der Selbstbefragung eines Bekenner-Bewusstseins sehen? Es ist wohl kaum zu bezweifeln, dass Tolstoi Posdnyschews Bekenntnis psychologisch »reicher« oder »tiefer« hätte gestalten können, indem er es mehrdeutiger angelegt hätte – ja, das Material für die Schaffung einer solchen Mehrdeutigkeit liegt schon im Text bereit –, aber (man muss sich vorstellen, wie Tolstoi sich das fragt) *wozu eigentlich?* Nachdem also die ganze Maschinerie aufgebaut worden ist (der Erzähler, bereit, die Rolle des fragenden und befragten Anderen zu spielen, die Kette von Hinweisen, die auf eine Wahrheit deuten, die die vom Bekennenden vorgebrachte Wahrheit fragwürdig macht und verkompliziert), sehen wir (ich stelle jetzt Vermutungen an) Ernüchterung, Überdruss an der hier geforderten harten Arbeit, die Wahrheit aus Lügen zu gewinnen, Ungeduld mit den Erzählschritten, die durchlaufen werden müssen, ehe die Wahrheit erscheinen kann (eine Wahrheit, die sowieso immer nur als vorläufig, als vom Zweifel angenagt erscheint), und einen (hastigen?) Entschluss, schließlich *die Wahrheit niederzuschreiben*, als hätte man nach lebenslangem Suchen die Befugnis erlangt, die Autorität gewonnen, es zu tun.

Zeit, Tempus und Aktionsart in Kafkas »Der Bau« (1981)

Kafkas Erzählung »Der Bau« beginnt so: »Ich habe den Bau eingerichtet und er scheint wohlgelungen.«[1] Die Zeit-Position des Sprechers, des Wesens, das sein Leben dem Graben dieses absolut sicheren Verstecks gewidmet hat, scheint klar zu sein: Es spricht (oder schreibt) zu einem Zeitpunkt, als der Bau fertig gestellt ist, aber noch nicht lange genug, um ein endgültiges Urteil darüber fällen zu können, ob er ein Erfolg ist. Weitere Mitteilungen auf den folgenden Seiten helfen, das fiktionale *Jetzt* seiner Äußerungen dem Leben »auf seinem Höhepunkt« (577) zuzuordnen, wo es dennoch sagt: »Aber ich werde alt« (578), und an »das nahende Alter« (579) denkt.

Die von seiner Erzählung in Anspruch genommene Zeit, die in diesem Moment beginnt, ist jedoch nicht einfach die Zeit, die man brauchen würde, um die etwa siebenunddreißig Seiten des Textes laut zu lesen: Obwohl es keine typographischen Zäsuren gibt, um Zäsuren im zeitlichen Ablauf des Erzählens zu markieren, gibt es zumindest einen Punkt (605), an dem das Erzählen durch Schlaf unterbrochen wird. Was die von der Erzählung beschriebene Zeit betrifft, so möchte ich nur als eine erste Annäherung sagen, dass sie – abgesehen von flüchtigen Hinweisen auf eine lang vergangene Lehrlingszeit (zum Beispiel 626) – das Leben im Bau (das als weitgehend von Gewohnheit geprägt geschildert wird) zu umfassen scheint, den Augenblick, an dem die ersten Worte des Textes geäußert werden, einschließt und über ihn hinausgeht bis zu einem Augenblick, an dem die Erzählzeit und die erzählte Zeit identisch sind.

Aber die Beziehungen zwischen der *Erzählzeit* (das vorrückende *Jetzt* der Äußerungen des Erzählers) und der *erzählten Zeit* (die denotative *Zeit*) stellen sich als viel komplexer und als wirklich überraschend heraus, je mehr wir uns in den Text vertiefen. Dieser erste Versuch einer Interpretation der Zeitbeziehungen vertuscht das Problem, wie das Muster des gewohnheitsmäßigen Lebens im Bau in ein zeitliches Kontinuum einzupassen ist; weitere, verbesserte Versuche bringen uns am Ende nicht nur zu einer Erzählstruktur, sondern auch zu einer Zeitdarstellung, die in kein rationales Modell gepresst werden kann. Es gibt zahlreiche Abschnitte in Kafkas Romanen, Erzählungen und Tagebüchern, die zeigen, dass die Metaphysik der Zeit Kafka stark beschäftigte. Vor allem aber in den Erzählungen »Ein Landarzt« und »Der Bau« finden wir *Manifestationen* eines ganz eigenen Zeitgefühls. Wie zu erwarten, bringen solche Erzählungen Kafka notwendigerweise in Konflikt nicht nur mit den Zeitkonventionen des Realismus in der Literatur (die sich auf die Newton'sche Metaphysik gründen), sondern auch mit der Konzeption, die im Zeitsystem der Sprache enthalten ist (und nach Whorf von diesem System übertragen wird).

In diesem Essay beschäftige ich mich mit der Erkundung der Beziehungen zwischen dem Verbsystem im Deutschen, der Erzähl- (und der Erzähler-)Struktur von »Der Bau« und dem Zeitbegriff, den Kafka 1923 unserer Auffassung nach hatte. Im ersten Abschnitt des Essays versuche ich kaum mehr, als den Leser davon zu überzeugen, dass die Aufgabe, die Ereignisse der Erzählung in zeitlicher Abfolge darzubieten, mit Schwierigkeiten gespickt ist. Im zweiten Abschnitt erörtere ich das Werk zweier Wissenschaftler, die diese Schwierigkeiten erkannt und zu überwinden versucht haben. Im dritten Abschnitt skizziere ich eine Unterscheidung zwischen zwei Merkmalen des Verbs, Tempus und Aktionsart, die oft durcheinander gebracht werden, und lege dar, wie die Beachtung dieser Unterscheidung uns bei unserer Lektüre dienlich sein kann. Und im Schlussabschnitt versuche ich das Zeitschema zu erklären, das »Der Bau« verkörpert, in beiden Bedeutungen dieses doppeldeutigen Ausdrucks.

In den ersten drei langen Textabschnitten gibt es nichts, was mit den Zeit- und Tempus-Konventionen der retrospektiven Ich-Erzählung kollidiert. Aber mit dem vierten Abschnitt wird es allmählich schwieriger, das *Jetzt* des Erzählakts zeitlich zu fixieren. Schauen wir uns diesen Abschnitt einmal näher an.

»Auf diesem Burgplatz sammle ich meine Vorräte ... Der Platz ist so groß, daß ihn Vorräte für ein halbes Jahr nicht füllen. Infolgedessen kann ich sie wohl ausbreiten, zwischen ihnen herumgehn, mit ihnen spielen ... Ich kann dann auch immer Neuordnungen vornehmen und entsprechend der Jahreszeit die nötigen Vorausberechnungen und Jagdpläne machen. Es gibt Zeiten, in denen ich so wohl versorgt bin, daß ich aus Gleichgültigkeit gegen das Essen überhaupt das Kleinzeug, das hier herumhuscht, gar nicht berühre ...« (581–82)

Die Gegenwart ist hier eine iterative, gewohnheitsmäßige Gegenwart, mit einem Zyklus von Jahreszeiten und sogar Jahren.

»Es scheint mir dann manchmal gefährlich die Verteidigung ganz auf dem Burgplatz zu basieren ... dann bestimme ich etwa jeden dritten Platz zum Reservevorratsplatz ... Oder ich schalte manche Wege zu Täuschungszwecken überhaupt aus der Behäufung mit Vorräten aus oder ich wähle ganz sprunghaft ... nur wenige Plätze. Jeder solche neue Plan verlangt allerdings schwere Lastträgerarbeit ... Freilich kann ich das in Ruhe ohne Übereilung machen ... Schlimmer ist es, wenn es mir manchmal, gewöhnlich beim Aufschrecken aus dem Schlaf, scheint, daß die gegenwärtige Aufteilung ganz und gar verfehlt ist ... und sofort eiligst ohne Rücksicht auf Schläfrigkeit und Müdigkeit richtiggestellt werden muß, dann eile ich, dann fliege ich, dann habe ich keine Zeit zu Berechnungen, der ich gerade einen neuen ganz genauen Plan ausführen will, fasse willkürlich, was mir unter die Zähne kommt, schleppe, trage, seufze, stöhne, stolpere ... Bis allmählich mit völligem Erwachen die Ernüchterung kommt, ich ... zu meinem Schlafplatz zurückkehre ...« (582–83)

Es steht außer Frage, dass auch diese Episode iterativ, typisch, wiederkehrend ist und dass das *Jetzt*, von dem aus erzählt wird, sich innerhalb dieser Wiederholungen befindet: Panikattacken gehören zum Leben des

Wesens, sie haben sich in der Vergangenheit ereignet, sie werden voraussichtlich wieder auftreten.

»Dann gibt es wieder Zeiten, wo mir die Vereinigung aller Vorräte auf einem Platz das Allerbeste scheint. ... und so fange ich dann ... wieder an alles aus den kleinen Plätzen zum Burgplatz zurückzuschleppen. Für einige Zeit ist es mir dann ein großer Trost, alle Plätze und Gänge frei zu haben ... Dann pflegen besonders friedliche Zeiten zu kommen, ... bis ich es nicht mehr ertrage und eines Nachts auf den Burgplatz stürze, mächtig unter den Vorräten aufräume und ... mich fülle.« (583, 585)

Hier beobachten wir, dass die Erzählung nur mühsam die Illusion einer iterativen Gegenwart aufrechterhält, wenn die Handlungen, die sich wiederholen, impulsiv, unvorhergesehen und unvorhersehbar sind, wenn der Sprecher Kräften ausgeliefert ist, die er nicht kontrollieren oder voraussagen kann. So kommt uns folgender Satz 1 – im Gegensatz zu Satz 2 – bizarr und vielleicht ungrammatisch vor:

1. Jeden Monat laufe ich spontan nackt durch die Straßen.
2. Jeden Monat laufe ich nackt durch die Straßen.

Es gibt nur eine Möglichkeit, sich mit Satz 1 zu arrangieren, nämlich die, ihn als verallgemeinernde Aussage über das Verhalten der vergangenen Monate zu lesen, das im gegenwärtigen Moment, wo der Satz geäußert wird, seinen Höhepunkt erreicht (»Jeden der vergangenen x Monate bin ich spontan nackt durch die Straßen gelaufen«). Der Satz wird außerordentlich bizarr, wenn er als Äußerung in einer iterativen Gegenwart gelesen wird (»Es ist meine Angewohnheit, jeden Monat spontan nackt durch die Straßen zu laufen«). Die Ursache für diesen Widerspruch ist natürlich die: Wenn sich ein Sprecher in einer iterativen Gegenwart positioniert, bedeutet das für den Zuhörer, der den iterativen Zyklus sozusagen auf ein Kontinuum von Vergangenheit–Gegenwart–Zukunft projiziert, dass der Sprecher nicht nur eine verallgemeinernde Aussage über sein Verhalten in der Vergangenheit macht, sondern auch sein zukünftiges Verhalten voraussagt; und diese Voraussage steht im Widerspruch zur Vorstellung der Spontaneität.

Kafka verursacht diesen Widerspruch in den von mir zitierten Abschnitten nicht eindeutig. Aber als das grabende Wesen aus seinem

Schlaf aufschreckt und eilt und fliegt, um seine Vorräte umzuschichten, und auch als es eines Nachts auf den Burgplatz stürzt und sich voll stopft, enthalten die Verben Konnotationen der Spontaneität, des Unkontrollierbaren, des Unvorhersagbaren und passen daher nicht so recht in einen erzählerischen Rahmen der wiederholten Zeit.

Es gibt zwei Möglichkeiten zu erklären, was hier vor sich geht. Die weniger radikale Erklärung ist: Dem Deutschen fehlt, wie dem Englischen, ein spezifisches morphologisches Element, das eine iterative Handlung bezeichnet. Die nicht-iterative (punktuelle) Verbbedeutung ist die semantisch ungekennzeichnete Form, im Gegensatz zur gekennzeichneten Form der iterativen Bedeutung. (Das ist vielleicht nichts weiter als eine Folge der relativen Seltenheit der iterativen Bedeutung.) Wenn also Verbsequenzen nicht systematisch mit iterativen Modifikatoren *(manchmal, jeden Tag...)* oder (im Englischen) mit entsprechenden Modalverben *(will, used to ...)* verbunden sind, wird man die Verben eher als ungekennzeichnet interpretieren, das heißt als nicht-iterativ. Es ist also mit anderen Worten ein ständiger Betonungsdruck beim Schreiben nötig, um die iterative Zeitform aufrechtzuhalten. Je öfter diese Betonung wiederholt werden muss, desto unbeholfener klingt es natürlich. Statt also diese Betonung durchweg auszuführen, *dramatisiert* Kafka manchmal *ein typisches Geschehen* aus dem iterativen Zyklus (zum Beispiel in den letzten beiden Zitaten) und ermöglicht so dem Text für einen Moment den Rückzug in die ungekennzeichnete, nicht-iterative Aktionsart.

Diese *rhetorische* Erklärung interpretiert somit die problematische Verbsequenz nach dem pragmatischen Gesichtspunkt, was für den Leser »funktioniert«, als Beweis für die Kunstfertigkeit des Schriftstellers. Es besteht kein Zweifel daran, dass diese Erklärung für die Verbsequenzen, die ich zitiert habe, und für andere, die ich weiter unten anführen werde, »funktionieren« kann. Meine Vorbehalte gegenüber einer Erklärung auf dieser Grundlage werden später deutlicher werden, wenn ich darlege, dass die problematischen Verbsequenzen nicht etwa das Verständnis erschweren, sondern einer Zeitauffassung entsprechen, die von zentraler Bedeutung für Kafkas Werk ist. Für den Augenblick möchte ich einfach feststellen: Da »Erfolg« beim Schreiben – wie Schönheit – im Grunde nicht nachweisbar ist, muss der Interpret gewisse rhetorische Überredungskünste oder Einschüchterungsgesten oder beides einsetzen, um *irgendeine* These aufzustellen, die besagt, dass eine spezielle Strategie in einem Text »funktioniert«, dass es sich um »erfolgreiches Schreiben« handelt, eigentlich dass es sich überhaupt um eine »Schreibstrategie« handelt.

Die zweite und radikalere Erklärung lautet, dass die Zeitvorstellung, die in »Der Bau« vorherrscht, wirklich anomal ist, dass sie nur mit einem gewissen rhetorischen Gewaltakt, der bis zum Verrat geht, erklärbar gemacht werden kann und dass sie besser zu verstehen ist als Widerspiegelung eines Zeitgefühls, das zwischen iterativer und nicht-iterativer Verbbedeutung keine strikte Trennlinie zieht oder sie nicht an der üblichen Stelle zieht. Das ist die Erklärung, die ich untersuchen will. Doch bevor ich dazu komme, möchte ich andeuten, wie verbreitet schwierige Zeitsequenzen sind. Ich springe beim Zitieren, um die Verben hervorzuheben.

»Nach solchen Zeiten pflege ich um mich zu sammeln den Bau zu revidieren und … ihn öfters … zu verlassen. … Es hat immer eine gewisse Feierlichkeit, wenn ich mich dem Ausgang nähere. … dort fing mein Bau an … Soll ich diesen Teil deshalb umbauen? Ich zögere die Entscheidung hinaus und es wird wohl schon so bleiben wie es ist … Manchmal träume ich, ich hätte ihn umgebaut, … und nun sei er uneinnehmbar, der Schlaf in dem mir das geschieht ist der süßeste von allen … Die Pein dieses Labyrinthes muß ich also auch körperlich überwinden, wenn ich ausgehe … Dann aber bin ich unter der Moosdecke, … und nun ist nur noch ein Ruck des Kopfes nötig und ich bin in der Fremde. Diese kleine Bewegung wage ich lange nicht auszuführen … Aber dann hebe ich doch vorsichtig die Falltüre und bin draußen …« (586–90)

Die Erzählzeit ist hier beim ersten Abschnitt klar mit der des Erzählbeginns identisch: Eine Gegenwart nach der Fertigstellung des Baus, ein Zeitpunkt, von dem aus das Wesen zurückschaut auf einen Zyklus gewohnheitsmäßigen Verhaltens in der Vergangenheit und voraus in eine Zukunft schaut, in der der Bau wahrscheinlich nicht umgebaut werden wird. Aber als es sich dann daranmacht, seine wiederholten Ausflüge aus dem Bau näher zu beschreiben, verlagert sich das *Jetzt* der Erzählung wieder und wird zum Moment, wo das Tier den Bau verlässt (obwohl wir noch bestimmen müssen, wie jener Moment einzustufen ist). Das wird im folgenden Abschnitt besonders deutlich.

»… ich weiß, … daß ich nicht endlos hier jagen muß … Und so kann ich diese Zeit hier ganz auskosten und sorgenlos verbringen, vielmehr ich könnte es und kann es doch nicht. Zuviel beschäftigt mich der Bau. Schnell bin ich vom Eingang fortgelaufen, bald aber komme ich zurück. Ich suche mir ein gutes Versteck und belauere den Eingang meines Hauses … Mir ist dann, als stehe ich nicht vor meinem Haus, sondern vor mir selbst, während ich schlafe … Niemanden habe ich in der ganzen Zeit geradezu am Eingang forschen sehn … Es gab glückliche Zeiten, in denen ich mir fast sagte, daß die Gegnerschaft der Welt gegen mich vielleicht aufgehört oder sich beruhigt habe … Der Bau schützt vielleicht mehr, als ich jemals gedacht habe oder im Innern des Baues zu denken wage. Es ging so weit daß ich manchmal den kindischen Wunsch bekam überhaupt nicht mehr in den Bau zurückzukehren sondern … mein Leben in der Beobachtung des Eingangs zu verbringen … Was ist es denn für eine Sicherung, die ich hier beobachte? … Nein, ich beobachte doch nicht wie ich glaubte meinen Schlaf, vielmehr bin ich es der schläft, während der Verderber wacht … Und ich verlasse meinen Beobachtungsplatz und bin satt des Lebens im Freien … ein allgemeines Gesetz oder eine unfehlbare Methode des Hinabsteigens finde ich aber nicht. Ich bin infolgedessen glücklich noch nicht in den wirklichen Eingang hinabgestiegen zu sein und verzweifelt es doch bald tun zu müssen … Und ich reiße mich los von allen Zweifeln und laufe geradewegs … auf die Tür zu, … aber ich kann es doch nicht … Und die Gefahr ist keine eingebildete, sondern eine sehr wirkliche. … Wenn er [ein Feind] doch jetzt käme, … wenn das alles doch geschähe, damit ich endlich in einem Rasen hinter ihm her … ihn anspringen könnte, ihn zerbeißen, … vor allem aber, das wäre die Hauptsache, endlich wieder in meinem Bau wäre [*sic!*], gern diesmal sogar das Labyrint bewundern wollte, zunächst aber … ruhen wollte … Aber es kommt niemand …« (590–96)

Die Zeitfolge ist selbst labyrinthisch. Die Muirs [die englischen Über-
setzer] versuchen ihren Drehungen und Windungen zu folgen, aber es
kommen unvermeidbar Augenblicke, wo sie sich zwischen englischen
Verben in der Verlaufsform und in der einfachen Form entscheiden
müssen (*die ich hier beobachte* wird zu »which I am looking at here«,
und nicht zu »which I look at here«), und auch zwischen Perfekt und
Präteritum muss entschieden werden (*bin fortgelaufen* wird zu »fled«
und nicht zu »have fled«). Es ist in der Tat nicht möglich, diesen Abschnitt zu übersetzen, ohne sich von Augenblick zu Augenblick auf
eine Interpretation seiner Zeitstruktur festzulegen und insbesondere
festzulegen, wo der Erzählmoment sich in der Zeit befindet: Betrachtet
man die Ereignisse aus der Perspektive des implizit im ersten Satz der
Erzählung enthaltenen *Jetzt* – »Ich habe [jetzt] den Bau eingerichtet« –
was aus der Gegenwart an dieser Stelle eine so genannte historische
Gegenwart machen würde, oder hat sich der Erzählmoment inzwischen entscheidend verlagert – auf eine Zeit draußen an der frischen
Luft, wo das den Bau grabende Wesen unentschlossen wartet und
nicht in der Lage ist, den Abstieg zurück in die Erde zu wagen? Dieser
Abschnitt wirft die Frage am entschiedensten auf. »Ich bin... noch
nicht in den wirklichen Eingang hinabgestiegen«, sagt das Wesen.
Wenn der Moment, in dem dieser Satz geäußert wird, der Moment ist,
in dem der Text geäußert wird, dann ist das Wesen *jetzt* wirklich im
Freien gefangen.

Dieses lange Zitat sollte genügen, um zu zeigen, dass der genaue
Verlauf der Zeitsequenzen wirklich verwirrende Probleme aufwirft. Ich
möchte, ohne noch einmal in diesem Umfang zu zitieren, auf andere
Stellen hinweisen, wo das Problem unvermeidlich ist.

Das Wesen ist »jetzt« draußen vor seinem Bau. »Nun bin ich freilich
jetzt[!] außerhalb seiner und suche eine Möglichkeit der Rückkehr...
gerade angesichts des Eingangs dort[!], der sich jetzt gegen mich den
Erbauer und Besitzer abschließt, ja förmlich verkrampft« (599, 600).
Die deiktischen Wörter heben den Erzählmoment als einen Moment
außerhalb des Baus hervor. »Und nun... nähere ich mich dem Eingang, ... steige langsam hinab ...« (602) Das *Jetzt* der Erzählzeit verlagert
sich mit dem *Jetzt* der erzählten Zeit: Zeit verstreicht sowohl im Fort-

gang des Textes als auch in der Welt vor dem Eingang zum Bau, und
»nun« ist der Einstieg geschafft. Die frühere Unentschlossenheit und
Unfähigkeit hinabzusteigen werden durch reine Erschöpfung überwunden. »Nur in diesem Zustand [der Erschöpfung] ... kann ich diese
Sache ausführen« (602). Aber die Rückkehr in den Bau belebt das
Wesen. »... es ist, als hätte ich während des Augenblicks, da ich den Bau
betrat, einen langen und tiefen Schlaf getan.« Es macht sich daran,
die Jagdbeute auf seinen Burgplatz zu schaffen. Wenn diese Aufgabe
vollendet ist, »überkommt mich doch eine gewisse Lässigkeit«, und es
schläft (603, 605).

Obwohl es an dieser Stelle in Kafkas Manuskript keine Unterbrechung gibt,[2] existiert eine Lücke in der erzählten Zeit. »Ich habe
wohl sehr lange geschlafen«, fährt die Erzählung fort. Dieser zweite
Teil der Erzählung handelt von dem geheimnisvollen zischenden Geräusch, das das Wesen in seinem Bau hört. Wieder scheint das *Jetzt*
der Erzählung mit dem *Jetzt* der Handlung zusammenzufallen; aber es
gibt auch hier wieder verunsichernde Abschnitte, in denen das *Jetzt*
ein iteratives Gesicht zu offenbaren scheint.[3] Andererseits wird das
Geräusch eindeutig als etwas beschrieben, »was ich nie gehört habe«
(613) – eine iterative Wiederkehr des Geräusches scheint ausgeschlossen zu sein.

Als die ersten Versuche, den Ursprung des Geräusches festzustellen,
scheitern, revidiert das Wesen seine Pläne und spricht von einer zukünftigen Absicht: »Ich werde nun meine Methode ändern. Ich werde in der
Richtung zum Geräusch hin einen ... Graben bauen« (614). Aber dieser
neue Plan bringt keinen Trost, denn: »... trotzdem glaube ich ihm nicht
im Grunde« (616). Der Grund für dieses mangelnde Vertrauen in »vernünftige« Zukunftspläne würde bei einer iterativen Zeitform sein, dass
man schon einmal erlebt hat, wie sie versagt haben. In der sozusagen mit
Scheuklappen versehenen Gegenwart des Textes bleibt dem Erzähler die
Ursache für die eigene Hoffnungslosigkeit verborgen.

Selbst wenn wir den ganzen zweiten Teil der Erzählung als linear und
nicht-iterativ auffassen, gibt es in ihm doch iterative Zyklen.

»Manchmal scheint es mir, als habe das Geräusch aufgehört, ...
manchmal überhört man ein solches Zischen, ... und ein Weilchen

lang glaubt man, das Zischen sei für immer zuende. Man horcht nicht mehr weiter, man springt auf ...«(618) Wenn wir andererseits diesen Abschnitt als iterativ lesen, dann gehört die von mir zitierte Sequenz zum iterativen Präsens: Weder das Deutsche noch das Englische haben offenbar einen Mechanismus auf der Ebene der Verbalphrasenstruktur, der Zyklen innerhalb von Zyklen anzeigt.

»Aber kaum hat man ein Weilchen derart gearbeitet, kann es geschehn, daß man eine neue Entdeckung macht« (619): Nämlich dass das Geräusch lauter wird. Der Wechsel von *ich* zu *man* wird im restlichen Abschnitt fast durchgängig beibehalten, passend zur neuen hypothetischen Form der Erzählung. Es erscheint unmöglich, diesen Modus mit einem nicht-iterativen Verständnis der Erzählung zu vereinbaren, falls man nicht dem Erzähler praktisch die Position eines Schöpfers von Fiktionen zubilligt, der mit Sequenzen spielt, die er in die Erzählung einfügen kann oder auch nicht. Während man diese Möglichkeit nicht ganz ausschließen kann, gibt es sonst nichts im Text, was die Auffassung stützt, dass die Schreibvorgänge so radikal demaskiert werden. Wenn man andererseits die Erzählung als iterativ auffasst, dann fügt sich die hypothetische Sequenz ein als eine, die in einer gegebenen Wiederholung auftreten kann oder auch nicht.

Während sich das Wesen in seinem Bau auf die Suche nach dem Geräusch begibt, fallen ihm neue Ideen, neue Pläne, neue Schlussfolgerungen ein, die alle nacheinander als nutzlos verworfen werden. Warum erinnert es sich nicht von früher her an sie, warum gibt es sich erneut mit ihnen ab, wenn sie sich als unwirksam herausgestellt haben, warum erlebt es Wellen der Hoffnung und der Verzweiflung? Auf einer Ebene lautet die Antwort, dass es gewissermaßen zu diesen Wiederholungen verdammt ist und dass (wie das Beispiel Sisyphos lehren könnte), die Qualen der Hoffnung Teil der Strafe sind. Was uns aber in einer Untersuchung von Zeit und Tempus besonders interessieren sollte: die Unfähigkeit, aus den Fehlern der Vergangenheit zu lernen, spiegelt die Tatsache wider, dass die Wiederholungen nicht geordnet sind. Keine ist zeitlich früher als andere, keine Wiederholung schließt eine Erinnerung an ein früheres Geschehen ein.

»Etwas, was an das jetzige heranreichen würde, ist allerdings nicht geschehn, aber doch immerhin etwas ähnliches in den Anfangszeiten des Baues« (626); und das Wesen schweift ab in einen Bericht im Präteritum über eine Episode aus seiner »Lehrlingszeit«. Die Zeitperspektive ist unzweideutig zurückgekehrt zu der des Erzählanfangs: ein *Jetzt* in der Erzählzeit mit einer linearen Vergangenheit hinter sich und einer linearen Zukunft vor sich. Die letzten Seiten von »Der Bau« nach dieser Episode sind resigniert, im Stil einer Abschiedsrede. Das Wesen zieht sich auf seinen Burgplatz zurück, zu seinen Vorräten, erwartet »das fremde Tier« und träumt vom Frieden »wie in den alten Zeiten« (630–31). Vielleicht hat das fremde Tier es überhaupt nicht gehört, in welchem Fall Hoffnung besteht. »... aber alles blieb unverändert« (632).

Die außerordentliche Zeitstruktur von »Der Bau« wurde von vielen Wissenschaftlern kommentiert. Ich möchte zwei von den aufschlussreicheren dieser Kommentare untersuchen.

Dorrit Cohn untersucht in ihrem Essay »Kafka's Eternal Present« und noch einmal in ihrem Buch *Transparent Minds* die Besonderheiten von Zeit und Tempus bei Kafka.[4] Über die Erzählung »Der Bau« schreibt sie:

»Das Tier ›vergißt‹ offenbar – mitten in der Erzählung – die iterative Beschaffenheit seines Berichts und fängt an, vom ... Auftreten des zischenden Geräusches zu erzählen. Bis zu diesem Punkt hat das Tier seine gewohnheitsmäßige unterirdische Existenz im durativ-iterativen Präsens beschrieben ... [Nach diesem Punkt] wird die statische Zeit des ersten Teils der Geschichte ... zur sich entfaltenden Zeit, das durative Tempus zum punktuellen ... Der Sprecher, der sein Hoheitsgebiet im durativen Präsens betrachtet hat, [wird] in einen Monologsprecher verwandelt, der befremdliche Ereignisse erlebt und sie gleichzeitig in einem punktuellen Präsens artikuliert.«
»... Diese [Zeit-]Struktur stimmt exakt mit Kafkas paradoxer Vorstellung von der menschlichen Zeit überein, die sich auf ein Leugnen des Unterschieds zwischen sich wiederholenden und einmaligen Ereignissen gründet. Für ihn ist »der entscheidende Augenblick der mensch-

lichen Entwicklung... immerwährend«, wie er einmal aphoristisch äußerte. Die Erzählung »Der Bau« spiegelt dieses Paradox sowohl in ihrer Sprache als auch in ihrer Bedeutung wider, indem sie die Mehrdeutigkeiten eines Diskurses im Präsens ausnutzt. Wenn die entscheidenden Momente des Lebens nicht einmal, sondern ewig geschehen, dann ist der Unterschied zwischen der durativen und der punktuellen Form des Diskurses ausgelöscht: Die andauernde Stille enthält immer schon das zischende Geräusch, und die Zerstörung, die es bringt, liegt nicht in einem singulären zukünftigen Moment, sondern in einer stetig wiederholten Gegenwart.[5]

Die obige Erörterung der Seiten 606–09 von »Der Bau« sollte zeigen, dass Cohns Unterteilung der Erzählung in einen ersten Teil, in dem das »Tempus« durativ-iterativ ist, und einen zweiten Teil, in dem es punktuell ist, zu säuberlich ist: Es finden zu häufig Verlagerungen statt, als dass Cohns Verallgemeinerung zutreffen könnte. Demzufolge hat sie zwar Recht, wenn sie sagt, Kafkas Zeitvorstellung sei paradox und gründe sich »auf ein Leugnen des Unterschieds zwischen sich wiederholenden und einmaligen Ereignissen«, aber sie geht zu weit mit der Behauptung, dass dieser Unterschied oder diese Opposition eine *Struktur* in irgendeinem Sinn schafft. Es gibt keine deutliche Übereinstimmung zwischen den durativ-iterativen Formen und dem Leben vor dem »entscheidenden Moment« (dem Beginn des Zischens) einerseits und dem Eintreten des »entscheidenden Moments« und den punktuellen Formen andererseits.

Wenn Cohn die Mehrdeutigkeit der Präsens-Verbformen als den formalen Bereich ausmacht, dessen Ausnutzung die auf einer höheren Ebene liegenden Widersprüche in »Der Bau« ermöglicht, weist sie jedoch in eine fruchtbare Richtung. Aber das Argument, Kafkas »Leugnen des Unterschieds zwischen sich wiederholenden und einmaligen Ereignissen« spiegele sich einfach in der Sprache der Erzählung, ist etwas kraftlos. Denn »Der Bau« löscht den Unterschied zwischen durativen und punktuellen Formen nicht aus. Wir können höchstens sagen, dass wir an gewissen Stellen im Text, wo wir die eine Form erwarten würden, die andere vorfinden, und umgekehrt. Wenn der Unterschied wirklich ausgelöscht wäre, wenn die durative und die punktuelle Form gebraucht würden, als wären sie austauschbar, würde dabei höchstwahrscheinlich Unsinn herauskommen. Das Problem liegt eben darin, dass die Intuition (die irreführend sein kann) nahe legt, dass es ein System hinter dem abweichenden Gebrauch gibt; und unsere Aufgabe als Literaturwissenschaftler ist es, die Intuition durch Analyse zu überprüfen. Der Schluss, zu dem ich komme, ist dem von Cohns Schlussfolgerung zufällig ziemlich nahe: Die Erzählung wird in der Tat von »einem stetig wiederholten Präsens« beherrscht. Um zu diesem Schluss zu kommen, muss man aber nicht nur den Text genauer untersuchen, sondern sich auch prinzipiell darüber klar werden, welchen Gebrauch man von solchen privilegierten Einblicken wie dem von Cohn zitierten Aphorismus Kafkas machen darf.

In einer Studie, die auf einer – verglichen mit Cohns Arbeit – detaillierteren Untersuchung der Zeitsequenzen in »Der Bau« basiert, gelangt Heinrich Henel zu einer ähnlichen Charakterisierung der Zeitsituation von Kafkas Geschöpf: nämlich als eines »sich endlos ausdehnenden Zustand[s]«. Henel erkennt von Anfang an die speziellen hermeneutischen Probleme, die von einem Text aufgeworfen werden, in dem eine so elementare linguistische Kategorie wie das Tempus, das nicht so leicht in andere Begriffe umzuwandeln ist, zum Gegenstand des schriftstellerischen Spiels wird: »Welche Art Präsens jeweils vorliegt, wird von dem Ton und dem Zusammenhang bestimmt; aber welcher Ton gehört und welcher Zusammenhang erkannt wird, hängt auch davon ab, wie man das Präsens versteht.«[6]

Nach Henels Lesart zerfällt die Erzählung in zwei Hauptteile mit einem kurzen verbindenden Mittelstück. Im ersten Teil ist der Gebrauch des Präsens unbestimmt: »Manchmal klingt es, als ob ein gegenwärtiger, einmaliger Augenblick gemeint sei, doch überwiegt der Eindruck des Iterativen ... Entschieden Vergangenes und nicht Wiederkehrendes wird im Präteritum berichtet, aber meist verschmelzen Früher und Jetzt zu einem sich endlos ausdehnenden Zustand.« Im zweiten Teil »ändert sich die Bedeutung des Präsens. Die Vergangenheit wird deutlich von der Gegenwart abgesetzt, und das Tun und Denken des Tiers schreiten in zeitlicher Folge voran ... Der Erzähler hält jetzt Schritt mit den dargestellten Ereignissen, und das Präsens, das er gebraucht, bezeichnet an jedem Punkt der Erzählung eine andere, spätere Gegenwart. Während die Gegenwart des ersten Teils mit einer unbewältigten Vergangenheit verschmilzt, bewegt sich die Gegenwart des zweiten Teils ständig vorwärts und verschwimmt in eine unbestimmte Zukunft. Die Wirkung ist in beiden Fällen die gleiche: Ein endloser Zustand wird dargestellt.«[7]

Folglich ist Henel – wie Cohn auch – bemüht, durch einen Akt der Verallgemeinerung die Schwierigkeiten aus dem Weg zu räumen, die die Zeitsequenzen darstellen. In seiner Lesart ist die Zeit der ersten Erzählungshälfte im Großen und Ganzen iterativ, die Zeit der zweiten Hälfte dagegen nicht. Aber, so könnten wir fragen, ist die Methode, von der Gesamtheit der Daten eine Verallgemeinerung abzuleiten, hier die richtige Methode? Wollen wir Gesetze formulieren, die die meisten Daten abdecken – das heißt, statistische Verallgemeinerungen sind – oder Gesetze, die detaillierte Variationen erklären, Gesetze, deren Vorbilder grammatische Regeln wären?[8] Mein Ziel hier ist, das Tempussystem der Erzählung auf der Grundlage des Gebrauchs zu erklären. Mein Ausgangspunkt dabei ist die Annahme, dass dieser Gebrauch, obwohl er abweichend erscheint, eine Art von beabsichtigter Einheit besitzt. Aus diesem Grund halte ich es nicht für ausreichend, wie Henel zu sagen, dass das Präsens in »Der Bau« »nicht weniger als fünf verschiedene Funktionen erfüllen kann«, ohne die Textanalyse weiterzuführen.[9] Dieser klassifizierende Schritt ist nur eine Stufe der Analyse und kann für sich genommen nichts erklären. Die wichtigere Stufe ist diejenige, auf der die folgende Frage beantwortet wird: Gibt es ein kohärentes Zeitsystem, in das diese fünf Funktionen integriert sind? Mit anderen Worten: Gibt es eine zeitliche Kohärenz in der Erzählung, oder springt der Geist hinter der Erzählung von einem zeitlichen Teilsystem zum nächsten?

Bislang habe ich das Wort *Tempus* ziemlich undifferenziert benutzt, um das Element der Verbflexion, das die Zeitbeziehungen ausdrückt, zu bezeichnen. Nun muss ich den Begriff Tempus genauer fassen, indem ich zwischen den *zwei* Elementen der Verbflexion mit Zeitfunktionen unterscheide: Tempus und Aktionsart.

Die Verbtheorie, die meiner Erörterung von Kafkas »Der Bau« zugrunde liegt, ist die Beschreibung, die zuerst von Gustave Guillaume in *Temps et verbe* (1929) skizziert und dann in seinen veröffentlichten Vorlesungen von 1948/49 weiterentwickelt wurde. Eine Beschreibung des englischen Verbsystems nach Guillaume lieferte W. H. Hirtle.[10]

Nach Guillaumes Theorie ist es unmöglich, das System von Tempus und Aktionsart mit einem einzigen Zeitmodell zu beschreiben, nämlich mit dem von der Newton'schen Physik her vertrauten, in eine Richtung weisenden Pfeil der unendlichen Zeit. Das Verbsystem stützt sich stattdessen auf zwei simultane und sich ergänzende Arten der Wahrnehmung von Zeit: als kosmische Zeit, eine grenzenlose lineare Zeit, auf deren Achse jedes Ereignis angesiedelt werden kann; und als Ereigniszeit, die Zeitspanne, die ein Ereignis zu seiner Verwirklichung braucht. Obwohl die Ereigniszeit theoretisch infinitesimal (unendlich klein) sein kann – das heißt, das Ereignis kann rein punktuell, ohne Abstand zwischen Anfang und Ende sein –, wird dieser Zustand in der menschlichen Welt kaum erreicht.[11]

Die Aktionsart des Verbs ist ein System zur Darstellung der Ereigniszeit. Unter dieser gedanklichen Voraussetzung dient das Tempussystem nach Guillaume dazu, die Darstellung der Ereigniszeit mit der Darstellung der kosmischen Zeit zu verbinden.

Wie stellt die Aktionsart die Ereigniszeit dar? Sie begreift das Ereignis als in zwei Phasen stattfindend: eine *Verlaufs*-Phase, die sich über aufeinander folgende Augenblicke erstreckt, an die sich eine *Ergebnis*-Phase anschließt, während der keine weitere Entwicklung oder Aktualisierung des Ereignisses stattfinden kann. Abhängig davon, an welchem Punkt des Zeitkontinuums das Verb die Ereigniszeit unterbricht, werden verschiedene Aktionsart-Ergebnisse erreicht. Im Englischen besteht die grundlegende Aktionsart-Opposition zwischen dem Unterbrechen der Ereigniszeit in einem bestimmten Moment (das kann der letzte Moment sein) der Verlaufs-Phase und ihrer Unterbrechung danach. Die zwei Aktionsarten, die dadurch entstehen, sind die *immanente* bzw. die *transzendente* Aktionsart.

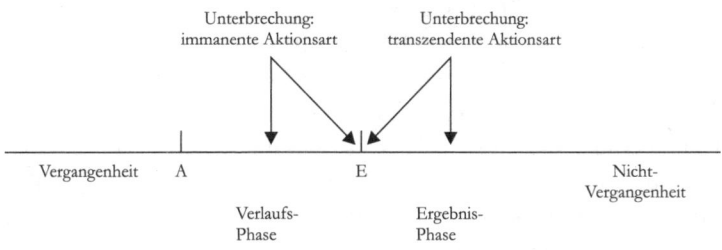

Abbildung 1

Ein Diagramm (Abbildung 1) kann vielleicht diese Konzepte erklären. Das sich von der Vergangenheit zur Nicht-Vergangenheit unendlich erstreckende Kontinuum stellt die kosmische Zeit dar; und der Abschnitt AE stellt die Ereigniszeit dar, von Anfang bis Ende, mit einer Verlaufs-Phase und einer Ergebnis-Phase. Je nachdem, ob die Ereignis-Zeit während der Verlaufs- oder der Ergebnis-Phase unterbrochen wird, haben wir Verbformen der immanenten Aktionsart (»he is running«, »he runs«, »he ran«) oder Verbformen der transzendenten Aktionsart (»he has run«). (An diesen Beispielen können wir erkennen, dass die Aktionsart unabhängig von der Tempusunterscheidung Präteritum/Präsens ist.)

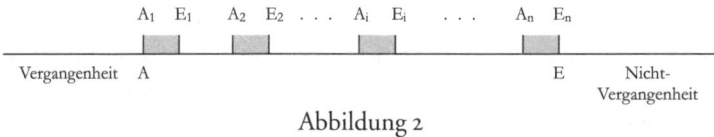

Abbildung 2

Wie werden iterative Verbformen – Formen, deren iterative Bedeutung durch nicht-syntaktische Mittel ausgedrückt werden – in einem solchen Schema dargestellt? Hier ist es wichtig festzustellen, dass eine iterative Form, obwohl man sie als Abkürzung für eine Folge einzelner Ereignisse, alle mit einem Anfang und einem Ende, halten kann (zum Beispiel »he runs [every day]«), nicht die Ergebnis-Phase eines dieser einzelnen Ereignisse unterbricht und höchstens die Ergebnis-Phase der Ereignisse in ihrer Gesamtheit unterbrechen kann, oder auch nicht. In Abbildung 2, wo jedes Paar A_i und E_i den Anfang und das Ende eines typischen iterativen Ereignisses *i* darstellt, stellen die Formen »he runs/ran [every day]«, »he is/was running [every day]« also eine Unterbrechung der Verlaufs-Phase des Ereignisses *i* dar, während »he used to run [every day]« eine Unterbrechung der Ergebnis-Phase der Gesamtheit der iterativen Ereignisse, d. h. nach E_n, darstellt. Wir können daher ohne Verlust an Allgemeingültigkeit Abbildung 2 zu Abbildung 3 verdichten, wo die iterativen Ereignisse ohne individuelle Ergebnis-Phasen dargestellt werden.

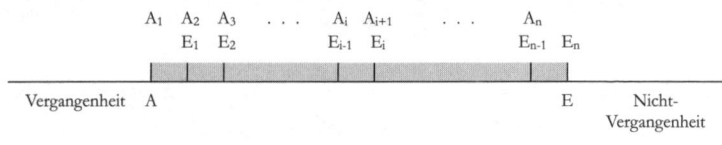

Abbildung 3

Man muss bei der Wiederholung (Iteration) noch einen weiteren Punkt berücksichtigen. Obwohl ich in den Diagrammen bisher das Ereignis, das wiederholt (iteriert) wird, als einzelnes Ereignis dargestellt habe (zum Beispiel »I run«), ist es in der Erzählung »Der Bau« häufiger eine Sequenz von Ereignissen von einiger Länge (zum Beispiel: »Die Pein dieses Labyrinthes muß ich also auch körperlich überwinden, wenn ich ausgehe, und es ist mir ärgerlich und rührend zugleich, wenn ich mich manchmal … für einen Augenblick verirre … Dann aber bin ich unter der Moosdecke …« [589]). Es ist diese Sequenz von Unter-Ereignissen *in ihrer Gesamtheit* (ausgehen, überwinden, verirren, ärgerlich und rührend sein, unter der Moosdecke sein …), die wiederholt wird und die in Abbildung 3 durch das Ereignis (A_i E_i) dargestellt wird.

Nun sind die morphologischen Mittel der genauen Zeitangabe innerhalb des gesamten iterierten Ereignisses (A_i, E_i) dürftiger als unter normalen (nicht-iterierten) Umständen. Das ist deshalb so, weil, was unter normalen Umständen ein Tempus-Marker mit einer sekundären Aktionsartfunktion ist (zum Beispiel das Null-Morphem $\emptyset$ von *run*, das normalerweise das Verb als Präsensform kennzeichnet und die iterative Aktionsart nur kennzeichnet, wenn es syntaktisch verstärkt ist, wie in »I run every day«), jetzt in erster Linie die Aufgabe hat, die iterative Aktionsart zu kennzeichnen, so dass Zeitbeziehungen mit syntaktischen Mitteln verdeutlicht werden müssen. In dem weiter oben zitierten Abschnitt wird die relative Ordnung der Unterereignisse konventionell durch die Reihenfolge der Signifikanten (»wenn ich mich verirre ... Dann aber bin ich ...«) und durch die Logik der syntaktischen Beziehungen (»es ist mir ärgerlich ..., wenn ich mich ... verirre«) und nicht morphologisch dargestellt.

Dieser Exkurs über die Iterativität soll uns helfen, zwischen der Zeitstruktur in der Erzählung »Der Bau« und dem System von Tempus und Aspekt (Aktionsart), durch das diese Struktur teilweise verwirklicht wird, zu unterscheiden und somit, zumindest auf einer formalen Ebene, die komplizierte Beschaffenheit der Erzählung etwas zu entwirren. Die Seiten 590–602 wollen wir nun genauer betrachten, vom Auftauchen des Wesens an die frische Luft bis zu seiner Rückkehr hinunter in den Bau, ein Abschnitt, in dem die Zeitstruktur vielleicht verwirrender als an irgendeiner anderen Stelle der Erzählung ist.

Wenn wir diese Seiten gründlich untersuchen, stellen wir fest, dass sich zwei Arten der Zeiterfahrung abwechseln, von denen jede eine entsprechende Erzählperspektive hat. Der Grundton des Abschnitts ist: (1) die wiederholte Erfahrung, aus dem Bau aufzutauchen, die Freuden und Schrecken des Lebens über der Erde zu erleiden, unfähig zu sein, in den Bau zurückzukehren, dann ihn schließlich doch wieder zu betreten. Die Iterativität der Erfahrung wird von den so genannten Präsensformen (in Wirklichkeit der iterativen Aktionsart) des Verbs und den verbundenen Adverbien (*manchmal, gewöhnlich* usw.) angezeigt. In Abbildung 3 ist das Zeitsegment dieser Erfahrung (A_i, E_i) und der Erzähllaugenblick, von dem aus sie beschrieben wird, *außerhalb* von allen (A_i, E_i), d. h. hinter E. Aber es gibt regelmäßige Übergänge von (1) zu: (2) der Zeit der Iteration, von innen erlebt, mit einer eigenen Vergangenheit und einer eigenen unbekannten Zukunft. In Bezug auf Abbildung 3 ist es, als ob die Struktur von (A_i, E_i) mit der von (A, E) identisch und daher die iterative Natur der Erfahrung unsichtbar oder ausgelöscht wäre. Es gibt hauptsächlich zwei Mechanismen, die Übergänge dieser Art schaffen: (a) offenkundige Präteritum- und Futurformen des Verbs, die das Null-Morphem $\emptyset$ der unmarkierten Form als *Präsens* statt als *iterative Aktions-*

art festlegen (wie zum Beispiel im Kontext »er lief ... er wird laufen«, »er läuft« als Präsensform verstanden wird); (b) emphatisch gebrauchte deiktische Wörter wie *nun, dieses, hier,* die, weil sie die narrative Fiktion in der Zeit- und Ortsrelation ihres Erzählens verankern, dazu dienen, das Jetzt des Erzählens *innerhalb* (A_i, E_i) einzuführen.

Auf diesen Seiten findet somit ein unablässiger allmählicher Übergang statt von einer äußeren Sicht auf den Zyklus Sicherheit–Gefahr–Sicherheit zu einer inneren Sicht, bei der Gefahr von innen erlebt wird und es unmöglich erscheint, Sicherheit wiederzuerlangen, gefolgt von einer unvermittelten und zeitweisen Rückkehr zur sichereren Außensicht. Dieses Vor und Zurück ereignet sich nicht nur auf der Erlebnisebene des Erzählers, es wird in dem Abschnitt auch ausdrücklich als »Problem« thematisiert. Man kann diese Thematisierung minimieren und sie einfach als privaten Scherz Kafkas interpretieren, als ironische Widerspiegelung der Erfahrung, sich in eine Sackgasse hineinzuschreiben. Aber man kann sie auch als Verdeutlichung einer fundamentalen Zeiterfahrung interpretieren, mit der die Erzählung auf einer formalen Ebene beständig ringt. Das Wesen – unfähig, sich zum Wiederbetreten seines Baus zu entschließen – sagt: »Nun bin ich freilich jetzt außerhalb seiner und suche eine Möglichkeit der Rückkehr; dafür wären die nötigen technischen Einrichtungen sehr erwünscht« (599). Unter diesen sehr erwünschten technischen Einrichtungen wäre natürlich ein Übergang von den Gefahren von (A,E) zur Sicherheit von (A_i, E_i) (die Umschaltkraft des $\emptyset$-Tempus/Aktionsart-Markers wäre eine solche Einrichtung). Drei Seiten später: »Und nun, schon denkunfähig vor Müdigkeit ... steige [ich] langsam hinab ... Nur in diesem Zustand ... kann ich diese Sache ausführen« (602). Solange das Denken die Kontrolle ausübte, konnte das Wesen den Übergang von oben zu unten nicht schaffen und blieb in einem Zustand stecken, der nicht nur unerträglich, sondern auch logisch unmöglich ist: Die iterativen Formen haben schon versprochen, dass Aufstieg und Abstieg einen Zyklus bilden; deshalb kann das Wesen nicht auf halbem Wege stecken bleiben. Erschöpfung und Denkunfähigkeit sind die einzigen Mittel, die die Argumente (oder vernünftigen Betrachtungen) des wachen Bewusstseins überwinden, die es von seinem Bau fern halten; sie stellen auch die absurde »technische Einrichtung« dar, die das Problem des Feststeckens mitten im Zyklus löst. Was nach der realistischen Methode als ziemlich ungeschicktes Psychologisieren *deus ex machina* interpretiert werden kann, kann nach der Textkonstruktionsmethode als ein Reduzieren des Abstands zwischen dem Erzähler und dem Erzählten interpretiert werden, bis die Abenteuer des Wesens, das einen Weg in seinen Bau hinein sucht, mit den Abenteuern des kommunizierenden Subjekts, das einen Weg sucht, die Erzählung am Laufen zu halten, verschmelzen. Wie Henry Sussman schreibt:

»Die Stimme des Tieres ist … auch die Stimme der Konstruktion [des Baus, des Textes], die Stimme der rhetorischen Konstrukte, die bei dieser besonderen Produktion verwendet werden.«

»… Der Leser ist aufgefordert, an das Zusammenfallen des Textes mit den Handlungen zu glauben, die das Tier im Augenblick auszuführen behauptet. Diese Annahme ist absurd, wenn auch aus keinem anderen Grund als dem, dass diese Handlungen durch einen geschriebenen Text vermittelt werden, der in anderer Weise der Zeit unterworfen ist als die in eine Richtung gehende Triebkraft des Erlebens. Die Erzählung beschränkt sich trotzdem, auf der Grundlage dieser fiktiven temporalen Unmittelbarkeit, auf ein Jetzt, das bemerkenswert immun gegen Wiederholungen der Vergangenheit oder Projektionen in die Zukunft ist. Das Wesen wird so zum Vertreter eines Zeitparadoxes, dass nämlich das Jetzt, das sich unendlich aus sich selbst speisen kann, weiter reicht als die Vergangenheit … und die Zukunft.«[12]

Sussman beschreibt die Zeit in »Der Bau« zu Recht als paradox. Aber die Fähigkeit des *Jetzt*, sich unendlich aus sich selbst zu speisen, ist überhaupt nicht paradox, solange wir zwischen einem *Jetzt* der Erzählzeit (die den Prozess des sich Speisens nachvollzieht) und dem *Jetzt* der erzählten Zeit (das, woraus man sich speist) unterscheiden. Das Paradox liegt woanders: in der offensichtlichen Übereinstimmung – wenn wir uns auf die durch Verbformen gegebenen Signale verlassen – des Zeitgewebes im erzählten *Jetzt* von (A_i, E_i) mit dem Erzählmoment. Ebendieses Paradox rückt Kafka in dem Moment in den Vordergrund, wenn er, zu »erschöpft«, um länger mit dem Rätsel selbst zu spielen, den Knoten durchhaut und das Wesen in den Bau zurückversetzt.[13]

Es wäre töricht, so ohne weiteres die Möglichkeit abzulehnen, dass »Der Bau« unvollendet ist und dass Kafka, wenn er die Erzählung zu seiner eigenen Zufriedenheit hätte vollenden können, unter anderem vielleicht wenigstens einige der bizarreren Zeitsequenzen normalisiert hätte oder Lücken im Text (»Kapitelabsätze«) geschaffen hätte, um Lücken in der Erzählzeit anzudeuten.[14] Als Kritiker muss man dennoch die Möglichkeit prüfen, dass sich der Text, *wie er ist,* interpretieren lässt; nur wenn keine Interpretation greift, sollte man zu der Erklärung Zuflucht nehmen, dass der Text auf irgendeine Weise fehlerhaft ist. In diesem Essayabschnitt deute ich daher an, wie der mehrfach gebrochene, unterbrochene iterative Präsens im Kontext der gesamten Erzählung verstanden werden könnte.

Kafkas Wesen lebt in einem Zustand der akuten Angst (man würde diese Angst irrational nennen, wenn es in seinem Universum einen verlässlichen Gegensatz zwischen dem Rationalen und dem Irrationalen gäbe). Sein ganzes Leben ist um den Bau herum organisiert, seiner Zuflucht vor einem Angriff, der jederzeit und ohne Vorwarnung erfolgen kann. Der Schlüsselbegriff ist hier *ohne Vorwarnung.* Eine Warnung ist das Zeichen, dass Frieden in sein Gegenteil übergeht. Genau genommen ist die Kunst, Warnungen zu deuten, rein vorausschauend, auf die Zukunft ausgerichtet: ein Zeichen, das im Nachhinein als Warnung gedeutet wird, ist keine Warnung mehr, denn es kann nicht mehr warnen.

Eine Warnung ist das Zeichen eines Übergangs. In »Der Bau« durchläuft die Zeit jedoch keine Übergangsphasen. Es gibt den einen Moment, und dann gibt es einen anderen Moment; zwischen ihnen ist einfach ein Bruch. Noch so große Wachsamkeit wird nicht enthüllen, wie ein Moment zu einem anderen wird; wir wissen lediglich, dass der nächste Moment eintritt. In ähnlicher Weise wies Zenon darauf hin, dass ein Pfeil, bevor er sein Ziel erreicht, die Hälfte des Weges zum Ziel erreichen muss; bevor er die Hälfte des Weges erreicht, muss er ein Viertel des Weges zum Ziel erreichen, und so weiter. Um sein Ziel zu erreichen, muss der Pfeil durch unendliche viele Zustände; und um durch unendlich viele Zustände zu kommen, braucht er unendlich viel Zeit. Zenon hätte hinzufügen können: Wenn man den Flug eines Pfeiles auf diese Weise als eine Abfolge von Momenten betrachtet, können wir nie verstehen, wie er von einem Moment zum nächsten kommt, können wir seine Momente nie zu einem einzigen Flug zusammenfügen. Von Kafka wissen wir, dass ihn dieses Paradox (auf das er nicht notwendigerweise durch Zenon gekommen ist) sehr beschäftigt hat. In »Beim Bau der chinesischen Mauer« beschreibt er den Boten, der Tausende von Jahren braucht, um eine Botschaft des Kaisers zu überbringen. In »Das nächste Dorf« reicht ein Menschenleben vielleicht nicht aus für eine Reise zum nächsten Dorf. In »Der neue Advokat« dehnen sich Treppen unter den Füßen des Suchenden aus. Das mystische Korrelat zum Paradox ist eine mit der Menschenzeit nicht vergleichbare Zeit, in der das Leben eines Menschen nur einen Augenblick dauert, doch Äonen davon in die Lücken zwischen zwei menschlichen Momenten passen können.[15]

Die Zeit in »Der Bau« ist in einem streng formalisierbaren Sinn diskontinuierlich. Jeder Moment kann den Bruch zwischen Vorher und Nachher bezeichnen. Die Zeit ist deshalb in jedem Moment eine Zeit der *Krise* (von griechisch *krino*, »trennen, scheiden«). Das Leben besteht im Versuch, eine Gefahr vorherzusehen, die nicht vorhergesehen werden kann, weil sie ohne Übergang, ohne Vorwarnung kommt. Das Erleben einer Zeit der Krise ist von Angst gefärbt. Die Aufgabe, den Bau zu schaffen, steht für ein Leben, das dem Versuch gewidmet ist, die Angst zu stillen, natürlich ohne Erfolg; denn ohne Vorwarnung ist »der Feind« im Bau. (Hier bin ich nun der Meinung, dass es naiv wäre, das Zischen für eine Warnung zu halten und »den Feind« für ein Tier, das der Leser nicht zu sehen bekommt, wie es Dora Dymant vorschlägt; denn am Ende der Erzählung erkennt der Architekt des Baus klar und deutlich, dass ein Bruch zwischen dem Vorher und dem Nachher erreicht ist, dessen deutlichstes Zeichen ist, dass die bis hierher führende Zeit, die einmal unschuldig wirkte, im Rückblick wie eine Zeit der Warnung wirkt. Das heißt natürlich nicht, dass es nur einen einzigen Feind geben wird, eine einzige Gefahr, ein einziges Vorher und Nachher: Theoretisch ist »Der Bau« unendlich dehnbar.)

Wir behandeln die Vergangenheit als real, insoweit die gegenwärtige Existenz durch sie geprägt oder geschaffen wurde. Je indirekter die ursächliche Ableitung der Gegenwart von einer speziellen Vergangenheit wird, desto schwächer wird die Vergangenheit, desto mehr versinkt sie zu einer toten Vergangenheit. Aber bei Kafka ist es gerade die Macht jedes Moments, den nächsten zu prägen, die offenbar angezweifelt wird. Irgendjemand muss Lügen über Josef K. verbreitet haben; aber keine rückwärtige Erforschung der Zeit wird die Ursache der Anklage gegen ihn offenbaren. Gregor Samsa stellt eines Morgens fest, dass er in einen riesigen Käfer verwandelt worden ist; warum und wie, wird er nie erfahren. Zwischen dem Vorher und dem Nachher gibt es keine etappenweise Entwicklung, sondern eine plötzliche Verwandlung, eine Metamorphose.[16]

Es ist eine gebräuchliche Strategie der Ich-Intelligenz bei ihrem Versuch, die zeitlichen Prozesse zu verstehen, dass sie in einem Gegenwartsmoment Stellung bezieht (idealerweise im Moment der Ruhe, wenn »ich den Stift ergreife, um zu schreiben«), der für das Ende einer gewissen Vergangenheit steht, um die Vergangenheit nachzuvollziehen, die zu diesem Moment hinführt. Beide Teile von Becketts *Molloy* zum Beispiel beziehen ausdrücklich auf diese Weise Stellung. Der erste Satz von »Der Bau« scheint ein ähnliches Projekt zu versprechen: »Ich habe den Bau eingerichtet und er scheint wohlgelungen.« Aber das Projekt stellt sich als problematisch heraus. Wo sollen wir diesen privilegierten Moment des Erfolgs und der Sicherheit ansiedeln: vor, nach oder während der Schilderung der Ereignisse in und um den Bau, die auf den Seiten 589–606 stattfindet und mit dem Schlafzustand endet, aus dem das Wesen durch das Zischen geweckt wird? Wie ich im ersten Abschnitt zu zeigen versucht habe, wird jede vermeintliche zeitliche Ordnung der Ereignisse, wenn man sie genauer betrachtet, von Ungereimtheiten und internen Widersprüchen durchlöchert. Es gibt keinen glatten Verlauf des Erzählflusses, der von den Anfängen bis zum gegenwärtigen Erzählmoment führt. Zwischen damals und jetzt ist immer ein Bruch.

Aus dieser Sicht wird die Folgerichtigkeit der iterativen Erzählung deutlich. Kafkas Erzähler, der die Gegenwart nicht auf Wurzeln in der Vergangenheit zurückführen kann, lässt sich auf eine Reihe von Projekten ein, die Vergangenheit als wiederkehrende Gewohnheit zu verpacken, die die Gegenwart einschließt und, da sie wiederholt wird, in die Zukunft reicht. »Auf diesem Burgplatz sammle ich meine Vorräte … Infolgedessen kann ich sie wohl ausbreiten, zwischen ihnen herumgehn, mit ihnen spielen ... Ich kann dann auch immer Neuordnungen vornehmen und ... die nötigen Vorausberechnungen und Jagdpläne machen ...« (581–82): Das ist typisch für die Äußerungen des Wesens. Der entscheidende Schritt ist, mit Guillaumes Begriffen, weg von der kosmischen Zeit, hin zur Ereigniszeit, weg von einer linearen Präteritum-Präsens-Futur-Tempusordnung, hin zu einer zyklischen, von Aktionsarten geprägten Zeitordnung.

Dieser Schritt – den ich eine List nennen würde – soll die Beziehung der Vergangenheit zur Gegenwart und Zukunft einfangen, indem man sie alle in eine iterative Pseudo-Gegenwart einsperrt. Aber wie wir gesehen haben, versagt die List ständig. Die Pseudo-Gegenwart der iterativen/gewohnheitsmäßigen Aktionsart bricht ständig zusammen, während sich die innerhalb (A_i, E_i), der typischen Zeitlücke, zum Ausdruck gebrachten Ereignisse weiterhin beharrlich in einer Abfolge, in der Zeit, im Tempus ordnen und dann immer wieder im für Kafka typischen Zeitriss kollabieren. Es ist nicht möglich, von dort nach hier zu kommen.

Wenn ich von versagenden erzählerischen Listen spreche, erwecke ich vielleicht den Eindruck, dass Kafka in irgendeinem Sinn gegen den Erzähler von »Der Bau« arbeitet, dass er über ihm steht oder ihm überlegen ist, dass er, auch wenn er keine erfolgreiche Erzählstrategie kennt, doch zumindest um die Vergeblichkeit der Strategie des Erzählers weiß. Dieses Bild würde die Erzählung vollkommen verfälschen. Wir haben in »Der Bau« vielmehr einen Kampf – nicht nur die Darstellung des Kampfes, sondern den Kampf selbst – mit der Zeit, erlebt als anhaltende Krise und erlebt mit einem Grad der Angst, die Versuche zur Folge hat, sie mit allen Mitteln, die die Sprache bietet, zu bezähmen. Die gesamte linguistische Konstruktion, die »Der Bau« heißt, verkörpert das Stillen dieser Angst; die Hauptmetapher für die linguistische Konstruktion ist der Bau selbst, gebaut mit der mühevollen Arbeit der Stirn (581). Aber dieser besondere Bau, »Der Bau«, hätte in keiner Sprache gebaut werden können, bei der nicht wie im Deutschen (oder Englischen) ein so einfaches Gleiten vom Tempus zur Aktionsart möglich wäre. Ohne die totale Verflechtung Kafkas in die Geschichte zu leugnen, sollte es somit möglich sein anzuerkennen, dass die besondere Form der Erzählung sich sehr stark auf eine Besonderheit der Sprache stützt. Wir können diese Linie vertreten, ohne uns zur extremen Position entweder der Whorf'schen These, dass linguistische Strukturen das Denken bestimmen, oder der für einige russische Formalisten charakteristischen Behauptung, dass der literarische Text auf irgendeine Weise von seinen Mitteln vorherbestimmt ist, zu bekennen.[17]

Ich kann meine Position anders verdeutlichen, indem ich herausarbeite, in welchem Punkt ich Dorrit Cohn, deren *Transparent Minds* die am sorgfältigsten herausgearbeiteten Beobachtungen über die Verhältnisse von Zeit und Erzählperspektive in der Erzählung enthält, widerspreche. Cohn erkennt die »unlogische« Beschaffenheit der Zeitstruktur; aber, so sagt sie, diese Struktur

»korrespondiert genau mit Kafkas paradoxer Vorstellung von der menschlichen Zeit, die auf der Leugnung der Unterscheidung zwischen sich wiederholenden und einmaligen Ereignissen basiert. ›Der entscheidende Augenblick der menschlichen Entwicklung ist immerwährend‹, wie er einmal aphoristisch formulierte. ›Der Bau‹ nutzt die Mehrdeutigkeiten eines Diskurses im Präsens und spiegelt damit dieses Paradox sowohl in seiner Sprache als auch in seiner Bedeutung wider. Wenn sich die entscheidenden Momente des Lebens nicht einmal, sondern immerwährend ereignen, dann ist der Unterschied zwischen der durativen und der punktuellen Form des Diskurses ausgelöscht: Die durative Stille enthält immer schon das Zischen, und die Zerstörung, die es bringt, liegt nicht in einem einzigen zukünftigen Augenblick, sondern in einer ständig wiederholten Gegenwart.«[18]

Der von Cohn zitierte Aphorismus ist sowohl dunkel als auch bedeutungsschwanger; aber ich bin mir nicht sicher, dass er sich eignet, den von Cohn hier vertretenen Standpunkt zu bekräftigen. Er stammt aus dem Notizbuch vom Oktober 1917 und steht nach einer Parabel, deren wesentlicher Inhalt sich so wiedergeben lässt: Wir sterben jeden Augenblick, nehmen aber unseren Tod, blind, wie wir sind, nicht wahr und werden ins Leben zurückgeschwemmt. Kafka fährt fort: »Von einem gewissen Punkt an gibt es keine Rückkehr mehr. Dieser Punkt ist zu erreichen.« Und dann: »Der entscheidende Augenblick der menschlichen Entwicklung ist immerwährend. Darum sind die revolutionären geistigen Bewegungen, welche alles frühere für nichtig erklären, im Recht, denn es ist noch nichts geschehn.« Der nächste Aphorismus lautet: »Die Menschengeschichte ist die Sekunde zwischen zwei Schritten eines Wanderers.«[19]

Der Abschnitt als Ganzes stellt daher zwei Arten von Zeitbewusstsein einander gegenüber: Die erste, die wir das historische Bewusstsein nennen können, schreibt einer Vergangenheit, die als nahtlos in die Gegenwart reichend gesehen wird, Realität zu. Die zweite, die wir eschatologisch nennen können, erkennt keine solche Kontinuität: Es gibt nur die Gegenwart, die immer gegenwärtig und von Ingardens »toter Vergangenheit« durch einen Zeitriss, den *entscheidenden Augenblick*, getrennt ist. Daraus resultiert das Paradox, dass die Geschichte in »einer Sekunde« vorbei ist, während der gegenwärtige Augenblick »immerwährend« ist.

Wenn man also, wie Cohn es tut, behauptet, dass »die entscheidenden Augenblicke des Lebens sich nicht einmal, sondern immerwährend ereignen«, liegt man falsch. Es gibt keine »entscheidenden Ereignisse« im Gegensatz zu anderen Ereignissen: Es gibt nur, was jetzt geschieht, und das ist immer entscheidend.[20] Und obwohl die linguistische Opposition des Durativen und des Punktuellen nicht wirklich ausgelöscht werden kann, ohne einen allgemeinen Zusammenbruch der Sprache zu bewirken, wird die begriffliche Opposition zwischen den beiden – eine Opposition, die dem zuzurechnen ist, was ich vage das historische Zeitbewusstsein genannt habe – durch eine linguistische Praxis in Zweifel gezogen, die sich gefährlich nahe am Widersprüchlichen, Konfusen und Unsinnigen entlangbewegt. So stimmt es tatsächlich, dass die Stille am Ende der Erzählung »immer das Zischen enthält«, wie Cohn sagt, und was der Laut auch bedeuten mag, ist tatsächlich schon »in einer ständig wiederholten Gegenwart« enthalten (die ich lieber eine immerwährende Gegenwart nennen möchte).

Aber das geht nicht weit genug. In Cohns Darstellung fehlt eine Anerkennung von Kafkas radikaler Behandlung der *Erzähl*zeit. Denn die immerwährende Gegenwart ist nichts anderes als der Erzählmoment selbst. Jetzt, wo der Erzähler immer wieder vergeblich versucht hat, die Zeit durch Erzählstrategien (das heißt, Strategien, die zur historischen Zeit gehören) zu zähmen, wo seine Strukturen der zeitlichen Folge, von Ursache und Wirkung, jedes Mal im »entscheidenden Augenblick« des Zeitrisses zusammenbrechen, wenn die Vergangenheit eben nicht glatt in die Gegenwart übergeht, das heißt, jetzt, wo die Konstruktion der Erzählzeit zusammengebrochen ist, bleibt nur noch die Zeit der Erzählung übrig, das sich verlagernde *Jetzt*, in dem sein Erzählen stattfindet, das einen Strudel (einen Text) des Versagens, der Fantasie, der sterilen Spekulation hinter sich läßt: die Verzweigungen eines Baus, dessen fatale Gefährdung durch das Zischen signalisiert wird, das von der (den) Bruchstelle(n) des Baus herrührt.

Robert Walser, Geschichtenerzähler (2000)[1]

Am ersten Weihnachtsfeiertag 1956 alarmierte man die Polizei der Stadt Herisau in der Ostschweiz: Kinder waren auf einer schneebedeckten Wiese zufällig auf die Leiche eines erfrorenen Mannes gestoßen. Als die Polizei eintraf, machte sie Fotos und ließ den Leichnam abtransportieren.

Der Tote war schnell identifiziert: Robert Walser, achtundsiebzig Jahre alt, verschwunden aus einer örtlichen Nervenheilanstalt. In seinem früheren Leben hatte sich Walser als Schriftsteller einen gewissen Ruf in der Schweiz und sogar in Deutschland erworben. Einige seiner Bücher waren noch erhältlich; es war sogar eine Biographie über ihn veröffentlicht worden. Sein eigenes Schreiben war jedoch während eines Vierteljahrhunderts in psychiatrischen Anstalten versiegt. Lange Spaziergänge auf dem Land – wie der, bei dem er gestorben war – waren seine hauptsächliche Zerstreuung gewesen.

Die Polizeifotos zeigen einen alten Mann mit Mantel und Stiefeln ausgestreckt im Schnee, die Augen stehen offen, und der Unterkiefer ist heruntergeklappt. Diese Fotos wurden häufig (und schamlos) in der Sekundärliteratur zu Walser, die seit den 60er Jahren einen deutlichen Zuwachs erfahren hat, abgedruckt.[2] Walsers so genannter Wahnsinn, sein einsamer Tod und die posthum entdeckten »Geheimschriften« waren die Säulen, auf denen eine Legende von Walser als einem skandalös missachteten Genius errichtet wurde. Selbst das plötzliche Interesse an Walser wurde Teil des Skandals. »Ich frage mich«, schrieb der Romancier Elias

Canetti 1973, »ob es unter denen, die ihr gemächliches, sicheres, schnurgerades akademisches Leben auf das eines Dichters bauen, der in Elend und Verzweiflung gelebt hat, *einen* gibt, der sich schämt.«

Robert Walser wurde 1878 im Kanton Bern, als siebentes von acht Kindern geboren. Sein Vater war gelernter Buchbinder und führte einen Schreib- und Kurzwarenladen. Mit vierzehn wurde Robert aus der Schule genommen und als Lehrling bei einer Bank untergebracht, wo er seine Aufgaben vorbildlich erfüllte. Da er jedoch davon träumte, Schauspieler zu werden, lief er weg und ging nach Stuttgart. Sein einziges Vorspiel wurde ein demütigendes Desaster – man lehnte ihn als hölzern und ausdruckslos ab. Walser kehrte nun der Bühne den Rücken und beschloss –»so Gott will« – ein Dichter zu werden. Während er ständig die Arbeitsstelle wechselte, schrieb er Gedichte, Prosaskizzen und kleine Versstücke (»Dramolette«), nicht ohne Erfolg. Schon bald hatte sich der Insel Verlag, der auch Rilke und Hofmannsthal verlegte, seiner angenommen und brachte sein erstes Buch heraus.

Weil er sich davon eine positive Entwicklung seiner Karriere versprach, folgte er 1905 seinem älteren Bruder, einem erfolgreichen Buchillustrator und Bühnenbildner, nach Berlin. Dort meldete er sich bei einer Lehranstalt für Dienstpersonal an und arbeitete für kurze Zeit als Haushälter auf einem Landsitz (er trug Livree und wurde mit »Monsieur Robert« angeredet). Es dauerte jedoch nicht lange, bis er merkte, dass er von den Einnahmen leben konnte, die er mit seinem Schreiben erzielte. Er lieferte Beiträge für angesehene literarische Zeitschriften, fand Aufnahme in seriösen Künstlerkreisen. Doch er fühlte sich in der Rolle des hauptstädtischen Intellektuellen nie wohl; nach ein paar Gläsern Alkohol neigte er zu ungehobeltem und aggressiv-provinziellem Benehmen. Allmählich zog er sich aus dem geselligen Leben zurück und führte nun ein einsames, bescheidenes Leben in möblierten Zimmern. In dieser Umgebung schrieb er vier Romane, von denen drei überlebt haben: *Geschwister Tanner* (1906), *Der Gehülfe* (1908) und *Jakob von Gunten* (1909). Alle drei schöpfen aus den eigenen Lebenserfahrungen; doch im Roman *Jakob von Gunten* – von diesen Frühwerken das bekannteste, und das völlig zu Recht – wird diese Erfahrung wundersam verwandelt.

»Man lernt hier sehr wenig«, bemerkt der junge Jakob von Gunten nach seinem ersten Tag im Institut Benjamenta, wo er sich als Schüler angemeldet hat. Die Lehrer liegen in totenähnlichem Schlaf. Es gibt nur ein Lehrbuch: *Was bezweckt Benjamentas Knabenschule?*, und nur eine Lektion: »Wie hat sich der Knabe zu benehmen?«. Es unterrichtet einzig und allein Fräulein Lisa Benjamenta, die Schwester des Institutsdirektors. Herr Benjamenta selbst sitzt in seinem Büro und zählt sein Geld, wie der Menschenfresser im Märchen. Die Schule ist eigentlich ein ziemlicher Schwindel.

Dennoch – nachdem Jakob von Gunten aus »einer ganz, ganz kleinen Weltstadt«, wie er es nennt, in die große Stadt (namenlos, doch deutlich Berlin) geflohen ist, hat er nicht die Absicht, aufzugeben. Er hat nichts dagegen, die Benjamenta-Uniform zu tragen; er kommt mit seinen Mitschülern aus; und außerdem ist er ein begeisterter Fahrstuhlfahrer im Stadtzentrum, er fühlt sich dann so richtig als Kind seiner Zeit.

Jakob von Gunten gibt vor, das Tagebuch zu sein, das Jakob während seines Aufenthaltes im Institut führt. Es enthält hauptsächlich seine Gedanken über die Erziehung, die er dort erhält – eine Erziehung zur Demut –, und über das seltsame Geschwisterpaar, das diese Erziehung anbietet. Die von den Benjamentas gelehrte Demut ist nicht von religiöser Art. Ihre Zöglinge streben ein Leben als Diener oder Haushälter an, nicht als Heilige. Aber Jakob ist ein besonderer Fall, ein Schüler, bei dem die Lehrstunden in Demut eine tiefe persönliche Resonanz finden. »Wie glücklich ich bin«, schreibt er, »dass ich in mir nichts Achtens- und Sehenswertes zu erblicken vermag! Klein sein und bleiben.«

Die Benjamentas sind ein rätselhaftes und auf den ersten Blick furchteinflößendes Paar. Jakob nimmt sich vor, hinter ihr Geheimnis zu kommen. Er begegnet ihnen nicht mit Respekt, sondern mit der kessen Selbstsicherheit eines Kindes, das es gewöhnt ist, dass man alle seine Ungezogenheiten als pfiffig entschuldigt, und er verquickt Unverschämtheit mit offenkundig unaufrichtiger Selbsterniedrigung, lacht über seine Unaufrichtigkeit und ist zuversichtlich, dass Freimütigkeit jede Kritik entwaffnen wird, und wenn nicht, macht er sich auch nichts daraus. Das Wort, womit er sich bezeichnen möchte und womit die

Welt ihn bezeichnen soll, heißt *koboldhaft*. Ein Kobold ist ein spitzbübisches Wesen; ein Kobold ist auch ein kleiner Teufel. Bald gewinnt Jakob die Oberhand über die Benjamentas. Fräulein Benjamenta deutet an, dass sie ihm geneigt ist; er tut so, als verstehe er nicht. Sie offenbart, dass ihr Gefühl vielleicht mehr als Zuneigung, dass es vielleicht Liebe ist; Jakob reagiert darauf mit einer langen, ausweichenden Rede voll respektvoller Gesinnung. So zurückgewiesen, siecht Fräulein Benjamenta dahin und stirbt.

Herr Benjamenta, der Jakob anfangs feindlich gesinnt ist, wird so weit gebracht, dass er den Jungen anfleht, sein Freund zu sein, die eigenen Pläne fallen zu lassen und mit ihm durch die Welt zu wandern. Sittsam lehnt Jakob das ab: »Aber der Brotkorb, Herr Vorsteher? ... Es ist Ihre Pflicht, mir einen ordentlichen Arbeitsposten zu vermitteln. Ich will unbedingt in Stellung und Amt gehen.« Aber auf der letzten Seite seines Tagebuches verkündet er, dass er dabei ist, seine Meinung zu ändern: Er wird seine Feder wegwerfen und mit Herrn Benjamenta in die Wüste gehen (worauf man nur sagen kann: Gott schütze Herrn Benjamenta!).

Als literarische Figur hat Jakob von Gunten keinen Vorläufer. Das Vergnügen, das es ihm bereitet, sich ständig zu bekritteln, erinnert ein wenig an Dostojewskis Mann im Kellerloch und, noch weiter zurück, an den Jean-Jacques Rousseau der *Bekenntnisse*. Aber – und darauf hat Walsers französische Erstübersetzerin Marthe Robert aufmerksam gemacht – Jakob hat auch etwas vom Helden des traditionellen deutschen Märchens, vom Burschen, der sich in das Schloss des Riesen wagt und allen Widrigkeiten zum Trotz triumphiert. Franz Kafka bewunderte zu Beginn seiner Laufbahn Walsers Werk (Max Brod berichtet, mit welchem Entzücken Kafka Walsers Humoresken laut vorzulesen pflegte). Für Barnabas und Jeremias, die dämonisch obstruktiven »Gehilfen« des Landvermessers K. in *Das Schloss,* ist Jakob der Prototyp.

Bei Kafka fühlt man sich auch an Walsers Prosa mit ihrem klaren syntaktischen Aufbau, ihrem gelegentlichen Nebeneinander von Erhabenem und Banalem und ihrer unheimlich überzeugenden Logik des Paradoxen erinnert. Hier spricht Jakob in nachdenklicher Stimmung:

»Wir tragen Uniformen. Nun, dieses Uniformtragen erniedrigt und erhebt uns gleichzeitig. Wir sehen wie unfreie Leute aus, und das ist möglicherweise eine Schmach, aber wir sehen auch hübsch darin aus, und das entfernt uns von der tiefen Schande derjenigen Menschen, die in höchsteigenen, aber zerrissenen und schmutzigen Kleidern dahergehen. Mir zum Beispiel ist das Tragen der Uniform sehr angenehm, weil ich nie recht wusste, was ich anziehen sollte. Aber auch in dieser Beziehung bin ich mir vorläufig noch ein Rätsel.«

Was ist das Rätselhafte an Jakob? Walter Benjamin schrieb einen Artikel über Walser, der umso erstaunlicher ist, als er sich auf eine recht lückenhafte Kenntnis seiner Werke gründet. Walsers Menschen, meint Benjamin, sind wie Märchenfiguren, wenn das Märchen zu Ende ist, Figuren, die nun in der Wirklichkeit leben müssen. Sie sind »von einer so zerreißenden, so ganz unmenschlichen, unbeirrbaren Oberflächlichkeit«, als seien sie vom Wahnsinn (oder von einem bösen Zauber) befreit worden und müssten sich nun vorsichtig bewegen, um keinen Rückfall zu erleiden.

Jakob ist solch eine eigenartige Existenz, und die Luft, die er im Institut Benjamenta atmet, ist so seltsam, so dicht am Allegorischen, dass man ihn sich schwerlich als einen Vertreter irgendeiner Gesellschaftsschicht vorstellen kann. Doch Jakobs zynische Gedanken über die Zivilisation und über Werte im allgemeinen, seine Verachtung des geistigen Lebens, seine allzu simplen Anschauungen davon, wie die Welt wirklich funktioniert (sie wird vom Großkapital gesteuert, um den kleinen Mann auszubeuten), seine Erhebung des Gehorsams zur höchsten Tugend, seine Bereitschaft, den rechten Augenblick und den Ruf des Schicksals abzuwarten, sein Anspruch, von edlen, kriegerischen Ahnen abzustammen (während die Etymologie, die er selbst für von Gunten andeutet: *Von unten,* auf etwas ganz anderes schließen lässt), aber auch sein Vergnügen an dem ausschließlich männlichen Ambiente der Internatsschule und sein Spaß an bösartigen Streichen – alle diese Merkmale weisen, wenn man sie zusammennimmt, prophetisch auf den Typ des Kleinbürgers hin, der in Zeiten großer sozialer Verwerfungen Hitlers Braunhemden so attraktiv finden würde.

Walser war kein prononciert politischer Schriftsteller. Trotzdem war er der Klasse, aus der er kam, der Klasse der Ladenbesitzer und Angestellten und Lehrer, emotional tief verbunden. Berlin bot ihm eine echte

Chance, seiner sozialen Herkunft zu entkommen, und – wie es sein Bruder getan hatte – zur deklassierten kosmopolitischen Intelligenz überzulaufen. Er schlug dieses Angebot aus und entschloss sich stattdessen, in die Umarmung der provinziellen Schweiz zurückzukehren. Aber was er nie vergaß – ja, was man ihn nicht vergessen ließ –, waren die engstirnigen, konformistischen Tendenzen seiner Klasse, ihre Unduldsamkeit gegenüber Menschen seiner Art, gegenüber Träumern und Vagabunden.

1913 verließ Walser Berlin und kehrte in die Schweiz zurück, als »verlachter, erfolgloser Autor« (sein eigenes geringschätziges Urteil über sich). Er mietete in der Industriestadt Biel, in der Nähe seiner Schwester, ein Zimmer in einem alkoholfreien Hotel und verdiente sich in den nächsten sieben Jahren mehr schlecht als recht seinen Lebensunterhalt als Feuilletonist (er schrieb literarische Skizzen) für Zeitungen. Im Übrigen unternahm er lange Wanderungen auf dem Lande und leistete seinen Militärdienst bei der Nationalgarde. In seinen Gedicht- und Kurzprosa-Sammlungen, die weiter erschienen, wandte er sich immer stärker der Schweizer Gesellschaft und Natur zu. Er schrieb zwei weitere Romane. Das Manuskript des ersteren, *Theodor*, ging beim Verleger verloren; der zweite, *Tobold*, wurde von Walser selbst vernichtet.

Nach dem Weltkrieg fand die Öffentlichkeit allmählich keinen Geschmack mehr an dem literarischen Stil, mit dem Walser sein Geld verdient hatte, ein Stil, der als schnurrig und literarisch abgetan wurde. Er hatte die Verbindung zu den aktuellen Strömungen im deutschen Sprachraum verloren; und was die Schweiz anging, so war hier die Leserschaft zu klein, um einer größeren Zahl von Schriftstellern den Unterhalt sichern zu können. Obwohl er stolz auf seine Genügsamkeit war, musste er schließen, was er sein »Prosastückligeschäft« nannte. Immer stärker bedrückten ihn die missbilligenden Blicke seiner Nachbarn, der Zwang zur Wohlanständigkeit. Er zog nach Bern und bekam eine Anstellung im kantonalen Staatsarchiv, doch es dauerte nur Monate, bis er wegen Unbotmäßigkeit entlassen wurde. Er zog von einer Bleibe zur nächsten und sprach über Gebühr dem Alkohol zu. Er litt an Schlaflosigkeit, hörte imaginäre Stimmen, hatte Albträume und Angstanfälle. Ein

Selbstmordversuch misslang, weil er – wie er entwaffnend zugab –»nicht
einmal eine rechte Schlinge machen [konnte]«.
Es war klar, dass er nicht länger allein leben konnte. Seine Familie
war – in der Terminologie der Zeit –»belastet«: Seine Mutter hatte unter
chronischen Depressionen gelitten; ein Bruder hatte Suizid begangen;
ein anderer war in einer Nervenheilanstalt gestorben. Es gab den Vorschlag, dass seine Schwester ihn zu sich nehmen sollte, aber sie war dazu
nicht bereit. Er ließ dann seine Einweisung in das Sanatorium von Wal-
dau zu.»Ausgesprochen deprimiert und schwer gehemmt«, lautete der
medizinische Befund.»Auf Fragen nach Lebensüberdruss antwortet er
ausweichend.«
Bei späteren Beurteilungen waren sich Walsers Ärzte nicht einig darüber, was ihm – wenn überhaupt etwas – fehlte, und sie wollten ihn
sogar dazu überreden, wieder draußen zu leben. Ihm schien jedoch das
Fundament der Heimroutine unentbehrlich geworden zu sein, und er
wollte lieber bleiben. 1933 veranlasste die Familie seine Verlegung in ein
Heim in Herisau, wo ihm Unterstützung durch die Wohlfahrt zustand.
Dort beschäftigte er sich mit eintönigen Arbeiten wie dem Kleben von
Papiertüten und dem Sortieren von Bohnen. Er blieb im Vollbesitz seiner geistigen Kräfte; er las weiter Zeitungen und illustrierte Zeitschriften; nach 1932 schrieb er aber nicht mehr. Er sei nicht zum Schreiben
hier, er sei zum Verrücktsein hier, sagte er einem Besucher. Außerdem
sei die Zeit für Literaten vorbei. (Vor kurzem behauptete ein Angehöri-
ger des Personals von Herisau, er habe Walser mit Schreiben beschäftigt
gesehen. Selbst wenn das wahr sein sollte, hat sich keine Spur solchen
Schreibens nach 1932 erhalten.)
Das Schriftstellerdasein war für Walser auf einer ganz elementaren
Ebene schwierig. Er benutzte keine Schreibmaschine, sondern schrieb
in einer deutlichen, gut ausgeprägten Handschrift, auf die er stolz war.
Die erhaltenen Manuskripte – Reinschriften – sind Muster der Kalli-
graphie. Die Handschrift war jedoch einer der Schauplätze, wo sich
die psychische Störung zuerst zeigte. Irgendwann in seinen Dreißigern
(Walser bezeichnet den Zeitpunkt nicht genauer) begann er unter psy-
chosomatischen Krämpfen der rechten Hand zu leiden, die er auf eine
unbewusste Animosität gegenüber der Feder als Werkzeug zurückführte.

Er konnte sie nur überwinden, indem er statt der Feder einen Bleistift benutzte.

Das Benutzen eines Bleistifts war für Walser wichtig genug, um es sein »Bleistiftsystem« oder seine »Bleistifterei« zu nennen. Er erwähnte dabei allerdings nicht, dass er, als er zum Schreiben mit Bleistift überging, auch seine Schrift radikal veränderte. Als er starb, hinterließ er etwa 500 Blätter, bedeckt mit einer mikroskopisch kleinen, so schwer zu lesenden Bleistiftschrift, dass der Testamentsvollstrecker sie zunächst für ein Tagebuch in Geheimschrift hielt. In Wirklichkeit hatte Walser kein Tagebuch geführt. Und die Schrift ist auch nicht geheim – es handelt sich einfach um Handschrift mit so vielen eigenartigen Abkürzungen, dass eine eindeutige Entzifferung nicht einmal für die damit vertrauten Herausgeber immer möglich ist. Nur in Gestalt dieser Bleistiftentwürfe sind Walsers zahlreiche späte Werke, einschließlich seines letzten Romans *Der Räuber* (vierundzwanzig Mikroskript-Blätter, 141 gedruckte Seiten) zu uns gelangt.

Interessanter als die Schrift selbst ist die Frage, was die »Bleistifterei« Walser als Schriftsteller ermöglichte, das die Feder nicht mehr sichern konnte (für Reinschriften und auch für Briefe benutzte er nach wie vor eine Feder). Die Antwort ist offenbar, dass Walser wie ein Künstler mit einem Stück Zeichenkohle zwischen den Fingern eine gleichmäßige, rhythmische Handbewegung brauchte, ehe er in einen Geisteszustand gleiten konnte, in dem Träumerei, Textverfassen und die gleichmäßige Bewegung des Schreibwerkzeugs quasi in eins verschmolzen. In einem »Bleistiftskizze« betitelten Stück von 1926/1927 erwähnt er das »eigentümliche Glück«, das die Bleistifterei ihm ermöglichte. »[E]s schien mir, die Schriftstellerlust lebe dadurch von neuem auf«, sagte er an anderer Stelle. Walsers Texte werden weder von Logik noch von der Erzählung vorangetrieben, sondern von Stimmungen, Vorstellungen und Assoziationen: Dem Temperament nach ist er weniger Denker oder Geschichtenerzähler als Essayist. Der Bleistift und die selbsterfundene stenographische Schrift ermöglichten die zielgerichtete, ununterbrochene, doch träumerische Handbewegung, die für seine kreative Stimmung unverzichtbar geworden waren.

Das längste von Walsers späten Werken ist *Der Räuber*, 1925–1926 geschrieben und erst 1972 veröffentlicht. Die erzählte Geschichte ist seicht bis zur Dürftigkeit. Sie betrifft die Gefühlsverstrickungen eines Mannes in den mittleren Jahren, der schlicht als ›der Räuber‹ bekannt ist, ein Mann, der keine Arbeit hat, der es aber schafft, auf der Grundlage einer bescheidenen Erbschaft am Rand der vornehmen Gesellschaft in Bern zu leben.

Unter den Frauen, denen der Räuber zaghaft nachstellt, ist eine Kellnerin namens Edith; unter den Frauen, die ihm etwas weniger zaghaft nachstellen, sind verschiedene Vermieterinnen, die ihn entweder für ihre Töchter oder für sich selbst gewinnen möchten. Die Handlung gipfelt in einer Szene, in der der Räuber auf die Kanzel steigt und Edith vor einer großen Versammlung rügt, weil sie einen mittelmäßigen Rivalen ihm vorzieht. Wütend feuert Edith einen Revolver auf ihn ab und verwundet ihn leicht. Es gibt viel Aufregung und hämischen Tratsch. Als sich die Wogen wieder etwas geglättet haben, arbeitet der Räuber mit einem professionellen Schriftsteller zusammen, um seine Version der Geschichte zu erzählen.

Warum bekommt dieser furchtsame Galan den Namen »der Räuber«? Das Wort ist natürlich eine Anspielung auf Walsers Vornamen. Der Schutzumschlag der amerikanischen Übersetzung (University of Nebraska Press) liefert einen weiteren Hinweis. Darauf ist die Reproduktion eines Aquarells zu sehen, das Karl Walser von seinem fünfzehnjährigen Bruder Robert im Kostüm seines Lieblingshelden Karl Moor aus Schillers Drama *Die Räuber* gemacht hat. Der Räuber in Walsers Erzählung aus der heutigen Zeit ist leider kein Held. Er ist eher ein kleiner Dieb und Plagiator als ein kühner Räuber und stiehlt höchstens die Zuneigung von Mädchen und die Rezepte für populäre Romane.

Hinter dem Räuber/Robert (den ich ab jetzt R nennen will) lauert eine schattenhafte Gestalt, der nominelle Autor des Buches, von dem R einmal als Protegé behandelt wird, dann wieder als Rivale oder als bloße Marionette, die man von einer Situation in die nächste schickt. Er kritisiert R (dafür, dass er seine Finanzen schlecht verwaltet, dass er sich mit Mädchen aus der Arbeiterklasse einlässt, und ganz allgemein dafür, ein Tagedieb statt ein guter Schweizer Bürger zu sein), obwohl er, wie er gesteht, einen klaren Kopf behalten muss, um sich nicht mit R zu verwechseln. Dem Charakter nach ist er R sehr ähnlich, der sich noch dabei verspottet, wenn er seine gepflegten Umgangsformen einsetzt. Hin und wieder macht er sich Sorgen wegen des Buches, das er vor unseren Augen schreibt – wegen seines langsamen Entstehens, der Belanglosigkeit seines Inhalts, der Geistlosigkeit seines Helden.

Im Grunde handelt *Der Räuber* »von« nichts anderem als dem Abenteuer seines eigenen Verfasstwerdens. Sein Reiz liegt in den überraschenden Wendungen und Richtungswechseln, der zart ironischen Behandlung der Rituale des Liebesspiels und der geschmeidigen und einfallsreichen Erkundung der sprachlichen Möglichkeiten des Deutschen. Seine Autorengestalt, nervös gemacht durch die Vielzahl erzählerischer Fäden, die er nun plötzlich, da sich der Bleistift in seiner Hand bewegt, bearbeiten muss, erinnert vor allem an Laurence Sterne, den sanfteren, späteren Sterne, ohne die Anzüglichkeit und die Zweideutigkeiten.

Der distanzierende Effekt, ermöglicht durch ein Autoren-Ich, das von einem R-Ich abgespalten ist, und auch durch einen Stil, bei dem Gefühl von leichter Parodie umschleiert wird, gestattet es Walser, hin und wieder ergreifend über seine eigene (das heißt Rs) Schutzlosigkeit am Rand der Schweizer Gesellschaft zu schreiben:

»Man sah ihn nämlich immer… so mutterseelenallein. Man verfolgte ihn, damit er leben lerne. Er gab sich so exponiert. Er glich dem Blatt, das ein Knabe mit der Rute vom Zweig herunterschlägt, weil es ihm als Vereinzeltes auffällt. Er forderte also zum Verfolgtwerden auf.«

Walser bemerkte mit gleicher Ironie, doch *in propria persona* in einem Brief aus der gleichen Zeit: Manchmal fühle er sich aufgefressen, das heißt halb oder ganz verschlungen von der Liebe, der Anteilnahme, dem Interesse seiner hervorragenden Landsleute.

Der Räuber wurde nicht zur Veröffentlichung vorbereitet. Ja, in keinem seiner vielen Gespräche mit Carl Seelig, dem Freund und Wohltäter seiner Jahre in der Anstalt, hat Walser seine Existenz auch nur erwähnt. Der Roman verwertet, kaum getarnt, Episoden seines Lebens; dennoch sollte man sich hüten, ihn für autobiographisch zu halten. R verkörpert nur eine Seite von Walser. Obwohl es Verweise auf verfolgende Stimmen gibt und obwohl R unter Wahnvorstellungen leidet (er vermutet zum Beispiel versteckte Botschaften in der Art und Weise, wie Menschen sich in seiner Gegenwart die Nase schnäuzen), wird Walsers eigene eher melancholische, selbstzerstörerische Seite ganz bewusst nicht abgebildet.

In einer wichtigen Episode sucht R einen Arzt auf und beschreibt mit großer Offenheit seine sexuellen Probleme. Er hat nie den Drang verspürt, Nächte mit Frauen zu verbringen, sagt er, doch er hat »einen ganz entsetzlich großen Fonds an Liebeskraft und jedes Mal, wenn ich auf die Straße trete, fange ich an, irgendetwas, irgendjemand liebzugewinnen«. Der einzige Trick, der ihn glücklich macht, ist der, sich Geschichten von sich selbst und seinem erotischen Objekt auszudenken, in denen er »der unterliegende, gehorchende, opfernde, bewachte, bevormundete Teil« ist. Manchmal fühlt er sich wirklich wie ein Mädchen. Doch gleichzeitig steckt auch ein Junge in ihm, ein unartiger Junge. Die Reaktion des Arztes ist außerordentlich weise. Sie kennen sich ja anscheinend ausgezeichnet, sagt er – versuchen Sie nicht, sich zu ändern.

In einer anderen bemerkenswerten Passage lässt Walser einfach den Bleistift übers Papier gleiten (lässt den Zensor schlummern), während er ihn von den Freuden des »Backfischelns« – ein feminines Leben in der Phantasie – zur hocherotischen Anteilnahme an der Erfahrung eines Opernliebespaares führt, für das die Wonne, seine Liebe im Gesang zu verströmen, und die Wonne der Liebe selbst ein und dasselbe sind.

Jakob von Gunten wurde hervorragend von Christopher Middleton übersetzt, einem bahnbrechenden Walserforscher, der auch einer der großen Vermittler deutscher Literatur für die englischsprachige Welt heute ist. Im Fall von *Der Räuber* ist Susan Bernofsky der Herausforderung, die der späte Walser und besonders sein Spiel mit den im Deutschen so beliebten Zusammensetzungen darstellen, hervorragend gewachsen.

In einem 1994 veröffentlichtem Essay beschreibt Bernofsky einige der Probleme, die Walser für den Übersetzer bereithält.[3] Hier ist eines ihrer Beispiele:

»He sat in the aforementioned garden, entwined by lianas, embutterflied by melodies, and rapt in the rapscallity of his love for the fairest young aristocrat ever to spring down from the heavens of parental shelter into the public eye so as, with her charms, to give the heart of a Robber a fatal stab.«

(Er saß in besprochenem Garten lianenumwunden, töneumschmetterlingelt und umschlingelt von den Schlingeleien seiner Liebe zur schönsten Herrentochter, die je aus den Himmeln der elterlichen Behütetheit in die Öffentlichkeit herabsprang, um das Herz eines Räubers mit ihren Reizen totzustechen.)

Bernofkys Genialität bei der Wortprägung »embutterflied« und ihre Findigkeit, mit der sie den Akzent auf das letzte Wort legt, sind bewundernswert. Aber der Satz liefert auch ein Beispiel für die schwierigen Probleme von Walsers Mikroskripttexten. Das hier mit »aristocrat« übersetzte Wort *Herrentochter* wird von anderen Walser-Herausgebern als *Saaltochter* entziffert, ein schweizerdeutsches Wort für »Kellnerin«. (Die betreffende Frau, Edith, ist gewiss eine Kellnerin und keine Aristokratin.) Welche Version sollen wir akzeptieren?

Gelegentlich ist Bernofsky der Anforderung, die Walser darstellt, doch nicht gewachsen. Ich bin mir nicht sicher, dass »scalawagging his way through [the] arcades« das beabsichtigte Bild eines schulschwänzenden Jungen heraufbeschwört. Eine der Witwen, mit denen R flirtet, wird als »ein Dummchen« geschildert; und zwei Seiten lang spielt Walser »Dummheit« in allen ihren Aspekten durch. Bernofsky benutzt durchgängig *ninny* für »Dummchen« und *ninnihood* für »Dummheit«. Mit *ninny* sind Assoziationen des Schwachsinns, ja der Idiotie verbunden, die bei den »dumm«-Wörtern nicht vorhanden sind, und es wird außerdem im heutigen Englisch selten benutzt. »Dummchen« lässt sich nicht mit *ninny* und auch sonst keinem einzelnen englischen Wort übersetzen; seine Bedeutung enthält Elemente von *dummy* (ein Mensch, der dümmlich oder blöd ist – diese Bedeutung ist im amerikanischen Englisch stärker als im britischen), *nitwit* oder sogar *airhead*.

Walser schrieb Hochdeutsch, in der Sprache, die Schweizer Kinder in der Schule lernen. Hochdeutsch unterscheidet sich nicht nur in vielfältigen linguistischen Einzelheiten, sondern auch seinem ganzen Charakter nach vom Schweizerdeutsch, das für drei Viertel der Schweizer Bürger die Muttersprache ist. Das Schreiben in Hochdeutsch – und Walser blieb praktisch keine andere Wahl – bedeutete zwangsläufig, dass die

Position einer gebildeten und kultivierten Person übernommen werden
musste, wobei sich Walser nicht wohl fühlte. Obwohl Walser nicht viel
mit Schweizer Heimatliteratur zu tun hatte, die sich der Wiederbele-
bung helvetischer Folklore und dem Feiern sterbenden Brauchtums
widmete, begann er nach seiner Rückkehr in die Schweiz ganz bewusst
damit, Schweizerdeutsch in sein Schreiben zu integrieren und im Allgemeinen einen schweizerischen Ton zu pflegen.

Das Nebeneinander von zwei Versionen der gleichen Sprache im
gleichen gesellschaftlichen Raum ist ein Phänomen, das in den Zentren
der englischsprachigen Welt nichts Vergleichbares hat und das enorme
Probleme für den englischen Übersetzer schafft. Auf den so genannten
Dialekt bei Walser – der nicht nur das eine oder andere Wort oder diese
und jene Wendung betrifft, sondern eine schwerer zu definierende
schweizerische Einfärbung seiner Sprache – reagiert Bernofsky so, dass
sie gar keinen Versuch macht, ihn wiederzugeben: Die schweizerdeut-
schen Elemente bei ihm zu übersetzen, indem man sich an irgendeinen
landschaftlichen Dialekt oder Soziolekt des Englischen anlehnt, bringt
nichts als kulturelle Verfälschung, sagt sie.

Middleton und Bernofsky versehen beide ihre Übersetzungen mit
informativen Einleitungen, obschon Middleton nicht auf dem neusten
Stand der Walserforschung ist. Keiner von beiden liefert erklärende
Anmerkungen. Besonders beim Roman *Der Räuber*, der mit literarischen Anspielungen gespickt ist, die auch weniger bekannte Bereiche
der Schweizer Literatur betreffen, wird man Anmerkungen vermissen.

Der Räuber ist von seiner Komposition her mehr oder weniger ein
Zeitgenosse von Joyce' *Ulysses* und der späteren Bände von Prousts *Auf
der Suche nach der verlorenen Zeit*. Wäre er 1926 veröffentlicht worden,
dann hätte er vielleicht die Entwicklung der modernen deutschen Literatur beeinflusst, indem er die Abenteuer des schreibenden (oder träumen-
den) Ich und der mäandernden Tinten- (oder Bleistift-)Linie, die unter
der schreibenden Hand entsteht, als Sujet eingeführt oder sogar gerechtfertigt hätte. Aber es sollte nicht sein. Obwohl eine Gesamtausgabe von
Walsers Werken noch vor seinem Tod in die Wege geleitet wurde, erhielt
der Dichter in Deutschland erst allgemeine Aufmerksamkeit, als 1966
die ersten Bände einer wissenschaftlich gediegeneren Ausgabe der *Ge-*

sammelten Werke zu erscheinen begannen und nachdem er von Lesern in England und Frankreich zur Kenntnis genommen worden war.

Heute wird Walser weitgehend auf der Grundlage seiner Romane beurteilt, obwohl diese nur ein Fünftel seines Schaffens ausmachen und obwohl der Roman im engeren Sinn nicht seine Stärke war (die vier Romane, die er hinterließ, gehören eigentlich zur Novellentradition). In der Kurzprosaform fühlte er sich am wohlsten: Stücke wie »Kleist in Thun« (1913) und »Helblings Geschichte« (1914) zeigen ihn in Höchstform. Sein eigenes ereignisloses, doch auf seine Weise erschütterndes Leben war sein einzig wahres Thema. Seine sämtlichen Prosastücke könnte man, wie er rückblickend vorschlug, als »Teile einer langen, handlungslosen, realistischen Geschichte« verstehen, als »zertrenntes Ich-Buch«.

War Walser ein großer Schriftsteller? Wenn man zögert, ihn groß zu nennen, sagte Canetti, dann nur, weil ihm nichts fremder war als Größe. In einem späten Gedicht schrieb Walser:

> Niemandem wünsche ich, er wäre ich.
> Nur ich bin imstande, mich zu ertragen:
> So vieles zu wissen und so viel gesehen zu haben und
> so nichts, so nichts zu sagen.

Walter Benjamin, Passagen-Werk (2001)[1]

I

Die Geschichte ist mittlerweile so bekannt, dass sie kaum noch einmal erzählt zu werden braucht. Der Schauplatz ist die französisch-spanische Grenze, die Zeit das Jahr 1940. Walter Benjamin, der aus dem besetzten Frankreich flieht, meldet sich bei der Frau eines gewissen Fittko, den er in einem Internierungslager kennen gelernt hat. Er habe gehört, sagt er, dass Frau Fittko in der Lage sei, ihn und seine Begleiter über die Pyrenäen in das neutrale Spanien zu führen. Frau Fittko nimmt ihn mit auf eine Wanderung, um die besten Routen zu erkunden; er hat eine schwere Aktentasche dabei. Sie fragt, ob er die Aktentasche wirklich brauche. Es sei ein Manuskript darin, erwidert er.»Ich kann es nicht riskieren, dass es verloren geht. Es ... *muss* gerettet werden. Es ist wichtiger als mein Leben.«

Am Tag darauf überqueren sie die Berge, und Benjamin bleibt häufig stehen, weil er Herzprobleme hat. An der Grenze werden sie angehalten. Ihre Pässe seien nicht in Ordnung, sagt die spanische Polizei; sie müssen nach Frankreich zurück. Voller Verzweiflung nimmt Benjamin eine Überdosis Morphium. Die Polizei macht eine Bestandsaufnahme von den Habseligkeiten des Verstorbenen. Ein Manuskript wird dort nicht erwähnt.

Was die Aktentasche enthalten hat und wohin es verschwunden ist, können wir nur raten. Benjamins Freund Gershom Scholem vermutete, dass es die letzte Version des unvollendeten *Passagen-Werks* war. (»Den

Großen wiegen die vollendeten Werke leichter als jene Fragmente, an denen die Arbeit sich durch ihr Leben zieht«, schrieb Benjamin.) Durch seinen heroischen, wenn auch vergeblichen Versuch, sein Manuskript vor den Feuern des Faschismus zu retten und in das von ihm für sicher gehaltene Spanien und von da in die USA zu bringen, wird Benjamin für unsere Zeit zu einer Ikone des Gelehrten.

Die Geschichte nahm später eine glückliche Wendung. Ein in Paris zurückgelassenes Exemplar des *Passagen-Werks* war von Benjamins Freund Georges Bataille in der Bibliothèque Nationale versteckt worden. Nach dem Krieg wurde es wiederentdeckt und 1982 in seiner Originalform, das heißt in Deutsch mit langen französischen Passagen, veröffentlicht. Und nun haben wir Benjamins Opus magnum vollständig in Englisch, übersetzt von Howard Eiland und Kevin McLaughlin, und sind schließlich in der Lage, die Frage zu stellen: Warum interessiert man sich so für eine Abhandlung über das Einkaufen in Frankreich im 19. Jahrhundert?

Benjamin wurde 1892 in einer Berliner Familie assimilierter Juden geboren. Sein Vater war ein erfolgreicher Kunstauktionator, der nebenbei auch Immobiliengeschäfte betrieb; die Benjamins galten als wohlhabend. Nach einer kränklichen und behüteten Kindheit wurde Benjamin im Alter von zwölf Jahren in einer fortschrittlichen Internatsschule auf dem Land untergebracht, wo er unter den Einfluss eines der Direktoren, Gustav Wyneken, geriet. Noch Jahre nachdem er die Schule verlassen hatte, war er in Wynekens antiautoritärer Zurück-zur-Natur-Jugendbewegung aktiv; er trennte sich von ihr erst, als Wyneken sich für den Ersten Weltkrieg begeisterte.

1912 schrieb sich Benjamin als Student der Philologie an der Freiburger Universität ein. Da ihm die intellektuelle Umgebung nicht gefiel, engagierte er sich tatkräftig für eine Bildungsreform. Bei Ausbruch des Krieges entzog er sich dem Militärdienst zunächst durch ein simuliertes Leiden, später durch seinen Weggang in die neutrale Schweiz. Dort blieb er bis 1920, studierte Philosophie und arbeitete an einer Dissertation für die Universität Bern. Seine Frau beschwerte sich, dass sie nie ausgingen oder sich mit Freunden trafen.

Benjamin wurde von Universitäten angezogen, bemerkte sein Freund Theodor Adorno, wie Franz Kafka von Versicherungsgesellschaften angezogen wurde. Trotz einiger Bedenken unternahm Benjamin die nötigen Schritte, um die Habilitation zu erlangen, die es ihm ermöglicht hätte, Professor zu werden, und reichte 1925 seine Dissertation über das deutsche Drama des Barockzeitalters an der Frankfurter Universität ein. Überraschenderweise wurde seine Dissertation nicht zugelassen. Er hatte sich mit ihr zwischen die Stühle des literarischen und des philosophischen Lehrbereichs gesetzt, und Benjamin hatte keinen akademischen Gönner, der sich für ihn eingesetzt hätte.

Da seine Pläne für eine akademische Laufbahn somit gescheitert waren, begann Benjamin eine Karriere als Übersetzer, Rundfunksprecher und freiberuflicher Journalist. Er wurde unter anderem damit beauftragt, Prousts *À la recherche* zu übersetzen; die Übersetzung von drei der sieben Bände vollendete er.

1924 besuchte Benjamin Capri, damals ein bevorzugter Urlaubsort der deutschen Intellektuellen. Dort lernte er Asja Lacis kennen, eine Theaterregisseurin aus Lettland und ergebene Kommunistin. Die Begegnung war schicksalhaft. »Mir wurde es ... deutlich, daß ich mich jedesmal, wenn eine große Liebe Gewalt über mich bekam, von Grund auf und so sehr verändert habe ...«, schrieb er rückblickend. »Das beruht aber darauf, daß eine wirkliche Liebe mich der geliebten Frau ähnlich macht.« In diesem Fall war die Veränderung mit einem politischen Richtungswechsel verbunden. »[D]er Weg eines normal denkenden progressiven Menschen führt nach Moskau, aber nicht nach Palästina«, hatte ihn Lacis zurechtgewiesen. Alle Spuren von Idealismus in seinem Denken, ganz zu schweigen von seinem Flirt mit dem Zionismus, mussten getilgt werden. Sein Busenfreund Scholem war schon nach Palästina ausgewandert und erwartete, dass Benjamin ihm folgte. Benjamin fand eine Entschuldigung dafür, dass er nicht kam; bis zum Schluss machte er Ausflüchte.

1926 reiste Benjamin nach Moskau, um sich mit Lacis zu treffen. Lacis hieß ihn nicht gerade freudig willkommen (sie war mit einem anderen Mann zusammen); in seinem Bericht von dem Besuch erforscht Benjamin sein Unglücklichsein und die Frage, ob er Mitglied der Kommunistischen Partei werden und sich der Parteilinie unterordnen sollte. Zwei Jahre später waren beide für kurze Zeit in Berlin wieder vereint – sie lebten zusammen und besuchten Treffen des Bundes proletarisch-revolutionärer Schriftsteller. Die Liaison beschleunigte Benjamins Scheidung, bei der er sich seiner Frau gegenüber bemerkenswert schäbig verhielt. Auf der Moskaureise führte Benjamin ein Tagebuch, das er später für eine Veröffentlichung überarbeitete. Benjamin sprach kein Russisch. Er wollte nicht auf Dolmetscher angewiesen sein, sondern versuchte lieber, Moskau von außen zu entschlüsseln – später nannte er das seine physiognomische Methode. Er vermied es, zu abstrahieren oder zu urteilen, und stellte die Stadt so dar, dass »jede Tatsache schon Theorie ist« (diese Wendung stammt von Goethe).

Was Benjamin über das »welthistorische« Experiment, das aus seiner Sicht in der UdSSR durchgeführt wurde, behauptet, scheint heute teilweise naiv. Trotzdem behält er seinen scharfen Blick. Viele der neuen Moskauer sind noch Bauern, beobachtet er, die ein Dorfleben nach einem dörflichen Rhythmus leben; Klassenunterschiede mögen ja abgeschafft worden sein, aber innerhalb der Partei entwickelt sich eine neue Hierarchie. Eine Straßenmarktszene fängt den gedemütigten Zustand der Religion ein: Eine Ikone wird zum Verkauf angeboten, flankiert von zwei Leninporträts, »wie ein Verhafteter von zwei Gendarmen«.

Obwohl Asja Lacis im »Moskauer Tagebuch« stets im Hintergrund anwesend ist und obwohl Benjamin andeutet, dass ihre sexuellen Beziehungen schwierig waren, bekommen wir kaum einen Eindruck von Lacis' äußerer Erscheinung. Benjamin hatte als Schriftsteller kein Talent, andere Menschen plastisch zu schildern. In Lacis' Schriften bekommen wir einen lebendigeren Eindruck von Benjamin: mit Brillengläsern wie kleine Scheinwerfer, mit ungeschickten Händen.

Für den Rest seines Lebens bezeichnete sich Benjamin entweder als Kommunisten oder als Sympathisanten. Wie tief ging seine Affäre mit dem Kommunismus?

Noch Jahre nach seinem Zusammentreffen mit Lacis pflegte Benjamin marxistische Maximen zu wiederholen, ohne Marx je gelesen zu haben. »Bourgeois« blieb sein Schimpfwort für eine Geisteshaltung –

materialistisch, gleichgültig, egoistisch, prüde und vor allem auf bequeme Art selbstzufrieden –, die er gefühlsmäßig ablehnte. Indem er sich zum Kommunisten erklärte, bezog er – im moralischen und im historischen Sinn – Stellung gegen die Bourgeoisie und seine eigene bürgerliche Herkunft. »Und darum läßt sich eines nie wieder gut machen: versäumt zu haben, seinen Eltern fortzulaufen«, schreibt er in *Einbahnstraße*, der Sammlung von Tagebuchnotizen, Traumprotokollen, Aphorismen, Mini-Essays und beißenden Bemerkungen über die Weimarer Republik, womit er sich 1928 als freischaffend tätiger Intellektueller vorstellte. Dass er nicht früh genug fortgelaufen war, bedeutete, dass er verdammt war, sein ganzes restliches Leben lang vor Emil und Paula Benjamin fortzulaufen: Mit seiner Ablehnung des eifrigen Bestrebens seiner Eltern, sich der deutschen Mittelklasse anzupassen, glich er vielen deutschsprachigen Juden seiner Generation, Kafka eingeschlossen. Was Benjamins Freunde an seinem Marxismus störte, war, dass er irgendwie gezwungen und nicht eigenständig wirkte.

Benjamins erste Versuche in linker Argumentation sind deprimierend zu lesen. Man kann es nur ein Abgleiten in gewollte Einfalt nennen, wenn er das Hohe Lied von Lenin singt (dessen Briefe »die Süßigkeit von großer Epik« haben, sagt er in einem Stück, das von den Herausgebern in Harvard nicht aufgenommen wurde) oder die verhängnisvollen Euphemismen der Partei aufsagt: »Der Kommunismus ist nicht radikal. Daher fällt es ihm nicht ein, die Familienbindungen einfach beseitigen zu wollen. Er prüft sie nur auf ihre Eignung, abgeändert zu werden. Er fragt sich: Kann die Familie abmontiert werden, um in ihren Bestandstücken sozial umfunktioniert zu werden?«

Diese Worte stammen aus einer Rezension eines Stückes von Bertolt Brecht, den Benjamin durch die Vermittlung von Lacis traf und dessen »rüdes Denken«, von bürgerlichen Artigkeiten befreites Denken, Benjamin eine Zeit lang anzog. »Diese Straße heißt/Asja-Lacis-Straße/ nach der die sie/ als Ingenieur/ im Autor durchgebrochen hat«, lautet die Widmung zu *Einbahnstraße*. Der Vergleich ist als Kompliment gemeint. Der Ingenieur oder die Ingenieurin ist der Mann oder die Frau der Zukunft, ist der Mensch, der, des Palavers überdrüssig, ausgerüstet mit praktischem Wissen, handelt und entschlossen handelt, um die Landschaft zu verändern. (Auch Stalin bewunderte Ingenieure. Seiner Ansicht nach sollten Schriftsteller Ingenieure der menschlichen Seele werden, was bedeutet, dass sie es als ihre Aufgabe betrachten sollten, die Menschheit von innen heraus »umzufunktionieren«.)

Von Benjamins besser bekannten Stücken zeigt »Der Autor als Produzent« (1934) Brechts Einfluss am deutlichsten. Zur Debatte steht die abgedroschene Frage der marxistischen Ästhetik: Was ist wichtiger, Form oder Inhalt? Benjamin konstatiert, dass »die Tendenz einer Dichtung politisch nur stimmen kann, wenn sie auch literarisch stimmt«. »Der Autor als Produzent« ist eine Verteidigung des linken Flügels der modernistischen Avantgarde (deren typische Vertreter für Benjamin die Surrealisten sind) gegen die Parteilinie bezüglich der Literatur, die leicht verständliche, realistische Geschichten mit stark progressiver Tendenz einseitig bevorzugt. Um seine Sache zu unterstützen, fühlt sich Benjamin verpflichtet, noch einmal auf den Glanz der Ingenieurskunst zu verweisen: Der Schriftsteller ist wie der Ingenieur ein Fachmann und sollte in Fachfragen gehört werden.

Auf dieser primitiven Ebene zu argumentieren, fiel Benjamin nicht leicht. Bereitete ihm seine Treue zur Partei zu einer Zeit, als Stalins Verfolgung von Künstlern voll im Gang war, kein Unbehagen? (Asja Lacis sollte selbst eines von Stalins Opfern werden; sie verbrachte Jahre in einem Arbeitslager.) Ein kurzes Stück aus demselben Jahr, 1934, könnte einen Hinweis geben. Benjamin macht sich dort über Intellektuelle lustig, für die es eine Frage der Ehre sei, dass sie in jeder Hinsicht ganz sie selbst sind, und die nicht verstehen wollen, dass sie um des Erfolges willen verschiedenen Publikumskreisen verschiedene Gesichter zeigen müssen. Er sagt, sie glichen einem Fleischer, der sich weigert, das geschlachtete Tier zu zerlegen, und darauf besteht, es als Ganzes zu verkaufen.

Wie ist dieses Stück zu verstehen? Preist Benjamin auf ironische Weise die altmodische intellektuelle Integrität? Liefert er ein verdecktes Bekenntnis, dass er, Walter Benjamin, nicht der ist, der er zu sein scheint? Macht er eine praktische, wenn auch sarkastische Aussage über das Leben eines Schriftstellers im Parteisold? Ein Brief an Scholem (dem er jedoch nicht immer die ganze Wahrheit sagte) lässt die letztere Lesart vermuten. Benjamin verteidigt hier seinen Kommunismus als Versuch eines Mannes, dem es völlig oder fast völlig an Produktionsmitteln fehlt, sein Anrecht auf sie zu verkünden. Mit anderen Worten, er folgt der Partei aus demselben Grund, aus dem jeder Proletarier ihr folgen sollte: weil es in seinem materiellen Interesse liegt.

II

Als die Nazis an die Macht kamen, hatten viele von Benjamins Gefährten, einschließlich Brecht, das Menetekel verstanden und waren geflohen. Benjamin, der sich sowieso seit Jahren in Deutschland nicht wohlgefühlt und, wann immer er konnte, sich in Frankreich oder auf Ibiza aufgehalten hatte, folgte bald nach. (Sein jüngerer Bruder Georg war weniger umsichtig: Er wurde 1934 wegen seiner politischen Aktivitäten verhaftet und kam 1942 in Mauthausen um.) Er ließ sich in Paris nieder, wo er sich mühsam über Wasser hielt, indem er Beiträge unter arisch klingenden Namen (Detlef Holz, K.A. Stempflinger) für deutsche Zeitungen lieferte und im Übrigen von Zuwendungen lebte. Bei Ausbruch des Krieges wurde er als feindlicher Ausländer interniert. Als er durch die Bemühungen des französischen PEN freikam, traf er sofort Vorbereitungen, um in die USA zu fliehen, dann begab er sich auf seine verhängnisvolle Reise zur spanischen Grenze.

Benjamins tiefste Einsichten in die Natur des Faschismus – des Feindes, der ihm Heimat und beruflichen Erfolg raubte und ihn letztlich umbrachte – betreffen dessen Methoden, das deutsche Volk durch eine theatralische Selbstinszenierung zu gewinnen. Diese Einsichten sind am deutlichsten ausgedrückt in »Das Kunstwerk im Zeitalter seiner technischen Reproduzierbarkeit« (1936), werden aber schon 1930 in einer Rezension des Buches *Krieg und Krieger*, herausgegeben von Ernst Jünger, vorweggenommen.

Die Feststellung, dass Hitlers Nürnberger Massenveranstaltungen mit ihrer Verbindung von Deklamation, hypnotischer Musik, Massenchoreographie und dramatischer Beleuchtung ihr Vorbild in den Bayreuther Wagner-Inszenierungen hatten, ist eine Binsenwahrheit. Originell ist Benjamins Behauptung, für den Faschismus sei Politik ein bombastisches Theater, das an die Stelle von Debatten trete, und das sei nicht nur die äußere Erscheinungsform des Faschismus, sondern sein Wesen.

In den Filmen von Leni Riefenstahl und auch in den Wochenschauen, die in jedem Kino des Landes zu sehen waren, wurde der breiten Masse der Deutschen ein Bild ihrer selbst gezeigt, wie ihre Führer sie haben wollten. Der Faschismus nutzte die Macht der Kunst der Vergangenheit – was Benjamin auratische Kunst nennt – und zugleich die multiplikatorische Macht der neuen post-auratischen Medien, vor allem den Film, um seine neuen faschistischen Bürger zu formen. Für den Durchschnittsdeutschen war die einzig dargestellte Identität diejenige, die ihn von der Leinwand herab anblickte, eine faschistische Identität in faschistischem Kostüm und faschistischen Posen von Dominanz oder Gehorsam.

Benjamins Analyse des Faschismus als Theater wirft viele Fragen auf. Stellt Politik als Spektakel wirklich den Kern des deutschen Faschismus dar, und nicht etwa Ressentiment und Träume von einer historischen Vergeltung? Wenn Nürnberg ästhetisierte Politik war, warum waren dann Stalins Paraden zum 1. Mai und die Schauprozesse nicht ebenfalls ästhetisierte Politik? Wenn der Geist des Faschismus die Grenze zwischen Politik und den Medien tilgte, wo ist dann das faschistische Element in der mediengelenkten Politik der westlichen Demokratien? Gibt es nicht verschiedene Arten von ästhetischer Politik?

Den Schlüsselbegriff, den Benjamin einführt (obwohl sein Tagebuch andeutet, dass er eigentlich das geistige Produkt des Buchhändlers und Verlegers Adrienne Monnier war), um zu beschreiben, was mit dem Kunstwerk im Zeitalter seiner technischen Reproduzierbarkeit (im Prinzip das Zeitalter der Kamera – Benjamin hat wenig zum Druck zu sagen) geschieht, ist der *Verfall der Aura*. Bis etwa Mitte des 19. Jahrhunderts, sagt er, blieb eine gewisse intersubjektive Beziehung zwischen einem Kunstwerk und seinem Betrachter erhalten: Der Betrachter schaute und das Kunstwerk schaute sozusagen zurück. Die Aura eines Phänomens zu erkennen bedeutet, dass wir »die Gegenstände mit der Fähigkeit zurückzublicken belehnen«. An der Aura ist somit etwas Magisches, das von uralten Verbindungen zwischen Kunst und religiösem Ritual herrührt und das nun schwindet.

Von der Aura spricht Benjamin zuerst in seiner »Kleinen Geschichte der Photographie« (1931), in der er zu erklären versucht, warum (in seinen Augen) die frühesten Porträtfotos – sozusagen die Inkunabeln der Fotografie – eine Aura haben, während die Fotografien eine Generation danach sie verloren haben. In »Das Kunstwerk im Zeitalter seiner technischen Reproduzierbarkeit« wird der Begriff Aura ziemlich gewagt von alten Fotografien auf Kunstwerke im Allgemeinen ausgedehnt. Das Ende der Aura wird durch die emanzipatorischen Eigenschaften der neuen Reproduktionstechniken mehr als kompensiert werden, sagt Benjamin. Der Film wird die auratische Kunst ersetzen.

Sogar Benjamins Freunden fiel es schwer, etwas mit der Aura anzufangen. Brecht, dem Benjamin den Begriff während ausgedehnter Besuche in Brechts dänischer Wohnung erläuterte, schreibt Folgendes in seinem Arbeitsjournal: »Benjamin sagt: wenn man einen blick auf sich gerichtet fühlt, auch im rücken, erwidert man ihn(!). die erwartung, dass, was man anblickt, einen selber anblickt, verschafft die aura … alles mystik, bei einer haltung gegen mystik. in solcher form wird die materialistische geschichtsauffassung adaptiert! es ist ziemlich grauenhaft.« Andere Freunde machten ihm auch nicht mehr Mut.

Während der 30er Jahre mühte sich Benjamin damit ab, eine annehmbar materialistische Definition der Aura und ihres Verfalls zu entwickeln. Der Film ist post-auratisch, sagt er, weil die Kamera, da sie ein Apparat ist, nicht sehen kann. (Eine fragwürdige Behauptung – Schauspieler reagieren ganz gewiss auf die Kamera, als würden sie von ihr angeschaut.) In einer späteren, überarbeiteten Fassung schlägt Benjamin vor, dass das Ende der Aura auf den Moment in der Geschichte datiert werden kann, als die Menschenmenge in der Stadt so dicht wird, dass die Menschen – die *Passanten* – keine Blicke mehr austauschen. Im Passagen-Werk macht er den Verfall der Aura zu einem Teilaspekt einer größeren historischen Entwicklung: der Ausbreitung der desillusionierten Erkenntnis, dass Einzigartigkeit, auch die Einzigartigkeit des traditionellen Kunstwerks, eine Ware wie jede andere Ware auch geworden ist. Die Modeindustrie, die sich der Herstellung einzigartiger Handarbeiten – »Kreationen« – widmet, die massenhaft reproduziert werden sollen, weist hier den Weg.

Benjamin war am Roman als Genre nicht besonders interessiert; nach den im Band 2 enthaltenen Erzählungen von ihm zu urteilen, hatte er kein Talent als Erzähler. Seine autobiographischen Schriften sind stattdessen aus unzusammenhängenden, intensiven Momenten aufgebaut. Seine zwei Kafka-Essays behandeln Kafka als Parabeldichter und Weisheitslehrer, kaum als Romancier. Doch Benjamins dauerhafteste Feindseligkeit galt der erzählenden Geschichte. »Geschichte zerfällt in Bilder, nicht in Geschichten«, schrieb er. Die erzählende Geschichte zwingt Kausalität und Motivation von außen auf; den Dingen sollte eine Chance gegeben werden, für sich selbst zu sprechen.

»Berliner Kindheit um neunzehnhundert«, Benjamins reizvollstes autobiographisches Werk, das zu seinen Lebzeiten nicht veröffentlicht wurde, wird im Band 3 der *Selected Writings* erscheinen. Im Band 2 finden wir die frühere »Berliner Chronik«, die auch im Schatten Prousts geschrieben wurde. Trotz seines Titels ist dieses Stück nicht chronologisch aufgebaut, sondern aus Bruchstücken montiert, durchsetzt mit Reflexionen über das Wesen der Autobiographie, und es handelt letzten Endes mehr von den Launen des Gedächtnisses als von wirklichen Ereignissen in Benjamins Kindheit. Benjamin benutzt eine archäologische Metapher, um seine Ablehnung der Autobiographie als Erzählung eines Lebens zu erklären. Der Autobiograph solle sich als Ausgräber fühlen, sagt er, der auf der Suche nach den verschütteten Ruinen der Vergangenheit tiefer und tiefer an den immer gleichen Stellen gräbt.

Neben dem »Moskauer Tagebuch« und der »Berliner Chronik« enthalten die Bände 1 und 2 eine Reihe kürzerer autobiographischer Stücke: einen ziemlich literarischen Bericht darüber, wie er von einer Geliebten sitzengelassen wurde; Aufzeichnungen über Experimente mit Haschisch; Traumprotokolle; Tagebuchfragmente (der Suizid beschäftigte Benjamin in den Jahren 1931 und 1932 stark); und ein für die Veröffentlichung vorbereitetes »Pariser Tagebuch«, das auch über einen Besuch in einem häufig von Proust aufgesuchten Schwulenbordell berichtet. Unter den überraschenderen Offenbarungen: eine Bewunderung für Hemingway (eine Erziehung im richtig Denken durch korrektes Schreiben), eine Abneigung gegen Flaubert (zu architektonisch).

Die Grundlage für Benjamins Sprachphilosophie wurde früh in seiner Laufbahn gelegt. In dem Schlüsselessay »Über Sprache überhaupt und über die Sprache des Menschen« (1916) vertritt er den Standpunkt, dass ein Wort nicht ein bloßes Zeichen ist, ein Substitut für etwas anderes, sondern der Name einer Idee. In »Die Aufgabe des Übersetzers« (1921) versucht er, seine Vorstellung von dieser Idee plastisch darzustellen, indem er das Beispiel Mallarmés und einer poetischen Sprache, die von ihrer kommunikativen Funktion befreit wurde, anführt.

Wie sich ein symbolistisches Sprachkonzept jemals mit Benjamins späterem historischen Materialismus vereinbaren ließe, ist unklar, doch Benjamin behauptete stets, dass es »eine – wenn auch noch so gespannte und problematische – Vermittlung gibt«. In seinen literarischen Essays der 30er Jahre deutet er an, wie eine solche Vermittlung aussehen könnte. Bei Proust, bei Kafka, bei den Surrealisten ziehe sich das Wort von der Bedeutung im »bourgeoisen« Sinn zurück und gewinne wieder seine elementare, gestische Kraft, sagt er. So stellen im *Schloss* die beiden Gehilfen des Landvermessers K. ihren fötusähnlichen, quasi vorgeburtlichen Zustand dar, indem sie Arme und Beine verschränken, wann immer möglich, und sich zu einem gemeinsamen Knäuel zusammenkauern. Das Gestische sei die höchste Form, in der die Wahrheit uns in einem Zeitalter, dem eine theologische Doktrin abhanden gekommen ist, erscheine.

Zu Adams Zeiten waren das Wort und der Gestus des Benennens eins. Seit damals ist die Sprache in einem langen Fall begriffen, bei dem Babel nur eine Etappe war. Die Aufgabe der Theologie ist es, das Wort in all seiner ursprünglichen, mimetischen Kraft aus den heiligen Texten, in denen es bewahrt wurde, zurückzugewinnen. Die Aufgabe der Kritik ist keine wesentlich andere, denn gefallene Sprachen können uns immer noch, in der Ganzheit ihrer Absichten, auf eine reine Sprache hinweisen. Daher das Paradox von »Die Aufgabe des Übersetzers«: dass nämlich eine Übersetzung etwas Höheres darstellt als das Original, in dem Sinne, dass sie auf eine Sprache vor Babel deutet.

Benjamin schrieb eine Reihe von Texten über Astrologie, die wichtige Gegenstücke zu seinen Schriften über die Sprachphilosophie sind. Die astrologische Wissenschaft, die wir heute haben, ist seiner Meinung nach eine degenerierte Version eines uralten Wissenskomplexes aus Zeiten, als die mimetische Fähigkeit – weil sie viel stärker war – echte, imitatorische Verbindungen zwischen dem Leben der Menschen und den Bewegungen der Sterne gestattete. Heute bewahren nur Kinder eine vergleichbare mimetische Kraft und reagieren mit ihr auf die Welt.

In Essays aus dem Jahre 1933 skizziert Benjamin eine auf dem »mimetischen Vermögen« basierende Sprachtheorie. Die Sprache Adams war onomatopoetisch, sagt er; Synonyme verschiedener Sprachen besitzen, obwohl sie vielleicht nicht ähnlich klingen oder aussehen (die Theorie soll sowohl für die geschriebene als auch für die gesprochene Sprache gelten), »unsinnliche« Ähnlichkeiten mit dem, was sie bezeichnen, wie »mystische« oder »theologische« Sprachtheorien stets erkannt haben. Die Worte *pain, Brot, chleb*, sind, obwohl sie auf der Oberflächenebene verschieden erscheinen, auf einer tieferen Ebene gleich, weil sie die Idee Brot verkörpern. (Benjamin muss seine ganze Kraft aufbieten, um uns davon zu überzeugen, dass diese Behauptung nicht so hohl ist, wie es scheint.) Die Sprache, die höchste Entwicklungsstufe des mimetischen Vermögens, verfügt über ein Archiv dieser unsinnlichen Ähnlichkeiten. Lesen hat das Potenzial, zu einer Art Traumerfahrung zu werden, durch die man Zugang zu einem gemeinsamen menschlichen Unbewussten, dem Sitz von Sprache und Ideen, erhält.

Benjamins Herangehensweise liegt überhaupt nicht auf der Linie der Sprachwissenschaft des 20. Jahrhunderts, doch es gestattet ihm einen großartigen Zugang zur Welt der Mythen und Fabeln, besonders zu der (in seiner Sicht) urzeitlichen, fast vor-menschlichen »Sumpfwelt« Kafkas. Eine intensive Kafka-Lektüre sollte untilgbare Spuren in Benjamins eigenen, pessimistischen letzten Schriften hinterlassen.

III

Die Geschichte des Passagen-Werks ist ungefähr die Folgende.

In den späten 20er Jahren plante Benjamin ein Werk, das von den Pariser Passagen inspiriert war. Es würde sich mit dem Erlebnis Stadt beschäftigen; es würde eine Version der Dornröschengeschichte sein,

ein dialektisches Märchen, surrealistisch erzählt mithilfe einer Montage von Textfragmenten. Wie der Kuss des Prinzen würde es die europäischen Massen zur Wahrheit über ihr Leben unter dem Kapitalismus erwecken. Es würde etwa fünfzig Seiten lang sein; als Vorarbeit begann Benjamin Zitate aus seinem Lesestoff abzuschreiben, unter solchen Überschriften wie Langeweile, Mode, Staub. Aber wenn er einen Text zusammenfügte, wurde er jedes Mal von neuen Zitaten und Notizen überwuchert. Er besprach sein Problem mit Adorno und Max Horkheimer, und Letzterer überzeugte ihn davon, dass er ohne ein rechtes Verständnis von Marx nicht über den Kapitalismus schreiben konnte. Die Dornröschen-Idee verlor ihren Glanz.

1934 hatte Benjamin dann einen neuen und philosophisch anspruchsvolleren Plan: Mit derselben Montagetechnik würde er den kulturellen Überbau Frankreichs im 19. Jahrhundert zurückverfolgen auf Waren und deren Macht, zu Fetischen zu werden. Da seine Notizen immer umfangreicher wurden, ordnete er sie in ein ausgeklügeltes Ablagesystem, das auf der Basis von 36 Konvoluten mit Schlüsselwörtern und Querverweisen funktionierte. Unter der Überschrift »Paris, die Hauptstadt des XIX. Jahrhunderts« verfasste er ein Resümee des bis dahin zusammengetragenen Materials, das er Adorno anbot (Benjamin erhielt inzwischen vom Institut für Sozialforschung, das von Adorno und Horkheimer von Frankfurt nach New York verlegt worden war, ein Stipendium und war dem Institut daher bis zu einem gewissen Grad verpflichtet).

Von Seiten Adornos erfuhr Benjamin eine solch massive Kritik, dass er sich entschloss, das Vorhaben zunächst ruhen zu lassen und aus der Materialfülle ein Buch über Baudelaire herauszulösen. Adorno bekam einen Teil des Buches zu sehen und äußerte sich erneut kritisch: Benjamin ließe die Fakten für sich sprechen, sagte er; das Theoretische komme zu kurz. Benjamin überarbeitete den Text weiter, der dann besser aufgenommen wurde.

Baudelaire war für den Passagen-Plan wesentlich, weil, so sah es Benjamin, Baudelaire in *Les Fleurs du mal* als Erster die moderne Großstadt als Gegenstand der Poesie gezeigt hatte. (Benjamin hat offenbar Wordsworth nicht gelesen, der fünfzig Jahre vor Baudelaire darüber geschrieben hatte, wie es sich anfühlte, Teil einer Menschenmenge auf der Straße zu sein und von allen Seiten mit Blicken bombardiert und von Reklame geblendet zu werden.) Doch Baudelaire drückte sein Stadterlebnis in allegorischer Form aus, eine literarische Manier, die seit dem Barock aus der Mode gekommen war. In »Le Cygne« findet er zum Beispiel für den Dichter das allegorische Bild eines edlen Vogels, eines Schwans, der lächerlicherweise auf dem gepflasterten Markt nach Wasser sucht, seine Schwingen nicht entfalten und in die Höhe steigen kann.

Warum entschied sich Baudelaire für die allegorische Form? Benjamin benutzt Marx' *Kapital*, um seine eigene Frage zu beantworten. Die Erhebung des Marktwertes zum alleinigen Wertmaß, sagt Marx, reduziert eine Ware auf ein Zeichen – das Zeichen dafür, was sie einbringen wird. Unter der Herrschaft des Marktes stehen die Dinge in ebenso willkürlicher Beziehung zu ihrem wahren Wert, wie zum Beispiel bei barocken Sinnbildern ein Totenkopf in Beziehung zur Unterwerfung des Menschen unter die Zeit steht. Sinnbilder kehren somit unerwarteterweise in Gestalt von Waren auf die historische Bühne zurück – Waren, die unter dem Kapitalismus nicht länger sind, was sie zu sein scheinen, sondern, wie Marx gewarnt hat, »voll metaphysischer Spitzfindigkeiten und theologischer Mucken«. Die Allegorie ist genau die richtige Form für ein Zeitalter der Waren, behauptet Benjamin.

Während Benjamin an dem nie vollendeten Baudelaire-Buch arbeitete, machte er weiter Notizen für das Passagen-Werk und fügte neue Konvolute hinzu. Was man nach dem Krieg aus seinem Versteck in der Bibliothèque Nationale hervorholte, belief sich auf etwa 900 Seiten Exzerpte, hauptsächlich aus Werken von Schriftstellern des 19. Jahrhunderts, aber auch von Benjamins Zeitgenossen, nach Stichworten gruppiert und mit eingestreuten Kommentaren versehen. Hinzu kamen eine Reihe von Plänen und Zusammenfassungen. Diese Materialien wurden 1982 als *Das Passagen-Werk* von Rolf Tiedemann herausgegeben. Die Harvard-Ausgabe *Arcades Project* benutzt Tiedemanns Text, lässt aber viel von seinem Hintergrundmaterial und editorischen Apparat weg. Sie übersetzt alle französischen Passagen ins Englische und fügt sowohl hilfreiche Anmerkungen als auch eine Fülle von Illustrationen hinzu. Es ist ein schönes Buch, und wie es mit Benjamins Art der komplexen Querverweise umgeht, ist eine geniale typographische Leistung.

Die Geschichte des Passagen-Werks – eine Geschichte, geprägt von Zaudern und Fehlstarts, von Streifzügen in Archivlabyrinthen auf der Suche nach Vollständigkeit, allzu typisch für die Sammlernatur, von unsicherem theoretischen Grund, von zu bereitwillig befolgter Kritik und ganz allgemein von einem Autor, der nicht wusste, was er wollte – hat zur Folge, dass das Buch, das wir nun in Händen halten, ganz und gar unfertig ist: Es wurde nicht fertig konzipiert und kaum in irgendeinem konventionellen Sinn geschrieben. Tiedemann vergleicht es mit dem Baumaterial für ein Haus. In dem hypothetisch fertigen Haus würde dieses Material durch Benjamins Gedanken zusammengehalten. Wir besitzen viel von diesen Gedanken in Gestalt von Benjamins eingefügten Texten, können jedoch nicht immer sehen, wie die Gedanken zum Material passen oder es umfassen.

In einer solchen Situation wäre es vielleicht besser, sagt Tiedemann, wenn man nur Benjamins eigene Worte veröffentlichte und die Zitate wegließe. Doch Benjamins Absicht, wie utopisch auch immer, war, dass an irgendeinem Punkt sein Kommentar diskret zurückgezogen würde und das zitierte Material somit allein dastehen und das volle Gewicht des Baus tragen würde.

Die Pariser Passagen, sagt ein Stadtführer von 1852, sind »… glasgedeckte, marmorgetäfelte Gänge durch ganze Häusermassen … Zu beiden Seiten … laufen die elegantesten Warenläden hin, so daß eine solche Passage eine Stadt, ja eine Welt im kleinen ist.« Ihre luftige Glas-und-Stahl-Architektur wurde bald in anderen westlichen Städten nachgeahmt. Die große Zeit der Passagen dauerte bis zum Ende des Jahrhunderts, als sie von Kaufhäusern in den Schatten gestellt wurden.

Das Passagen-Buch war nie als Wirtschaftsgeschichte geplant (obwohl es zum Teil auch anstrebte, als Korrektiv für die ganze Disziplin der Wirtschaftsgeschichte zu dienen). Eine frühe Skizze lässt eher etwas wie »Berliner Kindheit« vermuten:

»Man zeigte im alten Griechenland Stellen, an denen es in die Unterwelt hinabging. Auch unser waches Dasein ist ein Land, an dem es an verborgnen Stellen in die Unterwelt hinabgeht, voll unscheinbarer Örter, wo die Träume münden. Am Tage gehen wir nichtsahnend an ihnen vorüber, kaum aber kommt der Schlaf, so tasten wir mit geschwinden Griffen zu ihnen zurück und verlieren uns in den dunklen Gängen. Das Häuserlabyrinth der Stadt gleicht am hellen Tage dem Bewusstsein; die Passagen ... münden tagsüber unbemerkt in die Straßen. Nachts unter den dunklen Häusermassen aber springt ihr kompaktes Dunkel erschreckend heraus; und der späte Passant hastet an ihnen vorüber, es sei denn, daß wir ihn zur Reise durch die schmale Gasse ermuntert haben.«

Zwei Bücher dienten Benjamin als Vorbild: Louis Aragons *Un Paysan de Paris* (»Pariser Landleben«) mit seinem liebevollen Tribut an die Passage de L'Opéra und Franz Hessels *Spazieren in Berlin*, das die Kaiserpassage und ihr Vermögen, das Gefühl einer vergangenen Ära heraufzubeschwören, in den Mittelpunkt stellt. In seinem Buch wollte Benjamin versuchen, das »phantasmagorische« Erlebnis des Parisers einzufangen, der zwischen Warenauslagen umherwandert, ein Erlebnis, das noch zu seiner eigenen Zeit wiedererlebbar ist, wo »die Passagen ... in den großen Städten [liegen] wie Höhlen mit den Fossilien eines verschollenen Untiers: der Konsumenten aus der vorimperialen Epoche des Kapitalismus, des letzten Dinosaurus Europas«. Die große Innovation des Passagen-Werks würde seine Form sein. Sie würde nach dem Montageprinzip arbeiten und Textfragmente aus Vergangenheit und Gegenwart einander gegenüberstellen, in der Hoffnung, dass sie aus einander Funken schlagen und sich gegenseitig erhellen. Wenn also zum Beispiel Nummer 2,1 aus Konvolut L, das sich auf die Eröffnung eines Kunstmuseums im Palast von Versailles im Jahre 1837 bezieht, in Verbindung mit Nummer 2,4 aus Konvolut A, das die Entwicklung der Passagen zu Kaufhäusern verfolgt, gelesen wird, dann wird idealerweise die Analogie »das Museum verhält sich zum Kaufhaus wie das Kunstwerk zur Ware« im Geist des Lesers aufblitzen.

Nach Max Weber ist die moderne Welt vom Verlust des Glaubens, von der Ernüchterung geprägt. Benjamin hat einen anderen Blickwinkel: Der Kapitalismus hat die Menschen in Schlaf versetzt, und sie werden aus ihrer kollektiven Verzauberung nur erwachen, wenn man dafür sorgt, dass sie verstehen, was mit ihnen geschehen ist. Das dem

Konvolut N vorangestellte Zitat stammt von Marx. »Die Reform des Bewußtseins besteht *nur* darin, daß man die Welt ... aus dem Traume über sich selbst aufweckt.« Die Träume der kapitalistischen Ära sind in Waren verkörpert. Als Ensemble bilden sie eine Phantasmagorie, die je nach den Modewellen ihre Gestalt ändert und der Masse der verzauberten Verehrer als Verkörperung ihrer tiefsten Sehnsüchte angeboten wird. Die Phantasmagorie verbirgt immer ihre Herkunft (aus entfremdeter Arbeit). Die Phantasmagorie bei Benjamin ähnelt somit ein wenig der Ideologie bei Marx – ein Gewebe öffentlicher Lügen, aufrechterhalten von der Macht des Kapitals –, aber noch mehr der Freud'schen Traumarbeit, die sich auf einer kollektiven, gesellschaftlichen Ebene vollzieht.

»Ich habe nichts zu sagen. Nur zu zeigen«, sagt Benjamin; und an anderer Stelle: »Die Ideen verhalten sich zu den Dingen wie die Sternbilder zu den Sternen.« Wenn das Zitatenmosaik richtig aufgebaut ist, dann sollte sich ein Muster zeigen, ein Muster, das mehr als die Summe seiner Teile ist, aber nicht losgelöst von ihnen existieren kann – das ist der Kern der neuen Form des historisch-materialistischen Schreibens, das Benjamin zu praktizieren glaubte.

Was Adorno 1935 an dem Projekt missfiel, war Benjamins Glaube, dass eine bloße Ansammlung von Phänomenen (in diesem Fall aus dem Zusammenhang herausgelöste Zitate) für sich selbst sprechen könne. Benjamin befinde sich, so schrieb er, »am Kreuzweg von Magie und Positivismus«. 1948 hatte Adorno Gelegenheit, die ganze Passagen-Textsammlung zu sehen, und äußerte erneut Zweifel an der dünnen theoretischen Grundlage.

Benjamin reagierte auf derartige Kritik damit, dass er den Begriff des dialektischen Bildes einführte, wozu er auf die Symbolik des Barock (von Bildern repräsentierte Ideen) und die Baudelaire'sche Allegorie (das Zusammenspiel von Ideen wird ersetzt durch das Zusammenspiel symbolischer Objekte) zurückgriff. Die Allegorie könne die Rolle des abstrakten Denkens übernehmen, schlug er vor.

Die Objekte und Gestalten, die die Passagen besiedeln – Spieler, Huren, Spiegel, Staub, Wachsfiguren, mechanische Puppen –, sind (für Benjamin) Sinnbilder, und ihr Zusammenspiel erzeugt Bedeutungen, allegorische Bedeutungen, die kein Eindringen der Theorie nötig haben. Nach denselben Prinzipien können sich Textfragmente, die man aus der Vergangenheit holt und in das aufgeladene Terrain der historischen Gegenwart stellt, ganz ähnlich wie die Elemente eines surrealistischen Bildes verhalten und spontan miteinander reagieren, um politische Energie zu erzeugen. (»Das Geschehen, das den Historiker umgibt und an dem er teil nimmt«, schrieb Benjamin, »wird als ein mit sympathetischer Tinte geschriebener Text seiner Darstellung zu Grunde liegen.«) Dadurch erzeugen die Fragmente das dialektische Bild – eine dialektische Bewegung, die für einen Augenblick erstarrt und sich zu eingehender Betrachtung darbietet – »Dialektik im Stillstand«. »Nur dialektische Bilder sind echte ... Bilder.«

So viel zur Theorie, so klug sie auch sei, auf die sich Benjamins zutiefst antitheoretisches Buch beruft. Aber was hat das *Passagen-Werk* dem Leser zu bieten, den die Theorie nicht überzeugt, dem Leser, für den die dialektischen Bilder nicht wie gewünscht lebendig werden, dem Leser, der für die Meistererzählung vom langen Schlaf des Kapitalismus, dem die Morgendämmerung des Sozialismus folgt, vielleicht unempfänglich ist?

Auf der kürzesten Liste stünde: ein Schatz an interessanten Informationen über Paris; eine ungeheure Menge anregender Zitate, die Ernte eines scharfen und ganz eigenen Geistes, der Tausende von Büchern durchstöbert hat; knappe, auf aphoristischen Hochglanz polierte Bemerkungen über eine Reihe von Benjamins Lieblingsthemen (Beispiel: »Die Prostitution kann in dem Augenblick den Anspruch erheben, als ›Arbeit‹ zu gelten, in dem die Arbeit Prostitution wird«); und einen Einblick, wie Benjamin mit einer neuen Art von Selbstverständnis spielt: als Sammler von »Stichworten eines geheimen Wörterbuchs«, als Verfasser einer »magischen Enzyklopädie«. Plötzlich rückt Benjamin, der esoterische Leser einer allegorischen Stadt, nahe an seinen Zeitgenossen Jorge Luis Borges, den Fabulierer eines neu geschriebenen Universums, heran.

Aus einer gewissen Entfernung betrachtet, erinnert Benjamins Opus magnum merkwürdig an eine andere große literarische Ruine des zwanzigsten Jahrhunderts, Ezra Pounds *Cantos*. Beide Werke sind das Ergebnis jahrelanger eifriger Lektüre zu gewissen Themen. Beide sind aus Fragmenten und Zitaten zusammengefügt und halten an der hochmodernistischen Ästhetik von Bild und Montage fest. Beide haben ökonomische Ambitionen und Ökonomen als Leitbilder (in dem einen Fall Marx, in dem anderen Gesell und Douglas). Beide Autoren haben in ein antiquarisches Wissen investiert, dessen Relevanz für ihre eigene Zeit sie überschätzten. Keiner von beiden wusste, wann er aufhören muss. Und beide wurden am Ende vom Ungeheuer des Faschismus verschlungen, Benjamin auf tragische Weise, Pound auf schändliche Weise.

Es ist das Schicksal der *Cantos* gewesen, dass man eine Handvoll Anthologie-Stücke herausgelöst und den Rest stillschweigend fallen gelassen hat. Das *Passagen-Werk* könnte ein ähnliches Schicksal haben. Man kann sich eine gekürzte Studienausgabe vorstellen, die hauptsächlich Stücke aus den Konvoluten B (»Mode«), H (»der Sammler«), I (»das Interieur, die Spur«), J (»Baudelaire«), K (»Traumstadt«), N (»Erkenntnistheoretisches, Theorie des Fortschritts«) und Y (»die Photographie«) enthält, in der die Zitate auf ein Minimum beschränkt sind und der verbleibende Text zum größten Teil von Benjamin selbst stammt. Und das wäre gar nicht so schlecht.

IV

Die in Benjamins *Selected Writings* vertretenen Interessen sind breit gefächert. Außer den hier besprochenen Stücken gibt es eine Auswahl aus seinen frühen, ziemlich ernsthaft idealistischen Schriften über Erziehung; zahlreiche literaturkritische Essays, unter denen zwei lange Stücke über Goethe zu finden sind, eins davon eine Interpretation der *Wahlverwandtschaften*, das andere ein meisterhafter Überblick über Goethes Werdegang; Exkurse über verschiedene philosophische Themen (Logik, Metaphysik, Ästhetik, Sprachphilosophie, Geschichtsphilosophie); Essays über Pädagogik, über Kinderbücher, über Spielzeug; ein einnehmend persönliches Stück über das Sammeln von Büchern; eine Vielfalt von Reisestücken; Exkurse in die erzählende Literatur. Der Essay über *Die Wahlverwandtschaften* sticht als eine besonders seltsame Darbietung hervor: eine lange Arie in außerordentlich ätherischer Prosa über Liebe und Schönheit, Mythos und Schicksal, enorm verdichtet durch die verborgenen Ähnlichkeiten, die Benjamin zwischen der Romanfabel und einer tragikomischen erotischen Viererkonstellation, in die er und seine Frau verstrickt waren, entdeckte.

Der dritte und letzte Band der *Selected Writings* wird auch die Exposés des Passagen-Werks von 1935, 1938 und 1939 enthalten; »Das Kunstwerk im Zeitalter seiner technischen Reproduzierbarkeit« in zwei Fassungen; »Der Erzähler«; »Berliner Kindheit«; »Notizen zu: Über den Begriff der Geschichte«; und eine Reihe von Schlüsselbriefen an und von Adorno und Scholem, einschließlich des wichtigen Briefes über Kafka von 1938.

Die Übersetzungen in Band 1 und 2, die von verschiedenen Übersetzern stammen, sind ausgezeichnet. Wenn es einer von ihnen verdient, besonders hervorgehoben zu werden, dann Rodney Livingstone, weil er auf diskrete Weise die Veränderungen in Stil und Ton, die Benjamins Entwicklung als Autor kennzeichnen, nachvollzogen hat. Die Anmerkungen haben beinah dasselbe hohe Niveau, wenn auch nicht ganz. Die Informationen zu Personen, auf die sich Benjamin bezieht, sind manchmal veraltet (wie zum Beispiel im Fall Robert Walser) oder falsch: die Lebensdaten von Karl Korsch, auf den sich Benjamin bei seiner Marx-Interpretation stützte (Korsch war aus der Deutschen Kommunistischen Partei wegen seiner abweichlerischen Meinungen ausgeschlossen worden), werden mit 1892–1939, statt korrekt mit 1886–1961 angegeben. Es gibt Fehler beim Griechischen und Lateinischen.

Einige allgemeine Verfahrensweisen der Herausgeber und Übersetzer sind ebenfalls fragwürdig. Benjamin hatte die Angewohnheit, seitenlange Absätze zu schreiben – der Übersetzer sollte sich schon getrauen, diese aufzubrechen. Manchmal werden zwei Entwürfe desselben Stückes aufgenommen, ohne dass der Grund dafür mitgeteilt wird. Vorhandene Übersetzungen deutscher Texte, die Benjamin zitiert, werden verwendet, auch wenn diese ganz offensichtlich ungenügend sind.

Was war Walter Benjamin: ein Philosoph? Ein Kritiker? Ein Historiker? Nur ein »Schriftsteller«? Die beste Antwort gibt vielleicht Hannah Arendt: Er war einer der »Nichtklassifizierbaren …, deren Werk sich weder in die gegebene Ordnung einfügt, noch ein Neues... Genre ankündigt«.

Sein ganz eigenes Herangehen – er näherte sich einem Thema nicht direkt, sondern auf einem Umweg, indem er sich schrittweise von einem perfekt formulierten Resümee zum nächsten bewegte – hat einen hohen Wiedererkennungswert und ist gleichzeitig unnachahmlich. Es stützt sich auf Scharfsinn, eine unaufdringliche Gelehrsamkeit und einen Prosastil, der ein Wunder an Genauigkeit und Präzision wurde, nachdem Benjamin sich nicht mehr als Professor Doktor Benjamin begriff. Seinem Vorhaben, der Wahrheit unserer Zeit auf die Spur zu kommen, liegt ein Ideal zugrunde, das er bei Goethe ausgedrückt fand: Die Tatsachen sollen so ausgebreitet werden, dass die Tatsachen ihre eigene Theorie sind. Unser Urteil über das Passagen-Werk mag ausfallen, wie es will: eine Ruine, ein Fehler, ein unmögliches Vorhaben – es bietet jedenfalls einen neuen Weg, über eine Zivilisation zu schreiben, indem es eher ihre Abfallprodukte als ihre Kunstwerke zum Gegenstand wählt: Geschichte von unten statt von oben. Und Benjamins Forderung (in »Erste Notizen«) nach einer Geschichte, die sich auf die Leiden der Unterlegenen statt auf die Leistungen der Sieger konzentriert, ist prophetisch für die Art und Weise, wie sich die Geschichtsschreibung unserer Zeit zu begreifen beginnt.

Robert Musils Tagebücher (1999)

I

Robert Musil, der im Herbst des Habsburger Kaiserreiches geboren wurde, diente Seiner Kaiserlichen und Königlichen Majestät in einer blutigen Erschütterung des Kontinents und starb mitten in der noch schlimmeren Erschütterung, die folgte. Rückblickend nannte er die Zeiten, in denen er lebte, eine »bedrängende Zeit«; er bemühte sich nach besten Kräften zu verstehen, was Europa sich selbst antat. Sein Bericht ist in einem großen unvollendeten Roman, *Der Mann ohne Eigenschaften*, enthalten, in einer Reihe von Essays, die unter dem Titel *Precision and Soul* in englischer Sprache herausgebracht wurden, und in einem Konvolut von Tagebüchern, die vor kurzem als *Diaries 1899–1941* übersetzt wurden.[1]

Musils Weg zum Schriftsteller war ungewöhnlich. Seine Eltern gehörten dem gehobenen österreichischen Bürgertum an und schickten ihn zur Ausbildung nicht auf ein klassisches Gymnasium, sondern in eine militärische Internatsschule, wo er nicht viel mehr lernte, als sich adrett zu kleiden und um seinen Körper zu kümmern. An der Universität studierte er zunächst Ingenieurwesen (er konstruierte einen optischen Apparat und ließ ihn patentieren; der Variationskreisel wurde noch in den 20er Jahren hergestellt und verkauft). Dann studierte er Psychologie und Philosophie und promovierte 1908.

Zu dieser Zeit war er schon Autor eines in einer Kadettenschule spielenden, frühreifen ersten Romans, *Die Verwirrungen des Zöglings Törless*

(1906). Er gab die akademische Laufbahn, die er für sich vorgesehen hatte, auf und widmete sich dem Schreiben. 1911 erschienen unter dem Titel *Vereinigungen* zwei sublim erotische Novellen.

Als der Krieg kam, diente Musil an der italienischen Front und zeichnete sich dabei aus. Nach dem Krieg quälte ihn das Gefühl, dass man ihm die besten Jahre seines schöpferischen Lebens geraubt hatte, und er machte Pläne für nicht weniger als zwanzig neue Werke, darunter einige satirische Romane. Ein Stück, *Die Schwärmer* (1921), und ein Erzählungsband, *Drei Frauen* (1924), wurden mit Preisen ausgezeichnet. Man wählte ihn zum stellvertretenden Präsidenten der österreichischen Abteilung des Deutschen Schriftstellerverbandes. Obschon er nicht viel gelesen wurde, hatte er einen Platz auf der literarischen Landkarte.

Es dauerte nicht lange, da waren die geplanten satirischen Romane aufgegeben oder in ein Meisterprojekt integriert worden: in einen Roman, in dem die Oberschicht der Wiener Gesellschaft das Heraufziehen dunkler Wolken nicht bemerkt und sich unaufhörlich darüber streitet, wie ihr jüngstes Fest der Selbstbeweihräucherung gestaltet werden soll. Es würde eine »groteske« Sicht auf Österreich am Vorabend des Krieges werden, sagte er, ein Österreich, das ein »besonders deutlicher Fall der modernen Welt« sein würde (*Mann ohne Eigenschaften*, S. 687). Finanziell von seinem Verleger und einer Gesellschaft von Bewunderern unterstützt, setzte er seine ganze Energie für den *Mann ohne Eigenschaften* ein.

Der erste Band erschien 1930 und wurde sowohl in Österreich als auch in Deutschland so enthusiastisch aufgenommen, dass Musil – ein in anderer Hinsicht bescheidener Mann – glaubte, er könne den Nobelpreis verliehen bekommen. Die Fortsetzung erwies sich als widerspenstiger. Von seinem Verleger überredet, doch voller Bedenken, ließ er zu, dass 1933 ein umfangreiches Fragment als zweiter Band erschien. »Band 1 schließt ungefähr mit dem Höhepunkt einer Wölbung«, schrieb er. Aber »sie hat auf der anderen Seite keine Stütze«.[2] Ihn beschlich die Furcht, dass er das Werk nie vollenden werde.

Musil zog es in die lebendigere intellektuelle Szene von Berlin, aber sein Berliner Aufenthalt wurde durch die Machtergreifung der Nazis vorzeitig beendet. Er kehrte mit seiner Frau nach Wien zurück, in eine unheilschwangere politische Atmosphäre; er begann unter Depressionen zu leiden und kränkelte. Dann erfolgte 1938 der Anschluss Österreichs an das Dritte Reich. Das Paar ging in die Schweiz. Die Schweiz sollte eigentlich nur eine Etappe auf dem Weg in die USA sein, doch der Eintritt der USA in den Krieg machte diesen Plan zunichte. Sie saßen zusammen mit Zehntausenden anderer Exilanten in der Falle.

»Die Schweiz ist ein Land, das berühmt dafür ist, daß sie dort frei sein können«, bemerkte Bertolt Brecht. »Sie müssen aber Tourist sein.« Der Mythos von der Schweiz als Asylland wurde schwer beschädigt durch die Art, wie man dort Flüchtlinge behandelte. Deutschland nicht zu verärgern hatte für die Schweizer Regierung in den Jahren 1933–44 oberste Priorität. Die Überwachung der sich im Land aufhaltenden Ausländer war die Aufgabe einer Fremdenpolizei, deren Leiter die Wohltätigkeitsorganisationen wegen ihrer »sentimentalen Einmischung« schmähte und kein Geheimnis aus seiner Judenfeindlichkeit machte. An den Grenzübergängen spielten sich hässliche Szenen ab, als Flüchtlinge ohne Visum zurückgewiesen wurden. (Zur Ehre der einfachen Schweizer Bürger muss gesagt werden, dass es einen allgemeinen Aufschrei der Empörung gab.)[3]

Der Mann ohne Eigenschaften war 1938 in Deutschland und in Österreich auf den Index gesetzt worden (später wurde das auf alle Werke Musils ausgedehnt). In seinem Asylantrag an die Schweizer Regierung konnte Musil deshalb geltend machen, dass er nirgends sonst im deutschsprachigen Raum seinen Lebensunterhalt als Schriftsteller verdienen könne. Doch willkommen fühlten sich die Musils in der Schweiz nirgendwo. Das Schweizer Fördernetzwerk behandelte sie verächtlich; Freunde im Ausland verwendeten sich auch nur lustlos für sie (so erschien es Musil jedenfalls); sie fristeten ihr Leben durch Zuwendungen. »Heute kennen sie uns nicht. Aber wenn wir einmal tot sind, werden sie sich rühmen, uns Asyl gewährt zu haben«, schrieb Musil an Ignazio Silone.[4] In dieser deprimierten Stimmung konnte er mit dem Roman nicht weiterkommen. »Ich weiß nicht, warum es mir nicht gelingt zu schreiben. Es ist wie verhext« (*Tagebücher*, S. 1001). 1942, im Alter von 61 Jahren, erlitt er einen Schlaganfall und starb.

»[E]r … glaubte, noch mindestens zwanzig Jahre arbeitsfähig zu sein«, sagte seine Witwe. »Das Schmerzlichste ist aber, daß ein ungeheures

Material von Entwürfen, Notizen, Aphorismen, Romankapiteln, Tagebüchern zurückgeblieben ist, aus denen nur er etwas machen konnte. Ich bin sehr ratlos.«[5] Da sie von kommerziellen Verlegern abgewiesen wurde, veröffentlichte sie im Selbstverlag einen dritten und letzten Band des Romans, der aus Kapiteln und Entwürfen in keiner festen Ordnung bestand. Nach dem Krieg versuchte sie amerikanische Verleger für eine Übersetzung des ganzen Werkes zu interessieren, doch vergeblich. Sie starb 1949.

II

Die von Martha Musil erwähnten Tagebücher sind Notizbücher, die Musil seit seinem achtzehnten Lebensjahr geführt hatte. Zunächst dafür gedacht, sein Seelenleben festzuhalten, dienten sie bald auch anderen Zwecken. Bis zu seinem Tod hatte er vierzig dieser Notizbücher gefüllt, von denen einige in den Nachkriegsjahren verloren gingen, gestohlen oder vernichtet wurden.

Musil nannte diese Bücher *Hefte*, dennoch zieht sein deutscher Verleger den Begriff *Tagebücher* vor, und die englische Übersetzung orientiert sich daran, obwohl die Texte, die wir Tagebuchaufzeichnungen nennen könnten, tatsächlich an Umfang übertroffen werden von Zusammenfassungen von und Auszügen aus Büchern, von Prosaskizzen, Essayentwürfen, Vortragsnotizen usw. Selbst die deutsche Ausgabe lässt einiges von diesem Material weg. Der Text der englischen *Diaries* ist nicht einmal halb so lang wie der deutsche und liefert nur eine schmale Auswahl der Entwürfe. Leser, die in den *Diaries* das Fortschreiten der Arbeit am *Mann ohne Eigenschaften* verfolgen wollen, werden enttäuscht sein. Sie sollten sich besser der 1995 bei Knopf verlegten Übersetzung des Romans zuwenden, die auch die Entwürfe enthält. Andererseits gewinnt man durch die *Diaries* einen Eindruck davon, wie Musil auf die Geschichte seiner Zeit reagierte. Das trifft besonders auf seine letzten Jahre zu, in denen die Eintragungen ausführlicher werden, vielleicht weil seine Energie inzwischen nicht mehr ausschließlich in den *Mann ohne Eigenschaften* floss.

In seiner Studie *Robert Musil and the Crisis of European Culture* (Robert Musil und die Krise der europäischen Kultur) macht David S. Luft zwei wichtige Momente in Musils politischer Entwicklung aus, die beide mit dem Ersten Weltkrieg zusammenhängen. Das erste war sein Erleben der patriotischen Begeisterungswelle, die den Kriegsausbruch begleitete, eine Begeisterung, die er zu seiner Überraschung teilte (»die Ekstase des Altruismus. Dieses Gefühl, zum ersten Mal mit dem Mitdeutschen etwas gemeinsam zu haben«; *Tagebücher*, S. 544). Das zweite war der Versailler Vertrag von 1919 und was dieses Strafabkommen für diejenigen bedeutete, die gehofft hatten, der zermürbende Krieg würde wenigstens eine neue politische Ordnung herbeiführen.

Der Bericht, den Musil in den *Tagebüchern* davon gibt, wie die Demütigungen von Versailles zum Aufstieg des Nationalsozialismus führten, ist kaum zu übertreffen. Der Faschismus war nach Musils Analyse eine Reaktion auf die Herausforderungen des modernen Lebens – in der Hauptsache Industrialisierung und Urbanisierung –, auf die das deutsche Volk nicht vorbereitet war, eine Reaktion, die dann zu einer Revolte gegen die Zivilisation selbst wurde. Von dem Augenblick an, als 1933 der Reichstag brannte, sah Musil voraus, wie schlimm sich Deutschland selbst verraten sollte. »… alle die liberalen Grundrechte sind jetzt beseitigt«, schreibt er aus Berlin, »ohne daß es auch nur einen einzigen zum äußersten empörte … Man nimmt es wie ein grobes Wetter hin … Man könnte darüber aufs tiefste enttäuscht sein, aber richtiger ist der Schluß, daß alle die hier abgeschafften Dinge die Menschen nicht mehr viel angingen« (S. 723).

Über Hitler schreibt er: »Wir Deutsche haben den größten Moralisten der zweiten Hälfte des abgelaufenen Jahrhunderts [nämlich Nietzsche] hervorgebracht und bringen heute die größte Aberration der Moral hervor, die seit der Zeit des Christentums dagewesen ist. Sind wir ungeheuer in jeder Hinsicht?« (S. 743)

Musil war in jedem Bereich seines Lebens betroffen vom Aufstieg des Nationalsozialismus und von der in ihm verkörperten Zurückweisung des besten deutschen Erbes. »[Hitler sagt,] du mußt an die Zukunft des Nationalsozialismus glauben oder an den Untergang Deutschlands. … Wie kann man in dieser Lage noch arbeiten?« (Musil, der diese Worte 1938 in Wien schrieb, nannte Hitler vorsichtigerweise nicht beim Namen, er benutzte stattdessen einen privaten Tarnnamen: »Carlyle«.) Der Nationalsozialismus machte Musil unsichtbar, indem er ihn ins Exil trieb und seine Bücher verbot; die Vermutung drängt sich auf, dass seine wachsende Hoffnungslosigkeit angesichts der Aufgabe, den *Mann ohne Eigenschaften* zu vollenden, zumindest teilweise von einem Gefühl herrührte, dass sein Vorhaben, empfangen in einem Geist, den er als »sanft ironisch« betrachtete, von den Streitwagen der Geschichte überrollt worden war (S. 744/45, 950).

III

Schon früh benutzte Musil die Menschen, die um ihn waren, einschließlich Familienmitglieder und Freunde, als Vorbilder für literarische Texte. Das erste Notizheft (1899–1904) enthält auch eine Fiktionalisierung seiner eigenen Kindheit und Jugend, mit einem Charakterensemble, das Jahrzehnte später in *Der Mann ohne Eigenschaften* wieder auftauchen wird.

Sein erstaunlichster Gebrauch von persönlichem Material finden wir in der Erzählung »Tonka« (in *Drei Frauen*), deren Hauptfigur sich eng an Herma Dietz anlehnt, eine junge Frau aus der Arbeiterklasse, mit der er ein ernsthaftes und andauerndes Verhältnis hatte, ungeachtet der starken Missbilligung durch seine Mutter. In den *Tagebüchern* sehen wir Herma eine doppelte Funktion erfüllen. Auf einer Ebene wird sie vom Schriftsteller Musil als Vorbild für die literarische Gestalt Tonka aufs Genaueste beobachtet. Auf einer anderen Ebene ist sie die Ursache quälender Gefühle für den Mann Musil. Trotz ihrer Beteuerungen des Gegenteils hatte Musil Grund zu glauben, dass Herma ihm untreu gewesen war. Seinem Freundeskreis predigte er die Überwindung der Eifersucht, doch »für ihn selbst ... sind solche [eifersüchtigen] Gedanken ein stetes Gift« (S. 97). Was sollte er tun?

Was er unternimmt, ist typisch für Musil. Weder gibt er sich der Eifersucht hin, noch überwindet er sie durch einen Willensakt, sondern er verwandelt sich stattdessen in eine Gestalt in der Erzählung von Herma/

Tonka und versucht durch die Abstand schaffende Kraft der Literatur zu der Person zu werden, die er, auf ethischer Ebene, sein will.

Urteilt man nach der Klarheit und Dichte von Musils Schreiben, sowohl bei den Tagebucheintragungen, die sich auf Herma beziehen, als auch später bei der Erzählung »Tonka«, dann gelingt das ethisch-ästhetische Experiment. Robert (oder sein literarisches Selbst R.) wächst zusehends vor unseren Augen, wird weniger jugendlich ungestüm und weniger zynisch, wird toleranter und liebevoller. »Ihr [d. h. Hermas/ Tonkas] Verhängnis mit R.«, schreibt er an sich selbst, »ist die symbolische Verkörperung dessen, daß man dem Verstand in gewisser Hinsicht überhaupt nicht trauen kann« (S. 100). Wenn er Herma liebt, dann muss er an ihre Unschuld glauben. Die Literatur ist somit zum Schauplatz geworden, auf dem er sein Verhältnis mit anderen klären kann, ein Labor für die Läuterung der Seele. Der junge Musil lernt zu lieben; und auf seltsame Weise wird er, je mehr er liebt, umso klar sehender und klüger.

Herma Dietz starb 1907. Da hatte Musil schon Martha Marcovaldi kennen gelernt, die ihren italienischen Mann verlassen hatte, um in Berlin ein Kunststudium aufzunehmen. Bald lebte er mit Martha und ihren Kindern zusammen; zu gegebener Zeit heirateten sie. »[Martha] ist etwas das ich geworden bin und das ich geworden ist«, schreibt er in den *Tagebüchern* (S. 226). Die Vervollkommnung ihrer Liebe – einer Liebe, die eine perverse Bereitwilligkeit, einander zu betrügen, einschloss – wurde zum neuen ethischen Projekt in seinem Leben.

IV

Für Musil war der sturste und rückschrittlichste Zug der deutschen Kultur (zu der die österreichische Kultur gehörte – zu keiner Zeit nahm er die Vorstellung von einer autonomen österreichischen Kultur ernst) ihre Tendenz, den Verstand vom Gefühl zu trennen, eine unreflektierte Dumpfheit der Emotionen zu bevorzugen. Er beobachtete diese Spaltung am deutlichsten bei den Wissenschaftlern, mit denen er arbeitete: intelligente Männer, deren emotionales Leben grobschlächtig war.

Von den frühesten Notizheften an bekundet Musil ein Interesse an erotischen Gefühlen und den Beziehungen zwischen dem Erotischen und dem Ethischen. Die Erziehung der Sinne durch eine Kultivierung des erotischen Lebens scheint ihm der vielversprechendste Weg, um die Menschheit auf eine höhere ethische Stufe zu heben. Er missbilligt die starren sexuellen Rollen, die von der bürgerlichen Gesellschaft für Frauen und Männer festgelegt wurden. »Es sind hier ganze Länder der Seele verlorengegangen«, schreibt er.[6]

Mit seiner Behauptung, dass die sexuelle Beziehung die grundlegende kulturelle Beziehung ist, und mit seiner Befürwortung der sexuellen Revolution als Tor zu einem neuen Millennium erinnert Musil seltsam an seinen Zeitgenossen D. H. Lawrence. Ihn unterscheidet von Lawrence, dass er den Verstand nicht vom erotischen Leben ausschließen will – dass er eigentlich versucht, den Verstand erotisch aufzuladen. Als Schriftsteller beherrscht er auch eine von moralischer Wertung freie, schonungslose Beobachtung, die Lawrence nicht zur Verfügung hat. Er beobachtet eine junge Frau, die beobachtet, wie ihre Mutter einen jüngeren Mann küsst. »Sie kennt bis jetzt nur den zurückhaltenden Gestus der Frau; das aber ist, wie wenn sich ein Hund in einen anderen verbeißt« (*Tagebücher*, S. 781).

Trotz seines Interesses für die Metamorphosen der Begierde, die mit unvergleichlicher Delikatesse in *Vereinigungen* erforscht werden, hatte Musil keine Sympathie für die psychoanalytische Bewegung. Ihm missfiel ihr Kultstatus, er missbilligte ihre umfassenden Ansprüche und ihre unwissenschaftlichen Beweisführungen. Die Psychoanalyse setzt nur eine Handvoll Erklärungskonzepte ein, bemerkt er abfällig; was diese Konzepte nicht abdecken, ist dann »völlig verödet, und es geht von dort nicht der schmalste Pfad weiter«. In der Psychoanalyse mischen sich »Erkenntnisse von großer Wichtigkeit mit Unmöglichem, Einseitigem, ja Dilettantischem«. Er bevorzugt eine Psychologie der »flachen« – d. h. experimentellen – Art, wie er es ironisch nennt (S. 967, 749, 948).

Für die weit verbreitete Auffassung, dass Musil Freud viel zu verdanken habe, mehr, als er zugeben wollte, bieten die *Tagebücher* wenig Unterstützung. Die Sache ist die, dass Musil und Freud Teil einer größeren Bewegung im europäischen Denken waren. Beide zweifelten an der

Macht der Vernunft, das menschliche Verhalten zu steuern; beide waren Kritiker der mitteleuropäischen Zivilisation und ihrer Unzulänglichkeiten; und beide nahmen sich vor, den dunklen Kontinent der weiblichen Psyche zu erforschen. Freud war für Musil eher ein Rivale als eine Quelle. Sein wahrer Führer in das Reich des Unbewussten blieb Nietzsche. Musil widersetzte sich besonders dem universellen Gültigkeitsanspruch des ödipalen Triebs. Auf seine eigene Pubertät zurückblickend, kann er kein Verlangen nach seiner Mutter entdecken, nur Widerwillen gegen ihren alternden Körper.»Ist nicht das die Wahrheit, die traurige und gesunde und nicht erfundene? Es ist das Gegenteil der Psychoanalyse. Nicht Gegenstand des Begehrens ist die Mutter; sondern Hindernis der Stimmungen und Stimmungsentkleidung jedes Begehrens, falls der Zufall dem jungen Mann eine sexuelle Möglichkeit bietet« (S. 773).

Wäre sich Musil da so sicher gewesen, wenn er, bevor er diese Worte in den späten Dreißigerjahren niederschrieb, noch einmal sein Notizheft von 1905/06 gelesen hätte? Hier skizziert der junge Musil in atemlos sentimentaler Prosa die Szene einer erotisch aufgeladenen Versöhnung zwischen seinem literarischen Helden und dessen Mutter. Jahrzehnte später wird er die in dieser Szene wirkenden Kräfte für die inzestuöse Liebe zwischen Ulrich, dem Mann ohne Eigenschaften, und seiner Schwester Agathe nutzen.

V

Musil benutzt seine Notizhefte weniger, um Erinnerungen aus der Vergangenheit zu erkunden, als um nützliche Informationen in der Gegenwart einzufangen. Unter den anschaulichsten Eintragungen sind ausführliche Aufzeichnungen: Seitenweise genaue Beobachtung von Fliegen auf Fliegenfängern (was später in einem Essay verwendet werden sollte) und von Katzen, die sich im Garten seines Genfer Heims paarten. Einige seiner Notizen sind Wunder an Präzision: das Singen der Vögel »wie die Berührung sanfter, geschäftiger Hände« (S. 143).

Aufzeichnungen über den Besuch in einer Anstalt für Geisteskranke 1913 in Rom (*Tagebücher*, S. 278–81) bilden die Grundlage eines Kapitels mit der Überschrift »Die Irren begrüßen Clarisse« im *Mann ohne Eigenschaften* (Teil 3), dem eine Reihe von Entwürfen vorausgegangen war, die in der im Verlag Knopf erschienenen englischen Übersetzung des Romans enthalten sind (Band 2, S. 1600–1603, 1630–43). Bei der Bearbeitung der Episode gestaltete sie Musil reicher und verstörender, indem sie mit Clarisses Augen betrachtet wird – Clarisse, Ulrichs labile, Nietzsche verehrende Kindheitsfreundin und (in einer möglichen Fortsetzung der Geschichte) spätere Geliebte. (Was an diesen und vielen anderen Entwürfen am meisten auffällt, ist, wie gut konzipiert und durchgeführt sie sind und wie vollendet die Darstellung ist. Das Einzige, was an ihnen noch unklar bleibt: wo sie sich ins Ganze fügen werden.)

Unter den Schriftstellern, die für Musil wichtig waren und über die er sich in den *Tagebüchern* Gedanken macht, von Mallarmé in seiner Jugend bis zu Tolstoi in den späten Lebensjahren, bleibt Nietzsche die alle überragende Figur. James Joyce lässt ihn seltsam gleichgültig, doch er fühlt eine Verwandtschaft zu G. K. Chesterton. (Eine Zeit lang lebten Musil und Joyce nur ein paar Häuser voneinander entfernt in Zürich. Sie haben nie miteinander gesprochen.)

Musil erkannte, dass Nietzsches Einfluss auf ihn »entscheidend« war (*Tagebücher*, S. 903). Von Nietzsche übernahm er eine Form des Philosophierens, die eher essayistisch als systematisch ist; eine Auffassung von der Kunst als einer Form der intellektuellen Erkundung; die Bestätigung, dass der Mensch seine eigene Geschichte schafft; und eine Art, moralische Fragen zu behandeln, die über die Gegensätze von Gut und Böse hinausgeht.

Einige der beiläufigen Bemerkungen in den *Tagebüchern* sind denkwürdig. Über Emily Brontë: »Ein ganz klein wenig Ironie und diese Haushälterin mit ihren rechtschaffenen Übeltaten wäre eine Weltfigur.« Über Hermann Hesse: Er hat »die Schwächen eines größeren Mannes…, als ihm zukäme« (S. 316, 974).

Über Kultur und Politik kann er sich ätzend aphoristisch äußern: »Der Deutsche, er weiß nicht, was ihm lieber ist, Himmel oder Hölle. Aber die Aufgabe, eines von beiden zu organisieren, begeistert ihn. Und

wahrscheinlich ein wenig mehr noch die Durchbildung der Hölle.«
Nachdem Goebbels eine Anordnung erlassen hatte, die »destruktive
Kritik« verbot, schreibt Musil: »Da Kritik verboten muß ich mich in
Selbstkritik ergehen. Man wird sich nicht daran stoßen, da es doch in
Deutschland unbekannt ist« (S. 986, 921).

Auf einer bescheideneren Ebene enthalten die *Tagebücher* auch eine
Liste von Büchern, die er gelesen hat, verschlüsselte Notizen über sein
Sexleben mit Martha und Sorgen um seine Gesundheit. Musil war ein
starker Raucher. Rauchen war unpraktisch (er konnte deswegen nicht in
Büchereien arbeiten), aber er konnte es sich nicht abgewöhnen. »Ich be-
handle das Leben als etwas Unangenehmes, über das man durch Rauchen hinwegkommen kann!« (S. 917)

Ein unangenehmer Charakterzug von Musil offenbart sich in seinem
Neid auf den Erfolg von Schriftstellern, die er als ihm unterlegen
betrachtet, unter ihnen Franz Werfel, Stefan George und Stefan Zweig,
und in Anfällen von Beleidigtsein, wenn ihm nicht die Achtung zuteil
wird, die ihm seiner Meinung nach gebührt.

Der Bildhauer Fritz Wotruba, einer der wenigen Freunde Musils in
den letzten Jahren, äußerte sich über die Kluft zwischen Musils höf-
lichen Beziehungen zu gewissen Leuten in der Öffentlichkeit und den
scharfen Angriffen gegen sie in privaten Äußerungen. Der Ruhm von
Thomas Mann wurmte ihn besonders. Mann habe seine Ansprüche
heruntergeschraubt, um sich dem Niveau seiner Leser anzupassen, kommentiert Musil verächtlich in seinen *Tagebüchern*, während er, Musil,
für kommende Generationen schreibe.

Thomas Manns und Musils Pfade kreuzten sich kurz in der Schweiz,
wo Mann als großer Schriftsteller gefeiert und Musil ignoriert wurde.
Von der Schweiz aus ging Mann in die USA, wo er, so beschwerte sich
Musil, wenig für seine bedrängten europäischen Schriftstellerkollegen
tat. Die Wahrheit ist, dass Mann einen noblen Brief an den britischen
PEN Club schickte, in dem er vorschlug, dass der Club die Emigration
»unseres großen Collegen Robert Musil« finanziell unterstützen solle.
Ein anderer Zeitgenosse, den Musil in seinem Tagebuch herabsetzte,
Hermann Broch, fügte seine Stimme hinzu: »Robert Musil gehört zu
diesen absoluten Epikern von Weltformat.« Als Musil später hörte, was

Mann zu seinen Gunsten geschrieben hatte, musste er innehalten: Er war ungerecht gewesen, gestand er sich ein.[7]

Musil verhält sich natürlich inkonsequent, wenn er Mann verhöhnt, weil er sich dem Geschmack seiner Leser anpasst, während er dieselben Leser beschimpft, weil sie ihn, Musil, vernachlässigen. Manchmal erkennt Musil diese Inkonsequenz und versucht sich selbst zu überzeugen, dass sein Vergessensein in seiner »doppelten Verbannung« – aus seiner Heimat und aus der Aufmerksamkeit der Öffentlichkeit – ihm zum Vorteil gereiche. »Nun ist es ja Nahrung, daß mir Schlechtes widerfährt; nun bin ich es nicht in meiner Schwäche, sondern auch nach meiner Stärke, der sich selbst nirgends ganz hin, nirgends ganz fortgehören fühlt. Nun habe ich mich wieder und meine Art, der Welt zu begegnen.« Die Sicht auf die Welt, auf die er hier anspielt, ist natürlich eine ironische. »Ironie muß etwas Leidendes enthalten. (Sonst ist sie Besserwisserei)« (*Tagebücher*, S. 973).

VI

Musil hatte einen scharfen Sinn für seine Fähigkeiten. »[Ich besitze] eine intellektuelle Phantasie« (*Tagebücher*, S. 666). »Ich errate Vorgänge in mir und in anderen, die meist den Menschen entgehen« (*Tagebücher* II, S. 916). Genauso scharf sind seine Einblicke in die Schwächen seines Schaffens. Den in *Vereinigungen* zusammengefassten Novellen fehlt es an erzählerischer Spannung, sieht er im Rückblick. »Grigia«, die auf seinen Kriegserfahrungen basierende Erzählung in *Drei Frauen* tut er als »verunglückt« ab. *Der Mann ohne Eigenschaften* selbst ist überladen »mit Essayistischem, das zerfließt und nicht haften bleibt« (*Tagebücher*, S. 938, 816).

Es gibt lange Perioden, in denen er blockiert ist, nicht schreiben kann. Er wacht am Morgen auf in einem Zustand der »intellektuellen Verzweiflung«, der »Ohnmacht, gemischt mit einem fürchterlichen Abscheu …, wieder an die Sache heranzumüssen [d. h., den *Mann ohne Eigenschaften*].« Seine Bücher »haben nichts Appellatives«, und er kann in sich nicht die »Geste« entdecken, die gebraucht würde, um eine solche Anziehungskraft zu erzeugen. Ihm ist nach Aufgeben zumute. Trotzdem plagt er sich weiter im dumpfen Gefühl, dass sein Tun wichtig sein könnte.

Seine Selbsterkundungen könnten, weil sie in »einer Lebenskrisis« stattfinden – einer persönlichen und historischen Krise des Versagens –, dazu dienen, »Licht auf die Umzeit« zu werfen (S. 682, 926, 947).

Hin und wieder blickt er hoffnungsvoll nach vorn auf einen Tag, wenn seine mühevolle Arbeit am Roman beendet sein wird und er seinen Lebensunterhalt mit dem Schreiben von Essays leichter verdienen kann. Er spielt mit Essay-Titeln, macht Notizen, entwirft Abschnitte. Aber die Entwürfe lesen sich nicht gut – es ist, als sei sein Geist anderswo.

In den Einträgen der späten Jahre herrscht viel Düsternis. Die Libido schwindet, und er interpretiert das als »Unwille zu leben«. »Es fällt wie Schuppen von den Augen. Geliebte Wesen und Tätigkeiten siehst du erbarmungslos.« Ihm gefällt nicht, was er schreibt, aber er will es nicht ändern. »Ich bin mir völlig fremd und könnte mich kritisieren wie auch kommentieren« (S. 918, 754, 985).

VII

Als die Aussicht, den *Mann ohne Eigenschaften* zu vollenden, immer ferner zu rücken schien, spielte Musil mit der Idee, die Notizhefte als Grundlage eines neuen Vorhabens zu benutzen. »... ich müßte über diese Hefte schreiben«, sagt er sich und erfindet sogar einen Titel: *Die 40 Hefte* (S. 944).

Wie er es sich vorstellt, wird das neue Werk zwei Ziele haben: die Zukunft Deutschlands einschließlich seiner historischen Schuld anzusprechen; und das Wachsen seines eigenen Werkes zu erfassen, es »richtig hinzustellen« (Musil erläutert nicht näher, was er damit meint). Er sagt sich, dass es bestimmt nicht schwer sein wird, »soweit das ... in den jetzigen Problemkreis des MoE. [*Mann ohne Eigenschaften*] mündet«. Aber als er anfängt, den Plan genauer zu erkunden, verliert er den Mut. Hat er die Energie, sich auf eine »Rekonstruktion des schier unbegreiflichen Wegs« seiner eigenen Entwicklung einzulassen? (S. 951)

Doch das autobiographische Vorhaben lockt ihn. »Und diese Zeit verdient es, wie sie ist (nicht distanziert wie im MoE. [*Mann ohne Eigenschaften*], sondern:) aus der Nähe gesehen, wie ein Privatleben überliefert zu werden«, schreibt er 1937. »Wenn ich mein Leben aber als exemplarisch beschreibe, als ein Leben in dieser Zeit, das ich späteren Zeiten überliefern will, so läßt sich alles mit Ironie mildern und die erhobenen Einwände [nämlich dass man sich zu ernst nehme] fallen außerdem weg... Auch meine Gewissenserforschung, Betrachtung meiner Fehler u.ä. findet da seinen Platz als eine Wiedergabe der Zeit« (S. 891).

Musils Pläne, seine Notizhefte zu etwas anderem umzugestalten, wurden nie ausgeführt. Aber gerade *als* Textkonvolut, das periodisch und etwas wehmütig die vergebliche Hoffnung aufkommen lässt, ein selbständiges literarisches Werk zu werden, gewinnen die *Tagebücher* auf seltsame Weise ein eigenes Leben. In den späteren Abschnitten sind sie eigentlich das Eingeständnis eines großen Schriftstellers in dunklen Zeiten, dass er in einer Sackgasse gelandet ist und dass er nicht die Kraft hat, sich durch ein heroisches neues Vorhaben zu retten. Dennoch hat er die schwache Hoffnung, dass der Bericht von seinen Mühen in seiner ganzen Integrität, dass dieses Zeugnis von einer wahrhaftigen und erschöpfenden Beschäftigung mit der bedrängenden Zeit, in die er hineingeboren wurde, zu seinen Gunsten ausgelegt werden kann. Das verleiht den *Tagebüchern* eine historische Dimension, ja, ein gewisses Pathos, was Musil nicht eingeplant haben konnte und was sie zu einem bewegenden Dokument macht.

VIII

Die *Tagebücher* zu übersetzen kann keine leichte Aufgabe gewesen sein. Da Musil nur für sich schreibt, kommen Bemerkungen aus heiterem Himmel, ohne Kontext, manchmal in verdichteter oder verschlüsselter Form. Ihr Übersetzer Philip Payne bewältigt die Aufgabe bewundernswert. Er scheint intuitiv erfassen zu können, worauf Musil hinauswill, selbst wenn der große Zusammenhang unklar ist. Seine Fassung ist im Großen und Ganzen hervorragend. Die wenigen Fehler geschehen in unachtsamen Momenten. Einige Beispiele: Als Musil 1941 bemerkt, dass die katholische Kirche ihre »Religiosität« verloren habe, meint er, dass sie *without the spirit of religion* ist, nicht *without religiosity*, wie Payne formuliert. Musil äußert seine Bewunderung für ein Werk Dostojewskis, *Der Spieler*: Im Englischen ist der Roman als *The Gambler* bekannt, nicht *The Player*. Musil stellt sich vor, wie Stendhal und Balzac einander beschimpfen, Balzac nennt Stendhal einen Schreiberling, Stendhal nennt Balzac einen »Fex«. Payne übersetzt dieses umgangssprachliche österreichische Wort mit *gusher* (Schwärmer), aber Musil ist schärfer: ein Narr, ein exzentrischer Enthusiast (S. 491, 469, 491 in der englischen Übersetzung).

Obwohl die Notizhefte nie für eine Veröffentlichung überarbeitet wurden, ist Musils Schreiben so diszipliniert, seine Wortwahl so genau, dass ein Satz auf den anderen folgt mit einer Pointiertheit, die ganz natürlich erscheint. Hier und da gelingt es Payne nicht, diesen pointierten Stil einzufangen, obwohl er sinngemäß richtig übersetzt; oder – ein verwandter Mangel – er übersetzt die Wörter, ohne ihren Sinn wiederzugeben. Musil äußert zum Beispiel, dass er durch Geburt zu den »Klassendiktatoren« gehörte, wie peripher auch immer. Payne übersetzt mit »class dictators« (S. 439) – was bedeutet das? War *Klassendiktator* in den Dreißigerjahren ein Jargonwort? In solchen Momenten erwartet man, dass ein Übersetzer auch Interpret ist.

Gewisse editorische Entscheidungen sind ebenfalls fragwürdig. Die englischen *Diaries* bringen eine Auswahl der von Adolf Frisé herausgegebenen *Tagebücher*. Berechtigterweise stützt sich Payne in starkem Maße auf Frisés Anmerkungen, fügt hin und wieder etwas hinzu, kürzt aber viel mehr. Die Streichungen sind nicht immer klug. Zum Beispiel las Musil 1939 drei Artikel – einen über Freud, einen über Mathematik, einen über polnische Philosophie –, die ihn so beeindruckten, dass er sie in sein Notizheft heftete. Was waren das für Artikel? Frisé liefert nicht nur die bibliographischen Daten, sondern in zwei Fällen auch kurze Inhaltsangaben. Payne macht keine Angaben.

Zwischen April 1908 und August 1910, und noch einmal im Zeitraum 1926–28, gibt es keine Eintragungen. Wir wissen, dass 1970 zwei von Musils Notizheften gestohlen wurden. Stehen die Lücken für die verloren gegangenen Notizhefte? Eine kurze Erklärung wäre hilfreich gewesen. Am Ende des Bandes sind auf fünfzehn Seiten die Stellen bei Frisé aufgeführt, die Payne weggelassen hat. Diese Liste mag an und für sich wertvoll sein, doch es ist unwahrscheinlich, dass sie von Lesern benutzt wird, die nicht Deutsch lesen können. Ein Register wäre nützlicher, das gibt es jedoch nicht. Vier Fotos sind abgedruckt – drei von Musil mit sieben, zwanzig und zweiundzwanzig Jahren und eins von seiner Frau, ein Jahr bevor er sie kennen lernte; aus späterer Zeit gibt es nichts. Zusätzlich zu Paynes Vorwort, das knapp, informativ und kritisch klug ist, gibt es eine weitschweifige Einführung von Mark Mirsky, die viel von dem, was Payne schon gesagt hat, wiederholt. Insgesamt eine seltsame Zusammenstellung.

IX

Musils Aufstieg aus der Unbekanntheit der Kriegsjahre zu hohem Ansehen und sogar zu Größe begann in den 50er Jahren. In der englischsprachigen Welt waren seine wirkungsvollsten Förderer die Wissenschaftler und Übersetzer Ernst Kaiser und Eithne Wilkins, die ihn im *Times Literary Supplement* lobten als »den wichtigsten deutschsprachigen Romancier dieser Jahrhunderthälfte«, und ihre Behauptung mit einer Übersetzung von *Der Mann ohne Eigenschaften* (*The Man without Qualities*, drei Teile, 1953–60) bekräftigten. Das Buch wurde in Großbritannien gut aufgenommen, in den USA aber zunächst nicht: »a … bumbling mass of Teutonic metaphysics« (»viel teutonisch metaphysisches Geschwafel«), schrieb der Rezensent in der *New Republic*.[8]

Das in Martha Musils Händen verbliebene Material umfasste ungefähr zehntausend Manuskriptseiten. (Dieser *Nachlass* ist jetzt auf CD-ROM erhältlich. Somit kann sich paradoxerweise sogar ein wissenschaftlicher Anfänger in Musils Labyrinth mit einer Leichtigkeit zurechtfinden, wie das für Musil selbst, trotz seines ausgeklügelten Verweissystems, nie möglich gewesen war.) Die wissenschaftliche Aufarbeitung begann 1951; die ersten Früchte in Deutsch waren eine von Frisé besorgte

Ausgabe des *Mannes ohne Eigenschaften*, die aus den Textteilen, die Musil mehr oder weniger vollendet hatte, und dazu einigen ergänzenden Entwürfen bestand. Dann brach ein Wortkrieg aus über die Frage, ob Frisé befugt war, den einen von Musils möglichen Romanschlüssen (fleischliche Vereinigung von Ulrich mit seiner Schwester Agathe) dem anderen (mystische Vereinigung der beiden) vorzuziehen. Die vierbändigen *Gesammelten Werke* von 1978 präsentieren Frisés Kompromiss. Die entworfene Fortsetzung wird nicht mehr in eindeutiger Form geliefert. Stattdessen haben wir zunächst die von Musil fertig gestellten und genehmigten Kapitel; dann diejenigen Kapitel, an denen er bis zu seinem Tod gearbeitet hatte (oft mit Varianten); und zum Schluss eine Auswahl aus dem restlichen Material.

In der neuen Übersetzung des *Mannes ohne Eigenschaften* (Knopf 1995) wird der zweite Band mit etwa sechshundert klein gedruckten Seiten aus Frisés ergänzendem Material angereichert. Dieses nützliche neue Arrangement verdanken wir Burton Pike, Herausgeber der Ausgabe bei Knopf und vielleicht der beste Übersetzer, den Musil bisher gehabt hat. Der Hauptteil des Romans, bestehend aus den von Musil autorisierten Kapiteln, wurde von Sophie Wilkins übersetzt, vorher Übersetzerin von Thomas Bernhard und nicht mit Eithne Wilkins zu verwechseln. Von Sophie Wilkins war bekannt, dass sie im Voraus die ältere Kaiser/Wilkins-Übersetzung wegen ihrer »Fehler und Missverständnisse« und wegen ihrer britischen Sprachfärbung kritisiert hatte.[9] Ihre Übersetzung korrigiert die alten Fehler, führt aber neue ein; sie benutzt eine modernere Sprache mit dem Ergebnis einer gewissen stilistischen Fadheit. Der vielleicht am häufigsten zitierte Satz des Buches – »wenn die Menschheit als Ganzes träumen könnte, müsste Moosbrugger entstehn« (*MoE*, S. 95) –, der in der Kaiser/Wilkins-Übersetzung lautete: »If mankind could dream collectively, it would dream Moosbrugger«, kommt in der neuen Fassung bleiern daher: »If mankind could dream as a whole, that dream would be Moosbrugger« (*MWQ*, Band 1, S. 77).

Musil hat seinen riesigen Roman nicht zu Ende geschrieben und hätte es vielleicht auch nicht gekonnt. Sogar nach seiner inneren Logik beurteilt, ist er weit entfernt von Vollendung. Es sind Handlungselemente eingebaut, für die nicht abzusehen ist, was dabei herauskommt, selbst in den Entwürfen nicht (man denke an die Folgen, die Agathes Fälschung des väterlichen Testaments für sie hat); wichtige Entscheidungen stehen noch aus, die Musil offenbar hinausschiebt (ob Ulrich zum Beispiel ein Verhältnis mit Clarisse haben soll). Und was noch schwerer wiegt: Man muss bezweifeln, dass der von Musil geschaffene Rahmen die ständig wachsende Last der Zeitgeschichte wie beabsichtigt tragen kann.

Musils Notizen zeigen, dass ihn sogar in den Zwanzigerjahren die Frage beschäftigte, warum er damit angefangen hatte, einen so entschieden von der Vorkriegszeit geprägten Roman zu schreiben. Er scheint jedoch zuversichtlich gewesen zu sein, dass sein Konzept wandlungsfähig genug war, um zumindest als Vorahnung auch die Realität des Nachkriegseuropa anzudeuten. (Hierbei schien sich Musil stark auf die Figur Moosbruggers verlassen zu wollen, des psychopathischen Lustmörders, der die gewalttätig selbstbefreierischen Impulse der von den Bedingungen des modernen Lebens verstörten Menschen verkörpern sollte – Impulse, die zu gegebener Zeit von den faschistischen Bewegungen ausgenutzt werden würden. Moosbrugger ist eine Randfigur in dem uns vorliegenden Text, doch er spielt eine wichtige Rolle in den Entwürfen.)

Musils Entscheidung im Jahre 1938, die letzten zwanzig Kapitel in letzter Minute, als sie schon in der Druckerei waren, zurückzuziehen, erscheint immer mehr als richtig. Diese Kapitel bestehen im Wesentlichen aus einer Darlegung von Ulrichs Theorie der Gefühle; es sind die letzten Kapitel, die das Imprimatur ihres Autors bekommen hatten, oder fast bekommen hätten. Man hat ihre lyrische Qualität gelobt, aber diese lyrische Qualität wirkt nun etwas zu luftig, und der ganzen Sequenz fehlt die Schärfe der Beobachtung, die Musils Prosa in ihrer Hochform auszeichnet.

Nicht nur der Stil ist problematisch, sondern auch die Hauptfigur Ulrich. Der übergreifende Plan des Romans besteht darin, zwei in entgegengesetzte Richtungen laufende Handlungslinien voranzutreiben: Während ein geistig bankrottes Österreich seine letzten Tage inszenieren darf, will Ulrich mit und durch seine Schwester einen mystisch-erotischen Rückzug aus der Gesellschaft herbeiführen. »Aber um einer Welt willen, die noch kommen kann, soll man sich rein halten«, sagt er zur Selbstrechtfertigung (*MoE*, Band 2, S. 375). Aber im Kontext eines fiktionalen Europa von 1914, das zunehmend aufgefordert war, auf einer symbolischen Ebene die Last des Europa von 1938/39 mit zu tragen, musste Ulrichs Rückzug – und hier sei eingeräumt, dass die Tagebücher kein unterstützendes Eingeständnis von Seiten Musils liefern – als immer weniger angemessene oder sogar angebrachte Geste erscheinen. Die ethische und die politische Seite des Romans entfernten sich voneinander. Die Lektüre des *Mannes ohne Eigenschaften* wird immer unbefriedigend bleiben. In der von Frisé oder von Pike angebotenen Editionsform langen wir bei der letzten der rund 1700 Seiten im Zustand der Verwirrung oder sogar Enttäuschung an. Aber wenn man den Reichtum von Musils Entwürfen bedenkt, wenn man ebenso die Krise der europäischen Kultur bedenkt, die er aufzuzeichnen versuchte, nicht nur im *Mann ohne Eigenschaften*, sondern auch in den gleichzeitig verfassten *Tagebüchern*, dann ist ein Zuviel einem Zuwenig vorzuziehen.

Erasmus: Wahnsinn und Rivalität (1992)

I. Partei ergreifen

Obwohl Desiderius Erasmus zuerst als Kritiker der weltlichen Gesinnung des Klerus bekannt geworden war, fiel es ihm schwer, Partei für die radikalen Lutheraner in ihrem Streit mit dem Papsttum zu ergreifen. Er sympathisierte mit vielen Reformidealen, war aber dennoch beunruhigt von der Intoleranz und Starrheit der konkreten Reformbewegung; im Allgemeinen versuchte er, sich mit seiner Kritik an der Kirche von der Luthers abzugrenzen. Dass er in die Rivalität zwischen dem Papst und Luther so stark hineingezogen wurde, war von seiner Seite aus ungewollt. Er persönlich fand Streit unerfreulich (was nicht sagen will, dass sein Zögern, Partei zu ergreifen, nur eine Temperamentsfrage war: Es war auch zutiefst politisch). Als der Papst ihn drängte, Luthers ketzerische Lehren zu verurteilen, antwortete er: »Ich würde lieber sterben als mich einer Partei anschließen.« Ihm erschien der Reformstreit in seinem Fanatismus als aberwitzig. Seiner Ansicht nach machte die eskalierende Gewalt die beiden rivalisierenden Seiten einander immer ähnlicher, auch wenn sie immer lauter ihre Verschiedenheit beteuerten. »Es ist eigenartig zu beobachten, wie die beiden Fraktionen einander anstacheln, als hätten sie eine geheime Absprache getroffen«, schreibt er. Aber weil er sich weigerte, Partei zu ergreifen (man sollte sich hier vergegenwärtigen, dass Partei ergreifen nicht immer bedeutet, einen Verbündeten zu wählen: Manchmal bedeutet es, sich einen Feind zu wählen), und weil er eine Position für sich beanspruchte, von der aus er den Konflikt beurteilen (oder, wie er es sah, in ihm vermitteln) konnte, erreichte er nur, dass er sich die Feindschaft beider Fraktionen zuzog. Am Ende seines Lebens war er isoliert und von Gegnern umgeben. »König der Amphibien«, nannte ihn Luther; »Der König des *aber*«, heißt er bei Georges Duhamel.[1]

Es wäre weit hergeholt, wenn man in *Das Lob der Torheit*, geschrieben während eines Englandbesuchs im Jahre 1509, eine Vorahnung der Krise hineinlesen wollte, die ein Jahrzehnt später eintreten sollte. Dennoch probt Erasmus im Monolog der Torheit eine alte politische Rolle: die des Narren, der das Recht für sich beansprucht, jedermann straflos zu kritisieren, da sein Wahnsinn ihn als nicht vollwertige Person und daher als unpolitisches Wesen ohne politische Begierden und Bestrebungen kennzeichnet. *Das Lob der Torheit* entwirft deshalb für den Kritiker der von Rivalität geprägten politischen Szene eine mögliche Position, die den rivalisierenden Kräften gegenüber nicht einfach unparteiisch ist, sondern nach ihrem Selbstverständnis gar nicht auf der Bühne der Rivalität erscheint, eine *Nicht*-Position. Eine Position dieser problematischen Art versuchte Erasmus selbst später zwischen dem Papst und Luther einzunehmen, mit eklatantem Misserfolg.

Auf dem Gebiet des politischen Handelns ist solchen äußerst raffinierten Manövern selten ein Erfolg beschieden: Die Freiheit, beide Seiten zu kritisieren und nicht mit Repressalien rechnen zu müssen, bringt dem Spaßmacher einen solchen Machtvorteil, dass sich die Rivalen üblicherweise verbünden, um ihn auszuschalten, bevor sie ihren Streit wieder aufnehmen. Die List, das Narrenprivileg zu beanspruchen, indem man Wahnsinn vortäuscht, ist an sich also nicht neu. *Das Lob der Torheit* ist jedoch mehr als eine listige Verteidigung der neutralen, wahnsinnigen-aber-in-Wirklichkeit-nicht-wahnsinnigen Position gegen parteiische, rivalisierende Positionen – es ist auch ein höchst selbstkritisches Nachdenken über die Grenzen eines jeden Vorhabens, im Namen des Wahnsinns zu sprechen.

In der Interpretation von *Das Lob der Torheit*, die in Abschnitt 4 folgt, konzentriere ich mich auf Erasmus' Analyse, die sich, getarnt als eine Art Spaßmacherei, Wahnsinn nennt und die ich Ironie zu nennen zögere, eine Analyse des Problems, eine Position im-und-doch-nicht-im politischen Spiel der Kräfte zu finden oder zu schaffen, eine Position, die nicht schon vom Spiel selbst vorgegeben, definiert, begrenzt und sanktioniert ist. Die Form dieser Analyse tritt besonders deutlich hervor, wenn wir *Das Lob der Torheit* im Licht zweier Vorhaben unserer Zeit lesen, Vorhaben, die in ihrem Umfang und ihrer politischen Tragweite miteinander vergleichbar sind. Das eine Vorhaben ist das von Michel Foucault: dem Wahnsinn als einer Gegenstimme zur Stimme der Vernunft wieder Gewicht zu verleihen. Das andere ist das von Jacques Lacan: sich eine Wissenschaft vorzustellen, in der das Unbewusste wirklich zu Wort kommt. Diese Vorhaben werden in Abschnitt 2 umrissen.

Erasmus zeigt die größte Scharfsichtigkeit, wenn er das Kräftespiel der Rivalität aufdeckt, und seine Torheit ist am schlauesten und geschicktesten, wenn sie deren gewalttätige Gebote umgeht. In unserer Zeit hat René Girard die Wechselfälle der Rivalität am ausführlichsten beschrieben. Daher werde ich Erasmus auch im Zusammenhang mit Girards Vorhaben interpretieren, dem Phänomen Rivalität eine anthropologische, transhistorische Dimension zu verleihen (vorgestellt in Abschnitt 3). Es liegt mir fern, Erasmus anachronistisch zu einem Jünger Girards oder Foucaults zu machen, und noch ferner, Girard oder Foucault oder Lacan in eine vermeintliche Erasmus-Schule zu pressen. Seiner Etymologie nach hat *Theorie* etwas mit Sehen zu tun. Wenn ich Erasmus»im Licht« der Theorien unserer Zeit lese, dann möchte ich einfach gewisse Grundzüge im *Lob der Torheit* sichtbar machen und ins Blickfeld rücken, die bisher möglicherweise verborgen geblieben sind.

II. Die Denunziation des Wahnsinns denunzieren

In den 6oer Jahren des 20. Jahrhunderts griff man die psychiatrische Anstalt im Namen des Wahnsinns und der Rechte des Wahnsinns von verschiedenen Seiten her an. Unter den Anführern dieses Angriffs waren R. D. Laing, Thomas Szasz und Michel Foucault. Da von den dreien nur Foucault seine Kritik an der Nervenheilanstalt in einen historischen und philosophischen Kontext stellt, beschränke ich meine Kommentare auf ihn.

Bei der Foucault'schen Kritik daran, dass im nach-kartesischen Europa die Vernunft auf Kosten des Wahnsinns bevorzugt und der Wahnsinn zum Verstummen gebracht und aus dem Gemeinwesen ausgeschlossen wurde, geht es im Wesentlichen darum, dass dieses Vorgehen eine Strategie darstellt, die sich selbst nicht kennt und daher nach ihrer eigenen Terminologie wahnsinnig ist. Sie kennt sich insofern selbst nicht, als sie behauptet, sich auf volle Selbsterkenntnis zu gründen, auf die Kenntnis ihrer selbst als der Stimme der transzendenten Vernunft, während sie doch nur die Stimme einer bestimmten Macht ist.

Foucault denunziert deshalb die Denunziation des Wahnsinns durch die Vernunft im Namen einer umfassenderen Selbsterkenntnis, als sie der Vernunft möglich ist. Foucault versucht, die Opposition von Vernunft und Wahnsinn als rein politische Opposition aufzuzeigen, das heißt eine Opposition von Rivalen auf derselben Ebene, von denen der eine den anderen unterdrückt und zum Schweigen gebracht hat.

Über Foucaults Vorhaben »der Archäologie dieses Schweigens« [des Wahnsinns][2], schrieb Jacques Derrida 1963 Folgendes:

Foucault hat eine Geschichte des Wahnsinns *selbst* schreiben wollen ... das heißt, von seinem eigenen Augenblick, von seiner eigenen Instanz ausgehend und nicht in der Sprache der Vernunft, in der Sprache der Psychiatrie *über* den Wahnsinn ...

Es handelt sich also darum, der Falle oder der Naivität zu entgehen, die beide objektivistisch wären und darin bestünden, in der Sprache der klassischen Vernunft ... eine Geschichte des ungebändigten Wahnsinns zu schreiben ... Der Wille, dieser Falle zu entgehen, besteht bei Foucault fortwährend. Er ist das Kühnste und Bestechendste an diesem Versuch ... Es ist aber auch das *Wahnsinnigste* an seinem Vorhaben.«[3]

Foucault wusste durchaus um die paradoxe Natur seines Vorhabens. Im Vorwort der französischen Originalausgabe von *Wahnsinn und Gesellschaft* schrieb er: »Die Wahrnehmung, die [die Worte des Wahnsinns] im ungebändigten Zustand zu erfassen versucht, gehört notwendig zu einer Welt, die sie bereits in den Griff genommen hat.«[4] Aber was genau findet Derrida an dem Projekt »wahnsinnig«?

»Wird die Archäologie des Schweigens nicht der wirksamste, subtilste Wiederbeginn, die *Wiederholung (répétition)* ... des gegen den Wahnsinn vorgenommenen Aktes sein, und dies in genau dem Augenblick, in dem er denunziert wird? Wobei wir nicht zählen, daß alle die *Zeichen*, durch die hindurch sich Foucault den Ursprung dieses Schweigens und jenes abgeschnittenen Wortes, all dessen aufweisen läßt, was aus dem Wahnsinn jenes unterbrochene und verbotene, abgeblockte Sprechen gemacht hätte, daß alle jene Zeichen, alle jene Dokumente ausnahmslos der juristischen Zone des Verbots entnommen sind.« (*SD*, S. 59)

Derridas Kritik ist also zweigleisig: (a) Der Diskurs der Foucault'schen Archäologie gehört zur Vernunft und kann nirgends sonst hingehören; (b) Foucault geht bei seiner Untersuchung so vor, dass er die historischen Dokumente, in denen der Wahnsinn denunziert wird – weitgehend (Derrida meint »ausnahmslos«) juristische Dokumente –, neu studiert: Der Wahnsinn, der für sich selbst spricht, bleibt ungehört.

»*Nichts* in dieser Sprache [der Sprache der Vernunft] und *niemand* unter denen, die sie sprechen, kann der historischen Schuld entgehen, ... der Foucault den Prozeß machen zu wollen scheint. Aber das ist vielleicht ein unmöglicher Prozeß, denn die Klageerhebung und das Verdikt wiederholen unaufhörlich das Verbrechen durch die einfache Tatsache ihres Vortrags.« (*SD*, S. 60)

Und Derrida beschließt den allgemeinen Abschnitt seiner Kritik an *Wahnsinn und Gesellschaft* wie folgt:

»Das Unglück der Irren ... ist, daß ihre besten Sprecher diejenigen sind, die sie am besten verraten. Wenn man ihr Schweigen *selbst* aussagen will, ist man bereits zum Feind und auf die Seite der Ordnung übergetreten.« (*SD*, S. 60–61)

Der Rest der Kritik wird zum großen Teil darauf verwandt zu demonstrieren, dass die Beziehung der gegenseitigen Ausgrenzung, die zwischen Vernunftdiskurs und Wahnsinn herrscht, keinen genau bestimmbaren historischen Ursprung hat – z. B. bei Descartes –, sondern stattdessen selbst die Aufgabe hat, die Ökonomie des Diskurses zu definieren. Mit den Worten von Shoshana Felman – deren Kommentar ich mich anschließe:

»Schon der Status der Sprache ist der eines Bruchs mit dem Wahnsinn ... In Bezug auf den »Wahnsinn selbst« ist die Sprache immer *irgendwo anders*. Die Schwierigkeit von Foucaults Aufgabe ist daher nicht zufällig, sondern grundlegend. Die Ausgrenzung des Wahnsinns ist bei weitem kein historischer Zufall, sie ist die allgemeine Bedingung und die bestimmende Grundlage des ganzen Sprachunternehmens.«[5]

In seiner Antwort auf Derrida aus dem Jahre 1972 gesteht Foucault ein, dass der Philosoph, der in den Wahnsinn *innerhalb* des Denkens eindringen will, das nur als fiktionales Vorhaben tun kann (*WM*, S. 48–49). Doch dann stellt sich die Frage: Würde eine solche Fiktion noch zum Bereich der Philosophie gehören? Felman sagt dazu:

»Wenn man wie Foucault behauptet, dass das wahnsinnige Subjekt seinen Platz in seiner Fiktion nicht selbst bestimmen kann, dass es *innerhalb* der Literatur nicht mehr weiß, wo es sich befindet, sagt man damit eigentlich, dass sich die Fiktion vielleicht nicht ganz »*innerhalb* des Denkens« befindet, dass Literatur nicht richtig *in* die Philosophie hineingehört, das heißt, für sich selbst und gleichzeitig *für* die Philosophie gegenwärtig ist: Dass die Fiktion nicht immer da ist, wo wir denken oder wo sie denkt, dass sie ist ... Im Spiel der Kräfte, das dem Verhältnis von Philosophie und Fiktion, Literatur und Wahnsinn zugrunde liegt, ist das entscheidende Problem der *Platz* des Subjekts, seine *Position* in Hinblick auf die Wahnvorstellung. Und die Position des Subjekts wird weder von dem bestimmt, *was* es sagt, noch *worüber* es spricht, sondern von dem – ihm unbekannten – Platz, *von dem aus* es spricht.« (WM, S. 50)

Ein Ergebnis der Kampagne zur Befreiung des Wahnsinns ist somit, dass die Positionen von Wahnsinn und Dichtung (oder Schrift) umgekehrt werden: Während die Dichtung vorher innerhalb der Kultur gewesen war und der Wahnsinn außerhalb, wird nun der Wahnsinn innerhalb der Kultur begrüßt, und die Dichtung nimmt den Platz des Unausgesprochenen, des Unterdrückten ein. Aber was zählt in diesem Fall mehr:

das, was die Außenseiterposition einnimmt – Dichtung oder Wahnsinn – oder die Position selbst? Derrida bemerkt dazu:

»Alles verläuft so, als *wisse* Foucault, was »Wahnsinn« bedeute. … Tatsächlich könnte man zeigen, daß in der Absicht Foucaults, wenn nicht im historischen Denken, das er untersucht, der Begriff des Wahnsinns alles überdeckt, was man unter dem Titel der *Negativität* unterbringen kann.« (*SD*, S. 69)

Drinnen und Draußen bilden eine Ökonomie, aber eine ganz besondere Ökonomie. Denn die Position außerhalb des Drinnen, die Position, der Derrida den Gattungsnamen Negativität gibt, kann nicht wissentlich, also nicht von der Vernunft eingenommen werden. Philosophieren bedeutete früher einmal, von Drinnen zu sprechen, nachdem man den Wahnsinn ausgeschlossen und vergessen hatte (und daher sich selbst vergessen hatte). Heute jedoch bedeutet Philosophieren, »im Schrecken, aber im *eingestandenen* Schrecken, wahnsinnig zu sein« zu philosophieren. Das Draußen ist heute ein immer präsenter Schatten am Rande des Bewusstseins, ein Halbschatten. Aber selbst diese Verlagerung verändert das Wesen der Ökonomie von Drinnen und Draußen nicht. Während die Artikulation der Existenz des Schattens tatsächlich offenbart, was vorher nicht offenbar war, bleibt diese Artikulation eine Form des Schutzes: Im Augenblick der Enthüllung setzt auch das Vergessen ein; und deshalb schafft oder gestattet sie auch eine Ökonomie, genauso wie das Errichten von Barrieren gegen den Wahnsinn früher eine Ökonomie geschaffen hatte (*SD*, S. 100).

Welche Art von Wissen ist von einer Position draußen zugänglich, einer Position, die sich selbst nicht kennt? Felman formuliert das um zu einer Frage in Bezug auf das Unbewusste: Auf welche Art von Wissen kann das Subjekt mit Hilfe der Psychoanalyse des Unbewussten hoffen? Ihre Antwort: »Ein Wissen, das das Wissen, dass man weiß, nicht zulässt« (*WM*, p. 121).

Das ist kein der Vernunft zugängliches Wissen. In der klassischen Psychoanalyse kann es nur durch Träume, Versprecher, Witze erlangt werden – anders gesagt, durch Fehler. Kann die Psychoanalyse dann etwas anderes sein als eine Theorie der Fehler? Wenn das aber so ist, von welcher Position aus kann eine Theorie der Fehler konstruiert werden, die

selbst nicht falsch ist? Wenn man eine Theorie der Fehler fordert, verfällt man gewiss in dasselbe Paradox wie Foucault, wenn er das Schweigen des Wahnsinns von der Position der Vernunft her ausspricht. Wie es
nicht möglich ist, den Wahnsinn auszusprechen, so sollte es auch nicht
möglich sein, das Unbewusste auszusprechen, ohne es und sich zu verraten – »nicht möglich, sich von der grundlegenden Täuschungsfunk-
tion [des Unbewussten] zu befreien, um das absolute Gesetz der Täuschung zu formulieren, ohne sich selbst zu täuschen« (*WM*, S. 124).

Lacans Reaktion auf diese Unmöglichkeit ist, den Knoten durchzu-
hauen, indem er – wenigstens für den Moment – den Abstand aufhebt
zwischen dem Subjekt, das ungehört von außerhalb des Drinnen
spricht, und dem Subjekt, das für ihn, Lacan oder »Lacan«, in seinem
Namen, von innen spricht – indem er sozusagen den Abstand zwischen
dem schweigenden Wahnsinnigen und dem Archäologen seines Schweigens aufhebt. »Merke dir wenigstens, was dieser Text … bezeugt: Mein
Unterfangen geht nicht über die Tat hinaus, bei der es ertappt wird, und
deshalb liegt seine einzige Chance in seinem Irrtum – in seinem Missver-
ständnis *(méprise)*.«[6]

Lacan gibt dann die Position des »Subjekts, dem Wissen unterstellt
wird« *[le sujet supposé savoir]*, auf, in der Hoffnung, sich in der Position
des Wissens zu befinden, eines Wissens, dem ein Subjekt unterstellt
wird *[le savoir supposé sujet]*. Das Letztere schlägt er als eine Formel vor,
die *das Schreiben* definiert. Felman bemerkt dazu:

»[Diese Formel] legt nahe, dass es beim Schreiben um eine Umkehrung, eine Subversion von subjektivem Wissen geht [d. h. von jenem
Wissen, das glaubt, es kenne sich selbst], eine Subversion des Selbst
und seiner Selbsterkenntnis. Schreibwissen … ist praktisch nichts anderes als das Textwissen darüber, was die Signifikanten im Text [und
nicht die Signifikate] miteinander verbindet: *Wissen*, dessen sich das
Subjekt *nicht bewusst* ist, durch das sich jedoch das Subjekt als dasjenige darstellt, das *weiß, wie es* – mithilfe der Signifikanten – seiner
eigenen Präsenz *entgeht*.« (WM, S. 132)

Und sie zitiert dann im Folgenden aus einem Seminar von Lacan:

»Wie Platon gezeigt hat …, ist es überhaupt nicht notwendig, dass der
Dichter weiß, was er tut, es ist eigentlich besser, wenn er es nicht

weiß. Das verleiht seinem Tun einen ursprünglichen Wert. Wir können uns nur davor verneigen ... Freud hat stets die Interpretation der Kunst zurückgewiesen; was man die »Psychoanalyse der Kunst« nennt, muss sogar noch mehr gemieden werden als die berühmte »Psychologie der Kunst«, die selbst eine wahnsinnige Vorstellung ist.« (*WM*, S. 133)

Natürlich bedeutet es nicht bei jeder Dichtung (oder in Lacans Fassung, jedem Schreiben) einen Verrat, wenn man ihr (ihm) die Stimme des philosophischen Diskurses leiht – nur bei jener Dichtung, deren Eigenart verloren geht, wenn die Philosophie sie ausspricht. Auch ist nicht alles Dichtung, was im Namen der Vernunft nach draußen verbannt wird. Hier ist der *locus classicus* jener Verbannung in Platons *Der Staat*:

»... du ... darfst dabei aber nicht vergessen, daß von Dichtkunst einzig nur Hymnen auf die Götter und Lobgesänge auf die tüchtigen Männer in unseren Staat aufgenommen werden dürfen. Wenn du dagegen jene sentimentale Poesie, sei es in dramatischen Chören oder in epischen Gesängen, aufnimmst, so wird nur die Empfindung von Lust und Unlust in dem Staate das Szepter führen, statt des herkömmlichen Gesetzes *[anti nomou]* und statt dessen, was allgemein zu allen Zeiten als das Beste gegolten hat: statt der Vernunft *[logou]*!

Ja, sagte er, sehr wahr!

So weit, sagte ich, unsere Rechtfertigung in Betreff unserer abermaligen Erinnerung über die Nachahmungspoesie, daß wir sie früher wegen ihrer erwähnten heillosen Untugenden mit Fug und Recht aus dem Staate verbannten; denn das objektive Sittengesetz der Vernunft leitet unsere Überzeugung.«[7]

Aber der Platon des *Staats* ist nicht der einzige Platon, auf den sich Lacan bezieht. Lacan spricht auch für den Platon, der den Zustand des Wahnsinns anerkennt, in dem Dichtung verfasst wird. Es ist nicht nötig, sagt er (in Anlehnung an Platon), dass der Dichter weiß, was er tut. Es ist eigentlich besser, wenn er es nicht weiß – das verleiht seinem Tun einen ursprünglichen Wert. Sind Lacans zwei Platons dann miteinander vereinbar? Wenn der erste Platon von der Position des Subjekts aus spricht, das nicht weiß – von welcher anderen Position aus als von der des Subjekts, dem Wissen unterstellt wird, spricht dann der zweite Platon – eine Position, die Lacan mit eigenen Worten wiederholt? Für den zweiten Platon ist Dichtung wünschenswert-obwohl-unerwünscht; und trotz der Geste Lacans, die Dichtung *nicht* einzugliedern und sie dadurch zu verraten, dass ihr der Segen der Vernunft, des Wünschenswerten, zuteil wird (»Wir können uns nur davor verneigen«), schweigt er davor genauso wenig, wie Foucault vor dem Wahnsinn schweigt: Er *spricht* die Stille *aus*, die er behauptet.

III. Mimetische Gewalt

Wenn Foucault dem Wahnsinn eine Stimme leiht, tut er das natürlich nicht vor dem Gericht, das den Wahnsinn zuerst ausgegrenzt hat. Das Vorhaben von *Wahnsinn und Gesellschaft* ist es, die Vernunft des Zeitalters der Vernunft als bloße Macht zu enthüllen, die sich hinter einem bestimmten Diskurs verbirgt, und somit (der universellen Vernunft) die angemaßte Befugnis abzusprechen, mit der sie über den Wahnsinn zu Gericht zu sitzen beansprucht. In der Interpretation Foucaults durch René Girard gehört Foucault einem Zeitalter an, in dem das Gesetz sein Geheimnis verloren hat; er versucht, den Tod des Gesetzes wettzumachen, sagt Girard, indem er den Leichnam durch eine unfassbare, allgegenwärtige und allwissende Macht ersetzt.[8] Aber wir können, ohne Girards Metaphorik zu verlassen, Foucault und Erasmus in nähere Verbindung bringen, indem wir sagen, dass Foucault in *Wahnsinn und Gesellschaft* den Wahnsinn politisch sieht – indem er Vernunft und Wahnsinn auf den Status von miteinander kämpfenden Zwillingen reduziert. Aus dieser Perspektive glaubt jeder Zwilling den anderen im Besitz eines überwältigenden Prestiges (das sich vielleicht nicht von der Macht unterscheidet, die Foucault laut Girard hypostasiert), das er selbst um jeden Preis haben muss. Das wiederum hilft uns vielleicht zu erkennen, warum die Aktionen der Vernunft mehr und mehr wie Wahnsinn aussehen, wie auch der Wahnsinn, und besonders der paranoide Wahn, wie ein Überschuss an Vernunft aussieht: weil eins das andere nachahmt.[9]

Ich möchte hier kurz das Girard'sche Schema der mimetischen Gewalt schildern. (Da die folgende Skizze bestimmte Merkmale von Girards Denken betont, die für meine Erasmus-Interpretation wichtig sind, verleiht sie dem Girard'schen Text-Korpus eine gewisse Ausrichtung wie auch einen Grad der Einheitlichkeit, die es nicht besitzt.)

In einer Reihe von Büchern und Essays, die bis zum Jahr 1961 zurückreichen, hat Girard eine apokalyptische Anthropologie entwickelt, die nichts Geringeres leisten sollte, als die Ursprünge der Religion zu ergründen, den Konflikt in der Geschichte zu erklären und das Schicksal der Menschheit vorauszusagen. Sein System gründet sich auf eine Darstellung des menschlichen Begehrens, die nicht auf Freud zurückgeht, sondern auf Sartre und vor Sartre auf Hegel, so wie Alexandre Kojève Hegel interpretiert.[10] Begehren schließt nicht nur ein begehrendes Subjekt und ein begehrtes Objekt ein: Das Objekt erhält seinen begehrenswerten Status durch den vermittelnden Blick eines Anderen, dessen Begehren als Modell für die Nachahmung des Subjekts dient. Die deutlichsten Beispiele für ein solches mimetisches Begehren findet man in Romanen: Quijotes Begierden zum Beispiel werden durch Amadis von Gallien vermittelt, Emma Bovarys durch Heroinen romantischer Romane (*FB*, S. 91–93).

Das Begehren kennt sich also selbst nicht. Es entspringt einem Mangel. Dem begehrenden Subjekt fehlt, und es begehrt letztlich, ein erfülltes Sein. Das Modell wird zum Modell genommen, weil es offenbar mit einem höheren Sein begnadet ist. Die Begierden des Modells nachzuahmen ist eine Möglichkeit, Seinsfülle zu gewinnen (*HG*, S. 215).

Weil die Begierden des Subjekts und des Modells erklärtermaßen übereinstimmen, wohnt dem nachahmenden Begehren von Anfang an Rivalität um das Objekt inne. Es ist jedoch nicht im Interesse des Modells, diese innewohnende Widersprüchlichkeit öffentlich zu machen – nämlich die Widersprüchlichkeit, dass der Befehl »Imitiere mich!« ausnahmslos vom parallelen Befehl »Imitiere mich nicht!«, begleitet wird (*HG*, S. 216–17).

Das Modell wird zum Rivalen, der Rivale wird zum Hindernis. Es wird eigentlich eine sich aufschraubende Dynamik in Gang gesetzt: Je mehr sich das Modell zum Hindernis wandelt, desto mehr neigt das

Begehren dazu, das Hindernis zum Modell umzuwandeln (*DBB*, S. 39). Vorzugsweise wegen dieser Dynamik und weniger, weil die im Spiel befindlichen Begierden so mächtig sind, wird das Aufeinandertreffen der Begierden eskalieren und in Gewalt münden. Das Begehren ist mimetisch – das soll heißen, es sucht sich Modelle. Wenn es einmal entfesselt ist, kann es deshalb nur zu einer »Suche nach dem unüberwindlichen Hindernis und nötigenfalls zur Erschaffung desselben« werden. Wenn ein solches Hindernis nicht zur Verfügung steht, »kann die Unterschiedslosigkeit selbst zum unbesiegbarsten Hindernis umgewandelt werden« (*DBB*, S. 73). Daher führt eher der Verlust des Unterschieds als der Unterschied selbst zum Konflikt. Primitive Religionen und die klassische Tragödie wussten das.

»Ordnung, Frieden und Fruchtbarkeit gründen auf kulturellen Unterschieden. Nicht die Unterschiede, sondern deren Verlust bewirken die wahnwitzige Rivalität, den Kampf bis aufs Messer, den sich Angehörige der gleichen Familie, der gleichen Gesellschaft liefern.« (*HG*, S. 78)

Aus dem Verlust des Unterschieds entsteht Rivalität. Wenn die Rivalität erst einmal zu wachsen anfängt, »möchte jeder [der Rivalen] den anderen daran hindern, die unwiderstehliche Gewalt zu verkörpern, die er selbst verkörpern möchte« (*TH*, S. 304–5). Rivalen, die um weiter nichts kämpfen als um das unfassbare Prestige oder *den kydos* (den Girard nach Benveniste als »Talisman der Überlegenheit« definiert [HG, S. 223]), kämpfen im tiefsten Sinn um nichts. Denn *kydos* zu besitzen heißt von ihm besessen sein, überzeugt sein, dass die eigene Gewalt unwiderstehlich ist: Für den Rivalen gibt es keine andere Wahl, als sich noch mehr anzustrengen, um den Zauber zu brechen und den Talisman zu rauben.

Während die Unterschiede schwinden und die mimetische Gewalt wächst, fühlt oder tut der eine Protagonist letztlich nichts, was nicht auch der andere tut oder fühlt. Es gibt keine Möglichkeit, zwischen den beiden zu unterscheiden: Die Protagonisten werden zu Doppelgängern. Das Auftauchen von Doppelgängern ist ein Zeichen dafür, dass der mimetische Prozess bis zum Äußersten vorangetrieben worden ist: Die

Gesamtheit der Kultur, die auf dem Prinzip des Unterschieds basiert, hat sich als künstlich offenbart.[11]

Die Schaffung eines unpersönlichen Strafsystems resultiert aus den Bemühungen primitiver Gesellschaften, die gegenseitige Gewalt der Vendetta hinter sich zu lassen. Obwohl sich das Strafsystem eigentlich auf das Prinzip der Vergeltung gründet, funktioniert das System wahrscheinlich am besten, wenn diese Grundlage verleugnet wird und man sich auf ein Prinzip abstrakter Gerechtigkeit beruft. Der Schleier, der früher die Institution des Opfers verhüllte, wird jetzt benutzt, um die Justizmaschinerie zu verbergen. Die Gerichtsbarkeit schützt die Gesellschaft nur so lange vor einem Rückfall in den kriegerischen Wirrwarr der Doppelgänger, wie sie das letzte Wort hat, das heißt solange wie sie sich nicht als Teil einer Vergeltungsdynamik offenbart. Wenn ihr Anspruch auf transzendentale Sanktion in Verdacht gerät, nur eine priesterliche Mystifikation zu sein, beginnt sich das System aufzulösen (*HG*, S. 206, 41).

Die archetypische Figur der Unterschiedslosigkeit ist der Zwilling. Zwillinge *verkörpern* Unterschiedslosigkeit. Weil Zwillinge ungewöhnlich sind, bekundet ihr Auftreten jedoch gleichzeitig Unterschied, Monstrosität. Bei feindlichen Brüdern, wie auch bei Zwillingen, »verbirgt uns das Symbol paradoxerweise die symbolisierte Sache, nämlich die Zerstörung jeglicher Symbolik«. Das ist die scharfsinnigste, oder zumindest komplexeste, Wendung in Girards Argumentation. Der Prozess der gewalttätigen Reziprozität, der alle Unterschiede zerstört, *widersetzt sich selbst der Darstellung*, da Sprache aus Unterschieden gemacht ist. Das erklärt die bisherige Blindheit der Philosophie für Girards Einsichten.[12]

IV. Das Lob der Torheit

Wahnsinn gibt es in zwei Spielarten, sagt Erasmus' Torheit. Die eine Art zeigt sich in Blutrünstigkeit, Habgier, verbotener Leidenschaft. »Es gibt aber noch einen zweiten, ganz anders gearteten Wahn; der kommt von mir und ist das Herrlichste, was man sich wünschen mag.«[13] Von der ersten Art ist der Wahnsinn derjenigen Menschen, die sich, von ihrer eigenen Rechtschaffenheit überzeugt, einer grenzenlosen Rivalität hingeben. Der Status der anderen Art von Wahnsinn ist von Anfang an problematisch, da sie als separate Erscheinung nur von der Torheit, Moria, selbst benannt wird.

Welche Autorität kann die Torheit haben? »Verhaßt ist Königen die Wahrheit«, sagt Moria. Aber

> »aus dem Munde meiner Narren hören sie nicht bloß Wahrheit, nein auch Grobheit mit wahrer Wonne an *[voluptatem]*; was einem Weisen den Kopf kostete – spricht es der Narr aus, so macht es ihnen unglaublich Spaß *[delectandi]*. Denn es wirkt ein ursprünglicher Zauber in der Wahrheit, sobald sie nicht verletzt; aber diese Gnade schenken die Götter nur den Dummen.« (S. 73/67)

Nicht durch Gehalt oder Substanz unterscheidet sich daher die Torheit von der Wahrheit, sondern durch ihre Herkunft. Sie kommt nicht aus dem Mund des Weisen, sondern aus dem Mund des Subjekts, von dem man annimmt, dass es die Wahrheit *nicht* kennt und sagt. Es ist das Wissen eines heiligen Petrus, der die Schlüssel empfangen hat; »aber ich zweifle, ob er verstanden hätte, wieso auch der den Schlüssel zur Erkenntnis besitzen kann, der die Erkenntnis nicht besitzt« (S. 118). *Das Lob der Torheit* nimmt das Anschwellen des theologischen Streits, mit dem sich die Reformation ankündigte, vorweg. Doch das Buch entwirft, wie indirekt auch immer, einen imaginären Ausweg aus einem Dilemma, dem sich Erasmus im realen Leben später einmal gegenübersehen und das zu lösen er nicht im Stande sein wird. Gemeint ist das Problem, wie er sich als Kritiker beider Seiten *positionieren* soll. Im Kern unterscheidet sich dieses Problem nicht vom Problem der Kritiker der klassischen Vernunft vom Schlage Foucaults, die eine Position außerhalb des Wahnsinns wie der Rationalität zu definieren versuchen, von der aus sie beide ansprechen können. Eine solche Position, sagt die Torheit, wird nicht einfach dadurch geschaffen, dass man behauptet, man befinde sich außerhalb des Streits. Diese Position kann nur dasjenige Subjekt einnehmen, das von sich sagt, es befinde sich außerhalb des Diskurses, der vom Streit beherrscht wird und der diesen beherrscht, das heißt außerhalb der Vernunft, das heißt innerhalb einer bestimmten Art von Torheit. In diesem Sinne lässt sich die Eingangsfrage nach dem Unterschied zwischen den beiden Arten des Wahnsinns als eine Frage der Position auflösen. Die erste Art Wahnsinn positioniert sich innerhalb der Vernunft, die zweite außerhalb. Natürlich ist keine von beiden wirklich da, wo sie zu sein behauptet. Der Wahnsinn der ersten Wahnsinnsart ist, dass sie nicht weiß, wo sie sich befindet. Und was die Behauptung der zweiten Wahnsinnsart angeht, sie unterscheide sich durch ihr Wissen, wo sie sich wirklich befinde (nämlich außerhalb der Vernunft wie des Wahnsinns), so ist dieses Wissen das Wissen der Torheit und daher von Natur aus suspekt.

Moria fährt fort: Weil die von der Torheit geäußerte Wahrheit keine rivalisierende Wahrheit ist (kein Zeichen eines unerträglichen Prestiges oder *kydos* beim Rivalen), sondern von außerhalb der Szene der nachahmenden Gewalt stammt, besitzt sie »einen ursprünglichen Zauber«, für den diejenigen »eine besondere Schwäche« haben, die »schon zu Fröhlichkeit und Schabernack« neigen [*ad voluptatem ... natura propensiores*].

Worin besteht die hier angesprochene Verbindung zwischen Fröhlichkeit und Schabernack *(voluptas)* und einer eigensinnigen, unbeherrschten, unerwünschten, »törichten« Wahrheit? Um das beantworten zu können, müssen wir uns der später im Buch geführten Diskussion von Liebe und Wahnsinn zuwenden.

Nach Plato ist der Wahnsinn der Liebenden der glücklichste Zustand, sagt Moria. Je vollkommener die Liebe, desto größer der Wahnsinn. Was sonst kann dann das zukünftige Leben sein als ein Leben umfassenden Wissens, vollkommener Liebe, vollkommenen Wahnsinns? »Und nicht anders wird [der Mensch] selig werden, als indem er, seiner selbst entäußert *[extra se]*, ein Unbeschreibliches an sich geschehen fühlt, eine Liebestat jener höchsten Güte *[summum bonum]*, die alles an sich, in sich zieht. Wer das einmal fühlen durfte – beschieden ist es nur wenigen –, den überkommt es wie Wahnsinn: er spricht Laute ohne rechten Zusammenhang ...; alle Augenblicke ist er wie umgewandelt: bald begeistert, bald entmutigt, bald weint er, bald lacht er, bald stöhnt er, kurzum, er ist rein außer sich.« (S. 186–88/188) Nicht nur im *Lob der Torheit* bringt Erasmus Wahnsinn und mystisch-christliche Gottergriffenheit (Theolepsie) zusammen (»... mir scheint, die christliche Religion steht überhaupt einer gewissen Torheit recht nahe *[cognationem]*; hingegen mit der Weisheit verträgt sie sich schlecht« S. 178/180) – das Thema ist in allen seinen Werken gegenwärtig und taucht sogar in seinen Kommentaren zum Neuen Testament auf.[14] Wahnsinn der zweiten Art ist dann so etwas wie *ek-stasis*, ein Außersichsein, ein Nebensichsein, ein Zustand, in dem man die Wahrheit kennt (und sagt), von einer Position aus, die sich selbst nicht als Position der Wahrheit erkennt. Moria sagt: »… ich liebte es von jeher *[gratissimum]*, alles zu sagen, was mir Dummes just auf die Zunge kommt« – das heißt, aus dem Unbewussten heraus zu reden.[15] Solche Rede, in der die geradlinige Triebkraft der Vernunft der nicht vorhersagbaren Metamorphose von einem Bild ins nächste weicht, bereitet Entzücken, was von denen erstrebt wird, die für die Verlockungen der Begierde am empfänglichsten sind; und ein solches Entzücken manifestiert sich natürlich zuerst in Gelächter, einem anarchischen Krampf des Körpers, der den Sieg über die Abwehrmaßnahmen des Zensors bekundet.[16]

Wahnsinn der zweiten Art ist daher nicht gesellschaftsfähig, *rudis*, grob. »Von Schminke weiß ich nichts, nichts spricht mein Mund, als was ich denke, und vom Scheitel bis zur Sohle bin ich echt«, sagt die Torheit.

»[Ich bleibe mir stets gleich – *mei undique simillima]*. Drum können auch die mich nicht verleugnen, die mit Bedacht sich von der Weisheit Maske und Titel borgen… trotz aller Verstellung gucken irgendwo die Eselsohren heraus… Wenn irgendjemand, so gehören sie zu meiner Fahne; sie aber schämen sich vor den Leuten meines Namens und werfen ihn allerorts dem an den Kopf, den sie beschimpfen wollen.« (S. 19/6–7)

Was ist dieses unvernünftige Ding, das selbst vernünftige Männer haben, das sich wohl oder übel immer wieder vorreckt, das sie nicht ihr Eigenes nennen wollen, sondern auf andere projizieren, das sich selbst stets so gleich ist, dass es für nichts anderes stehen kann? Eindeutig (oder nicht so eindeutig) der Phallus, aber welche Art von Phallus? Es kann nicht der Phallus der ersten Art sein, der »große« Phallus, die Säule des Gesetzes, hinter der der vernünftige Mensch steht; es kann nur (provisorisch, hypothetisch, fragwürdig) ein Phallus der zweiten Art sein, nackt, lächerlich, ohne Robe und Krone und Reichsapfel und Zepter, ohne Vornehmheit, der »kleine« Phallus, der für/von Moria spricht: nicht der transzendentale Bedeutungsträger, sondern ein *Ding* zum Spaßhaben, zum freien Spiel, eher zum sorglosen Aussäen als zum Wahren der väterlichen Erbfolge. »Aber daß es [das Leben] entsteht – wer darf sich das gutschreiben außer mir?«, fragt dieser *andere* Phallus, fragt die Torheit. »Denn nicht die Lanze der majestätischen Pallas [der Tochter des gewaltigen Vaters – griech. *obrimopatres*], nicht die Ägis des wolkensammelnden Zeus erschafft oder verbreitet das Menschengeschlecht – bewahre! Der Göttervater und Menschenbeherrscher selbst ... muß ja seinen dreizackigen Blitz daheim lassen mitsamt seinem Titanenblick ... und muß ganz wie ein Komödiant eine Maske anziehen, der Ärmste, sobald er einmal wieder tun will, was er nicht selten tut – ein Kindlein zeugen [griech. *paidopoiein*], ... mit einem Worte: mich ... muß der Weise um Beistand bitten, will er Vater werden. Und warum nicht noch deutlicher reden, wie das doch meine Art ist? Was meint ihr: ist es der Kopf, das Gesicht, die Brust, die Hand, das Ohr, ... was einem Gott, was einem Menschen das Leben gibt? Ich denke nein; vielmehr ein dermaßen lächerliches Etwas *[stulta adeoque ridicula]* am Menschen ist der Stammhalter seines Geschlechts *[propagatrix]*, daß man es, ohne zu lachen, gar nicht nennen kann; aber dieses Etwas ist der wahre heilige Quell, aus dem alle Wesen ihr Leben schöpfen.« (S. 25–26/13–14)

Das erste Prinzip, die *propagatrix* (ein Femininum: Erasmus benutzt nicht die maskuline Form *propagator*), sagt Moria, ist nicht der dreizackige Blitz des patriarchalischen Phallus, sondern das lächerliche Ding; alle Lebewesen verdanken ihre Existenz einer »Quelle«, die in ihrer ambivalenten Symbolik genauso feminin wie maskulin ist. Und Moria verficht weiter ihre ursprünglichen Ansprüche. Mit Hilfe ihrer Begleiterinnen »unterwerfe ich alle Welt meinem Willen und bin Königin über die Könige«, sagt sie.

»Venus selbst wird es mir ... nicht bestreiten, daß ohne mich ihre Kraft zu schwach ist und nicht zum Ziel gelangt. Es ist schon so: mein Werk ist jener Rausch, jenes lächerliche Getändel *[temulento*

ridiculoque lusu], dem die hochnäsigen Philosophen entstammen ...
und die purpurgeschmückten Könige und die frommen Priester und
schließlich alle die Götter der Poeten ...« (S. 24,27/15)
Wie kommt es, dass Moria, wenn sie solche Ansprüche auf die absolute
Macht erhebt, nicht die Feindschaft dieser Philosophen, Könige, Kle-
riker heraufbeschwört? Die offensichtliche Antwort lautet: Über solche
Ansprüche, die nicht innerhalb eines wichtigen Diskurses von einer Position aus, die sich selbst kennt, gemacht werden, können jene, die es
besser wissen, lächeln und sie einfach abtun. Aber so einfach ist es nicht.
Moria sagt:

>».... und wie der Affe, nach einem Sprichwort der Griechen, Affe
> bleibt, ob man ihn auch in Purpur kleidet, so bleibt das Weib ein
> Weib, das heißt eine Törin, ob es diese oder jene Maske vor das
> Gesicht hält.
>
> Nur so weit wird keine die Torheit treiben, mir deshalb zu zürnen,
> weil ich die Frauenzimmer als Törinnen hinstelle, obwohl ich auch
> ein Frauenzimmer und die Torheit selber sei.« (S. 39)

Man ist versucht, das so zu kommentieren: Die Ironie ist vielschichtig.
Aber mit dieser Aussage begeht man an Moria wirklich Verrat. Ihr Ironie
zuzuschreiben, sie *o eiron,* die Heuchlerin, zu nennen, heißt, sie in die
Position des Subjekts, dem Wissen unterstellt wird, zurückzuversetzen,
eine Position, die sie (närrischerweise) nicht einzunehmen behauptet.
Anders formuliert: Ihr Ironie zuzuschreiben heißt, ihr den großen Phallus zuzuschreiben, obwohl sie doch behauptet, der Gott/die Göttin des
kleinen Phallus zu sein; wobei die determinierenden Wörter *groß* und
klein wie die determinierenden Wörter *erste* und *zweite* in Bezug auf die
Art des Wahnsinns unendlich provisorisch, unendlich miteinander austauschbar sind.[17] Moria braucht nicht ernst genommen zu werden, sagt
sie selbst, weil sie eine Frau ist. Warum sollte sich ein Kardinal in seinem
roten Gewand über ein Sprichwort, das von einem Affen handelt und
noch dazu von einer Frau kommt, erbosen?

>»Da sogar Tyrannen sich alles von ihren Narren anhören und lachen
> und es für ungebührlich halten, sich durch irgendwelche Scherze
> beleidigen zu lassen, scheint es außergewöhnlich, dass diese Leute
> (gleichgültig, wer sie sind) es nicht ertragen können, etwas von den

Lippen der Torheit selbst zu hören – als müsse alles, was über Laster gesagt wurde, sich unmittelbar auf sie beziehen.«[18] Wenn es Wut über die Torheit gibt, bei den Kardinälen oder sogar bei den Frauen, dann kann sie nur auf Missverständnissen beruhen. Ein solcher Zorn ist unmotiviert, steht in keinem Verhältnis zu seinem Anlass, nämlich zu Äußerungen »eines Frauenzimmers und der Torheit selber«, die sagt, was ihr »auf die Zunge kommt«. Es ist verrückt. Immer wieder wird festgestellt: Jemanden, der/die sich als außerhalb der Vernunft stehend bezeichnet, *hors de combat*, zum Rivalen zu machen und mit Gewalt zu bedrohen, ist ein Zeichen der Unvernunft; und die Wut, die die Falschheit dieser Behauptung hervorruft (wie könnte die Behauptung anders als falsch sein? – es ist die Behauptung der Unvernunft), liefert nur einen weiteren Beweis für Unvernunft.

Mittlerweile sollte klar geworden sein, dass Erasmus' gesamtes Vorhaben, für sich eine Position zu schaffen, von der aus er sprechen könnte, ohne in eine Dynamik der Rivalität hineingezogen zu werden (Erasmus nahm Terminus, den römischen Gott der Grenzen, zu seinem persönlichen Wahrzeichen), auf einer brillanten Ausarbeitung des kretischen Lügner-Paradoxons basiert, einer Ausarbeitung, deren überwältigende Komplexität – von der Monologform ihrer *declamatio* ganz zu schweigen (kein anderer als Moria kommt überhaupt zu Wort) – selbst von so bedrohlicher diskursiver Macht ist, dass sie nur mit Neid betrachtet werden und daher aus ihrem Exponenten nur ein Modell und einen Rivalen machen kann.

Ich glaube, dass Erasmus mit dem bekanntesten Abschnitt vom *Lob der Torheit*, den Seiten über das *theatrum mundi*, auf die immanente Sinnlosigkeit dieses strategischen Versuchs, dieses Vorhabens, eine Grenze um ein als unverletzlich, weil machtlos, definiertes Subjekt zu ziehen, antwortet. Alle menschlichen Angelegenheiten werden in Verkleidung durchgespielt, sagt Moria. Nichts ist so, wie es auf den ersten Blick erscheint. Aber:

»Wenn einer den Spielern auf der Bühne die Masken abreißen wollte, um den Zuschauern ihre wahren, natürlichen Gesichter zu enthüllen, stellte der nicht das ganze Stück *[fabulam]* auf den Kopf...? Zerstört man aber die Illusion, so ist das Spiel verdorben... Alles ist Blendwerk, aber anders läßt diese Komödie sich einmal nicht geben *[haec fabula non aliter agitur].«*

Ohne gesellschaftliche Fiktionen gibt es keine Gesellschaft. Es ist Wahnsinn der ersten – nicht der zweiten – Art, wenn man *ernsthaft* versuchen wollte, diese Fiktionen zu zerstören. »Wenn ... ein vom Himmel gefallener Weiser« es versuchen wollte –

»was erreichte er wohl damit, als daß ihn jeder für verrückt und toll hielte *[demens ac furiosus]?* Wie nichts dümmer als übertriebene Weisheit, so nichts unkluger als überspannte Klugheit; und überspannt klug ist doch einer, der sich den Tatsachen nicht anpaßt, nichts nach dem Kurs fragt ... Wer wahrhaft klug sein will, der sage sich: Du bist ein Mensch; drum begehre nicht mehr zu wissen, als dir beschieden, und machs wie die andern – die drücken lachend ein Auge zu oder lassen sich gutmütig über den Löffel balbieren *[vel connivere libenter, vel comiter errare].«* (S. 56–58/48–50)

In einem Kommentar zu dieser Stelle sagt Ernesto Grassi: Wenn der Kern der Weisheit Erkenntnis *(theoria)* wäre, dann könnte man annehmen, dass es die Aufgabe des Gelehrten sei, den Spielern die Masken herunterzureißen und das Schauspiel zu zerstören. Aber das wäre reiner Irrsinn. »Das Schlimmste ... ist nicht die *Täuschung,* der die Torheit in der Geschichte der Menschheit *erliegt,* wie es jenen geschieht, die Bescheid wissen«: im Gegenteil, nicht getäuscht werden zu können ist das jämmerlichste Los *[falli ... miserum est. Imo non falli, miserrimum].* »Der Wunsch, nicht mehr getäuscht zu werden, zerstört das Leben ... Das Wissen, als die höchste Form der Torheit und des menschlichen Strebens, ist gleichbedeutend mit ›Irrsinn‹.«[19]

Grassi rückt Leon Battista Albertis *Momus* an die Seite von *Das Lob der Torheit.* Angesichts des Wahnsinns der Geschichte, sagt Grassi, »können wir, wie es Erasmus tat, die Torheit zur *ratio vivendi* erklären, aus der Erkenntnis heraus, dass andernfalls das Leben ... keinen Sinn hätte«, oder aber Albertis Position einnehmen: Wenn wir erkennen, dass Masken nur etwas verbergen sollen, uns aus ihrer Scheinwelt zurückziehen. »Das heißt, wir sollten nicht länger zusammen mit den anderen das Spiel spielen. Es ist die Pose des ›letzten Spiels‹, wenn man nicht länger an die Göttlichkeit des heiligen Feuers glaubt.«[20]

Erasmus und Alberti beziehen sich beide auf einen historischen Moment, wo sich anscheinend die metaphysische Rechtfertigung des Gesetzes zurückgezogen hat. (Es mag zunächst schwer fallen, den Christen Erasmus wirklich so zu interpretieren. Doch das ist der Kern seiner halb unterdrückten Auffassung von Christus als dem heiligen Narren, dass der Glaube an ihn eigentlich irrational, absurd ist.) Wenn das ganze Leben ein Spiel *(fabula)* widerstreitender Kräfte ist, das als Spiel nur dadurch funktioniert, dass es Fiktionen der Gemeinschaft lebendig erhält, dann ist das Gesetz auch nur eine Kraft. Was ist in solchen Zeiten die Position des Gelehrten, des Mannes der *theoria*, der hinter die Masken schaut und die treibende Kraft erkennt, die das Spiel in Wirklichkeit lenkt? Was ist die Position eines Erasmus, eines Alberti, aber auch eines Girard, der hinter den verschiedenen Masken nur ein einziges Spiel erkennt, das Spiel der streitenden Zwillinge? Von den dreien macht nur Erasmus alles noch komplizierter, indem er statt die Frage zu beantworten im Gegenzug fragt: Was heißt es, *eine Position zu beziehen?* Gibt es eine Position, die keine Position ist, eine Position der *ek-stasis*, des Außersichseins, in der man weiß, ohne zu wissen, sieht, ohne zu sehen? *Das Lob der Torheit* steckt eine solche »Position« ab und entwaffnet sich im Voraus wohlweislich selbst, hält seinen Phallus so klein wie den der Frau, beteiligt sich nicht am Machtspiel und am politischen Spiel.

Aber den Erfolg des paradoxen Vorhabens, die Position des Narren, des Eunuchen, der Frau einzunehmen, erkennt man eben daran, dass sich das Paradoxon auflöst und sich das Rivalitätspotenzial des Vorhabens zeigt, wenn zur Überraschung aller die Macht dieser Position offenbar wird. Die Ansprüche des kleinen Phallus auf Zweifelhaftigkeit und Vorläufigkeit lösen sich auf: Der kleine Phallus wächst, bedroht den großen Phallus, droht selbst ein Gesetzessymbol zu werden. Je größer der Erfolg von *Das Lob der Torheit* wird, desto mehr muss sich Erasmus davon distanzieren oder so tun, als distanziere er sich: Sein Freund Thomas Morus habe ihn überredet, es zu schreiben, protestiert er, es sei seinem wahren Charakter eigentlich fremd, es sei sowieso ein törichtes Buch.[21] Ob seine Versuche Erfolg haben oder nicht, ist schwer zu sagen: Je mehr das Buch einige amüsiert, desto mehr verärgert es andere; je mehr es verdammt wird, desto eifriger wird es gelesen; je erfolgreicher

Erasmus eine Position definiert, von der aus er die Macht von außerhalb kritisch kommentieren kann, desto stärker gerät er in das Spiel der missgünstigen Mächte hinein.

Dass es Erasmus nicht gelang, eine Position außerhalb des Kräftespiels der Rivalität zu finden, hatte Auswirkungen über seine Lebenszeit hinaus; das heißt, der Erasmus-Text selbst (und auch die Biographie des Erasmus) wurden in andere Rivalitäten hineingezogen. Als Erasmus' Werk 1559 auf den Index Librorum Prohibitorum gesetzt wurde und damit für katholische Drucker verboten war, wurde die daraus resultierende notorische Berühmtheit sofort von protestantischen Druckern ausgebeutet.[22] Noch vier Jahrhunderte später bemühte man sich, Erasmus für die Rivalitäten des Tages zu vereinnahmen. Zum Schluss verweise ich auf zwei Fälle aus den 30er Jahren des 20. Jahrhunderts in einem Europa, das auf den Krieg zutaumelt.

V. Erasmus als Modell

Der erste Fall ist der des niederländischen Historikers Johannes Huizinga. »[U]nsere zerfahrene Zeit [braucht] starke Reize«, schreibt Huizinga, als er, nicht ohne Bedauern, seine Argumente gegen Erasmus zusammenfasst. »Unser Interesse richtet sich wieder auf die leidenschaftlich Frommen, unsere Bewunderung gilt den Extremen.« Was im zwanzigsten Jahrhundert genauso wie im sechzehnten gebraucht wird, ist »die eichene Kraft Luthers, die stählerne Schärfe Calvins, die Glut Loyolas, nicht die samtene Weichheit des Erasmus«. Erasmus war »ein vollkommen unpolitischer Geist«, der »von dem Augenblick an, da er sah, daß der Konflikt [der Reformation] zu bitterem Streit führen werde, ... nur noch Zuschauer sein [wollte]«.[23]

Im Zusammenhang mit dem Versäumnis der europäischen Intellektuellen, ihren Ländern in den 20er Jahren eine politische Richtung vorzugeben – ein Versagen, das in den Niederlanden nicht geringer als anderenorts war –, können wir Huizingas Urteil über Erasmus als Urteil über seinesgleichen lesen. Das Schlüsselwort seines Urteils ist natürlich »unpolitisch« *[onpolitisch]*. Es reiht Erasmus in eine Galerie politischer

Typen ein, von denen einer der unpolitische ist, der Typ, der kein Talent für Politik hat, aber auch eine blasierte Abneigung gegen sie. Wie gerecht ist diese Charakterisierung? *Das Lob der Torheit* (das Huizinga zusammen mit den *Colloquia* für das einzige Werk von Erasmus hält, das es sich heute noch zu lesen lohnt) ist eine komplexe Betrachtung über den Begriff des Politischen als zusammenfassende Kategorie und die Skizzierung eines möglichen Standpunkts außerhalb der Politik – der darin besteht, dass man über seinen Stand hinaus nicht nach Weisheit trachtet, sondern lieber vorgibt, nichts zu bemerken, oder sich »umgänglich und freundlich« täuschen lässt –, dessen Machbarkeit trotzdem skeptisch gesehen wird. Das ist weit entfernt vom bloß passiven Spiel nach den Vorgaben eines persönlichen Temperaments, was Huizinga diagnostiziert: Man könnte tatsächlich behaupten, dass Erasmus – um im Bild der Komödie, die »sich anders einmal nicht geben lässt«, zu bleiben – die Machtlosigkeit seines eigenen Diskurses sieht, der sich nicht dagegen wehren kann, von Huizingas Diskurs geschluckt zu werden, das will heißen, er sieht vorher, wie in Zeiten der Gewalt Unterschiede (Grenzen, *termini*) ausradiert werden.

In seinem Text aus dem Jahre 1934 interpretiert Stefan Zweig Erasmus – den Text und die Figur des Erasmus – in einem anderen Licht. Zweig, weniger Bürger von Österreich als Bürger einer kosmopolitischen literarischen Republik, deren Anfänge bis zur Aufklärung und noch weiter zurück bis zum Humanismus des Erasmus reichen, dem Vorstellungen vom Schicksal der Rasse und der Nation zuwider sind – dieser Zweig findet, dass das Europa der Jahre zwischen den Kriegen und das Europa der Reformation sich erschreckend gleichen. »Von allen Seiten faßt dann ... die Übergewalt der Masse das Individuum, und es kann sich nicht wehren, nicht retten vor dem kollektiven Wahn ...« »Der Dämon des Krieges ... stürzt sich frei und lustvoll über die Welt.« »Bei den durchschnittlichen Naturen fordert auch der Haß sein düsteres Recht ...«[24]

In solchen Zeiten entbehrt »ein bloß bindendes, übernationales, ein panhumanes Ideal ... wie das erasmische«, die Lehre »des unfanatischesten, des antifanatischesten aller Menschen«, »die für keinerlei Haßleidenschaft Raum hat, ... das optisch Eindrucksvolle und bringt niemals jenen elementaren Anreiz wie das stolz Absondernde, das jedes Mal den Feind jenseits der eigenen Landesgrenze und außerhalb der eigenen Religionsgemeinschaft aufzeigt.« (*Triumph und Tragik des Erasmus*, S. 18–19) Dennoch liefere Erasmus ein Modell für das Zeitalter, sagt Zweig. »[In] Zeiten, in denen Neutralität Verbrechen genannt wird …, [in denen] die Welt ein klares Dafür oder Dagegen [verlangt]«, weigere sich Erasmus, Partei zu ergreifen. Er zitiert Erasmus: »Lieber dulde ich den Zustand der Dinge, als daß ich neue Unruhe erwecke … Wissentlich war ich und werde ich nie Anführer oder Teilnehmer eines Aufruhrs sein.« (*Triumph und Tragik des Erasmus*, S. 163, 162).

Der Wahnsinn, den Zweig meint, ist in erster Linie der Wahnsinn der kriegerischen Nationalismen, angeführt vom wieder auflebenden fremdenfeindlichen deutschen Nationalismus. In diesem Zusammenhang steht Erasmus für die Transzendenz des Nationalismus im paneuropäischen Humanismus. Aber uns sollte inzwischen klar sein, wie komplex der Begriff *für etwas stehen* im Denken Erasmus' ist. Erasmus steht nicht für ein Paneuropäertum *als Gegenpol* zum Nationalismus, wie er ganz deutlich in den Worten sagt, die Zweig zitiert. Für das eine oder andere zu stehen wäre Wahnsinn der ersten Art, der Wahnsinn desjenigen, der sich innerhalb der Vernunft verortet: Es würde bedeuten, ein Paneuropäertum als Gegenkraft zum Nationalismus zu etablieren und Machtkämpfe zu fördern.

Huizinga, der über Erasmus von Deventer als Modell für den europäischen Intellektuellen der 30er Jahre des 20. Jahrhunderts nachdenkt, findet ihn zu weich. Zweig findet andererseits viel Nachahmenswertes. Wie Klaus Heydemann gezeigt hat, verschlüsselt Zweig in seinem Buch über Erasmus nicht nur die Not des Erasmus als seine eigene Not, sondern er meint auch, dass Erasmus mit dem *Lob der Torheit* einen vergleichbar esoterischen Text über die Not des Intellektuellen in Zeiten des Wahnsinns geschrieben hat.[25]

Aber wie erasmisch ist Zweigs *Imitatio Erasmi*? Der durchschnittliche Mensch ist unter dem Bann des Hasses, schreibt Zweig, während es in der Gedankenwelt des Erasmus keinen Raum für Hass gibt. Der unfanatische Erasmianer wird »von dem ewig Irrationalen der Leidenschaft bedroht«, durch »eine Sturzflut des Fanatismus«. »Von allen Seiten faßt dann ... die Übergewalt der Masse das Individuum, und es kann sich nicht wehren, nicht retten vor dem kollektiven Wahn« (*Triumph und Tragik des Erasmus*, S. 18–20). Es ist also nicht Zweigs Erasmianer, der außer sich, *extra se*, ist. Im Gegenteil, der Erasmianer besitzt sich selbst in Gewissheit: Er ist der Wissende. Die Selbstgewissheit der Massen ist hingegen eine illusionäre Gewissheit: Der Wahnsinn hat sie gepackt. Man könnte fragen: Macht die Gewissheit, Recht zu haben, Zweigs Erasmus-begeistertes Individuum und Zweigs fanatisch nationalistischen Kollektivisten mehr oder weniger gleich? Lässt es sie zu Gegnern oder zu Zwillingen werden?

Ein Kommentar Zweigs zu Calvin – für ihn der Typ des Fanatikers, der von der Richtigkeit seines Denkens überzeugt war – deutet auf eine Blindheit bei Zweig selbst. »... ein ganzes Leben lang hat dieser sonst so klarsichtige Geist keinen Augenblick an seiner alleinigen Berechtigung gezweifelt, das Wort Gottes auszulegen und als einziger das Wahre zu wissen.«[26] Die Blindheit Calvins für die Möglichkeit, dass er sich täuschte, kennzeichnet ihn als Wahnsinnigen der ersten Art. Aber von welcher Position aus kann ein solches Urteil über Calvin gefällt werden? Entweder ist es ein Urteil, das sich auf eine Überzeugung von der Gewissheit gründet, die Erasmus' Weisen kennzeichnet, den Mann, der »allein vernünftig« ist (*Lob der Torheit*, S. 60) und der daher sehr wahrscheinlich vom ersten Wahnsinn berührt werden wird, oder es ist das Urteil der Torheit, die weiß, dass sie töricht ist, aber deshalb nicht ihre Maske fallen lässt, denn sie weiß auch, dass »diese Komödie sich anders einmal nicht geben läßt«.

Während Zweig und Huizinga Erasmus für ihre eigenen politischen Kämpfe zu vereinnahmen suchen, möchte ich aufzeigen, welcher außerordentliche Widerstand dagegen, sich in einen anderen Diskurs integrieren zu lassen, in dem Text des Erasmus steckt. Wir haben es hier mit einem Text zu tun, der in Konfrontation zu den Mächten der Interpretation steht, die ihn in ihrem Sinn verbiegen wollen (obgleich wir argwöhnisch festhalten sollten, dass man schon mit der Benutzung des Wortes »verbiegen« ein bestimmtes Feld der Rivalität zu schaffen und sich darin zu positionieren anfängt). Der Diskurs von Erasmus' proteischer Torheit (*shape-changer*, »Gestaltwandler«, nach Stephen Dedalus) kann nur mit größter Mühe auf das Feld der Politik gezwungen werden: Erasmus entwaffnet praktisch jeden, der (wie Zweig) sich leidenschaftlich entscheidet, sich der Sache des Erasmus anzunehmen, indem er ihn im Voraus in den Status *eines Wissenden* erhebt. Stattdessen liegt die Kraft des Textes in seiner Schwäche – in seiner spaßig-ernsthaften Absage an den Status des großen Phallus, seiner schwer zu fassenden (Nicht-)Position innerhalb/außerhalb des Spiels; und seine Schwäche liegt in seiner Macht zu wachsen, sich fortzupflanzen, Erasmianer zu zeugen.

Ossip Mandelstam und die Stalin-Ode (1991)

Mandelstam und Stalin

Im November 1933 verfasste Ossip Mandelstam ein kurzes Gedicht über Stalin, das so endet (in der Übersetzung von Ralph Dutli):

Und er schmiedet, der Hufschmied, Befehl um Befehl –
In den Leib, in die Stirn, dem ins Auge fidel.
Jede Hinrichtung schmeckt ihm – wie Beeren,
Diesem Breitbrust-Osseten zu Ehren.[1]

Das Gedicht existierte nie in schriftlicher Form, sondern wurde Freunden bei einer kleinen Zusammenkunft vorgetragen. Im Mai 1934 durchsuchte die Geheimpolizei Mandelstams Wohnung; man nimmt allgemein an, dass sie ein Exemplar des Gedichts suchten. Es folgten Verhaftung, Verhör, Einkerkerung und schließlich die Verbannung nach Woronesch. Der in Woronesch isolierte, bespitzelte, gesundheitlich angeschlagene, ohne Verdienstmöglichkeiten dastehende Mandelstam gab dem Druck nach und schrieb eine Ode an Stalin.[2] Die Ode rettete ihn nicht vor erneuter Verhaftung, als der Terror wuchs, auch nicht vor dem Tod 1938 in einem sibirischen Lager, obwohl sie möglicherweise seine Frau gerettet hat.[3]

Man hatte sich lange Zeit damit abgefunden, dass die Ode nicht erhalten geblieben ist. 1975 allerdings erschien in einer amerikanischen Zeitschrift eine gekürzte Version, die aus anonymer Quelle stammte.[4]

Eine ungekürzte Version wurde 1976 veröffentlicht. Zusammen mit dem vollen Text kamen Beweise (wieder von Personen, die ungenannt bleiben wollten), dass Mandelstam sich nicht für die Ode geschämt hatte, wie Anna Achmatowa und Nadeschda Mandelstam behauptet hatten, sondern sie im Gegenteil mehrmals vor Versammlungen rezitiert hatte.[5]

Die Vorgeschichte und die Entstehungsgeschichte der Ode bilden daher zusammen mit ihrer Text- und Interpretationsgeschichte einen ungewöhnlich komplexen Fall von Kontrolle über das – gesprochene und geschriebene – Wort. Zu den Kräften, die am Werk waren, gehörten: ein staatlicher Zensurapparat, der es unmöglich machte, ohne Genehmigung zu publizieren, und ein jenseits der Legalität operierender Geheimdienst, der nicht nur das Veröffentlichen, sondern schon das Verfassen oppositioneller Literatur, sogar solcher Literatur, die im oppositionellen Sinne gedeutet werden könnte, gefährlich machte;[6] Druck auf alle Schriftsteller, nicht nur ihre *partiinost* (Parteilichkeit) zu erklären, sondern sie in ihrem Werk zu bekunden (in einer Zeit wild wuchernden Personenkults lief das darauf hinaus, dass sie unter Druck gesetzt wurden, in ihren Werken Ergebenheit Stalin gegenüber zu bekunden); und später, als man die Zeugnisse von Mandelstams Leben und Œuvre zu sammeln begann, subtilerer Druck von unterschiedlicher Seite, die Stalin-Ode zu verschweigen, ja eine Diskussion über die Ode und ihre Existenz zu unterbinden.

Die dritte Art von Druck ist weniger gut belegt, aber nur zu verständlich. Kein sowjetischer Schriftsteller, keine Schriftstellerin hatte den Forderungen widerstanden, sich für Stalin zu erklären (»Wer von uns wäre immun für die Verlockung, am Leben bleiben zu wollen?«, fragt Clarence Brown rhetorisch).[7] Nach Stalins Tod gab es das völlig natürliche Verlangen, solche unter Zwang entstandene Werke beiseite zu schieben. Nadeschda Mandelstam gibt zu, dass sie und Anna Achmatowa wenigstens ein solches »aalglattes« Gedicht Mandelstams vernichteten (*JdW*, S. 54). Clarence Brown räumt ein, dass er sich vor der Veröffentlichung seiner Forschungen zur Ode fragte, ob nicht seine Darlegungen Mandelstam in Verruf bringen könnten.[8] Als der politisch liberale Literaturwissenschaftler und Kritiker Efim Etkind die

Pariser Ausgabe der Gesammelten Werke von 1980 bespricht, stellt er
die Frage, ob man die Ode nicht aus editorischen Beweggründen in
kleinerem Schriftsatz hätte drucken und im Anhang statt im Textteil
bringen sollen.[9]

Bei der Beurteilung der Stellung, die diese Ode in Mandelstams Werk
einnimmt, ist die Kritik daher in eine gewisse Krise geraten, in deren
Mittelpunkt nicht etwa die Frage nach ihrer Authentizität steht, die ist
unbestritten, sondern die Frage nach dem Geist, in dem sie geschrieben
wurde, und insbesondere danach, ob Mandelstam hinter dem Gedicht
stand, ob er wirklich meinte, was er schrieb. Nur um den Preis des Rückzugs auf einen starren Formalismus kann die Frage nach Mandelstams
Aufrichtigkeit, mit ihrer sowohl politischen als auch moralischen Tragweite, umgangen werden.

Für Stalin und die Apparatschiks, die mit der Überwachung der literarischen Intelligenz befasst waren, zählte nur, dass jeder Schriftsteller
dem großen Mann öffentlich huldigte und dass dem Künstler damit
Stolz und Kraft genommen würden; in welchem Geist die Lobgesänge
angestimmt wurden, war unerheblich, genau wie die Frage, ob es sich
dabei um gute oder schlechte Literatur handelte, solange sie keine er-
kennbaren Spuren von Unaufrichtigkeit aufwiesen – das heißt Spuren
von Ungehorsam oder sogar Spott. Für diejenigen, denen Mandelstams
Integrität am Herzen lag, war es deshalb wichtig – für die Ehre nicht nur
des Dichters, sondern der Dichtung allgemein –, dass man seine Eloge
auf Stalin als unaufrichtig einschätzte und darüber hinaus konkrete
Anzeichen dafür fände, dass sie nicht von seinem wahren Ich käme.

Bevor der Text der Ode wieder auftauchte, galt es als offenkundig,
dass die Ode kein authentisches Werk war, sondern etwas, was Jennifer
Baines als »verseuchtes Gewässer« bezeichnete.[10] Kritiker ließen sich von
Nadeschda Mandelstams Bericht über die Entstehung des Gedichts
leiten. Sie schrieb, um die Ode komponieren zu können,

> »mußte man sich wie ein Instrument stimmen, ganz bewußt sich der
> allgemeinen Hypnose unterwerfen und die Worte der Liturgie, die
> damals alle Köpfe erfüllte, in sich eindringen lassen … Er peitschte
> sich auf, stimmte sich für die ›Ode‹ und zerstörte dabei sein seelisches
> Gleichgewicht.« (*JdW*, S. 234)

Mit anderen Worten, Mandelstams Loblied auf Stalin war nicht aufrichtig; wenn es aufrichtig scheint, dann deshalb, weil es nicht vom Dichter Mandelstam kam, sondern von einer anderen Stimme (einer Stimme des Wahnsinns, der Stimme eines zum Wahnsinn getriebenen Volkes), die durch ihn sprach.

Als die Ode dann veröffentlicht war und die Leser selbst urteilen konnten, verlagerte sich der Brennpunkt des kritischen Interesses, wenngleich er im moralischen Bereich blieb. So beleuchtet zum Beispiel Gregory Freidin, nachdem er einen »Ton tiefer Aufrichtigkeit« in der Ode festgestellt hat, die Folgen, die diese Feststellung für unsere Bewertung Mandelstams als Mensch und Dichter hat.[11]

Es gibt Möglichkeiten, die Diskussion über Mandelstams Aufrichtigkeit zu umgehen – indem man zum Beispiel den Begriff der Aufrichtigkeit selbst historisch betrachtet und ihn lediglich als ein Merkmal des romantischen Stils behandelt. Aber wenn Aufrichtigkeit und die Wahrhaftigkeit des Dichters für Nadeschda Mandelstam von zentraler Bedeutung waren, dann haben wir allen Grund anzunehmen, dass sie auch von zentraler Bedeutung für ihren Mann waren. Wenn es zwingende Gründe dafür gibt, warum in dem Gedicht keine Zeichen der Unaufrichtigkeit verschlüsselt werden konnten (und es gibt viele solcher Gründe, der überzeugendste davon ist, dass solche Zeichen nichts bedeuten, wenn sie nicht entdeckt werden können, und keiner ist geschickter bei dieser Entdeckungsarbeit als der krankhaft misstrauische Zensor, der eher mehr entdeckt, als wirklich vorhanden ist), wenn ein Geisteszustand, den Nadeschda »Wahnsinn« nennt, zur Erklärung dienen muss, dann ehrt es beide Mandelstams ganz besonders, dass es ein Wahnsinn wie der Hamlets sein muss, ein Wahnsinn, der sich selbst kennt, statt eines Wahnsinns, der eine Entfremdung ist: eine Entfremdung von sich selbst. Die kritische Aufgabe bei der Lektüre von Mandelstams Ode sollte deshalb nicht sein, sie nach einer undefinierbaren Aufrichtigkeit oder Unaufrichtigkeit zu durchforsten, sondern man sollte die Art ihres Wahnsinns untersuchen und, vielleicht noch wichtiger, nach Anzeichen dafür suchen, dass in der Ode der interne Wahnsinn der Ode reflektiert wird. Das bedeutet, wir sollten unsere Augen nicht auf die Darstellung von *Stalin* in der Ode richten, sondern auf die *Darstellung* von Stalin, das heißt, auf die Darstellung des Darstellungsvorhabens selbst.

Obwohl Mandelstam die Termini der formalistischen Kritik durchaus geläufig waren – wie jeder, der sein »Gespräch über Dante« (1933) liest, bestätigen kann –, und besonders die mit dem Namen Viktor Schklowski verbundene Befürwortung des *prijom otstranenija*, des Verfremdungsmechanismus,[12] ist *otstranenije* für Mandelstams Dichtung vor der Ode nicht charakteristisch. Mandelstam schreibt typischerweise Gedichte, in denen das lyrische Subjekt direkt spricht; und dieses Sprechen bedarf keiner Rahmenhandlung und ist nicht verfremdet. Das Thema der Ode ist nicht nur, wie man Stalin darstellt, sondern auch das Vorhaben, eine Ode zu schreiben, wird thematisiert und als etwas geschildert, das einem gelingen kann oder nicht, etwas, zu dem man in der Lage ist oder auch nicht.[13]

> Wenn ich zur Kohle griffe für das höchste Lob –
> Für eine Zeichnung unverbrüchlicher Freude –
> Würd ich die Luft mit Linien teilen atemlos
> In listige Winkel, vorsichtig, mich scheuend.
> Daß Gegenwart in ihnen widerhallend tobt,
> Die Kunst mit frecher Kühnheit paarend
> Erzählte ich, wer noch die Weltachse verschob ...[14]

Die Ode beginnt also mit einem hypothetischen Konjunktiv folgendermaßen: *Kogda b ja... wsjal,* »wenn ich... griffe«. Dieser Modus des Verbs bleibt auch in der zweiten Strophe (von sieben) erhalten. In der dritten wird der Dichter-Künstler mit der Zeichenkohle in der Hand als einer da draußen angeredet, getrennt vom Ich, das spricht: »Künstler, schone den Kämpfer [d. h. Stalin] und beschütze ihn.« In der vierten Strophe befinden wir uns immer noch im hypothetischen Konjunktiv: »Ich wiese gern mit einem Zeiger auf/Die Härte dieses Munds *[ja chotel wy... ukasat']*.« In der fünften Strophe wird das Verb zeitlich konkret (im Russischen gibt *iskroschu*, im Deutschen mit »zerkrümle ich« übersetzt, die *Zukunft* wieder):

Die Kohle pressend jetzt, in der sich alles eint, ...
Zerkrümle ich das Kohlestück, sein Äußres suchend.
Ich lerne ja bei ihm, ich lerne nicht für mich,
Ich lerne ja bei ihm: für mich nicht Schonung kennen.

Wie geht dieser *gegenwärtige* Lernprozess vonstatten? Nicht durch die *Vollendung* des Kunstwerks, sondern in erster Linie dadurch, dass man sich auf diese Arbeit vorbereitet, sozusagen seine Lenden gürtet, und danach, indem man sich vorstellt, wie man mit der Zeichenkohle den Umrissen der Gesichtszüge *folgt*. Eigentlich handelt die Ode als Ganzes von der Verzagtheit gegenüber dem Vorhaben der Ode und davon, wie man dann jedoch Unerschrockenheit von ihrem unerschrockenen Gegenstand, Stalin, lernt; der Darstellungsakt wird konkret (im Gegensatz zu hypothetisch) gar nicht dargestellt; und die Schlussstrophe des Gedichts zeigt das lyrische Ich des Dichters in der schwindenden Perspektive der schnell zurückweichenden Gegenwart, die zur Vergangenheit wird:

In weite Ferne gehen Hügel: Menschenköpfe,
Mich wird man nicht mehr sehn, ich werd verschwindend klein –
In Kinderspielen, Büchern, zärtlichen Geschöpfen
Sag ich einst auferstehend, daß die Sonne scheint.

Somit haben wir eine Zukunft, in der über die Ode nachgedacht wird, und eine fernere Zukunft, in der die Ode vollendet sein wird; dazwischen müssen wir uns das Vorhandensein (das Gegenwärtig-Sein) der Ode vorstellen; aber von der Ode selbst sehen wir eigentlich nur eine Art Bodensatz, eine Nachwirkung des nicht enden wollenden Nachdenkens über das Vorhaben einer Ode.

Das ist natürlich keineswegs die ganze Geschichte. Der Inhalt der 84 Verse, wenn man seinen hypothetischen Rahmen einmal beiseite lässt, hat die kritische, moralische und politische Krise bei Kommentatoren verursacht. Dieser Inhalt schließt uneingeschränkte Verherrlichung ein, wie sie für den Höhepunkt des Personenkults in den späten 30er Jahren typisch war, als der Mythos von Stalin als dem Vater des russischen

Volkes von den Propagandaorganen unermüdlich verbreitet wurde.[15]
Erst der heutige Leser, der die Memoiren von Mandelstams Witwe
kennt, vermag zu ahnen, welche private Bedeutung der Dichter einigen
dieser stereotypen Phrasen und Bilder verlieh: Das Bild von den
Hügeln aus Menschenköpfen in Strophe 4 zum Beispiel, das sich zunächst auf einen Film über Lenin, der zu einer Menschenmenge
spricht, bezieht –»eine Vorlage für so manches Leninplakat«, wie Freidin bemerkt –, beschwört jedoch auch in Mandelstams persönlichem
Bildervorrat aus der Geschichte den Mongolenherrscher Dschingis-
Khan herauf und die Schädelhaufen, die er vor den Toren der Städte
zurückließ, die seinen Armeen Widerstand geleistet hatten.[16]
Es wäre also ziemlich falsch, wenn man die Ode für ein gerissenes
Werk halten würde, beschützt durch Ironie, die der Dargestellte nicht
bemerken kann; für eine Beleidigung, getarnt als Tribut. Es ist nicht nur
keine Unaufrichtigkeit in das Gedicht hineingeschrieben und aus ihm
herauszulesen, man kann sogar eine gewisse Glut oder wenigstens Fie-
berhitze erkennen. Was Nadeschda Mandelstam über die Entstehung
des Gedichts berichtet, wird durch Clarence Browns sorgfältige Analyse
aller anderen Gedichte des Zeitraums vom 16. Januar bis zum 9. Februar 1937 unterstützt und ist absolut überzeugend. Mandelstam umkreiste
das Thema einer Ode an den Tyrannen wirklich beharrlich und geriet
dabei immer tiefer in einen Strudel, den Nadeschda Wahnsinn nannte,
der aber besser mit Entfremdung bezeichnet wäre, eine der Übersetzungen für *ostranenije*: ein Entfremdungseffekt, aber auch eine Entfremdung Mandelstams von sich selbst durch die Anziehungskraft Stalins.
Zwei Kräfte haben also ihre Spuren in dem Gedicht hinterlassen: eine
Kraft der Entfremdung und eine Kraft der Identifikation. Identifikation
kreist um das geheimnisvolle Bild des Zwillings (*blisnez* von *blis*, nahe)
in Strophe 2:

... In Freundschaft weiser Augen fände ich für ihn,
Den Zwilling, ungenannt, den Ausdruck, dem dich nähernd
Du plötzlich ihn erkennst, den Vater siehst schlechthin
Und fast erstickst ...

Den Vater darzustellen – seine Züge mit der Kohle zu zeichnen – stellt sich somit als etwas heraus, was nicht direkt in Angriff genommen werden kann. Es ist, als müsse die Darstellung aus einem Abstand geschehen, in zwei Stufen: Zuerst wendet man seine Aufmerksamkeit einer Attrappe oder einem Modell des Gedicht-Gegenstands zu, und dann, von den Augen/dem Ausdruck des Dargestellten gebannt, füllt man das Modell aus, bis es plötzlich zum Zwilling des Dargestellten wird: der Gleiche, doch anders.

Das erste Zwillingspaar, das im Gedicht erwähnt wird, ist das Paar Stalin – Dschugaschwili (Strophe 2):

Ich möchte danken jetzt dem Hügelland
Das sie geformt hat: Knochen und die Hand so schwielig –
Geboren in den Bergen, bittre Haft hat er gekannt.
Ich will nicht Stalin sagen, eher – Dschugaschwili!

Dieses Zwillingspaar ist merkwürdig, denn obwohl es in gewisser Hinsicht Brüder sind, ist in anderer Hinsicht Dschugaschwili der Vorgänger von Stalin, und man könnte weiter der Ansicht sein, dass Stalin der ältere Mann ist, Dschugaschwili der jüngere, ewig in der Jugend eingefroren, in der er zurückgelassen wurde. Es liegt also schon eine ungelöste Frage der Vorrangstellung in der Luft.

Das zweite Paar, das einen mythischen Untergrund für das Gedicht schafft, ist Prometheus, Bringer der glühenden (Zeichen-)Kohle *(ugol')*, Bringer des Feuers für den Menschen, ewig bestraft für diese Tat durch den Allvater Zeus (Strophe 1), und Christus, Trinker des bitteren Kelchs (Strophe 5), beides Gestalten des leidenden Sohnes/Künstlers, der eine dem alten Pantheon und der alten Ordnung zugehörig, der andere der neuen.

Soweit die Ode eine Unterwerfung unter und eine Bitte an Stalin darstellt, unterbreitet Mandelstam hier zwei Möglichkeiten väterlichen Verhaltens: Die ewige Rachsucht von Zeus und die Gnade des christlichen Gottes, die in der Auferstehung des Sohnes münden wird (siehe Strophe 7). Darüber hinaus spricht er sich klar und deutlich für die gnädige Alternative aus.

Wenn man die Gestalten von Schriftsteller und Tyrann, Sohn und Vater, im mythischen Untergrund des Gedichts ausfindig macht, werden damit jedoch nicht die verwirrenden Fragen der Darstellung im Gedicht erschöpfend behandelt. Warum muss Stalin von seinem Zwilling vertreten werden, ob nun von Dschugaschwili oder vom »Ungenannten«? Warum muss es so schwer sein, Stalin zu zeichnen? Warum muss das Zeichnen zur Wiedergabe einer millionenfachen Darstellung von Stalin werden (»Das plastische, komplexe, steile Lid, es rauscht/ Aus Millionen Bilderrahmen strebend«)? Warum muss die Anrede in diesem Gedicht in einer Sprache formuliert werden, die Mandelstams eigener Sprache so unähnlich und eine Ersatzsprache ist, die Sprache anderer Leute (»das Aufnehmen der offiziellen Rhethorik der Zeit«, wie Freidin sagt, »mit all ihrem wahnsinnigen Geschwafel«, *CMC*, S. 263)? Wird nicht hier von Mandelstam die dunkle Seite der Stellvertretung umgangen, nämlich der Anspruch (der auch eine Drohung ist) des Sohnes (als Ebenbild des Vaters), seinen Erzeuger zu verdrängen? Was kann Mandelstam für einen Grund haben, die Auferstehung, die am Ende des Gedichtes ersehnt wird, nicht zu einer glorreichen Auferstehung zu machen, bei der der Sohn den Thron des Vaters besteigt, sondern zu einer weit entfernten, harmlosen Auferstehung, die in eine ewige, gehorsame Kindheit zurückführt, nur dass das Heranwachsen des Sohnes den Vater bedroht und das Bedrohtsein des Vaters den Sohn noch mehr bedroht?

In weite Ferne gehen Hügel: Menschenköpfe,
Mich wird man nicht mehr sehn, ich werd verschwindend klein –
In Kinderspielen, Büchern, zärtlichen Geschöpfen
Sag ich einst auferstehend, daß die Sonne scheint.

Die Porträtmalerei schafft von Natur aus eine ödipale Konstellation und ödipale Spannungen zwischen Dargestelltem und Künstler. Der Bericht, den Pasternak von seinem Telefongespräch mit Stalin nach Mandelstams erster Verhaftung 1934 lieferte, macht deutlich, dass Stalin sehr daran lag zu erfahren, ob Mandelstam ein bloßer Verseschmied war (in welchem Fall es keine Rolle spielte, was mit ihm geschah) oder ein großer Dichter, ein *Meister*, einer, dessen Ruhm *und dessen Darstellung von Stalin* Stalin selbst überleben könnte.[17] Max Hayward erinnert uns daran, dass – mit Ausnahme von Mandelstam – keiner der großen Dichter der Stalinzeit getötet oder auch nur eingekerkert wurde; es spricht sogar einiges dafür, dass die Verhaftung und Deportation Mandelstams im Jahre 1937 das Werk eines übereifrigen Handlangers gewesen sein könnte. Stalin hatte »eine Art von abergläubischer Hochachtung vor dem außerordentlichen Wert [großer Dichter]«, vermutet Hayward.[18] Was jedenfalls bei der Ode auffällt, ist Mandelstams außergewöhnliche Sensibilität für die ödipale Bedrohung, die einem *großen* Gedicht über Stalin innewohnt, und wie weit er zu gehen bereit ist – bis zu erniedrigender Unterwürfigkeit und überschwänglicher Sorge um Stalins Zufriedenheit –, um die Bedrohung zu kaschieren. Diese Sensibilität zeugt wiederum nicht nur von Stalins Sensibilität für die Usurpationsfrage – jedem Russen allzu gut bekannt –, sondern vielleicht auch von der Stärke des usurpatorischen Drangs bei Mandelstam selbst.[19]

Nadeschda Mandelstam und die Stalin-Ode

Nadeschda Mandelstam spielte nicht nur als Herausgeberin und Kommentatorin ihres Mannes für ein großes Publikum in der ganzen Welt eine wichtige Rolle – in ihren viel gelesenen Memoiren, *Das Jahrhundert der Wölfe*, förderte sie auch einen Mythos von Mandelstam als geopfertem Künstler-Helden, Prometheus und Christus. In ganz unmittelbarem Sinn erhielt sie sowohl die Erinnerung an Mandelstam als auch Mandelstams Werk lebendig; in ihren Büchern lässt sie Mandelstam als einen Mythos für unsere Zeit wiederauferstehen.

Ich habe mich weiter oben auf Nadeschdas Schilderung, wie die Ode entstanden ist, berufen: Mandelstam musste »sich der allgemeinen Hypnose unterwerfen und die Worte der Liturgie, die damals alle Köpfe erfüllte, in sich eindringen lassen«. Nach ihrem Bericht war Ossip deshalb *nicht er selbst*, als er die Ode schrieb. Die Ode gehört nicht zum Kanon seiner Werke.

Ihr Bericht geht jedoch darüber hinaus: Er erklärt die umfassendere Bedeutung, die das Schreiben der Ode hat. Stalins höchst schlaue und finstere Strategie gegen die Schriftsteller der Generation ihres Mannes beschreibt sie so:

»Man schnitt ihnen die Zungen ab und befahl ihnen, mit dem noch verbleibenden Stummel den Machthaber zu preisen ... sicher aber ist, dass keiner, der damals als Schriftsteller tätig war, Zeuge wurde. ... sie konnten mit ihren Zungenstümpfen nichts mehr sagen.« (*JdW*, S. 233–34)

Das ist eine Fabel über poetische Kastration: Dichter, die dem Druck erlagen und taten, was der Tyrann befahl, verloren für immer ihre Kraft als Verkünder der Wahrheit, Bringer des Feuers – eigentlich ihre schöpferische Kraft. Zu dieser Fabel hatte Mandelstam selbst gegriffen: In *Die Vierte Prosa* (1929–30) benutzt er die »Priester ihres Stammes«, die vor ihm mit dem Messer der Beschneidung/Kastration erscheinen, als Metapher für den bürokratischen Literaturapparat mit seiner Macht, zu befehlen und zu verbieten.[20] Stalin und sein Apparat kastrierten eine Schriftstellergeneration und beraubten sie nicht nur ihrer schöpferischen Kraft, sondern auch der Kraft der historischen Zeugenschaft und damit ihrer politischen Macht. Mit den Verwundungen, die er zufügte, garantierte Stalin letztendlich, dass er auch nach seinem Tod nicht verstoßen werden konnte; mit diesen Maßnahmen beabsichtigte er sich eine zweifelhafte Unsterblichkeit zu sichern.

Nadeschda Mandelstam betont immer wieder, dass der Kampf zwischen Künstler und Despoten ein Machtkampf ist, ein Kampf, bei dem – überraschenderweise – der Künstler mit einem natürlichen Vorteil startet. Dieses Paradox ist schon in der Anekdote erkennbar, die sie frei nach Pasternak erzählt. Darin sind die Frage, wer wen überdauern wird, und die Frage, wessen Version oder Darstellung von wem die Kraft haben wird, sich durchzusetzen, miteinander verflochten. In der folgenden Passage aus *Das Jahrhundert der Wölfe* tritt die Machtfrage nackt hervor:

»Die Kunst ist eine Macht‹, sagte er in Woronesch zu Anna Andrejewna, und sie beugte ihren feingliedrigen Nacken. Die Verbannten, die Kranken, Armen, Gehetzten wollten ihrer Macht nicht entsagen.

An O. M.s Auftreten und Benehmen war abzulesen, daß er sich mächtig fühlte, was seine Verfolger ganz besonders erboste. Sie verstanden unter Macht Kanonen, Strafvollzug, Berechtigungsscheine für alles (auch für Ruhm) und die Möglichkeit, ihr Porträt bei jedem Künstler in Auftrag geben zu können. O. M. aber bestand hartnäckig auf seinem Recht – wenn man Menschen für ihre Dichtung in den Tod schickte, so zollte man der Poesie Anerkennung, man fürchtete sich vor ihr, sie war eine Macht.« (S. 198)

Alle Themen, die ich berührt habe, sind in dieser Passage anwesend: der arme, verfolgte, Christus-ähnliche Dichter, der dennoch eine Gestalt mit geheimnisvoller Macht ist; die Frage von Ruhm oder Renommee und wer dessen wahrer Urheber ist; die Frage, wer die Darstellungen kontrollieren wird; und schließlich die Machtrivalität von Dichter und Despot.

»In diesem Land«, schreibt Nadeschda Mandelstam, »ist alle wahre Dichtung unverschämt.« Sie ist unverschämt, weil sie die Macht beleidigt, die Macht angreift. Doch warum ist Dichtung ein Affront gegen die Macht? Zwei provokative Äußerungen Ossip Mandelstams, aus früheren und weniger bedrohten Tagen, geben einen Hinweis:

»Soziale Unterschiede und Klassengegensätze verblassen heute vor der neuen Teilung der Menschen in Freunde und Feinde des Wortes. Eigentliche Lämmer und Ziegenböcke. Fast physisch spüre ich den unreinen Ziegenatem, der von den Feinden des Wortes ausströmt.« (»Das Wort und die Kultur« [1921], in *Gesammelte Essays I*, S. 83)

»Sämtliche Werke der Weltliteratur teile ich ein in genehmigte und solche, die ohne Genehmigung geschrieben wurden. Die ersteren sind schmutziges Zeug; die letzteren – abgestohlene Luft. Den Schriftstellern, die im Voraus genehmigte Dinge schreiben, möchte ich ins Gesicht spucken.« (»Vierte Prosa« [1929–30], in *Das Rauschen der Zeit*, übers. u. hg. von Ralph Dutli, Zürich: Ammann Verlag, 1985, S. 257)

Obwohl solche Aussagen für »das Wort« sprechen, sind sie in Wahrheit nicht »das Wort« selbst. Sie gehören stattdessen zur Polemik der Rivalität, und speziell zur Rivalität von Schriftsteller und Zensor. Es sind

Gegenreaktionen, die deshalb so provozierend wirken, weil sie auf einer Dichotomie bestehen, die völlig anders ist als die übermächtige Dichotomie, in deren Sinn das Wort zensiert wurde. Der Staat bestand auf einer Unterscheidung zwischen fortschrittlicher Literatur und reaktionärer Literatur, autorisierte die Erstere (und bestand mit diesem Akt auf der Macht seiner eigenen *sekundären* Urheberschaft) und lehnte die Letztere ab; zur Kategorie der unautorisierten Literatur zählte der Staat auch das rettende Wort, auf das Mandelstam als Dichter sein ganzes Leben lang wartete. Mandelstams Antwort darauf ist, dass er die Kategorien autorisiert/unautorisiert umkehrt und die Letztere zum positiven Pol erklärt, um dann den Vorrang der Unterscheidung fortschrittlich/reaktionär zu bestreiten, indem er (ketzerisch) behauptet,»soziale Unterschiede und Klassengegensätze« seien nicht von grundlegender Bedeutung.

Der Einsatz wird damit absichtlich und provokativ erhöht (zugegebenermaßen zu einem Zeitpunkt der sowjetischen Geschichte, als auf eine solche Handlung noch nicht die Todesstrafe stand). Während es bei der ersten Konfrontation zwischen Dichter und Staat einfach um die Freiheit der Veröffentlichung geht, steht jetzt die Wahrheit des Marxismus auf dem Spiel. Eine andere Treue, ein anderer Patriotismus werden verkündet, und alle, die sich nicht zu der neuen Ordnung bekennen, werden der Finsternis überantwortet (*Ziegenböcke...* ihnen *möchte ich ins Gesicht spucken*). Mandelstam selbst, oder wenigstens Nadeschdas Mandelstam, hatte den *Wahnsinn* des Patriotismus erkannt,[21] und hatte in anderen Zusammenhängen die Macht des Staates erkannt, seine Bürger in die Paranoia zu treiben (*JdW*, S. 40–41), aber es gibt kein Anzeichen dafür, dass Mandelstam an dieser Stelle die Spirale des Wahnsinns erkennt, während die Reaktionen des Staates ihn in größenwahnsinnige Rivalität treiben. Diese Rivalität und dieser Größenwahnsinn kommen deutlich zum Ausdruck:

> »Es gibt nichts Hungrigeres als den heutigen Staat, und ein hungriger Staat ist schrecklicher als ein hungriger Mensch. Mitleid zu haben mit dem Staat, der das Wort verneint – das ist der öffentliche Weg und die mutige Tat des heutigen Dichters.« (»Das Wort und die Kultur« [1921], in *Gesammelte Essays I*, S. 86)

Mitleid mit dem Staat: Das ist vielleicht heroisch, von Seiten des Poeten; für den Staat kann es aber kaum anders klingen als überheblich.

Ossip Mandelstam wurde, obwohl verstümmelt und danach umgebracht, in seiner vollen Macht wiedergeboren, während sein Verfolger und Mörder der Finsternis überantwortet wurde, sagt Nadeschda. Aber wie hat der kleine Ossip den großen Iossif (die Namen sind verwandt) überlebt, wenn nach ihrem eigenen Bericht so viele seiner Brüder ihrer Macht für immer beraubt wurden, weil sie auf Befehl schrieben? Die Antwort ist: Indem er nicht anwesend war, indem er nicht er selbst war, indem er außer sich war, als das Messer zustieß. Wer führte das verstümmelnde Messer? In jedem Fall war es der Dichter selbst, betont sie. Das Urteil über den Dichter war diabolisch, außergewöhnlich sogar in den langen Annalen der Zensur: Er sollte das Werkzeug der ödipalen Bedrohung aufnehmen und sich selbst verstümmeln, indem er es benutzte, um auf den eigenen Körper oder in das eigene Korpus die Worte nach des Vaters Diktat zu schreiben.

Nadeschdas Allegorie bestätigt somit, dass Mandelstams Gedicht an Stalin, wenn es von irgendetwas handelt, dann davon, wie man das Kastrations-Werkzeug *nicht* benutzt. Stattdessen handelt es davon, was es bedeuten würde, wenn man das Werkzeug der gehorsamen Darstellung (Darstellung als Wiederholung) aufnähme, wenn man die Sprache des Vaters als die des Vaters spräche.[22] Die Tat selbst (die Tat der Selbstverstümmelung) ist nicht gegeben. Sie ist irgendwo im Zentrum des Gedichts, das Gedicht kreist darum, aber nur, wie ein Gemälde um den Fluchtpunkt der Perspektive kreist: Er ist nicht da, wird nicht dargestellt. Mandelstams künstlerische Leistung, erreicht durch etwas, was ich Entfremdung nenne und was seine Frau Wahnsinn nennt, ist ein Akt der Verzweiflung: Er schafft den Körper einer Ode, ohne wirklich darin zu wohnen. Im Schachspiel der Macht, das Stalin nicht nur mit Mandelstam, sondern mit allen Meistern des Wortes spielte, denen es zukommen würde, das letzte Wort über ihn und seine Zeit zu sprechen – ein Spiel, bei dem Stalin listigerweise ihrem Urteil zuvorzukommen suchte, indem er ihre besten letzten Worte auf der Stelle verlangte –, können wir uns Mandelstam vorstellen, wie er mit seiner Ode auf ein Unentschieden spielt. Kein echtes Unentschieden (das wäre eine zu große Provokation), nicht einmal ein Unentschieden, das man *aktiv anstrebt*: Eher ein technisches Remis, in das ein schwächerer Spieler manchmal *hineingerät*, ohne dass es den Anschein hat, er *dränge* seinen Gegner *hinein*, bestenfalls mit einem Endstand von einem halben Punkt, unterlegen, aber nicht entehrt.

Zbigniew Herbert und die Figur des Zensors (1991)

Als Isaak Babel auf dem sowjetischen Schriftstellerkongress von 1934 nachdrücklich aufgefordert wurde, sich den sozialistischen Realismus zu Eigen zu machen, verkündete er, dass er es vorziehen würde, »das Genre des Schweigens« zu praktizieren.[1] Einige führende russische Schriftsteller widmeten sich hartnäckig dem Genre des Schweigens als einer Form des Widerstands gegen ideologische Vorschriften. Ihr Schweigen wurde allgemein als Weigerung, ihre Kunst den staatlichen Forderungen anzupassen, interpretiert und hatte eine lang anhaltende moralische und sogar politische Wirkung.

Bis zu Stalins Tod im Jahre 1953 und noch etliche Zeit danach wurde gegen die Schriftsteller in der Sowjetunion und ihren Satellitenstaaten ein System eingesetzt, das Stanisław Baranczak ein »komplexes System aus Terrormaßnahmen, Lockmitteln, Lügen und raffinierten Scheinbegründungen« nennt.[2] Nach 1956 verringerte sich der Anteil offener Terrormaßnahmen in diesem Gemenge. Miklos Haraszti schrieb über die ungarische Variante der sich entwickelnden neuen und stärker manipulativen Zensur:

> »Die traditionelle Zensur setzt die inhärente Gegnerschaft von schöpferisch Tätigen und Zensoren voraus; die neue Zensur bemüht sich, diesen Antagonismus zu beseitigen. Der Künstler und der Zensor – zwei Gesichter der offiziellen Kultur – kultivieren fleißig und fröhlich gemeinsam die Gärten der Kunst.«

Die Verabschiedung von der eisernen Faust war deshalb nicht automatisch mit einer Lockerung der Kontrolle verbunden. Im Gegenteil, behauptet Haraszti, durch die Verinnerlichung der Zensorfunktion wurde der einzelne Schriftsteller in das System eingebunden.

Indem er mit dem ihn kontrollierenden Zensor kooperierte, war er in gewissem Sinn zu einem Prototyp der »neuen Persönlichkeit« geworden, die der Kommunismus schaffen wollte.[3]

In Polen machte die Zensur ihre eigenen Tauwetter- und Frostperioden durch, die sich zum Teil nach der Sowjetunion richteten, zum Teil auf Entwicklungen in Polen selbst reagierten. Während der 70er Jahre war die Kontrolle besonders streng, und die Zensoren griffen 10 000 Mal jährlich ein. In welchem Ausmaß nicht nur das kulturelle Leben, sondern auch der tägliche Informationsfluss von oben kontrolliert wurde, kam 1977 ans Licht, als einer der staatlichen Funktionäre einen Stapel ministerialer Weisungen außer Landes schmuggelte. Aus diesen Dokumenten – die später als so genanntes Schwarzbuch veröffentlicht wurden – ging hervor, dass Persönlichkeiten aus der Kultur, die dem System missliebig waren, nach genau definierten Regeln behandelt wurden. In extremen Fällen – wie dem des Philosophen Leszek Kolakowski – durfte der Name des in Ungnade Gefallenen nirgendwo genannt werden und keine positive Besprechung seines oder ihres Werkes erscheinen. In einer zweiten Kategorie (unter die Czesław Miłosz und Aleksandr Wat fielen) durften sie ohne vorherige spezielle Erlaubnis des Ministeriums nicht erwähnt werden; in den öffentlichen Medien (Radio, Fernsehen, Presse) galt das Verbot absolut. Eine dritte und mildere Kategorie beschränkte die Erwähnung auf wissenschaftliche Publikationen. 1976 wurde Zbigniew Herbert, zusammen mit sechsunddreißig anderen Intellektuellen, die gegen Änderungen der Verfassung protestiert hatten, auf eine schwarze Liste gesetzt: Sein Name durfte ohne Erlaubnis der obersten Zensurbehörde nicht erwähnt werden.[4]

Die Existenz eines Zensurapparates wurde selbst als Geheimsache behandelt. Anweisungen im Schwarzbuch wurden als nur für die Zensoren bestimmt und »niemandem gegenüber offen zu legen und als Begründung für Zensurmaßnahmen zu nennen« gekennzeichnet.[5] Aber als der Inhalt des Schwarzbuches in weiten Kreisen bekannt wurde, entwickelte sich die Zensur zur brisanten politischen Frage. Lockerung der Zensur stand auf der Forderungsliste der 1980 in Gdansk Streikenden weit oben.[6]

Während das System an der Macht war, gehörte Zensur zum beruflichen, aber auch zum psychischen Milieu des Schriftstellers. Zensurvorgänge wurden noch komplizierter durch Verbindungen zwischen Schriftstellern und anderen Intellektuellen, die aus privaten Gründen, von denen einige verwerflich, andere weniger verwerflich waren, vielleicht Teil des Apparates gewesen waren. Der Umgang mit den Zensoren, den inneren und den äußeren, wurde nicht nur zu einem wichtigen Anliegen, sondern auch zu einem ständigen, wenn auch versteckten Thema der polnischen Literatur. Baranczak schreibt:

»Der Autor pflegte eine Schau vor dem Zensor abzuziehen und vorzugeben, dass er wirklich die Absicht gehabt hätte, einen Roman über die Borgias zu schreiben; gleichzeitig zwinkerte er dem Leser zu und gab vor, dass er eigentlich einen Roman über den Stalinismus geschrieben habe. Der Leser wiederum zwinkerte zurück und gab vor, dass er die Anspielung verstanden habe, und der Zensor tat das Gleiche und gab vor, dass er es nicht bemerkt habe.«[7]

Letztendlich schuf dieses Geflecht aus Täuschung und Selbsttäuschung aber eine »sterile« Literatur, sagt Baranczak abschließend. Der Romancier Tadeusz Konwicki bestätigt dieses Urteil. Zensur kann einen Schriftsteller in der Tat »dazu anregen, Möglichkeiten zu schaffen, die Zensur zu umgehen, und den Schriftsteller zwingen, Metaphern anzuwenden, die den literarischen Text auf eine höhere Stufe heben«.[8] Aber mit der Zeit werden die äußerst subtilen Formen, die aus dem Spiel mit dem Zensor entstehen, selbst zur Konvention. »Die Geheimsprache wird öffentlich, und der Zensor wird auch sie verbieten. Es werden also neue, noch subtilere Formen ersonnen. Und so geht das immer weiter, und die Literatur wird immer verschlüsselter und verliert schließlich jede Lebensnähe.«[9]

Das Spiel von geheimer Absprache, stillschweigendem Einverständnis und gegenseitiger Täuschung zwischen Autoren und Intellektuellen beschränkte sich nicht auf die Literatur, sondern pflanzte sich im kulturellen Leben allgemein fort, wo es eine eigene Dynamik bekam und zu unerwarteten Ergebnissen führte. »Genau das System, das geschaffen

worden war, um die sozialistische Kunst zu verbreiten, [förderte] ein un-
geahnt kritisches kulturelles Leben«, sagt Jeffrey Goldfarb. »Der Kampf
mit engstirnigen Verlegern, Zensoren, Beamten [führte] zur Entfremdung von Künstlern, so dass vom System selbst ›kulturelle Dissidenten‹
produziert [wurden].«[10]

Zbigniew Herbert war vierundzwanzig Jahre alt, als die Kommunisten in Polen die Macht ergriffen. Als recht bald offensichtlich wurde,
was die Partei von den Schriftstellern erwartete, dass sie nämlich, mit
Stalins Worten, »Ingenieure der menschlichen Seele« sein sollten, trat
Herbert aus dem Schriftstellerverband aus und zog sich ins Schweigen
zurück.

Über die stalinistische Unterdrückung – oder, wie es im revisionisti-
schen Sprachgebrauch hieß, »die Periode der Irrtümer und Verzerrun-
gen« – bemerkte Herbert: »Ich glaubte, dass [sie] bis an mein Lebensende bestehen bleiben würde. Ich war absolut sicher... Man musste die
innere Emigration wählen... Als ich noch Mitglied des Schriftsteller-
verbands war, sagte ich mir, dass ich nie etwas nach den Richtlinien der
Partei schreiben würde. Ich würde es einfach nicht tun.« Für diese Weigerung nahm er kein heroisches Motiv in Anspruch. »Kann man einen,
der sich nicht zu Frauen hingezogen fühlt, asketisch nennen?... Ist es
eine Tugend, oder ist es ein Gebrechen?«[11]

Herberts erster Gedichtband erschien 1956. Als sein Name immer
bekannter wurde, konnte er ins Ausland reisen. In den Jahren 1965 bis
1971, und noch einmal in den schwierigen Jahren 1976 bis 1980 lebte er
im Ausland. In den 70er Jahren war seine internationale Reputation zu
gefestigt, als dass ihm eine schwarze Liste in seiner Heimat schaden
konnte. Sein Verhältnis zu den Zensoren war daher in mancherlei Hinsicht untypisch. Dennoch bleibt das Schreiben unter einem Zensur-
regime in einer Sprache, die nur in einem Land gesprochen wird, ein
Schicksal, das sich qualitativ vom Schreiben in einer Weltsprache für
einen offenen Markt unterscheidet. Die Amtsstube des Zensors schafft
ein Kraftfeld, das alle in der Nähe Arbeitenden beeinflusst, ob sie es zu
ignorieren versuchen oder nicht. Was sich aber von Fall zu Fall ändert,
ist, wie sich die Kraft bemerkbar macht, wie sie intern umgewandelt
wird.

Es gibt noch eine weitere Dimension. Ein unter Zensur heraus-gebrachtes Werk hat eine andere Existenzform als ein unter unein-geschränkten Verhältnissen publiziertes Werk. Im ersteren Fall ist die Veröffentlichung ein Akt von anderer und größerer gesellschaftlicher Bedeutung, während das Lesen eine komplexere, argwöhnischere und vielleicht aufmerksamere Tätigkeit ist. Welche Anstrengungen Herbert auch machte, die Zensur auszublenden oder zu ignorieren, seine Ge-dichte konnten sich nicht von der Umgebung abschotten, in der sie gele-sen werden sollten.

Wenn ich mich nun Herberts Gedichten widme, geschieht das inner-halb dieses Gefüges von inneren und äußeren Kräften. Dabei verstehe ich sie weniger als Reaktionen auf die polnische Zensur, wie jene Zensur auf spezifische Momente in Polens Nachkriegsgeschichte reagierte und selbst Teil dieser Geschichte war, sondern vielmehr als Beispiel für das komplexe allgemeine Problem des Schreibens unter einem Zensur-regime.

Ich beginne mit einem Gedicht, das ganz den Anschein erweckt, als sei es eine antisowjetische Aussage, die mit einer Allegorie getarnt wurde, um den einfältigen Zensor zu täuschen. Die dramatische Situation in »An Marc Aurel« ist eine vertraute Situation bei Herbert. Der Sprecher, Vertreter einer sterbenden Ordnung, erwartet die Invasion der Barbaren (»es ist die alte angst die finstre angst/was da ans morsche menschenufer schlägt«) und sagt zu Marc Aurel: »reiche deine hand mir überm dun-kel«.[12] Das Gedicht handelt also von Solidarität und beschwört speziell die Solidarität von Kameraden, die von der Vernichtung bedroht sind. In der offensichtlich allegorischen Interpretation stehen Marc Aurel und der polnische Dichter, der ihm über die Jahrhunderte hinweg seine Hand entgegenstreckt, für die Werte der westlichen Zivilisation, die drohenden Horden stehen für die Russen.

Aber wenn man das Gedicht in dieser Weise enthüllt, wenn man nahe legt, das Enthüllen der Allegorie stelle eine Interpretation dar, wird man ihm wohl kaum gerecht. Denn das Gedicht lädt zur Enthüllung ein und legt gleichzeitig eine Frage nahe: Angesichts des Zwangs zur allegori-schen Interpretation, erzeugt von den Realitäten der historischen Situa-tion Polens und in der Tat von der Paranoia der Zensur selbst (die von

Natur aus gegen harmlose Interpretationen ist und ihre Angewohnheit der Überinterpretation auf die ganze Lesergemeinschaft überträgt), wie wäre es da möglich, ein authentisches Gedicht über Marc Aurel zu schreiben? Diese Frage, die im Kern die Frage nach der Authentizität selbst ist – Was ist das Echte? Ist es möglich, das Echte unter einem Regime der Überinterpretation zu schreiben? –, wird weniger indirekt in »Warum Klassiker« angesprochen.[13] Das Gedicht wird angeregt von einer autobiographischen Passage in *Der Peloponnesische Krieg*, in der Thukydides, ohne sich entschuldigen zu wollen, den einzigen Fehler beschreibt, den er als General im Krieg beging, einen Fehler, für den er mit lebenslänglichem Exil bezahlte. Herberts Gedicht endet wie folgt mit einer deutlichen Moral:

> wenn ein zerschlagener krug
> zum thema der kunst wird
> die kleine zerschlagene seele
> mit dem großen leid über sich

> wird das was nach uns zurückbleibt
> wie das weinen des liebespaares
> in einem kleinen schmutzigen hotel
> wenn morgens die tapeten dämmern

Die Antwort auf die von der Überschrift nahe gelegte Frage – Warum Klassiker? – lautet also: Die Klassiker, weil sie Modelle für eine Reaktion auf Unglück liefern, Modelle, die, anders als das Selbstmitleid der Liebenden, uns überdauern werden; die Klassiker, weil die Klassiker eine Antwort sind auf unsere Suche nach einem Modell, wie man klassisch wird, das heißt, wie man Bestand hat. (Im Gedicht »Die Einstigen Meister« wird Herbert wieder schreiben: »ich rufe euch Alte Meister/in schweren Momenten des Zweifels.«)[14]

Es ist durchaus möglich, bei der Interpretation von »Warum Klassiker« noch weiter zu gehen und aus dem dort verdeckt Angesprochenen den polnischen Künstler oder Intellektuellen zu machen, dem ein lebenslanges Exil droht, abgeschnitten von der westlichen Kultur, zu der er sich zugehörig fühlt. Trotzdem kann die erste Interpretation nicht unter der zweiten begraben werden: Das Gedicht handelt davon, wie man den Eroberer überdauert, und gleichzeitig davon, wie man die alles besiegende Zeit überdauert. Andererseits ist es nur schwer vorstellbar, wie es als Gedicht über Zeit und Sterblichkeit nicht eine Vergangenheit – die klassische Vergangenheit – beschwören könnte, die es geschafft hat, bis in die Gegenwart hineinzureichen und dadurch dafür zu sorgen, dass man es zwischen den Zeilen als Gedicht liest, das davon handelt, wie man die unveränderte Vergangenheit-in-der-Gegenwart (was vom Westen in Polen erhalten bleibt) für die Zukunft bewahren kann.

Das Schreiben zwischen den Zeilen ist natürlich eine bekannte Strategie, die deshalb so raffiniert ist, weil sie den Zensor, der selbst genauso zwischen den Zeilen lesen kann, wie der Schriftsteller zwischen den Zeilen schreiben kann, in eine taktisch ungünstige Lage bringt: Wenn er nicht irgendwie das Vorhandensein von etwas beweisen kann, wo es nichts, eine Leerstelle, zu geben scheint, riskiert er Spott. Unter der bevormundenden poststalinistischen Zensur wurde jedoch sogar der Raum zwischen den Zeilen kolonisiert. Über Ungarn in den frühen 80er Jahren schreibt Haraszti:

»Debatten zwischen den Zeilen sind ein akzeptaler Startplatz für Versuchsballons ... Die dort geäußerten Meinungen sind dem Staat nicht fremd, sondern sind vielleicht einfach verfrüht. Das ist die wirkliche Funktion dieses Platzes: Er ist das Auffangbecken für loyale Abweichungen, die aus dem einen oder anderen Grund jetzt nicht offen geäußert werden können.«[15]

Wenn Schriftsteller und Zensoren die von Haraszti beschriebene Stufe der Übereinkunft erreicht haben und der Raum zwischen den Zeilen als privilegierter Kanal für geheime Mitteilungen etabliert ist, dann zieht es der ehrenhafte Schriftsteller vielleicht vor, ihn nicht zu benutzen.

Ich bin nun näher daran, die Verwerfung, die es auf der von Herbert bearbeiteten Bewusstseinsebene gibt, zu definieren, eine Verwerfung, die direkt vom Zensor-Leser und nicht vom Dichter herrührt. Sie resultiert daraus, dass Herberts authentisches Bezugsfeld und seine authentische Arbeitsweise sich stark überschneiden mit dem Bezugsfeld und der

Arbeitsweise eines Schriftstellers, der beim Schreiben ängstlich nach dem Zensor schielt. Herbert ist ein anspielungsreicher und ironischer Dichter, nicht weil er Anspielungen und Ironie als Hilfsmittel nutzt, um dem Rotstift des Zensors zu entgehen, und nicht einmal weil die Zeitgeschichte ihn vorsichtig und indirekt gemacht hat, sondern weil für ihn Anspielungen eine Art der humanistischen Bejahung darstellen und Ironie ein ethischer Wert ist.[16]

Man betrachte aus dieser Sicht »Drei Studien zum Thema Realismus«.[17] Das Gedicht hat drei Teile, von denen jeder einen unterschiedlichen historischen Stil des Realismus beschreibt (als ob ein Gemälde beschrieben würde): den klassischen Realismus, den romantischen Realismus, den sozialistischen Realismus. Der sozialistische Realismus benutzt »nur zwei farben«, »die farbe ja und die farbe nein«, und verwendet eine abgenutzte Bildsprache mit geballten Fäusten etc. (»später«, sagt der Apologet, »wenn wir die früchte [unserer Arbeit] bewohnen werden/ werden wir die feine farbe ›vielleicht‹ benutzen.«) Das Gedicht »handelt« somit »von« der Anmut des siebzehnten Jahrhunderts, der Farbe und Vielfalt (aber auch der Schwere) des neunzehnten, der Tristesse des zwanzigsten; aber diese Charakterisierungen sind nicht als Urteile über die historische Realität angelegt, sondern als Bericht über die historisch bedingten Darstellungsformen, d. h. die Arten von Realismus. Das Auge des Zensors liest das Gedicht vielleicht, als beabsichtige es, ein Urteil über das Leben unter dem Sozialismus als Urteil über die Kunst zu tarnen; aber in seiner sicheren Logik tadelt das Gedicht eine solche Interpretation, weil sie die Realität mit den Formen der Wiedergabe dieser Realität verwechselt.

Es ist schwer, bei diesem – trotz seiner Bemühungen um Leichtigkeit etwas angestrengten – Gedicht den Eindruck zu vermeiden, dass Herbert in dem von der Institution Zensur geschaffenen Kraftfeld eine didaktische Demonstration durchführt, wie der Zensor zu einer Missinterpretation hingeführt werden kann, so dass er den zweiten Referenten für den ersten hält. (Wenn der Zensor, das Spiel durchschauend, das mit ihm gespielt wird, der Lektion auszuweichen versucht, indem er das Gedicht wörtlich nimmt, geht er das Risiko ein, naiv zu erscheinen und sich als unfähig zu erweisen, das Täuschungsmanöver zu durchschauen, wofür er doch bezahlt wird, als unfähig, die Paranoia des Staates zu verkörpern. Da ihm ein Leitprinzip fehlt, kann er nur auf die politisch passendste Interpretation zurückgreifen – wie Goldfarb scharfsinnig feststellt.)[18] Was alles nicht besagen will, dass Herbert nie die äsopische Methode anwendet. Es gibt Gedichte – überwiegend Prosagedichte – die schon in ihrer Form eine parabolische Absicht verkünden: »Der Kaiser«, »Des Kaisers Traum«, »Russisches Märchen«, »Beschreibung des Königs« zum Beispiel. In diesen Stücken ist Stalin das unmissverständliche, wenn auch verhüllte erste Sujet.[19]

»Die Heimkehr des Prokonsuls« ist auf den ersten Blick ein weiteres Gedicht der unzweideutigen Zweideutigkeit: Der Hof des Kaisers, an den der Prokonsul angstvoll aus den entfernten Provinzen des Reiches zurückkehrt, kann nur der Hof Stalins sein (oder der eines der kleinen Stalin-Nachahmer), und das Schicksal, das ihn dort erwartet, wird kein anderes sein als die Liquidierung, die so viele von Stalins Statthaltern ereilte.[20]

Der Fatalismus von Stalins Opfern, ja, ihre Lähmung angesichts der Vernichtung, ist oft kommentiert worden. Soweit das Gedicht dazu einlädt, es als Dramatisierung des Selbstbetrugs, mit dem sich ein solcher Fatalismus vor sich selbst rechtfertigt, im Stile Robert Brownings zu interpretieren, gehören die folgenden Zeilen zu jener Psychologie des Selbstbetrugs:

> der kaiser übrigens mag die zivilcourage
> in gewissen grenzen natürlich gewissen vernünftigen grenzen
> im grunde genommen ist er ein mensch wie wir alle

Diese Zeilen handeln von der Vorhersage, wie sich der Tyrann verhalten wird, und davon, ein Gesicht nicht voll elender Furcht, sondern voll »Zivilcourage« in vernünftigen Grenzen vorzuzeigen – als Überlebensstrategie, um damit einen Abstand zwischen sich und den anderen Liquidierungskandidaten zu schaffen. Die Art von Courage, die der Prokonsul einzusetzen plant, ist unecht, soweit sie nicht mehr einen Wert an sich, sondern ein Mittel zu einem bestimmten Zweck darstellt.

An diesem Punkt lädt »Die Heimkehr des Prokonsuls« zu Fragen auf einer anderen Ebene ein. Bietet das Gedicht seine eigenen wahren Überzeugungen dem Blick der Obrigkeit dar? Wenn das so ist und wenn diese Überzeugungen mutig sind, kann dann dieser Mut vielleicht unecht sein, das Ergebnis einer Berechnung, ein Versuch, das Verhalten des Tyrannen vorherzusagen? Bei einer solchen Interpretation ist die Härte oder Milde des Tyrannen gleichgültig (das heißt, es spielt keine Rolle, ob er ein Stalin ist oder nicht). Das Gedicht handelt von der Beziehung zwischen dem Ich und der Obrigkeit unter Bedingungen eines totalitären Regimes und insbesondere von der Unmöglichkeit, unter Bedrohung (Bedrohung mit dem Tod, Bedrohung durch Zensur) »echt« zu sein, das authentische Ich auszudrücken – das heißt von der Unmöglichkeit, sicher zu sein, dass das Ich sich authentisch darbietet.

Angesichts solcher Fragen wende ich mich einem Gedicht aus Herberts Herr-Cogito-Serie zu, »Der Drache des Herrn Cogito«.[21] Während die drohende Finsternis im früheren Marc-Aurel-Gedicht die definierbare (wenn auch alles zerstörende) Finsternis der Barbarei ist, lässt sich schwer präzisieren, welcher »Drache« Herrn Cogito bedroht:

> er ist wie ein weites Tief
> das über der Landschaft hängt
>
> nicht zu berühren
> nicht mit der Feder
> nicht mit dem Speer
>
> gäbs nicht die würgende Last
> und den Tod den er sendet
> könnte man meinen
> er sei Abstraktion
> in der Art der Informellen
>
> aber es gibt ihn
> ganz sicher

wie Gas
dringt er durch alle Fenster
vergiftet die Brunnen
bedeckt das Brot mit Schimmel

Beweis für die Existenz des Drachen
sind seine Opfer
kein unmittelbarer
doch hinreichender Beweis

Stanisław Baranczak verweist auf die Verlagerung des Blickfelds in Herberts späteren Gedichten, einschließlich dieses Gedichts, auf »die weitverbreitete Auflösung der Wertesysteme, die Banalisierung des Bösen, das Schwinden von Grenzsituationen, in denen sich der moderne Mensch moralisch definieren könnte, und den Mangel an transzendentalen Stützen, an denen er sich orientieren könnte. Die Leere ... bekommt neue Erscheinungsformen und Bedeutungen.«[22]

In gewissem Sinn ist das erstickende Tief, gegen das Herr Cogito zu Felde zieht, eine Metapher für den Komplex von Verlusten oder Fehlstellen, den Baranczak beschreibt. Aber wenn man sagt, es »ist« eine Metapher, dann verkleinert man gerade das Problem von Herrn Cogito. Das »Tief« »ist« nicht da; vielmehr ist es ein Mangel, der für einen Mangel steht: Es sieht aus wie eine Metapher, hat aber nur die Form, nicht die Substanz einer Metapher; auch die Form »hat« es nicht: es »hat« nichts; es ist »in der Art der Informellen«.

Die Aufgabe von Herrn Cogito, diesem Don Quijote der Feder, ist deshalb weniger, den Drachen zu töten, als ihn aufzuspüren. Er »beleidigt den Drachen/fordert ihn heraus«; das ist seine Strategie, und er hofft, dass er sich zeigt,

bevor der Sturz der Ohnmacht
der gewöhnliche Tod ohne Gloria
das Erwürgen durch die Uniform
erfolgen

Es ist klar, dass der Drache nie kommen wird, es ist klar, dass Herr Cogito verdammt ist, die Vorstadtstraßen mit seiner Lanze/Feder auf und ab zu schreiten und in den Nebel (oder was es sein mag) zu rufen, bis die Nachbarn und andere »Vernünftige« sagen, »man könnte mit einem Drachen/koexistieren«, und Herrn Cogito nach Hause locken, damit er von seiner Torheit geheilt wird.

Was ruiniert das Leben von Herrn Cogito? Eine mögliche Antwort, die Antwort, die Baranczak in der oben zitierten Passage gibt: Es ist eine um sich greifende moralische Trägheit, eine Auszehrung der Zivilisation. Es ist etwas, das die moderne Welt befallen hat, ein Sturz in die Bedeutungslosigkeit. Eine andere Version einer solchen Antwort wäre: Es ist die Last des Sozialismus in Osteuropa, dessen Glaube an sich selbst sich gänzlich erschöpft hat, der aber noch nicht zu sterben bereit ist.

Warum ist dann Herr Cogito eine absurde Gestalt? Was qualifiziert ihn für die Ironie, mit der er behandelt wird? Nicht seine Überzeugung, dass die »transzendentalen Stützen« verschwunden sind oder dass der polnische Sozialismus inzwischen alt und leichenstarr ist – die meisten klugen Leute, sogar die meisten »Vernünftigen« würden da zustimmen. Eher der Glaube des Herrn Cogito an die Existenz eines Drachens, für dessen Existenz es nur den Beweis gibt, dass die Brunnen vergiftet sind, das Brot mit Schimmel bedeckt ist und dass es überall Opfer gibt. Wie Don Quijote versteht er nicht, wie doppelbödige bildliche Darstellungen (die Metaphern einschließen) funktionieren. Er versteht nicht, dass »Drache« für ein gewisses Arsenal an Abstraktionen (wie die oben genannten) steht, deren Wirkung verhängnisvoll ist. Wenn Herr Cogito lesen würde, wäre er fast sicher ein ebenso naiver Leser wie Quijote.

Herberts großes Gedicht »Herrn Cogitos Vermächtnis«[23] endet so:

gehe denn nur so wirst du aufgenommen unter die kalten schädel
deiner ahnen: Gilgamesch Hektor Roland
die das reich ohne grenze als auch die stadt der asche verteidigt haben
bleib treu und geh

Die vorherrschende Tonart in »Herrn Cogitos Vermächtnis« ist zur
Abwechslung nicht Ironie, sondern tragische Paradoxie. Deshalb wird
Quijote nicht aufgezählt unter denen, »die das reich ohne grenze als
auch die stadt der asche verteidigt haben«. Denn unter den Vorwürfen,
die Zbigniew Herbert seinem Geschöpf Herrn Cogito macht, und dabei
mit den Stimmen von François Villon und zahlreichen anderen geister-
haften Inkarnationen spricht, ist auch der Vorwurf, er

> wiederhole die alten menschheitsbeschwörungen märchen legenden
> denn so erreichst du das dir unerreichbare gut
> wiederhole die großen worte wiederhole sie trotzig
> wie wüstenwanderer sie wiederholen im sande verendend

Der Held ist kein Entschlüssler von doppelbödigen Bedeutungen, sondern ein naiver Leser, der Geschichten für bare Münze nimmt. Die Loyalität des »Boten« gilt auf einer ethischen Ebene der Treue an sich, und
auf einer ästhetischen Ebene den »großen Worten« an sich. Die Loyalität
im Gedicht »Der Drache des Herrn Cogito« gilt der Treue seines komi-
schen Helden zu seiner Ritterpflicht; die ästhetische Loyalität gilt einer
naiven Interpretation, bei der »Drache« für Drache steht.[24]
Fünf Männer sollen vom Exekutionskommando erschossen werden
(»Die Fünf«).[25] In solch schrecklichen Zeiten muss gefragt werden, sogar
vom Dichter, wie relevant die Dichtung ist. »also wozu/habe ich unnütze verse von blumen geschrieben« in diesen Zeiten? Herbert schiebt
die Antwort auf, bis er eine offensichtlich leichtere Frage gestellt und
beantwortet hat: Worüber haben die fünf Männer in der Nacht vor ihrer
Exekution gesprochen?

> von prophetischen träumen
> vom abenteuer im bordell
> von fahrzeugteilen
> der seereise
> daß er nur kreuze bekam
> daß man nicht hätte anfangen sollen
> daß wodka das beste ist

daß nach dem wein der kopf brummt
von mädchen
von früchten
vom leben

Ohne Übergang kehrt er nun zur ursprünglichen Frage zurück und beantwortet sie:

also darf man
in der lyrik namen von griechischen hirten verwenden
versucht sein die farbe des himmels am morgen festzuhalten
von liebe schreiben
sogar
noch einmal
mit sterblichem ernst
der verratenen welt eine rose
schenken

Welche Logik gestattet es dem Wort »also«, so entschieden aufzutreten?
Eine Antwort, die Antwort, die der Leser vielleicht vermutet: *Weil* die
Fünf ihre letzte Nacht nicht damit zugebracht hatten, Helden zu sein,
weil sie sich nicht so verhalten hatten, als stünden sie auf der Bühne
der Geschichte, sondern normale menschliche Wesen geblieben waren,
deshalb darf (Herberts sorgsame Wortwahl: nicht *muss*) Dichtung der
Welt etwas davon geben, wonach die Menschen in ihren Hoffnungen
und Sehnsüchten suchen: eine Vision von einer idealen Welt. Das Gedicht hat demnach etwas mit dem Kostbaren zu tun, damit, was aus der
Geschichte dieser fünf Leben und fünf Tode man festhalten sollte.

Trotzdem gehört der Schritt vom *Weil* zum *Deshalb* nicht zur Logik,
sondern zur Rhetorik: Er soll überzeugen, doch seine Überzeugungs-
kraft gewinnt er eben aus dem atemberaubenden Sprung über den Abgrund der unlogischen Schlussfolgerung. Den Worten »also darf man/
in der lyrik« könnte beinahe alles folgen, auch Fanfarenstöße, die zur Tat
rufen, was wahrscheinlich dem Fragesteller der Frage »also wozu/habe
ich unnütze verse von blumen geschrieben«? am liebsten wäre – solange

das, was nach dem »also« kommt, mit genügend rhetorischem Feuer ausgestattet ist.

»Die Fünf« scheint vielleicht ein Gedicht zu sein, das die Autonomie der Kunst gegen Versuche verteidigt, ihr eine bestimmte gesellschaftliche Rolle vorzuschreiben, aber das ist nicht ganz die Wahrheit. Vielmehr ist »Die Fünf« ein Versuch, die Kraft der Kunst zur Selbstbestätigung poetisch darzustellen. Das Gedicht *argumentiert* nicht – als Argumentation hat es buchstäblich ein Loch in der Mitte –, sondern *ist* ein Argument. Wenn es von irgendetwas handelt, dann von Kraft: von der eigenen Kraft, der Kunst und der Geschichte eine Logik aufzuzwingen, aber implizit auch von der Kraft, die erforderlich wäre, um der Kunst und der Geschichte eine konkurrierende Logik aufzuzwingen. In diesem Sinn richtet sich das Gedicht nicht nur gegen Fragesteller, die »unnütze Verse« angreifen, sondern auch gegen eine Interpretation, jede Interpretation, die das Gedicht zu unterjochen und abzulehnen versucht. Wenn Herbert den Kampf gegen diese Fragesteller und Interpreten – einschließlich des sozialistischen Zensors, der geneigt ist, Ästhetizismus oder Solipsismus zu verdammen – aufnimmt, ist der von ihm vorgeschlagene Test letztlich der gnadenloseste von allen: die Kraft, den Stürmen der Zeit zu trotzen, der Durchhaltetest, der Test des Klassischen.

In seiner Studie über Herbert behauptet Baranczak, der Rahmen von Herberts Dichtung werde gebildet von der Polarität von Ost und West, Vergangenheit und Gegenwart, dem Mythischen und dem Empirischen. Diese Polaritäten können sich gelegentlich verbinden, fährt er fort, zur synkretistischen Polarität von Erbe und Enterbung, wobei das Erbe ein europäisches und klassisches ist, und die Enterbung, zumindest symbolisch, vom Jahr 1944 herrührt. In keiner dieser Polarisierungen behält ein bestimmter Pol für längere Zeit die Oberhand; stattdessen halten sich die Gegensätze gegenseitig im »dynamischen Gleichgewicht«.

So weit beschreibt Baranczak nur, was wir als die ästhetische Struktur der prototypischen Dichtung des *New Criticism* betrachten könnten. Aber er fährt fort: »Das grundlegende Strukturmuster in Herberts Dichtung ist nicht nur... unablässige Konfrontation..., sondern die *wechselseitige Entlarvung* der zwei widersprüchlichen Wertesysteme und Realitätsformen: der Realität des Erbes und der Realität der Enterbung.«[26] Nach Baranczaks Interpretation ist daher Herberts Ironie ihrem Wesen nach völlig verschieden von der Ironie, die vom *New Criticism* geschätzt wird, die eine Art Magnetfeld ist, in dem das Gedicht als sprachliche Ikone schwebt.

Herberts Ironie ist ontologisch fundamentaler: Einerseits präsentiert sich danach zwar die von der großen europäischen Tradition erzählte Geschichte der Vergangenheit als Realität, doch die Erfahrung der Gegenwart entlarvt sie als lediglich eine Sammlung tröstlicher Fiktionen; andererseits behauptet die Welt mit ihrer rohen empirischen Präsenz, Realität zu sein, doch die Klassiker offenbaren, dass sich hinter dieser Realität ein Geflecht vertrauter alter Mythen bewegt und sie belebt. (Schließlich entlarvt »Aus der Mythologie« den Gott der Ironie selbst: »dann kamen die barbaren. Auch sie schätzten sehr den götzen der ironie. Sie zertraten ihn mit den absätzen und schütteten ihn in die speisen.«)[27]

Wenn selbst Ironie zertreten, gezähmt und als Würze benutzt werden kann, was bleibt dann, um dem Barbarischen zu widerstehen? Gibt es wirklich ein Absolutes in Herberts Dichtung? Ist dieses Absolute der Nihilismus der Langobarden, der frisch angekommenen Usurpatoren der zivilisierten Welt, die »ins tal sich stürzen/schreiend ihr zähes nothing nothing nothing«?[28]

Ich wende mich nun zwei von Herberts Gedichten zu, bei denen in jeder *Interpretation* von Barbarei die Rede sein muss: »Am Tor des Tals«, worin die Engel, die die Menschheit in die Geretteten und die Verdammten aufteilen, niemandem so sehr gleichen wie den SS-Soldaten, die Gefangenentransporte selektieren in die, die leben werden, und die, die sterben werden; und »Apollo und Marsyas«, in dem Apollo, der Gott der Vernunft, der Hüter der olympischen Ordnung, auch der barbarische Folterer des Marsyas ist.[29]

Was die erobernden Langobarden mit olympischen Göttern und himmlischen Engeln und mit jenen Beamten der Inquisition verbindet, die die Albigenser und Tempelritter verhörten, folterten und hinrichteten – Grausamkeiten, über die Herbert in »Ein Barbar im Garten« ausführlich berichtet –, ist ihr Absolutismus. Sie alle glauben an die Tyrannei des Systems; sie dulden keine Ausnahmen.

Neben diese Gedichte können wir »Siebter Engel« stellen, in dem Schemkel, der siebte Engel, schwarz und nervös, durch seine Unvollkommenheit die himmlische Siebenzahl (sozusagen) menschlich macht; und »Bericht aus dem Paradies«, ein Bericht aus einem »wirklichen« Paradies, wo alles besser, obwohl nur ein wenig besser, als auf der Erde ist (eine 30-Stunden-Arbeitswoche zum Beispiel). In diesem Paradies herrscht jedoch leider keine himmlische Vollendung: Jemand hat vergessen, dass die Auferstehung im Fleisch stattfinden würde; und als das Fleisch in das Paradies eingelassen wurde, wurde auch das Menschliche, das Unvollkommene – eigentlich der Geist der Unvollkommenheit – eingelassen.[30]

Was bedeuten solche Gedichte wie die letzten beiden, die vielleicht am besten mit *listig* charakterisiert werden können, für die Gattung Interpretation?

Herberts Gedichte bescheren uns eine Galerie von Vertretern absoluter Positionen, die glauben, dass das Universum, so wie es jetzt ist, eine unvollkommene Form einer anderen, idealen Ordnung ist – zum Beispiel eine unvollkommene Form des Paradieses oder der klassenlosen Gesellschaft oder der vollkommen fügsamen Gesellschaftsform, die durch totalitären Terror geschaffen wird. Die von diesen Leuten bevorzugte Sprache der idealen Ordnung ist eine Sprache, gänzlich abstrahiert von der menschlichen Sprache, die ein unvollkommenes Medium ist, hervorgebracht von einer unvollkommenen Welt. Zum Leidwesen der Utopisten ist die Sprache, die die Menschen, wirkliche Menschen, stur sprechen und hören wollen, nicht vollkommen und aus einer anderen Welt – sie bleibt die unvollkommene diesseitige Sprache des Fleisches. Das einzige Hilfsmittel, durch das die Sprache des Fleisches für das Ideal eingewechselt werden kann, ist ihre Interpretation, ihre Abstraktion. Während dieser Prozess durchgeführt wird, während das Fleisch abgeschält wird, scheint allmählich, so hofft man, das Skelett des Ideals durch.

Interpretation ist daher der Weg, den Vertreter absoluter Positionen nehmen, um zur Wahrheit hinter der Dichtung zu gelangen. Der Zensor ist eine Gestalt des Lesers, der absolute Positionen vertritt: Er liest das Gedicht, um zu ergründen, was es *wirklich* bedeutet, um seine Wahrheit zu ergründen.

Herbert bietet zwei Arten des Nachdenkens über Wahrheit und Interpretation. Einerseits bietet er Credos wie »Die Fünf« oder »Herrn Cogitos eschatologische Ahnungen«[31]; im letzteren der beiden Gedichte denkt das Geschöpf »Herr Cogito« explizit darüber nach, ob es ihm möglicherweise gestattet sein könnte, auf das Paradies zu verzichten und im Dienst der Welt zu bleiben. Andererseits bietet Herbert Fabeln über die Interpretation.

Was der Interpret/Zensor von Herbert will und bei ihm sucht, sind doppelbödige Texte (Metapher, Allegorie), die sich einer Interpretation öffnen – zum Beispiel einer Interpretation als Glaube an eine himmlische, abstrakte Ordnung der einen oder anderen Art. Wonach er also sucht, ist ein gewisser Glaube. Aber ein stützender, fundamentaler Glaube an eine zweite Darstellungsebene, ein Glaube, der durch seine Natur irgendeine Selbstoffenbarung, wie fragwürdig auch immer, ein Sich-Öffnen für eine Interpretation, sanktionieren würde, ist einfach nicht da. Herbert bleibt der einfachen Sprache, der Sprache des Fleisches treu.

Meine Interpretation Herberts – ein Vorhaben nicht ohne eigene Ironie, wenn man die bei Herbert feststellbaren Widerstände gegen jegliche Interpretation bedenkt – macht daher aus dem Zensor eine verallgemeinerte, doch hoch problematische Figur. Herberts tatsächliche Lebenssituation hat dem Zensor vielleicht viel von seiner verbietenden und behindernden Macht genommen. Dennoch bleibt der Zensor der sinnbildlich tyrannische Leser, der nach dem doppelten Boden sucht, ob nun seine Tyrannei die Tyrannei des politischen Absolutheitsanspruchs oder die der rationalistischen Einschränkung ist. Einerseits steht er in Beziehung zu Herbert als ein notwendiger Widerstand, als Hinweis auf eine Grenze, hinter der das Gedicht über sich hinausgeht und Ambitionen der Teilhabe an einer idealen Ordnung durchzuspielen beginnt. Andererseits ist er als berufsmäßiger Interpret einer Dichtung, die meist damit beschäftigt ist, ihre Ferne zu jeglicher Interpretation zu reflektieren, eine absurde Gestalt.

Die vorliegende Interpretation richtet sich auf Herberts stärkere und kompromisslose Gedichte. Sie versucht nicht, sein Gesamtwerk zu umfassen. Es gibt gewiss Gedichte, in denen die Taktik der doppelbödigen

Darstellung unreflektiert und vorbehaltlos benutzt wird. Isoliert betrachtet können solche Gedichte in der Tat Paul Coates Urteil stützen, dass »die kalkulierte Kunst, den Zensor zu überlisten, einen Teil von [Herberts] Sensibilität (und die seiner ganzen Generation) abgestumpft hat, ein ständiges Zufluchtnehmen zu klassischen Anspielungen, wodurch unmittelbares Gefühl in einer Art herausgefiltert wird, die dem Ästhetizismus gefährlich nahe kommt«.[32] Trotzdem beruht der Hauptteil von Herberts Dichtung auf einem großen Geheimnis, das der Zensor nicht kennt: dem Geheimnis, was ein klassisches Werk ausmacht. Die volkstümliche Meinung mag sagen, was sie will, die Klassiker selbst mögen behaupten, was sie wollen – das klassische Werk gehört keiner idealen Ordnung an, und es wird auch nicht dadurch klassisch, dass es sich zu diesem oder jenem Ideensystem bekennt. Im Gegenteil, das Klassische ist das Menschliche; oder es ist zumindest das, was vom Menschlichen erhalten bleibt.

Anstoßnehmen (1996)

Kränkung

Anfang der 90er Jahre des 20. Jahrhunderts vollzog sich in Südafrika ein aufschlussreicher Wandel im öffentlichen Diskurs. Weiße, denen es jahrhundertelang gleichgültig gewesen war, was die Schwarzen über sie dachten oder wie sie von diesen genannt wurden, fingen plötzlich an, auf die Bezeichnung *Siedler (settler)* empfindlich oder sogar empört zu reagieren. Einer der Kriegsrufe des Pan-Afrikanischen Kongresses (PAC) berührte einen besonders neuralgischen Punkt: »EIN SIEDLER EINE KUGEL.« Die Weißen wiesen auf die tödliche Bedrohung hin, die in dem Wort »Kugel« für sie steckte; doch ich denke, »Siedler« beunruhigte sie stärker. In der Sprache des weißen Südafrika sind *settlers* jene Briten, die in Kenia und Rhodesien vom Staat Land zugeteilt bekamen, Leute, die keine Wurzeln in Afrika schlagen wollten, die ihre Kinder im Ausland zur Schule gehen ließen und England ihre »Heimat« nannten. Als die Mau-Mau-Bewegung begann, flohen die Siedler. Für Südafrikaner, weiße sowohl als schwarze, ist ein Siedler einer, der früher oder später weiterzieht, gleichgültig was das Wörterbuch sagt.

Als die ersten Europäer im südlichen Afrika ankamen, bezeichneten sie sich selbst als *Christen* und die einheimische Bevölkerung als *Wilde* oder *Heiden*. Das Paar *christlich/heidnisch* veränderte sich später und nahm eine Reihe von Formen an, darunter *zivilisiert/primitiv, europäisch/ eingeboren, weiß/nichtweiß*. Aber unabhängig davon, wie die Gegensatzpaare lauteten, gab es in jedem Fall ein konstantes Merkmal: Es stand immer in der Macht des Christen (oder Weißen oder Zivilisierten), die Namen zu vergeben – den Namen für sich selbst, den Namen für den anderen.

Die Heiden, die Nichtweißen, die Eingeborenen, die Primitiven hatten natürlich ihre eigenen Namen für die christlichen/europäischen/weißen/zivilisierten Anderen. Aber soweit sie diese Gegennamen nicht aus einer Machtposition, einer Autoritätsposition heraus prägten, war ihre Namensfindung ohne Bedeutung.[1]

Ab Mitte der 8oer Jahre schrumpfte jedoch die Macht derer, die sich Weiße nannten, Namen zu vergeben und dafür zu sorgen, dass sie haften blieben, aber noch aufschlussreicher: Es schrumpfte die Macht, sich einer Namensgebung zu widersetzen oder sie zu ignorieren, während gleichzeitig ihre politische Autorität schwand. An der Bezeichnung *settler* ist an und für sich nichts Beleidigendes. Es ist ein Wort aus einer Sprache der Weißen. Aber im Diskurs des heutigen Südafrika ist es ein vereinnahmtes Wort; es kommt aus dem Mund der anderen, mit feindlicher Absicht und mit einer historischen Bürde beladen, die den Weißen nicht gefällt. Zum ersten Mal in ihrer Geschichte (einer Geschichte, die in wesentlichen Bereichen nicht mehr von ihnen gemacht oder geschrieben werden konnte) fanden sich die Weißen, die »EIN SIEDLER EINE KUGEL« hörten, in der Position derjenigen wieder, denen ein Name angehängt wird. Die Empörung galt zum Teil dem Umstand, dass sie eine Machtlosigkeit spürten, für die das Benanntwerden das Zeichen ist. Zum Teil galt sie auch der unmittelbaren Erfahrung, dass der Akt des Benennens die Kontrolle über den deiktischen Abstand einschließt: Dieser Akt kann den Benannten in gebührendem Abstand halten, ebenso gut kann er den Benannten liebevoll an sich ziehen.

Es ist nicht von vornherein klar, warum anscheinend neutrale Begriffe wie *Eingeborener* (oder *Neger* in den USA), anstatt immer inhaltsleerer zu werden, je gebräuchlicher sie sind (das ist das Schicksal der meisten Namen), im Gegenteil mächtig genug werden, um Anstoß und Zorn zu erregen, und das bis zu einem Punkt, wo nur die Verstockten und Dickfelligen diese Wörter weiter benutzen. Nur wenn wir ihren Gebrauch als einen verbalen Akt sehen, eine Geste, die den Abstand festlegt, verstehen wir, warum sie sich der semantischen Entropie widersetzen. Der Inhalt (das Schwarzsein des *Negers*, die Autochthonie des *Eingeborenen*) verblasst vielleicht, bis das Wort eine bloße Hülse ist, aber wenn das Wort in einem Sprechakt hervorgeholt und als Name gebraucht wird, bekommt es seine ganze symbolische Macht wieder – die Macht seines Benutzers zu benennen. *Siedler* ist anscheinend in seiner Bedeutung genauso neutral wie *Eingeborener.* Aber in dem ritualisierten Kriegsruf »EIN SIEDLER EINE KUGEL« wird es empörend und beleidigend; es ist Teil einer Abstandswahrung und auch einer historischen Überhebung der Rufer über ihr Objekt.² Den Weißen, die es hörten, die es nicht ignorieren und nicht verhindern konnten, blieb nichts anderes übrig, als Anstoß zu nehmen.

Es ist nicht so, dass nur Menschen in Positionen der Unterordnung oder Schwäche Anstoß nehmen können. Trotzdem scheint mir, wenn Menschen Anstoß nehmen, die Erfahrung oder die Vorahnung des Machtverlusts immer eine wesentliche Rolle dabei zu spielen. (Die Vorstellung ist verlockend, dass die Logik der provokativen Benennung, wenn sie als Taktik der Schwachen gegen die Starken eingesetzt wird, so funktioniert, dass die Starken – wenn man sie dazu bringen kann, Anstoß zu nehmen – sich selbst zumindest für den Moment auf Augenhöhe mit den Schwachen begeben.)

Der Intellektuelle

Vernünftige, weltlich orientierte Intellektuelle fallen nicht dadurch auf, dass sie schnell Anstoß nehmen. Wie Karl Popper glauben sie gern, dass

»ich mir beibringen muss, diesem gefährlichen intuitiven Gefühl oder der Überzeugung, dass gerade ich Recht habe, zu misstrauen. Ich muss diesem Gefühl misstrauen, wie stark es auch sein mag. Ja, je stärker es ist, desto mehr sollte ich ihm misstrauen, denn je stärker es ist, desto größer ist die Gefahr, dass ich mich selbst betrüge; und damit die Gefahr, dass ich zum intoleranten Fanatiker werde.«³

Überzeugungen, die nicht durch vernünftige Argumente gestützt werden (argumentieren sie), sind nicht stark, sondern schwach; es ist das

Zeichen einer schwachen, keiner starken Position, dass derjenige, der sie vertritt, Anstoß nimmt, wenn er angegriffen wird. Alle Standpunkte verdienen es, angehört zu werden *(audi alteram partem)*; nach den Regeln der Vernunft wird die Debatte entscheiden, welchem von ihnen der Sieg gebührt.

Solche Intellektuellen haben auch oft plausible Erklärungen (»Theorien«) der Gefühle – Beispiele dafür sind meine eigene Erklärung für das Phänomen Anstoßnehmen und Poppers Analyse des »Fanatismus« – und wenden diese Erklärungen, soweit es ihnen möglich ist, in selbstreflektierender Art auf ihre eigenen Gefühle an. Wenn sie dann doch Anstoß nehmen, versuchen sie es programmatisch zu tun, indem sie ihre eigene Reaktionsschwelle bestimmen (oder zu bestimmen glauben) und sich eine Reaktion auf auslösende Reize nur dann gestatten (oder zu gestatten glauben), wenn eine solche Schwelle überschritten wird. Das Vertrauen auf Fairness (das heißt, das Vertrauen, dass sie unter fairen Bedingungen häufiger gewinnen als verlieren), das bei ihnen zu den tiefer verwurzelten Werten gehört, fördert auch eine Sympathie für den Benachteiligten, den Rangniederen, und hält davon ab, Verlierer zu verhöhnen.

Die Verbindung einer strikten, rationalen Überwachung der Gefühle mit Sympathie für den Benachteiligten erzeugt oft eine zweifache Reaktion auf Empörung, die von anderen offen zum Ausdruck gebracht wird. Einerseits begreift die von mir beschriebene Art von Intellektuellen Empörung als vor-rational oder irrational und hegt den Verdacht, sie sei nichts weiter als eine selbstbetrügerische Tarnung für einen schwachen Diskussionsstandpunkt. Andererseits kann der Intellektuelle in dem Maße, wie er die Empörung als Reaktion der Machtlosen erkennt, für die Empörten Partei ergreifen, wenigstens ethisch. Das bedeutet, ohne das Gefühl der Empörung mitzuempfinden, und vielleicht sogar mit der privaten Meinung, Empörung an sich sei rückständig und lasse den Betroffenen allzu leicht in selbstgerechte Gefühlsduselei abgleiten, doch aus einem Glauben an das Recht des anderen, Anstoß zu nehmen, und besonders aus der Überzeugung, dass die Unterordnung der Benachteiligten nicht dadurch verdoppelt werden sollte, dass man sie ihnen in einer Form, die sie ablehnen, vorschreibt, ist der Intellektuelle bereit, zu respektieren und vielleicht sogar zu verteidigen, dass andere Menschen Anstoß nehmen, auf ähnliche Weise wie er bzw. sie vielleicht die Weigerung eines Menschen, Schweinefleisch zu essen, respektiert, während er/sie selbst das Tabu für gestrig und abergläubisch hält.

Diese Toleranz – die je nach Betrachtungsweise entweder höchst zivilisiert oder aber selbstgefällig, heuchlerisch und herablassend ist – ergibt sich aus der Sicherheit, die Intellektuelle aus dem rationalen Säkularismus beziehen, in dessen Geltungsbereich sie leben, und aus ihrer Zuversicht, dass er Erklärungen für die meisten Dinge liefern kann und daher – nach der eigenen Auffassung, die der Fähigkeit, Dinge zu erklären, höchste Bedeutung beimisst – nicht selbst Gegenstand einer anderen Erklärungsmethode sein kann, die noch allumfassender ist als er selbst. Als Instanz, die analysiert und einordnet, doch selbst nicht analysiert und eingeordnet wird, ist die Vernunft eine Form der Macht ohne eingebautes Verständnis dafür, wie sich Machtlosigkeit anfühlen könnte.

Selbstgefällig und dennoch nicht selbstgefällig üben Intellektuelle der von mir beschriebenen Art mit dem Verweis auf das apollinische »Erkenne dich selbst« Kritik und unterstützen Kritik an den Grundlagen ihrer eigenen Wertesysteme. Ihr Selbstvertrauen ist so groß, dass sie sogar Angriffe auf sich begrüßen können und lächeln, wenn man sie lächerlich macht und beleidigt, und auf die weitgehendsten, scharfsinnigsten Attacken mit der größten Anerkennung reagieren. Besonders begrüßen sie Darstellungen, die ihr Unternehmen zu relativieren und in einem kulturellen und historischen Rahmen zu verstehen versuchen. Sie begrüßen solche Darstellungen und machen sich umgehend daran, sie wiederum in das Vernunftprojekt einzuordnen, das heißt, sie machen sich daran, sie zu neutralisieren. Sie gleichen in vieler Hinsicht dem Schachgroßmeister, der auf seine Fähigkeiten vertraut und sich auf Gegner freut, die seiner würdig sind.

Ich selbst bin ein (und bin bis zu einem gewissen Maße hoffentlich auch kein) solcher Intellektueller, und meine Reaktionen auf moralische Entrüstung oder Empörung über beleidigte Würde bewegen sich innerhalb (obwohl ich wieder hoffe, nicht gänzlich innerhalb) der von mir umrissenen Denkweisen und Werte. Das heißt, meine Reaktionen sind die eines Menschen, der, wenn er merkt, dass er sich beleidigt zu fühlen beginnt, diese keimenden Gefühle als Erstes einer Überprüfung durch die skeptische Vernunft unterzieht; eines Menschen, den man zwar durchaus beleidigen kann (zum Beispiel wenn er »Siedler« genannt wird), der aber auf dieses sein Beleidigtsein nicht besonders achtet, es nicht ernst nimmt, und es vor allem nicht zur Grundlage seines Handelns macht.

Dostojewskis Mann aus dem Kellerloch in *Aufzeichnungen aus dem Kellerloch* – noch so ein vernünftiger Intellektueller, obschon vielleicht von reizbarerem Wesen als die meisten – identifiziert die Fähigkeit, ernsthaft Empörung zu fühlen und Anstoß zu nehmen (zusammen mit der Fähigkeit, uneingeschränkte Liebe zu fühlen und unkompliziertes Glück zu erleben) als ein Merkmal der ausgewogenen, unbefangenen Persönlichkeit, die er selbst gern wäre. Gleichzeitig verachtet er unkompliziertes Glück und das ungeprüfte Leben im Allgemeinen, und es fällt ihm nicht schwer, den Wurm der Selbstzufriedenheit im Herzen der Aufrichtigkeit zu entdecken; seine ätzende Analyse identifiziert das Anstoßnehmen als polternde Reaktion des Soldaten-Rüpels und letzte Zuflucht des armseligen Angestellten. Aber ebendiese Fähigkeit, Anstoßnehmen auf solche Weise historisch und gesellschaftlich einzuordnen, beraubt ihn der Möglichkeit, selbst aus voller Überzeugung Anstoß zu nehmen. Umgekehrt verrät die Schärfe, mit der er rationales Denken als ein endloses Schachspiel mit sich selbst diagnostiziert, dass er ein geborener Rationalist ist. Das sind zwei Köpfe eines hydraköpfigen Paradoxes, in dessen Würgegriff er sich vergeblich windet.

Für einen, der keine Rücksicht darauf nimmt, wenn er selbst beleidigt wird, ist es schwer, echte Rücksicht auf das Beleidigtsein anderer zu nehmen. Man respektiert es nur insoweit, wie man die Zugehörigkeit anderer zu Religionsbekenntnissen, die man für abergläubisch hält, respektiert, das heißt, man respektiert ihr Recht auf freie Wahl der Religion, während man gegen die Religion selbst weiterhin seine Vorbehalte hat, und man hält diese widersprüchliche Haltung aufrecht auf der Grundlage des pragmatischen, Locke'schen Prinzips: Wenn wir uns nicht in das Privatleben anderer einmischen, dann ist es auch weniger wahrscheinlich, dass sie sich in das unsere einmischen. Das ist ein Kompromiss zwischen der privaten Überzeugung und dem, was wir öffentlich äußern, und dieser Kompromiss geschieht im Interesse der bürgerlichen Ordnung und der Gutnachbarlichkeit. Das ist viel weniger als eine ethische Haltung und verlangt von uns nicht mehr, als dass wir die Gefühle unserer Mitbürger zur Kenntnis nehmen und uns in allen Punkten gewissenhaft so verhalten, als würden wir sie respektieren. Das verlangt nicht, dass wir noch weiter gehen und diese Gefühle wirklich, in unserem Herzen, respektieren – und besonders Gefühle der Empörung respektieren, wenn diese auftreten.[4]

Kränkung der Mächtigen

In meiner Analyse des Gekränktseins habe ich auf die Machtlosigkeit der betroffenen Partei als Hauptelement bei der Entstehung von Empörung hingewiesen. Die Machtlosigkeit einer zweitrangigen religiösen Sekte oder ethnischen Minderheit ist leicht zu begreifen. Aber wenn es sich um das anderere Extrem handelt und die Regierung eines Staates oder eine vorherrschende Kirche oder mächtige Klasse von irgendeiner Lehre oder Darstellung beleidigt wird, und zwar in einem Maße, dass sie zu Unterdrückungsmaßnahmen greift, wie kann ich da behaupten, sie habe aus Machtlosigkeit reagiert?

Die staatliche Zensur bietet uns einen Anhaltspunkt. Die staatliche Zensur stellt sich als ein Bollwerk dar, das die Gesellschaft vor subversiven oder moralisch korrupten Kräften schützt. Diese Darstellung der eigenen Motive durch den Staat als unehrlich abzutun wäre ein Fehler: Es ist ein Merkmal der paranoiden Logik der Zensurmentalität, dass die Tugend, in ihrer Eigenschaft als Tugend, unschuldig sein muss und daher den Machenschaften des Lasters ausgeliefert ist, wenn sie nicht beschützt wird. Machtlosigkeit ist also nicht unbedingt objektive Machtlosigkeit: Die Ängste der Mächtigen wagen sich nicht zu offenbaren, eben weil sie als Ängste der Mächtigen grundlos erscheinen müssen.

Außerdem ist die Macht der Mächtigen, sich gegen Darstellungen ihrer selbst zu verteidigen, erstaunlich begrenzt; und je genauer die Darstellung, desto begrenzter ist diese Macht. Ortega behauptet, dass *mimesis* (Nachahmung) nicht vom Geist der Treue, sondern von dem des

Spotts geleitet wird.[5] Als Verallgemeinerung ist das vielleicht nicht hieb- und stichfest; aus der Sicht des Nachgeahmten kann das jedoch durch- aus so erscheinen. Denn je getreuer die Nachahmung ist, desto unmittel- barer und unwiderstehlicher ruft sie Gelächter beim Zuschauer hervor. Allein durch ihre Bekanntheit werden die Mächtigen zum Gegenstand von Nachahmungen, die sie verspotten oder zu verspotten scheinen und die nur mit Gewalt unterdrückt werden können. Doch sobald sie gegen diese Darstellungen als falsche Darstellungen, die sie ja eigentlich auch sind, vorgehen, verraten sie eine Verletzbarkeit durch Spott (oder schei- nen sie zu verraten).

Die Logik, die ich nachgezeichnet habe, beleuchtet nicht nur die Hilflosigkeit der Macht – Hilflosigkeit in dem Sinn, dass die Macht sich keinen Rat mehr weiß –, sondern die grundlegende Herzlosigkeit des Darstellungsgeschäfts (und hier denke ich nicht nur an satirische oder karikierende Darstellung). Wer täglich Darstellungen produziert, erkennt nichts Magisches an ihnen und kann deshalb Menschen, die ihnen magische Kräfte zuschreiben, keinen Respekt zollen. Je ernster das Werk des Künstlers von der dargestellten und gekränkten Partei genommen wird und je mehr sein Werk verurteilt wird, desto weniger wird er wahrscheinlich jene Partei ernst nehmen. (Natürlich heißt das nicht, dass er die Macht der gekränkten Partei, Rache zu nehmen, ignoriert.)

Zensur heute

Seit 1988, als ich mit der Arbeit am Essay *Anstoßnehmen* begann, ist der Kontext, in dem ich schreibe, von zwei geschichtlichen und vielleicht sogar historischen Veränderungen der politischen Landschaft beein- flusst worden. Einerseits ist im Zuge der Machtübergabe in meinem Heimatland, die 1990 begann, der staatliche Zensurapparat praktisch obsolet geworden; und gleichzeitig zerfielen die entsprechenden Sys- teme in der UdSSR und im alten osteuropäischen Block. Andererseits hat der liberale Konsens über die Freiheit der Meinungsäußerung, der einst bei westlichen Intellektuellen geherrscht haben mochte und der tatsächlich viel dazu beigetragen hat, sie als Gemeinschaft zu definieren, seine Geltung verloren. In den USA zum Beispiel haben Lehranstalten Verbote gewisser Redeweisen gutgeheißen, während sich die Protestbewegung gegen Pornographie nicht auf die politische Rechte beschränkt. Sogar in Südafrika, wo man von einer Intelligenz, die unmittelbare Erfahrungen mit Zensur gemacht hat, Widerstand hätte erwarten können, hat eine Wende eingesetzt. Zum Beispiel haben Akademiker und Verleger, Gruppen, die früher unerschütterlich in ihrer Opposition gegen die Zensur waren, zu einer allgemeinen *Säuberungsaktion* beigetragen und mit den Schulbehörden zusammengearbeitet, um rassistische Wörter aus Neuauflagen afrikaanser Klassiker zu tilgen.[6]

Mitte der 8oer Jahre konnte ich annehmen, dass die Intelligenz weitgehend meine Meinung teilte, je weniger gesetzliche Sprachrestriktionen es gäbe, desto besser: Wenn sich herausstellen sollte, dass einige Formen der freien Rede unglücklich gewählt waren, dann war das der Preis der Freiheit. Institutionelle Zensur war ein Zeichen der staatlichen Schwäche, nicht der Stärke; was über Zensur auf der ganzen Welt bekannt geworden ist, war schlimm genug, um die Zensur für immer zu diskreditieren. 1995 ist diese Annahme nicht mehr aufrechtzuerhalten. Es gibt angesehene Intellektuelle, die gesetzliche und institutionelle Sanktionen gegen Publikationen und Filme der Art, die man im alten Südafrika unerwünscht nannte und die nun allgemein anstößig genannt werden, befürworten; während die These, dass bei Konflikten zwischen Schriftsteller und Gesetz das Recht immer auf der Seite des Schriftstellers sein müsse, selbst gerade historisch eingeordnet und als ahistorisch abgelehnt wird, als ein Merkmal des »unbesonnenen Liberalismus der Zeit vor dreißig Jahren«.[7]

Gegen die Zensur

Das hier Gesagte stellt keinen Angriff auf die Zensur dar (die Polemiken von Schriftstellern gegen Zensoren sind selten ein Ruhmesblatt für den Beruf). Ich habe nicht vor, mich mit Beispielen extremer Anstößigkeit, in moralischer oder politischer Hinsicht, zu beschäftigen, das heißt mit Grenzfällen der Art, die Philosophen und akademischen Rechtsanwälten den Lebensunterhalt sichern. Ich beschäftige mich kaum mit den beiden Fragen, die in den heutigen Zensurdebatten am lebhaftesten diskutiert werden, (rassistisch definierte) Rasse und (frauenfeindlicher oder homophober) Sex.

Und es geht hier auch nicht um das Thema Blasphemie. Es zeigt den Grad der Säkularisierung der westlichen Gesellschaft an, dass die muslimische Empörung über *Die satanischen Verse* und ihren Autor Salman Rushdie auf weit verbreitete Verwunderung traf. Das Vereinigte Königreich, dessen Bürger Rushdie ist, hat noch Gesetze gegen Blasphemie; aber diese Gesetze, und sogar die Vorstellung, den Namen des Allmächtigen juristisch schützen zu wollen, haben zunehmend etwas Anachronistisches.[8] Für gläubige Muslime war es eine brennende Frage, ob *Die Satanischen Verse* blasphemisch sind und wenn ja, was mit dem Autor geschehen sollte. Für die meisten Briten andererseits war es eine Frage der Rechtsprechung: Haben Ausländer – und noch dazu ausländische Geistliche – das Recht, einen Mitbürger zum Tode zu verurteilen? Die Sympathie für den armen Teufel Rushdie wurde durch den Verdacht verstärkt, dass antiwestliche Gefühle, die sich jahrelang angestaut hatten, nun auf ihn losgelassen werden – dass, obschon die Veröffentlichung der *Verse* der zündende Funke war, Rushdie für ein ganzes intellektuelles System herhalten musste, das die Empörung schürte, indem es das Buch feierte.[9]

Der Zensor handelt im Interesse einer Gemeinschaft oder glaubt, in ihrem Interesse zu handeln. In der Praxis reagiert er oft die Empörung dieser Gemeinschaft ab oder stellt sich deren Empörung vor und reagiert sie ab; manchmal stellt er sich sowohl die Gemeinschaft als auch ihre Empörung vor. Obwohl ich Zensur als komplexe Angelegenheit mit psychologischer, politischer und moralischer Dimension zu behandeln versuche, bringt der Essay *Anstoßnehmen* der Institution Zensur keineswegs Verständnis entgegen. Ich kann es nicht über mich bringen, mich mit dem Zensor zu verbünden, nicht nur wegen einer – teils vom Temperament, teils vom Beruf bedingten – skeptischen Haltung gegenüber den Leidenschaften, die zum Anstoßnehmen führen, sondern wegen der historischen Realität, die ich durchlebt habe, und der Erfahrung, was aus Zensur wird, wenn sie erst einmal eingeführt und institutionalisiert ist. Nichts von dem, was ich erlebt oder gelesen habe, bringt mich von der Überzeugung ab, dass staatliche Zensur an und für sich etwas Schlechtes ist und dass die Übel, die sie verkörpert, und die Übel, die sie fördert, auf lange und sogar auf mittlere Sicht die Vorteile, die ihr vielleicht gutgeschrieben werden können, überwiegen.

Dieses Urteil ist nicht unparteiisch. Es gibt gute historische Gründe dafür, warum Schriftsteller seit der Erfindung des Druckes – mit der dadurch enorm gestiegenen Verbreitungsmöglichkeit, zumindest bis zur Verdrängung des Druckes von seiner beherrschenden Position als Kommunikationsmittel – ein prekäres Verhältnis zur Regierungsgewalt gehabt haben. Die Feindseligkeit zwischen den beiden Seiten, die sich bald verfestigte und dann institutionalisiert wurde, verschärfte sich durch die Neigung der Künstler, es vom späten achtzehnten Jahrhundert an als ihre gesellschaftliche Rolle zu begreifen, und manchmal tatsächlich als ihre Berufung und ihr Schicksal, die Grenzen (das heißt, die Schwachstellen) der Gedanken und Gefühle, der Darstellung, des Gesetzes und der Opposition selbst auf eine Weise auszuloten, die die Machthaber unbequem und sogar anstößig finden mussten. Sozusagen in die Endzeit dieser historischen Bewegung hinein wurde ich, als Schriftsteller und Intellektueller, geboren.

Aber abgesehen von dieser historischen Erklärung meiner Position habe ich pragmatischere Gründe, der Zensur zu misstrauen. Der wichtigste davon ist, dass meiner Erfahrung nach die Arznei schlimmer als die Krankheit ist. Die Institution Zensur legt Macht in die Hände von Leuten mit einer alles moralisch bewertenden, bürokratischen Gesinnung, die für das kulturelle und selbst das geistige Leben der Gemeinschaft schlecht ist. Das wurde schon vor langer Zeit von John Milton festgestellt. Wenn wir ordentliche, fachlich qualifizierte Zensoren haben wollen, sagt Milton, müssen das Personen »über dem Mittelmaß, sowohl fleißig, als auch gebildet und umsichtig« sein. Aber für solche fleißige, gebildete und umsichtige Personen

»gibt es keine langweiligere und unangenehmere Arbeit ..., als ständig zu Lesern nicht selbst gewählter Bücher gemacht zu werden. ... Angesichts der Tatsache, dass die, welche jetzt diese Aufgabe haben ..., diese nur zu gern wieder loshaben möchten, und dass keiner, der etwas wert ist, ... wohl jemals ihre Nachfolge antreten wird, ... können wir leicht vorhersehen, welche Art Lizenzgeber [d. h. Zensoren] wir künftig erwarten dürfen: entweder unwissend, herrisch und nachlässig oder geldgierig.«[10] Das heißt, die Leute, die wir als Zensoren bekommen, sind Leute, die wir am wenigsten brauchen.

Auf persönlicher Ebene gewinnt der Kampf mit dem Zensor nur zu wahrscheinlich eine Bedeutung für das Seelenleben des Schriftstellers, die ihn zumindest von seiner eigentlichen Aufgabe ablenkt und schlimmstenfalls seine Vorstellungskraft fesselt oder sogar verdirbt. In den persönlichen Aufzeichnungen von Schriftstellern, die unter der Zensur gearbeitet haben, finden wir vielsagende und verzweifelte Schilderungen, wie die Figur des Zensors ungewollt in das innere, geistige Leben übernommen wird und Erniedrigung, Selbstverachtung und Scham mit sich bringt. In ungewollten Phantasien dieser Art wird der Zensor typischerweise als Parasit, als krankmachender Eindringling in den eigenen Körper erlebt, der mit instinktiver Heftigkeit zurückgewiesen, doch nie ganz ausgestoßen wird.[11]

Die gesetzestreuesten Länder sind nicht die mit den vollsten Gefängnissen, sondern die mit der niedrigsten Quote an Gesetzesbrechern. Das Gesetz, einschließlich des Zensurgesetzes, hat einen Traum. In diesem Traum schrumpft die tägliche Arbeit, Übeltäter aufzuspüren und zu bestrafen; das Gesetz und seine Zwänge haben sich dann den Bürgern so tief eingeprägt, dass der Einzelne sich selbst überwacht. Das Zensursystem sehnt den Tag herbei, da Schriftsteller sich selbst zensieren und der Zensor in den Ruhestand gehen kann. Aus diesem Grund hat das physische Ausstoßen des Zensors, der wie ein Dämon ausgespien wird, für den Schriftsteller romantischer Abstammung einen gewissen symbolischen Wert: Es steht für die Zurückweisung des Traums der Vernunft, des Traums von einer Gesellschaft mit Gesetzen, die sich auf Vernunft gründen und die befolgt werden, weil sie vernünftig sind. Die Literatur blüht nicht unter der Zensur. Das bedeutet nicht, dass das Gebot des Zensors, oder die verinnerlichte Figur des Zensors, der einzige oder sogar der hauptsächliche auf dem Schriftsteller lastende Druck ist: Es gibt Formen der Unterdrückung, ererbt, erworben oder selbst auferlegt, die sich unter Umständen schmerzhafter bemerkbar machen. Es kann sogar Fälle geben, wo äußere Zensur den Schriftsteller auf interessante Weise herausfordert oder seine Kreativität anregt.[12] Doch die äsopischen Listen, die von der Zensur herausgefordert werden, sind für gewöhnlich nur einfallsreich; während die Widerstände, die Schriftsteller auf sich ziehen können, so zahlreich und vielfältig sind, dass man nun wirklich keine weiteren gebrauchen kann.

Trotzdem werden für das allgemeine Wohl, für das Wohl des Staates, von Zeit zu Zeit Regulierungs- und Kontrollapparate eingerichtet, die wachsen und sich festsetzen, wie das Bürokratien so an sich haben. Es fällt jedem Schriftsteller schwer, das Ausmaß dieser Apparate zu betrachten, ohne ungläubig zu lächeln. Wenn Darstellungen, bloße Schatten, wirklich so gefährlich sind, denkt man, dann müssen doch andere Darstellungen, Gegendarstellungen, als Gegenmaßnahmen angemessen sein. Wenn Spott den Respekt vor dem Staat zersetzt, wenn Blasphemie Gott beleidigt, wenn Pornographie die Leidenschaften erniedrigt, dann reicht es doch gewiss aus, wenn sich stärkere und überzeugendere Gegenstimmen erheben, die die staatliche Autorität verteidigen, Gott preisen und die keusche Liebe feiern.

Diese Reaktion stimmt völlig mit der Teleologie des Liberalismus überein, der es für richtig hält, den Markt für im Wettbewerb miteinander stehende Kräfte zu öffnen, weil der Markt auf Dauer zum Guten tendiert, das heißt zum Fortschritt, den der Liberalismus in einem historischen und sogar metaphysischen Licht sieht. Das unterscheidet sich völlig von der Auffassung im Islam, Judaismus und protestantischen Christentum in ihrer jeweils strengeren Form, wo man eine verführerische und teuflische Kraft als Grundlage für die Macht der Darstellung entdeckt und somit keinen Grund hat zu erwarten, dass in einem Krieg der Darstellungen, einem Krieg ohne Regeln, gute Darstellungen siegen werden, und es daher vorzieht, Götzenbilder zu verbieten.

Wir treten hiermit in eine Debatte über die Rechte des Individuums gegenüber den Rechten der Allgemeinheit ein. Diese Debatte ist vertraut genug und braucht deshalb nicht ausführlich dargelegt zu werden. Ich habe zu ihr auch nichts beizutragen außer vielleicht einer Warnung vor einer gewissen moralischen Wachsamkeit, die bestimmte Klassen von Menschen als anfällig definiert und es sich angelegen sein lässt, sie vor Gefahren zu schützen, deren Beschaffenheit sie nicht sehen dürfen, weil (so lautet die Begründung) das bloße Kennen der Gefahr bedeutet, dass man ihr ausgesetzt ist. Ich denke hier in erster Linie an Kinder, obwohl dieselbe Begründung im Hinblick auf so genannte schlichte Gläubige gebraucht wurde. Es ist unser Anliegen, Kinder zu schützen, sie vor allem vor den Folgen ihrer grenzenlosen sexuellen Neugier zu schützen. Aber wir sollten nicht vergessen, dass Kinder die Kontrolle ihrer Erkundungen – eine Kontrolle, die unter den eigenen Prämissen nicht erklären kann, was eigentlich verboten ist – nicht als Schutz, sondern als Frustration erleben. Können Kinder aus den Maßnahmen, die Erwachsene ergreifen, um die Befriedigung der kindlichen Neugier zu verhindern, nicht zu Recht folgern, dass ihre Neugier tadelnswert ist; und können sie aus den Erklärungen, die ihnen für die Einschränkungen geliefert werden – sehr lückenhafte Erklärungen –, nicht folgern, dass sie als moralisch Handelnde nicht respektiert werden? Kann das ethische Unrecht, das dem Kind dabei angetan wird, nicht langlebiger sein als jede Gefahr, der es vielleicht ausgesetzt ist, wenn es seiner Neugier einfach folgt?[13]

Das ist weder ein Argument dafür, dass man sexuelle Eindeutigkeiten vor Kindern verbergen sollte, noch ein Argument dagegen. Es ist ein Nachdenken darüber, wie sich Gefahren gegenseitig aufwiegen, wie man Unwägbarkeiten ausgleicht und zwischen zwei Übeln wählt. Wenn wir solche Entscheidungen treffen, erwägen wir vielleicht auch, dass für ein kleines Kind die Dinge, die Erwachsene mit ihren Körpern anstellen, nicht nur spannend und beunruhigend sind, sondern auch hässlich und komisch, sogar dumm. Und wenn es dem Kind vielleicht auch gelingt, den Gedanken zu unterdrücken, die Eltern könnten ebenfalls tun, was die Leute auf dem Bild machen – für Vater oder Mutter ist es schwer, diesen Gedanken nicht auf das Kind zu übertragen und, wenn er/sie das Ganze dann mit den Augen des Kindes neu sieht, peinlich berührt, beschämt und sogar zornig zu sein. Auch das spielt bei den Überlegungen eine Rolle. Wir sollten auch nicht vergessen, wer am peinlichsten berührt ist, wenn sich dem offenen Blick eines Kindes derbe Nacktszenen Erwachsener bieten. Der Augenblick ist komplex; aber spielt bei unserem Verlangen, dem Kind solche Anblicke zu ersparen, nicht vielleicht der Wunsch eine Rolle, nicht durch Assoziation in der Achtung des Kindes zu sinken, nicht zum Gegenstand des kindlichen Widerwillens oder der kindlichen Belustigung zu werden? Max Scheler unterscheidet zwischen der Nacktheit einer Aphrodite, die mit solcher Ehrfurcht gebildet wurde, dass es den Anschein hat, ein Schleier der Sittsamkeit verhülle sie, und der »Entseelung«, die eintritt, wenn primitives oder kindliches Staunen verloren geht und der nackte Körper mit wissenden Augen angeschaut wird. Er verbindet die Entseelung mit dem, was er das »apperzeptive *Herausbrechen* [der sexuellen Organe] aus dem Ganzen der Persönlichkeit« nennt: Wenn sie nicht länger als integraler Bestandteil des Körpers und auch nicht als »*Ausdrucksfelder* der inneren seelischen und leidenschaftlichen Bewegung« gesehen werden, drohen die sexuellen Organe – besonders der männliche Apparat, könnte man bemerken, der wie ein herausgepresstes inneres Organ wirkt – zum Gegenstand des Ekels zu werden.[14] Es ist nicht verwunderlich, dass wir die Kindheit von Kindern bewahren wollen, indem wir sie vor solchen Anblicken schützen; aber auf wessen Gefühle nehmen wir in erster Linie Rücksicht, auf ihre oder unsere eigenen?

Die Geschlechtsteile bewegen sich unabhängig von unserem Willen, bemerkt der heilige Augustinus. Manchmal reagieren sie gegen unseren Willen auf etwas; manchmal bleiben sie erstarrt, wenn wir sie einsetzen wollen (»… und während die Begierde in der Seele glüht, erkaltet sie im Leibe«).[15] Niemand ist ausgenommen von diesem Ungehorsam des Fleisches, Zeichen eines sündigen Zustands, nicht einmal die Hüter unserer Moral. Ein Zensor, der ein Verbot ausspricht, mag das Verbot nun ein obszönes Schauspiel oder eine Karikatur betreffen, ist wie ein Mann, der versucht, seinem Penis das Sichaufrichten zu verbieten. Er macht sich lächerlich, so lächerlich, dass er bald nicht nur unter seinem ungehorsamen Glied zu leiden hat, sondern auch unter auf ihn zeigenden Fingern und lachenden Menschen. Deshalb muss sich die Institution Zensur mit sekundären Verboten umgeben, die sie vor der Verletzung ihrer Würde schützen. Vom Verbittertsein zum Ausgelachtwerden, weil man verbittert ist, zum Verbot des Lachens über das Verbittertsein – das ist eine allzu bekannte Stufenleiter der Tyrannei, die für uns ein weiterer Grund zur Vorsicht sein sollte.

Ich brauche wohl kaum darauf hinzuweisen, dass im obigen Gleichnis derjenige, der das Verbot ausspricht, nicht männlich sein muss. Wer das Verbot ausspricht, beansprucht durch diesen Akt den Phallus, aber den Phallus in seiner profanen Form als Penis. Wer die Position des Zensors einnimmt, wird praktisch zum Blinden, der beim Blinde-Kuh-Spiel im Mittelpunkt des Kreises steht. Für eine gewisse Zeit – bis die Augenbinde, die ihn gleichzeitig kennzeichnet, heraushebt und beeinträchtigt, weitergegeben werden kann – ist es sein Schicksal, der Narr zu sein, der herumtappt, der ausgelacht wird und dem man ausweicht. Wenn der Geist des Spiels, der kindliche Geist, herrschen soll, muss der Zensor den Narrenstatus, der mit dem blinden Königtum verbunden ist, akzeptieren. Der Zensor, der sich weigert, Narr zu sein, der die Augenbinde herunterreißt und die Lacher anklagt und bestraft, spielt das Spiel nicht mit. Er wird dadurch, in der erasmischen Paradoxie, zum wahren Narren, oder vielmehr zum falschen Narren. Er ist ein Narr, weil er nicht weiß, dass er ein Narr ist, weil er denkt, dass er im Mittelpunkt des Kreises König ist.

Kinder sind nicht als solche unschuldig. Wir sind alle Kinder gewesen und wissen – wenn wir es nicht zu vergessen vorziehen –, wie wenig unschuldig wir waren, welche resoluten Maßnahmen der Indoktrination nötig waren, um uns in Unschuldige zu verwandeln, wie oft wir versucht haben, aus dem Sammellager der Kindheit auszubrechen, und wie unerbittlich wir zurückgetrieben wurden. Wir besitzen auch keine Würde von Natur aus. Wir wurden gewiss ohne Würde geboren, und wir verbringen genug Zeit allein, verborgen vor fremden Augen, und tun die Dinge, die wir tun, wenn wir allein mit uns sind, um zu wissen, wie wenig Würde wir ehrlicherweise beanspruchen können. Wir beobachten auch genug bei Tieren, die auf ihre Würde bedacht sind (zum Beispiel Katzen), um zu wissen, wie komisch es sein kann, wenn man Würde beansprucht.

Unschuld ist ein Zustand, in dem wir unsere Kinder zu halten versuchen; Würde ist ein Zustand, den wir für uns selbst beanspruchen.

Verletzungen der Unschuld unserer Kinder oder der Würde unserer Person sind Angriffe nicht auf unser Wesen, sondern auf Konstrukte – Konstrukte, mit deren Hilfe wir leben, aber dennoch Konstrukte. Das soll nicht heißen, dass Verletzungen unserer Unschuld oder Würde keine echten Verletzungen sind oder dass die Empörung, mit der wir darauf reagieren, nicht echt ist, im Sinn von nicht wirklich empfunden. Die Verletzungen sind echt; was verletzt wird, ist jedoch nicht unser Wesen, sondern eine grundlegende Fiktion, der wir mehr oder weniger rückhaltlos beistimmen, eine Fiktion, die sehr wohl unentbehrlich für eine gerechte Gesellschaft sein kann, dass nämlich Menschen eine Würde haben, die sie von den Tieren unterscheidet und sie daher davor schützt, wie Tiere behandelt zu werden. (Es ist sogar möglich, dass wir es erleben dürfen, dass man Tieren eines Tages ihre eigene Würde zuschreibt und das Verbot neu formuliert als Verbot, ein lebendes Wesen wie ein Ding zu behandeln.)

Die Fiktion der Würde hilft die Menschheit zu definieren, und die Zugehörigkeit zur Menschheit hilft, die Menschenrechte zu definieren. In gewissem Sinn greift eine Verletzung unserer Würde tatsächlich unsere Rechte an. Doch wenn wir, empört über eine solche Verletzung, auf unsere Rechte pochen und Wiedergutmachung fordern, dann würden wir gut daran tun, uns zu erinnern, wie wenig substantiell die Würde ist, auf die sich jene Rechte gründen. Wenn wir vergessen, woher unsere Würde stammt, könnten wir in eine Haltung geraten, die so lächerlich ist wie die des zornigen Zensors.

Erasmus' Torheit sagt: Das Leben ist ein Theater. Wir alle haben unseren Text aufzusagen und eine Rolle zu spielen. Es gibt zwei Sorten von Schauspielern: die einen werden, wenn sie bemerken, dass sie sich in einem Theaterstück befinden, trotzdem weiter spielen; die anderen werden, geschockt durch die Entdeckung, dass sie an einer Illusion teilhaben, von der Bühne abzutreten und aus dem Stück zu verschwinden versuchen. Die zweite Sorte von Schauspielern irrt sich. Denn es gibt nichts außerhalb des Theaters, kein alternatives Leben, dem sie sich anschließen können. Die Show ist sozusagen die einzige Show in der Stadt. Man kann nur seine Rolle weiter spielen, obwohl vielleicht mit einem neuen Bewusstsein, einem Wissen um das Komische.

Wir kommen so bei einem Paar erasmischer Paradoxe an. Eine Würde, die Respekt verdient, ist eine würdelose Würde (die sich sehr von unbewusster oder ungekünstelter Würde unterscheidet); eine Unschuld, die Respekt verdient, ist unschuldlose Unschuld. Und was den Respekt selbst angeht, so ist es verlockend zu behaupten, dass dies ein überflüssiger Begriff ist, obwohl er sich für das Funktionieren des Lebenstheaters als unentbehrlich erweisen mag. Wahrer Respekt ist eine Art der Liebe und kann unter Liebe subsumiert werden; einen Menschen zu respektieren bedeutet unter anderem, diesem Menschen eine Unschuld zu verzeihen, die außerhalb des Theaters falsch wäre, eine Würde, die lächerlich wäre.

Pornographie

Konservative und ihre Kritiker

In Fragen der Pornographie und generell der gesetzlichen Sanktionen im moralischen Bereich gibt es eine Reihe von Positionen, die man allgemein gesprochen konservativ nennen kann. Die extrem konservative Position lautet: Da Moral ein Wert an sich ist, ist jeder Schritt, der gegen Unmoral in einer ihrer Erscheinungsformen unternommen werden muss, gerechtfertigt. Eine moderatere Position würde ins Feld führen, da eine gemeinsame Moral – ob es nun zwangsläufig eine bewundernswerte Moral ist oder nicht – den Kitt für eine Gesellschaft darstellt, stellen Verletzungen der Moral ein Vergehen gegen die Gesellschaft als Ganzes dar, und die Gesellschaft hat ein Recht, sich dagegen zu verteidigen. Besonders wenn Verletzungen der Moral die Öffentlichkeit bis zu Intoleranz, Entrüstung und Abscheu erregen, hat die Rechtsordnung eine eindeutige Pflicht, darauf zu reagieren. Diese moderate These wird nicht selbst als Bestandteil der gemeinsamen Moral angesehen, aber sie gilt als autonomes, rational vertretbares Prinzip.[16]

Auf die Künste angewendet, bedeutet das Geltendmachen der unumschränkten Herrschaft des moralischen Prinzips oder, moderater, des moralischen Konsenses, dass dem Künstler und den Verlegern oder Verleihern der Werke des Künstlers die Verantwortung für die Vermeidung von Anstoßerregung zugeschoben wird. Als liberaler Kritiker des Konservatismus findet H. L. A. Hart diese Praxis ungerecht: Indem die Gerichte die Rolle des *custos morum* übernehmen, führt er aus, opfern sie das wichtige Prinzip der Rechtsprechung, das verlangt, dass Straftaten so exakt wie möglich definiert sind, »damit man mit ziemlicher Sicherheit im Voraus wissen kann, welche Taten eine Straftat darstellen und welche nicht«.[17] Mit diesem Standpunkt schließt sich Hart dem Standpunkt der beiden Mills, Vater und Sohn, an, die die Tyrannei der landläufigen Moral ablehnen: James Mill hatte unterschieden zwischen wirklich schädlichen Handlungen, deren Ablehnung durch die Allgemeinheit gerechtfertigt ist, und Handlungen, die einfach »grundlose Antipathien« hervorrufen.[18]

Bei der moderaten konservativen Position – einer Position, die Ronald Dworkin mit dem britischen Rechtswissenschaftler Patrick Devlin verbindet – werden zwei Argumente unterschieden. Das erste lautet, wenn die Gefühlslage der Allgemeinheit immer stärker von Intoleranz, Entrüstung und Abscheu geprägt ist, hat die Gesellschaft das Recht, sich zu schützen, indem sie ihre Normen durchsetzt. Da es nach diesem Argument nichts weiter braucht als »leidenschaftliche Missbilligung durch die Allgemeinheit« (James Mills »grundlose Antipathie«), um das Gesetz anzurufen, hat es in Dworkins Augen ganz und gar nicht den Status eines moralischen Arguments.[19] Die zweite Argumentation lautet, dass jede Gesellschaft das Recht hat, ihre zentralen gesellschaftlichen Institutionen zu schützen, das heißt, dass Gesetzgeber einem demokratischen Prinzip zufolge dem Rechnung tragen müssen, was als »Konsens der moralischen Position« in der Gemeinschaft insgesamt gilt. Hier, behauptet Dworkin, benutzen Konservative wie Devlin die Moral und die Vorstellung von einer moralischen Position im rein »anthropologischen« Sinn: Der angesprochene Konsens braucht keine echte moralische Grundlage zu haben, sondern kann sich zusammensetzen aus »Vorurteilen ..., Scheinbegründungen ... und persönlicher Abneigung (die keine Überzeugung, sondern einfach blinden Hass darstellt ...)«.[20]

Das muss nicht heißen, dass der Gesetzgeber die Gefühle der Allgemeinheit ignorieren soll, betont Dworkin. Aber wenn der Konsens, nach dem er sich richtet, nur ein Konsens der »moralischen Position« statt der »moralischen Überzeugung« ist, dann wird der Gesetzgeber rein strategisch handeln, statt auf der Grundlage eines moralischen Prinzips. Außerdem muss eine moralische Überzeugung nicht nur behauptet, sondern bewiesen werden – zum Beispiel in Form von »moralischen Gründen oder Argumenten, die das durchschnittliche Mitglied der Gesellschaft aufrichtig und konsequent vorbringen kann«.[21]

Hier könnte man zweifelnd fragen, wenn wir nicht sicher sein können, was wir selbst *aufrichtig* glauben, im Unterschied zu, was wir bloß *glauben*, wie können wir dann wissen, was andere Leute aufrichtig glauben? Indem wir den Begriff der Aufrichtigkeit historisieren oder dekonstruieren, können wir mit etwas Raffinesse zeigen, dass jedermanns Aufrichtigkeit, unsere eigene eingeschlossen, eine Maske des Eigennutzes ist. Der Schluss scheint unausweichlich: Wenn Leute sagen, dass sie etwas glauben, dann müssen wir – wenn auch nur, um die Anarchie eines allumfassenden Skeptizismus zu vermeiden – akzeptieren, dass sie es glauben, oder zumindest auf einer solchen Grundlage reagieren, gleichgültig welche privaten Vorbehalte wir haben.

Liberale Normen

Für John Stuart Mill ist es nicht die Gesellschaft, die vor dem Abweichler-Individuum geschützt werden muss, sondern die Rechte des Individuums müssen geschützt werden, nicht nur vor »der Tyrannei des Richters«, sondern auch vor »der Tyrannei der vorherrschenden Meinung und des vorherrschenden Gefühls«, das heißt vor der Tendenz der Gesellschaft, ihre eigenen Ideen und Praktiken als Verhaltensregeln allen aufzuzwingen. Das immer wiederkehrende Thema der Schrift *On Liberty (Über die Freiheit)* ist, »dass der einzige Zweck, für den es der Menschheit, individuell oder kollektiv, erlaubt ist, die Handlungsfreiheit einer der ihren zu beschneiden, der Selbstschutz ist«. Ein Einschreiten, um das moralische Wohl des Einzelnen zu sichern, kann niemals gerechtfertigt sein.[22] Der Staat sollte in der moralischen Arena neutral sein und weder die moralisch Bewundernswerten fördern noch die moralisch Verachtenswerten bestrafen, solange keiner zu Schaden kommt.

Können wir strafwürdige Schadensfälle definieren und somit näher erläutern, unter welchen Umständen es gerechtfertigt ist, wenn die Gesellschaft die Freiheit des Einzelnen einschränkt? Hier schließt sich Mill der Auffassung Jeremy Benthams an: Keine Handlung sollte als strafwürdig behandelt werden,»die nicht in der einen oder anderen Weise für die Gemeinschaft schädlich ist«. Der Schaden soll durch das Kalkül der Nützlichkeit geprüft werden.»Eine Handlung ... kann als übereinstimmend mit dem Prinzip der Nützlichkeit gelten, ... wenn ihre Tendenz, das Glück der Gemeinschaft zu vermehren, größer ist als die, es zu mindern.« Und was das Prinzip der Nützlichkeit selbst angeht, so »braucht dies weder einen anderen Regulator außer sich selbst, noch lässt es einen solchen zu«; es steht außerhalb des Systems.[23]

Die Menschen leiden manchmal, oder behaupten zu leiden, unter dem, was sie für die Immoralität oder die Verderbtheit der Taten anderer halten, auch wenn solche Taten sie nicht direkt und eindeutig betreffen. Zu fragen ist, ob Taten, die ein solches rein moralisches Leiden hervorrufen (das sich zu moralischer Empörung steigert – Devlins »Intoleranz, Entrüstung und Abscheu«), die Summe des Glücks mindern und deshalb zu den strafwürdigen Schadensfällen in Mills Buch zählen.[24] Sollte ein Unterschied gemacht werden zwischen Taten dieser Art und Taten, die eine »lang anhaltende oder permanente Desorientierung oder Beeinträchtigung« verursachen, oder von denen das behauptet wird, und die daher eher nachweislich schädlich sind?[25]

Mill stellt sich dieser Frage nicht direkt. Wie Jeremy Waldron aufzeigt, neigt Mill dazu, Gehorsam gegenüber den vorherrschenden öffentlichen Normen mit Stagnation gleichzusetzen und auf private Überzeugung gestütztes Handeln mit Fortschritt – das ist der Punkt, wo sich Mills romantische Ethik der Selbstentwicklung und sein historischer Evolutionismus treffen.»Der Kampf zwischen der Moral, die sich nach einer äußeren Norm richtet, und derjenigen, die sich auf innere Überzeugung stützt«, sagt Mill,»ist der Kampf der fortschrittlichen Moral gegen die stagnierende – der Kampf von Vernunft und Argument gegen die Vergötterung der bloßen Meinung und Gewohnheit.«[26] Daher ist moralisches Unbehagen für Mill (behauptet Waldron) in einem größeren Zusammenhang »eigentlich ein *positives* Merkmal von abweichenden (devianten) Handlungen und Lebensweisen; die Empörung und Unruhe, die Abweichungen hervorrufen, sollten in einer freien Gesellschaft begrüßt, gepflegt und ermutigt werden.«Ein Prüfstein einer freien und fortschrittlichen Gesellschaft ist ihre Bereitschaft zu akzeptieren, was Waldron »ethische Konfrontation« nennt. Er gibt Mill wie folgt wieder: »Falls … weit verbreitetes moralisches Unbehagen in der Gemeinschaft wirklich erkennbar ist, dann stellt das bei weitem keinen legitimen Grund zur Einmischung dar, sondern ist ein positives und gesundes Zeichen, dass die Prozesse der ethischen Konfrontation … wirklich stattfinden.«[27] Diese Interpretation legt nahe, dass Mills Verständnis von Schaden extrem eng ist und er Handlungen, die lediglich Unbehagen und Empörung verursachen, definitiv nicht dazurechnet, ganz gleich, zu welcher persönlichen Desorientierung sie beigetragen haben.

Redefreiheit schließt für Mill Schutz vor Zensur ein, speziell Zensur, die vor der Veröffentlichung stattfindet, doch auch Freiheit von gesellschaftlichen Zwängen, von »der Tyrannei der vorherrschenden Meinung und des vorherrschenden Gefühls«. Mill verschmilzt Zensur mit gesellschaftlichen Zwängen (manchmal *censure/Tadel* genannt), auf eine Weise, der ich mich nicht gern anschließen möchte. Tadel berührt eigentlich die Redefreiheit nicht, wie Frederick Schauer zeigt. Gesellschaftliche Intoleranz unterscheidet sich wesentlich von offiziellen Sanktionen, hinter denen die Kraft des Gesetzes steht – man kann sich auch dafür entscheiden, der Konvention nicht zu folgen.[28]

Mills Glaube an den langfristigen Wert Redefreiheit ist eine wichtige Grundlage für den Report des von Bernard Williams 1979 geleiteten Komitees, das beauftragt war, Reformen der britischen Gesetze gegen die Darstellung und Verbreitung von Obszönitäten vorzuschlagen: »Die grundsätzlichere Idee, mit der Mill das Markt-Modell verknüpfte, bleibt richtig und wichtig: Dass wir im Voraus nicht wissen, welche gesellschaftlichen, moralischen oder intellektuellen Entwicklungen sich als möglich, nötig oder wünschenswert für die Menschen und ihre Zukunft herausstellen werden, und dass freie Meinungsäußerung auf intellektueller und künstlerischer Ebene – etwas, was vielleicht gepflegt und geschützt und nicht nur gestattet sein muss – wichtig für die menschliche Entwicklung ist und als Prozess gesehen werden muss, der nicht einfach stattfindet (irgendwie wird er sowieso stattfinden), sondern auch so weit wie möglich rational verstanden wird.«[29]

Ronald Dworkin kennzeichnet das hier artikulierte Herangehen als eher »zielorientiert«, nicht so sehr »auf bestimmte Rechte fixiert«. Der vom Williams-Report bezogene Standpunkt ist, dass es für die Gesellschaft auf lange Sicht schlechter ist, Zensur zu üben, als die Pornographie gewähren zu lassen. Dabei geht es *nicht* darum, dass es deshalb falsch wäre, Pornographie zu zensieren (unabhängig davon, ob es schlecht für die Gesellschaft ist oder nicht), weil das die Rechte einiger Individuen (wozu wahrscheinlich die Produzenten und Konsumenten von Pornographie zählen) verletzen würde. Der Report stützt seine Position durch den Hinweis darauf, wie heikel die Angelegenheit ist: Es wäre jedenfalls schwer, wenn nicht sogar unmöglich, sich eine Formulierung auszudenken, die zuverlässig Schund von qualitativ wertvollen Werken trennt.[30]

Wie Mill in der Frage, warum wir den Fortschritt gutheißen sollten, vage bleibt, so definiert der Williams-Report das Ziel, in dessen Namen er sich gegen Zensur ausspricht und das er »menschliche Entwicklung« nennt, nicht näher. Aber dieser im Grunde liberale Glaube, dass die Redefreiheit langfristig im Interesse von Gemeinwesen sein müsse, ist vielfach in Frage gestellt worden. Welchen befreienden Wert er auch zu Mills Zeiten gehabt haben mag, Herbert Marcuse weist darauf hin, dass ein solcher Glaube im 20. Jahrhundert, wo Staaten Techniken entwickelt haben, um Toleranz für subtil-repressive Zwecke zu nutzen, nicht mehr gerechtfertigt ist.[31] Dworkin nennt das liberale Argument für den überragenden Wert der Redefreiheit »höchst problematisch, spekulativ und auf jeden Fall nebensächlich« (im Fall von Pornographie findet er es »nicht nur spekulativ und nebensächlich, sondern noch dazu nicht plausibel«).[32]

Termini

»Pornographie« ist natürlich keine neutrale Benennung, sondern ein Schmähwort. Leute, die sexuell freizügige Bücher und Filme machen, streiten routinemäßig ab, dass ihre Produkte pornographisch sind. Für meine Zwecke werde ich solche Dementi ignorieren und das als pornographisch gelten lassen, was die meisten gebildeten, weltlich gesinnten Männer und Frauen des westlichen Kulturkreises als pornographisch ansehen. John Ellis weist darauf hin, dass die Kategorie Pornographie alles verschlingt und dass es nutzlos ist, das zu verdammen: »Pornographie‹ als Etikett droht immer, jede sexuelle Darstellung zu verschlingen, die einen gewissen Grad an Deutlichkeit erreicht. Es gibt keine Möglichkeit für eine Darstellung – besonders wenn sie Fotografie einbezieht – sich gegen eine solche Etikettierung abzusichern.«[33] Wir können nicht auf einen Konsens darüber, was *das Pornographische* bedeutet, hoffen. Das wird im allgemeinen Bereich definiert von der Pornographie-Branche und ihren Versuchen der Selbstrechtfertigung; von Gerichten, die für die Einhaltung von Gesetzen gegen die Darstellung und Verbreitung von Obszönitäten sorgen, und auch von Institutionen, die für die Einhaltung ihrer eigenen Normen sorgen; und von dem, was Ellis »die allgemeine Mobilisierung der moralischen und philosophischen Positionen« in einem bestimmten gesellschaftlichen Moment nennt, und es wird immer rivalisierende Definitionen geben, die um die Vorherrschaft kämpfen.

Trotzdem gibt es einige terminologische Unterscheidungen, die es sich zu betrachten lohnt. Die eine ist, dass das Obszöne und das Pornographische nicht gleichzusetzen sind.[34] Zerstückelungsszenen können zum Beispiel obszön sein, aber nicht pornographisch; solange das Obszöne, als eine Variante des Anstößigen, »unerwünschte mentale Zustände« (Joel Feinberg) einbezieht, kann ein Subjekt nicht mit ungetrübtem Vergnügen auf Pornographie reagieren, sie aber gleichzeitig obszön nennen.[35]

Obszönität hat eine besondere Wirkung auf das beleidigte Subjekt: Sie erzeugt Widerwillen, Schock oder Abscheu (obwohl, wie Feinberg herausstellt, die Anstoß erregenden Materialien paradoxerweise gleichzeitig verführerisch sein können).[36] Weil der Beleidigte typischerweise Groll gegenüber dem Beleidiger empfindet, schließen wir, dass eine Absicht hinter dem obszönen Akt wahrgenommen wird. Eine Absicht kann tatsächlich vorhanden sein: Max Scheler weist auf einen Impulsanteil hinter dem obszönen Akt, der das Scham- oder Anstandsgefühl anderer Leute erkundet, um es als Selbstzweck zu verletzen.[37] Andererseits wird genau an dieser Stelle, wo eine Kränkungsabsicht hinter jeder Anstoß erregenden Handlung entdeckt wird, der Paranoia Tür und Tor geöffnet. Außerdem – obgleich eine Obszönität eine Beleidigung ist, fügt sie nicht unbedingt Schaden zu. Und insbesondere ist eine Beleidigung kein geringfügiger Schaden: Die beiden Begriffe unterscheiden sich wesentlich. Für einen Juristen der Mill'schen Tradition ist eine beleidigte Partei, sogar eine »äußerst« oder »tief« beleidigte Partei, nicht unbedingt eine Partei, der Schaden zugefügt wurde.[38]

Liberale Normen: Die feministische Kritik

Unter einem liberalen Regime ist die rechtliche Position von Pornographen und Konsumenten von Pornographie ziemlich stark. Sie gründet sich auf drei einander überschneidende Prinzipien. (1) Alle Personen haben ohne Ausnahme das Recht auf freie Meinungsäußerung. (2) Dieses Recht darf nicht beschnitten werden, wenn nicht bewiesen werden kann, dass seine Ausübung mit Schaden für die Interessen anderer verbunden ist (wobei Schaden recht eng interpretiert werden soll). (3) Pornographie ist auf jeden Fall eine private Transaktion zwischen Lieferanten und Konsumenten.

In den vergangenen Jahren sind alle diese Prinzipien von Kritikern – und speziell feministischen Kritikerinnen – des Liberalismus in Frage gestellt worden. Hinsichtlich des Rechts des Pornographen auf freie Meinungsäußerung ist argumentiert worden, dass im Gefolge der Sprechakt-Theorie jede einfache Unterscheidung von Äußerung und Handlung unhaltbar ist: Mit ihrem perlokutiven Nachdruck sind pornographische Darstellungen, wie öffentliche Beleidigungen, mehr Handlung als Rede und daher nicht *per se* schutzwürdig.[39]

Die Prinzipien (2) und (3), die behaupten, dass Pornographie eine private Angelegenheit ist, gewöhnlich unter Männern, die niemandem einen beweisbaren Schaden zufügt, sind aus einer Reihe von Gründen zurückgewiesen worden. Zunächst ist die Gültigkeit der gesamten Unterscheidung zwischen privat und öffentlich bestritten worden und mit ihr der Einwand, dass Pornographie nicht in jemandes Privatsphäre eindringen muss, wenn man sie nicht hineinlässt.[40] Zweitens haben einige Feministinnen behauptet, dass es eine empirisch verifizierbare ursächliche Verbindung zwischen dem Konsumieren von Pornographie und Gewalttaten gegenüber Frauen gibt.[41] Das Argument, dass Pornographie wirklich Schaden verursache, gibt es auch in erweiterter Form. Es wird nämlich behauptet, dass Pornographie nicht nur den Frauen als Klasse schade, sondern den Sitten der ganzen Gesellschaft (man fühlt sich an das konservative Argument erinnert, dass das Recht einer Gesellschaft, ihre Strukturprinzipien zu schützen, über das Recht von Individuen geht).[42]

Die Prinzipien (2) und (3) sind auch auf der Grundlage eines Arguments, das auf ein falsches Bewusstsein hinweist, zurückgewiesen worden: Zum Beispiel könne eine Frau, die behauptet, Pornographie schade ihr nicht, sehr wohl diese Meinung haben, weil sie eine von Männern interpretierte Version der weiblichen Sexualität verinnerlicht habe. Wenn sie also das Schädliche der Pornographie leugne, zeige sie damit eigentlich das Symptom eines umfassenderen Schadens, der ihr zugefügt wurde.[43]

Pornographie macht Menschen zu Objekten – diese These ist ein Allgemeinplatz bei den feministischen Kritikerinnen der Pornographie. In der Pornographie werden Frauen als Sexualobjekte betrachtet; Männer, die Pornographie konsumieren, gewöhnen sich an, Frauen im richtigen Leben genauso zu betrachten. Die Frage ist nun, was ist das für ein Unrecht, wenn man Menschen zu Objekten macht? In der von Kant hergeleiteten Tradition ist es das Unrecht, Menschen unter ihrer Menschenwürde zu behandeln, als Mittel zum Zweck, statt als Selbstzweck. Für Jaqueline Davies behandelt die Pornographie (die heute so stark alles durchdringt, dass sie für die meisten Menschen die effektive Form der sexuellen Aufklärung ist, behauptet sie) die Frauen als Mittel statt als Zweck, indem sie vorherbestimmt, wie ihr Verhalten gedeutet werden soll, und dadurch ihrem Verhalten die Freiheit nimmt und sie als unfreie Klasse etabliert.[44]

Die liberale Haltung, die das Recht der freien Meinungsäußerung auch auf die Pornographie angewendet wissen will, wird damit von femi-

nistischen Kritikerinnen fundamental in Frage gestellt. In der Tat, wenn
man die Liberalen davon abbringen kann, sich hauptsächlich mit staub-
trockenen Themen zu beschäftigen – wie etwa, ob man behaupten
kann, durch Material, das einem nicht aufgedrängt wird, sondern im
Gegenteil leicht vermieden werden kann, beleidigt und sogar verletzt
worden zu sein –,[45] und sie mit den pauschal politischen Angriffen auf
die Pornographie durch Gegner wie Catharine MacKinnon konfrontie-
ren kann, dann bestätigt die Nebeneinanderstellung in bemerkenswer-
tem Maß die pessimistische Analyse der zeitgenössischen Moraldiskus-
sion, die von Alasdair MacIntyre in *After Virtue* geliefert wird:

>»Von unseren konkurrierenden Schlussfolgerungen können wir auf
>unsere konkurrierenden Prämissen schließen; doch wenn wir tatsäch-
>lich bei unseren Prämissen ankommen, hört die Diskussion auf und
>das Ins-Feld-Führen einer Prämisse gegen die andere wird eine Sache
>der reinen Behauptung und Gegenbehauptung.«[46]

Es ist typisch für moderne Moraldebatten, fährt MacIntyre fort, dass
den philosophischen Rivalen eine gemeinsame Basis verloren geht und
jeder dann den anderen bezichtigt, er/sie habe seine/ihre Position unge-
rechtfertigt gewählt. »Entsprechend der nicht enden wollenden öffentlichen Debatte gibt es zumindest den Anschein einer beunruhigenden
privaten Willkürlichkeit.« Deshalb herrscht heute die allgemeine Tendenz, sich auf Emotivismus zurückzuziehen, auf die Doktrin, dass »alle
Moralurteile *nichts als* Ausdruck der jeweiligen Vorlieben, Ausdruck der
jeweiligen Einstellung oder Gefühle sind« (S. 11).

Im Rahmen des Emotivismus sind Urteile über Pornographie Ausdruck einer Einstellung und daher unanfechtbar. Daher stellt Susan
Mendus zum Beispiel Andrea Dworkins Beziehung zur Pornographie
als präphilosophische Angelegenheit, als *Einstellung* dar: »Ein solches
Material ist verderbt, ob sie nun darauf stößt oder nicht. Sie will, dass es
nicht existiert.«[47] Das ist kein Moralurteil, sagt Mendus: Moralurteile
stützen sich auf Vernunft, während Dworkins Urteil sich auf Gefühle
stützt. Nichtmoralische Urteile führen uns durch ihre Beschaffenheit
weg vom Reich der Moralphilosophie und damit weg von einer Debatte
nach den Regeln der Vernunft. Sie zitiert Mary Warnock: »Das nicht zu
Duldende ist das Unerträgliche. Und wir können einfach ohne vernünf-

tigen Grund fühlen, glauben, beschließen, dass etwas unerträglich ist und unterbunden werden muss.«[48]

Ein anderer Name für MacIntyres Emotivismus, der Doktrin, dass Moralurteile keine Grundlage haben außer in Gefühlseinstellungen, das heißt außer in der gefühlsmäßigen Orientierung des Subjekts gegenüber der Welt, ist *Perspektivismus*. Als Sonderform des Relativismus ist der Perspektivismus vielleicht typischer für die Moraldebatte heute als der reine Emotivismus, auf den Warnock anspielt. Perspektivismus spielt im gesamten Werk von Catherine MacKinnon eine große Rolle – ja, er ist eine tief verwurzelte Eigenheit ihres polemischen Stils:
»Was im liberalen Sinn sexuelle Befreiung heißt, befreit im feministischen Sinn die männliche sexuelle Aggression. Was aus liberaler Sicht wie Liebe und Romanze aussieht, sieht aus feministischer Sicht sehr nach Hass und Folter aus.«[49]

Aber es ist auch ein allgemeines Merkmal der postliberalen Moralphilosophie mit ihrem tiefen Misstrauen gegen Grundprinzipien und besonders gegen die Axiome des Liberalismus:
»Was der Liberalismus als neutrale Erfordernis, Schaden von anderen abzuwenden, hinstellt, wird von denen, die andere Vorstellungen davon haben, was schädlich ist, als Aufzwingen einer Moral, die sie nicht teilen, gesehen. Der Liberalismus selbst verkörpert wesentliche moralische Grundsätze und Ideale, und seine Vorstellung davon, was schädlich ist, hat keinen offensichtlich größeren Anspruch auf eine Vorrangstellung als die anderer moralischer Standpunkte.«[50]

»Aus der Perspektive des möglichen Konsumenten von Pornographie schreibt das Prinzip der moralischen Unabhängigkeit eine Politik der Toleranz vor. Aus der feministischen Perspektive schreibt es eine Politik der Restriktionen vor.«[51]

Der Verzicht auf eine Suche nach gemeinsamen Prinzipien zugunsten des Perspektivismus von »Standpunkten« ist bei der Pornographie-Debatte genauso ausgeprägt wie andernorts in der Moralphilosophie. Was die Pornographie selbst betrifft, so können wir aus dieser Ecke keine Hilfe in Form einer philosophischen Selbstverteidigung erwarten: Das Pornographische ist eine gänzlich unreflektive Sache, vielleicht weil, anders als beim Erotischen, wo Selbstreflexion zusätzliche Lustschauer hervorrufen kann, das Pornographische nichts daraus gewinnen kann.

Hilfe suchen beim Gesetz

Es ist möglich, eine Abneigung gegen Pornographie zu haben, sie anstößig zu finden (was nicht ganz dasselbe ist, wie durch sie beleidigt zu sein), zu glauben, dass es nicht gut für die Menschen – besonders für junge Menschen – ist, viel Zeit mit dem Anschauen pornographischer Filme zu verbringen, und doch nicht den nächsten Schritt zu tun, nämlich zu dem Schluss zu kommen, dass Hersteller oder Verteiler oder Anbieter pornographischen Materials deswegen verfolgt und verurteilt werden sollten. Stattdessen könnte man sich mit dem Wunsch zufrieden geben, dass Pornographie weniger Macht über die Menschen haben möge, wie man sich etwa wünscht, dass der Alkohol weniger Macht über sie haben möge. Das heißt, wenn man zugibt, dass es ein Pornographie-Problem gibt, könnte man die Ursache des Problems in einer menschlichen Schwäche (nicht unbedingt moralischer Natur) sehen, statt in der leichten Verfügbarkeit eines gewissen verlockenden Bildmaterials.

Das entspricht etwa dem Schluss, zu dem Susan Sontag in ihrem bekannten Essay »Die pornographische Phantasie« kommt. Während Sontag zugibt, dass sie eine Aversion gegen Pornographie hat und die immer leichtere Verfügbarkeit derselben ihr ein ungutes Gefühl bereitet, fragt sie, ob Pornographie von anderem frei erhältlichen Material, für das die Menschen vielleicht nicht die psychische Neigung haben, unterschieden werden sollte. »Die Pornographie ist nur einer von vielen gefährlichen Artikeln, die in unserer Gesellschaft in Umlauf sind; mag sie auch nicht sehr anziehend sein, so ist sie doch weniger lebensgefährlich und – was den Preis an menschlichem Leid betrifft – weniger kostspielig.«[52]

Zwischen 1967, als Sontag ihren Essay schrieb, und heute ist Folgendes geschehen: (a) im pornographischen Gewerbe hat ein Boom stattgefunden, (b) die Häufigkeit von Gewalt gegen Frauen, in Form von Verbrechen und häuslichen Übergriffen, ist entweder gewachsen oder wurde in ihrem ganzen Ausmaß aufgedeckt (oder beides) und (c) Feministinnen haben Verbindungen zwischen (a) und (b) gezogen. Dadurch erscheint Sontags Haltung inzwischen überholt oder auf Unkenntnis der Fakten beruhend.

In Rechtsstaaten tendiert man zu der Vorstellung, dass gesellschaftliche Probleme gesetzliche Lösungen haben müssen, und damit dazu, dass die Gerichte eingesetzt werden können, um historische Ungerechtigkeiten wieder gutzumachen und soziale Ungleichheiten zu korrigieren.[53] »Die Vorstellung, dass das Gesetz die Macht hat, Ungerechtigkeiten wieder gutzumachen, ist weit verbreitet«, schreibt Carol Smart. »Wie man die Medizin eher für heilend als für *iatrogen* hält, so hält man das Gesetz eher für das Recht vermehrend als für Unrecht schaffend.« Im warnenden Ton fährt sie fort: »Wir müssen in Erwägung ziehen, dass wir mit der Anwendung des Gesetzes vielleicht Ergebnisse erzielen, die die Lage verschlechtern, und dass wir dann bei sich verschlechternder Lage fälschlicherweise annehmen, dass wir die gesetzgeberische Dosis erhöhen müssen.«[54]

Smarts Warnung spiegelt eine unterschiedliche Einstellung bei feministischen Juristinnen aus Großbritannien (wie Smart) und bei ihren nordamerikanischen Kolleginnen. Der Unterschied macht sich besonders bei der Einstellung zum Problem Pornographie bemerkbar. Das mag zum Teil so sein, weil das puritanische Vorhaben, moralische Normen durch Gesetze zu garantieren, in Amerika nicht aufgegeben wurde; aber es gibt auch juristische Gründe. In einem Land, wo die Redefreiheit in der Verfassung verankert ist (durch das *First Amendment*), hat die Pornographie in der jüngsten Vergangenheit einen ungewöhnlich starken Schutz genossen – begründet mit sophistischen Argumenten, würden einige ihrer Gegner sagen; während die sehr enge Definition des Schadensbegriffes in der britischen Rechtsprechung es den Feministinnen dortzulande erschwert, damit zu argumentieren, Pornographie stifte Schaden.[55] Aber sogar eine so skeptische Kommentatorin des juristischen Aktivismus wie Carole Pateman, die als eigentliches Ziel des Feminismus ansieht, nicht etwa das pornographische Gewerbe zu vernichten, sondern das von der Pornographie verbreitete Frauenbild zu »untergraben«, zieht den Schluss, dass in Anbetracht des Ausmaßes des pornographischen Gewerbes »den Frauen vielleicht nur die Zuhilfenahme des Gesetzes bleibt«.[56]

Man sollte erläutern, was Smart mit »iatrogener« Medizin und »juridogenem« Rechtswesen meint. Wie die Medizin nicht nur Krankheiten heilt, sondern auch einen medizinischen Berufsstand und eine pharmazeutische Industrie schafft, so urteilt das Rechtswesen nicht nur über Rechtsfälle, sondern schafft einen juristischen Berufsstand und ein Gewerbe rund um die Rechtsprechung. Insbesondere Zensurgesetze erzeugen eine Bürokratie von Zensoren und ein paralleles Rechtsgewerbe (Rechtsabteilungen in Verlagen und Filmstudios, Rechtsanwälte, die sich auf Fälle spezialisieren, in denen es um Meinungsfreiheit geht). In Staaten, die ihre Zensorenrolle ernst nehmen, gibt es mehr Zensoren als Schriftsteller (in der alten Sowjetunion) und wird mehr Geld für die Gängelung der Künste als für ihre Förderung ausgegeben (im alten Südafrika in beträchtlichem Ausmaß).

Während man das Problem theoretisch als Frage, ob Pornographen ein Recht auf freie Meinungsäußerung haben oder nicht, formulieren kann, stellt sich praktisch die Frage – jeder mit Erfahrung auf dem Gebiet der Zensur weiß das –, wie man das zu Zensierende vom Erlaubten auf gerechte Weise unterscheiden soll. Weder in Staaten, wo die ideologische Indoktrinierung des Zensors offenkundig war (wie in der Sowjetunion und in Südafrika), noch in Staaten, wo die Beziehungen zwischen der politischen Macht und der juristischen Doktrin auf komplexere Art ausgehandelt worden waren (wie in den USA), hat sowohl die Geschichte der Zensurgesetzgebung als auch die praktische Umsetzung der Gesetze Grund zur Zuversicht geliefert.[57]

Hilfe suchen beim Gesetz: Irigaray

Und wenn man das Problem in größerem Zusammenhang sieht: Sollten Frauen Abhilfe beim Rechtssystem suchen, bei einem System, das von seinem Ursprung her eng mit dem Patriarchat verquickt ist? Ist es vereinbar mit dem Feminismus als philosophischem Unternehmen, wenn man Hilfe beim Gesetz und von den juristischen Kategorien erwartet?

Eine nahe liegende Antwort darauf ist, dass Frauen das Recht haben, ihre Interessen mit den Mitteln, die ihnen am geeignetsten erscheinen, zu befördern, und das schließt auch Gerichte ein. Es steht zu erwarten, dass die Gerichte und sogar das Rechtssystem bei zunehmender Beschäftigung mit Frauenfragen ihre Befangenheit bis zu einem gewissen Grad ablegen werden.

Eine vorsichtigere Reaktion kommt von Carol Smart: Der Preis für die Benutzung des Gesetzes, um »feministische Normen« zu erzwingen – was auch eine Anpassung der feministischen Theorie und ihre Einordnung in das juristische Raster erforderlich macht –, wird unvermeidlich der sein, dass diese Theorie viel von ihrer Komplexität verliert. Außerdem ist dieser Schritt vielleicht strategisch unklug – in Zensurfragen befinden sich Feministinnen allzu oft im Bündnis mit den Vertretern der moralischen Rechten. Über Catherine MacKinnon – deren politische Orientierung links und eigentlich marxistisch ist – schreibt Smart: »Letzten Endes bezieht sie eine Position, die durch ihre Sexualitätsfeindlichkeit und ihr Setzen auf unverblümte, gesetzlich verankerte Zensurmethoden von der Position der moralisch Rechten praktisch nicht mehr zu unterscheiden ist.« Smart erinnert an das Paradox der Zensur, das von Annette Kuhn artikuliert wurde (ein Paradox, das auch MacKinnon sieht): In gewissem Sinn braucht die Pornographie die Zensur, um ihren Kitzel zu steigern, um sich in das verbotene und ersehnte Objekt zu verwandeln und so den Status einer unterdrückten Wahrheit zu erlangen, während doch »ebendiese Vorstellung, die Pornographie sei die Wahrheit über den Sex, ... bekämpft werden muss«.[58]

Aber das Problem der Beziehung von Frauen zum Gesetz ist am umfassendsten von Luce Irigaray dargelegt worden. Irigarays Ansicht nach befinden sich Frauen von Anfang an in einer unmöglichen Situation. »Frauen befinden sich in einer Position des Ausgeschlossenseins ... Wenn sich der männliche Diskurs mit dem Gesetz beschäftigt, ... [weiß er,] was über dieses Ausgeschlossensein gewusst werden muss.« Das Ausgeschlossensein der Frauen ist »einer Ordnung *immanent,* aus der es kein Entrinnen gibt – der Ordnung des (männlichen) Diskurses.« Es ist sinnlos, sich vorzustellen, dass Frauen aus einem Einsprengsel im männlichen Diskurs heraus – zum Beispiel aus dem Rechtssystem – feminine Macht an die Stelle maskuliner Macht setzen könnten: Diese »phallische Machtergreifung« sieht zwar wie eine Umkehrung aus, doch sie würde die Frauen immer noch »im gleichen System gefangen sein lassen«. »Es gibt keinen einfachen gangbaren Weg, aus dem Phallogozentrismus herauszuspringen, *und keinen möglichen Weg, sich dorthin* [nach draußen] *zu begeben, der sich aus der einfachen Tatsache, dass man eine Frau ist, ergäbe.*« Der männliche Diskurs kann nur durch »Mimikry« übernommen werden. Damit die Äußerungen der Frau nicht »nach dem bestehenden Kode unverständlich« bleiben, müssen sie »von einem Modell entliehen werden, das [ihr] Geschlecht außer Acht lässt«.[59]

Das alles bedeutet jedoch nicht, dass das Gesetz als Teil des Diskurses der männlichen Vorstellungswelt ein versiegeltes und verbotenes Buch bleiben muss. Im Gegenteil, wenn eine Frau es erst einmal erkundet und das »Außen« abgegrenzt hat, kann sie sich im Hinblick darauf als Frau einordnen – sie ist dann »einbezogen und gleichzeitig durchbricht sie seine Grenzen«. Aber ihr Einbezogensein kann nicht anders als ambivalent sein und kann daher nicht unmissverständlich ernst genommen werden. Die männliche Vorstellungswelt ernsthaft zu bewohnen heißt für sie, sich auf einen einfachen Machttausch festzulegen, in »das gleiche System« zurückzufallen.

Für Irigaray sind Feminismus und Jurisprudenz somit nicht unvereinbar. Aber eine feministische Jurisprudenz, die nicht spielerisch ist, die für den Zugang zum Gesetz im Gegenzug den Anspruch des Gesetzes auf Würde einräumt und diese Würde respektiert, gibt durch dieses Zugeständnis ihre Unabhängigkeit auf. »Ist nicht das Lachen die erste Form der Befreiung von einer säkularen Unterdrückung? *Ist nicht das Phallische gleichbedeutend mit der Ernsthaftigkeit der Bedeutung?*« »Wenn man einer schlichten Umkehr der maskulinen Position entgehen will … darf man nicht zu lachen vergessen.«[60]

Empörung

Die Sprache des Rechts ist, wenn sie sich mit Gefühlen befasst, bemerkenswert schwerfällig. Wie fühlen wir uns, wenn wir gekränkt sind?, fragt Joel Feinberg. Seine Antwort (die kollektive Antwort des Rechts – das Ergebnis jahrhundertelanger Selbstbeobachtung der Juristen): Wir fühlen eine oder alle von den vielen Spielarten des Missvergnügens, die

Abscheu, Scham, Verletztsein und Angst einschließen, aber nicht darauf beschränkt sind; wir fühlen auch ein gewisses Maß an Ärger über denjenigen, der für dieses Missvergnügen verantwortlich gemacht wird.[61] Das Missvergnügen der Kränkung ist nicht unbedingt eine Form des Schmerzes. Pornographie kann sexuelle Erregung verursachen; man kann sich dieser Erregung hingeben und sie, bis zu einem gewissen Grad, genießen; doch die Erfahrung kann mit Abscheu enden und mit dem Verlangen, abzulehnen, was sie heraufbeschworen hat. Diese Ambivalenz – und, vom moralischen Standpunkt aus, diese Heuchelei – spiegelt zweifellos eine Störung in tieferen psychischen Schichten. Dennoch ist das ein weit verbreiteter Verlauf und eine weit verbreitete Reaktion.[62]

Die Nuancen emotionaler Zustände sind individuell und vielleicht ganz persönlich; sie interagieren und verbinden sich quasi chemisch. Scham ist Scham, und Verletztsein ist Verletztsein, aber Scham plus Verletztsein gehen eine neue Verbindung ein, für die wir keinen anderen Namen haben als die Summe der Namen ihrer Bestandteile. Scham plus Verletztsein plus Groll ergeben eine noch komplexere Verbindung, die synthetisch zumindest mit Scham-über-den-Groll und Groll-über-die-Scham benannt werden könnte, selbst zwei hoch reaktive Verbindungen.

Aber das Vorhaben, die Komponenten des Gefühls der Kränkung zu definieren – das Vorhaben, der Kränkung auf den Grund zu gehen –, kann in Frage gestellt werden. In seiner Darstellung der moralischen Emotionen, die sich auf Adam Smith' Theorie der moralischen Gefühle stützt, macht Edward Westermarck moralische Entrüstung (Anstoßnehmen, Empörung) zu einer Schwester-Emotion des Zorn-Rache-Komplexes und ermittelt den Ursprung von beiden im primitiven Vergeltungsgefühl des Grolls. Er schreibt:

>»Es ist das instinktive Verlangen, Schmerz mit Schmerz zu vergelten, das der moralischen Entrüstung ihr wichtigstes Merkmal verleiht … Der Grund, weshalb moralische Urteile über Wesen mit eigenem Willen oder über ihre Handlungen gefällt werden, ist nicht allein, dass sie einen Willen haben, sondern auch, dass sie fühlen können; und wie sehr wir auch versuchen, unsere Entrüstung auf die [kränkende] Handlung zu konzentrieren, so bezieht es [das moralische Urteil]

seinen besonderen Beigeschmack daraus, dass es gegen einen fühlenden Handelnden gerichtet ist.«

Logisch gesehen kann daher kein moralisches Urteil auf Grund von Vergeltungsdrang gefällt werden, weil Vergeltung die Grundlage der moralischen Bewertung selbst ist.[63]

Wie die im westlichen Rechtssystem verkörperte Systematik der Gefühle ist auch die Darstellung der Gefühle bei Smith und Westermarck frei vom Apparat der psychoanalytischen Psychologie; insoweit sind die beiden Systeme kohärent. Wenn, wie Westermarck behauptet, Gruppenemotionen –»allgemeine Entrüstung und allgemeine Zustimmung« – die Prototypen der moralischen Emotionen sind,[64] dann bedeuten die Gefühle von Menschen, die in Gruppen zusammenkommen, um zu verurteilen oder Beifall zu spenden, die grundlegendste moralische Bewertung, und es wäre unangebracht, wollte man noch ursprünglichere Beimengungen (Abscheu, Scham, Verletztsein, Angst oder sonst etwas) bei der verurteilenden Haltung herauszufiltern versuchen. Es könnte zweckmäßig und sinnvoll sein, Zorn (Entrüstung, Empörung, Beleidigtsein) als die ursprüngliche Emotion zu behandeln und es aufzugeben, mühsam eine moralisch annehmbare Grundlage für diesen Zorn zu erarbeiten. Mit anderen Worten, im Bereich der Rechtspsychologie kann es sinnvoll sein, so wenig über sich selbst nachzudenken wie Feministinnen der Schule von Andrea Dworkin und Catherine MacKinnon, die bisher wegen ihrer mangelnden Selbstreflexion kritisiert worden sind. Carol Smart beschwert sich, dass für diese Feministinnen »Zorn die Analyse ersetzt«; wenn sie ein Bild »problematisch und geschmacklos finden, … dann kennzeichnet das [für sie] das Problem schon ausreichend und ist eine Grundlage für Zensur«.[65]

Wenn man den Wert der Unterscheidung von Gefühlsschattierungen, die sich hinter dem Zensurreflex verbergen, in einem *juristischen* Kontext bezweifelt, heißt das nicht, dass man Zorn und gedankenloses Handeln aus Zorn *ethisch* rechtfertigt. Zorn ist eine Emotion, die Befragung und Selbstbefragung unterdrückt: Gerade in der Blindheit des blinden Zorns erkennen wir seine ethische Schwäche. Zorn hat etwas Paradoxes: Er sammelt die körperlichen Kräfte, setzt alle inneren Hemmnisse außer Kraft und verwandelt den Körper in ein Bollwerk der

Stärke, und gleichzeitig lässt er die Gedanken blockieren und macht unbeweglich, sodass der Körper verwundbar wird durch den listigen Pfeil (den Pfeil des Paris, der Achilles in die Ferse trifft), durch Spott und Gelächter. Wenn man erst einmal Zorn kühl von außen betrachtet hat, ist es schwer, sich authentisch in den Zustand von Zorn oder Entrüstung hineinzuversetzen. Zorn ist demnach nicht unbedingt ein nutzloses Mittel; doch man kann nur in einer Geisteshaltung, die von Irigaray Mimikry genannt wird, zornig sein: halb innerhalb des Zustands, halb außerhalb. Und deshalb ist es vielleicht das erste Ziel des Zornes, den Gegner auch zornig zu machen – um ihn (sie) blind zu machen.

Das Unternehmen Pornographie

In der Schäbigkeit ihrer Ausführung, ihrem Mangel an kreativer, aber noch mehr an erotischer Vorstellungskraft, ihrem blanken Unverständnis für die menschlichen Fragen, in denen sie herumstochern, scheinen die alltäglichen Produkte der Pornographiebranche die Aufmerksamkeit nicht wert zu sein, die ihnen Wissenschaftler und Juristen zuwenden. Aber schon die Bewertung, die in dem Wort »alltäglich« liegt, wirft die Frage auf: Was gibt es im Bereich der Pornographie, was nicht alltäglich ist?

Es existiert natürlich etwas, genannt erotische Kunst (erotische Gedichte, erotische Romane, erotische Bilder, erotische Filme), das die kommerzielle Pornographie in die Schranken weisen sollte, indem es zeigt, dass man Sex mit Phantasie, Intelligenz und sogar Geschmack behandeln kann. Aber eben weil das Erotische sich auf den Schutz des Gesetzes beruft (indem es einen aussöhnenden ästhetischen Wert für sich beansprucht) und sich somit vom Pornographischen abgrenzt, scheint das Erotische dem Test auszuweichen und sich damit zufrieden zu geben, gewagt – aber dann doch nur chic – zu sein und empörend zu sein, ohne wirkliche Empörung hervorzurufen; wohingegen das Pornographische, obwohl flegelhaft, wenigstens eine gewisse rohe, wilde Qualität behält.[66]

Die Wahrheit ist, dass echte Angriffe nicht im erotischen Genre, sondern im pornographischen Genre stattgefunden haben, Angriffe nicht nur auf moralische Normen, ja auf Normen des menschlichen Verhaltens überhaupt, sondern auch auf die Grenzen der Darstellung selbst, oder wenigstens auf die Vorstellung, dass es Grenzen der Darstellung geben müsse. An diesen Angriffen ist nichts Bewunderungswürdiges – wegen der außermoralischen Position, von der aus sie gestartet werden, müssten sie eigentlich das Lob, sie seien bewunderungswürdig, zurückweisen.

Trotzdem und trotz ihrer maßlosen Sprache hat Susan Sontag Recht, wenn sie auf die Bedeutung der pornographischen Schriftsteller Sade, Lautréamont und Bataille hinweist und auf die Feindseligkeit oder Verachtung, mit der sie das vernünftige Ideal attackieren, Sex in ein angenehmes, glückliches, geordnetes und produktives Leben zu integrieren – den Sex zu zähmen und ihn für das persönliche Vergnügen einzusetzen. In ihren Werken, sagt Sontag, ist das Obszöne »tief im menschlichen Bewusstsein verankert« und etabliert sich die Sexualität als eine »Macht jenseits von Gut und Böse, jenseits der Liebe und jenseits der geistigen Normalität ..., als Quelle der Qualen und Mittel zur Überwindung der Grenzen des Bewusstseins«, als »eine Macht, die immer wieder verbotene und gefährliche Wünsche in uns weckt, vom Verlangen, einem anderen Menschen willkürlich Gewalt anzutun, bis zu der wollüstigen Sehnsucht nach der Auslöschung des eigenen Bewusstseins, ja selbst nach dem Tode.«[67]

Sontag sieht somit die großen Pornographen als Männer, die die dämonische Wahrheit über die Begierde, die von zivilisierter Höflichkeit meist verhüllt wird, wiederherstellen. Doch ihr unterläuft ein Fehler – ein Fehler, der umso verwunderlicher ist, als er in einem Essay auftaucht, der »Die pornographische Phantasie« heißt –, indem sie die Ambitionen der Pornographie mit den Ambitionen der sexuellen Begierde selbst verschmilzt. Es ist eine Sache, das Dämonische einzugestehen, eine andere, es auszuleben. Im Grunde hält Jane Austen Sex für genauso dämonisch wie Sade. Sie hält ihn für dämonisch und sperrt ihn deshalb aus. Was sie ganz entschieden nicht mit Sade teilt, ist irgendein Glaube an die Fähigkeit von Schreibritualen, die dämonischen Begierden auszuleben, um die Grenzen des Selbst niederzureißen. Diese gänzlich metaphysische Ambition, die mit der Ambition, das Selbst auf dem Weg der sexuellen Ausschweifungen zu transzendieren, verbunden ist, doch davon unterschieden werden muss, belebt die wahnsinnig eintönige Pornographie Sades, über den Bataille schreibt:»Er hatte das Unglück, [diesen] Traum zu leben, dessen Obsession die Seele der Philosophie ist, [nämlich] die Einheit von Subjekt und Objekt. Die Identität ist die Transzendenz der Wesensbegrenzungen, des Objekts der Begierde und des begehrenden Subjekts.«[68]

Pornographie ist eine Art Krieg: Die Vorstellung, Sade hätte vor Gericht gegen die Tabuisierung von Obszönitäten klagen können, ist absurd. Angesichts eines so luziferischen (oder satanischen) Vorhabens wie des Sade'schen ist es auch absurd, das Tabu für einen Trick zu halten, der von der Pornographie benutzt wird, um sich begehrenswert oder, mit MacKinnons Ausdruck,»sexy« zu machen.[69] In beiden Bedeutungen des Ausdrucks steht Sade *hinter* dem Tabu. So ist eine Gruppierung der Kräfte vorstellbar, die eine Sade'sche Schlafzimmer-Philosophie samt einem Sade'schen Feminismus auf die eine Seite – die Outlaw-Seite – des Tribunals gegen Pornographie stellen würde, das ererbte Patriarchat und den normativen Feminismus auf die andere, die Seite des Gesetzes. Eine solche Gruppierung würde – paradoxerweise – die Position der Feministinnen widerspiegeln, die vor einem Verbot der Pornographie warnen.»Feministinnen und Anhänger der moralischen Mehrheitspartei«, schreibt Linda Williams, sollten nicht nur auf die Gewalt gegen Frauen in der Pornographie schauen, sondern darüber hinaus auf die Vielfalt der sexuellen Praktiken, die in der Pornographie vertreten sind, eine Vielfalt, die dazu beiträgt,»das ursprüngliche Begehren der phallischen Ordnung zu besiegen, nämlich das Begehren, die sexuelle Identität der Frau als Spiegel des eigenen Begehrens zu fixieren« – das heißt, die Frau als Objekt der männlichen Begierde zu definieren.»Mit der Vermehrung ... vielfältiger [sexueller] Praktiken untergräbt [die Pornographie] ihr ursprüngliches Ziel, die gradlinige und offensichtliche erzählerische Wahrheit über die weibliche sexuelle Lust festzulegen und darzustellen.«[70]

Was hier gebilligt wird, ist eine sadistische und daher *perverse* Pornographie, die der»phallischen Ordnung« zuwiderläuft. Während sie eine stark vereinfachte Vorstellung von der männlichen Begierde als einer Begierde, die ihr Objekt kennt, akzeptiert (sie macht sich zum Beispiel keine Gedanken über die Hegel-nähere Vorstellung von der Begierde, die die Begierde des anderen begehrt), warnt Williams zumindest vor einer Form der Zensur, die es sich zur Aufgabe macht, die einzelnen Szenen des pornographischen Werks isoliert zu beurteilen und einzustufen, wobei sie ihre Vielfalt und ihr formales Nebeneinander als irrelevant außer Acht lässt – mit anderen Worten, das Werk als ein Ganzes ignoriert.

Pornographie und Werbung

In Schlagern, in der Literatur und in Filmen der letzten dreißig oder vierzig Jahre wurde Sex immer unverhüllter dargestellt; in der Werbung wurde die Sexualisierung der Bilder immer eklatanter. Diese kulturellen Phänomene und das Wachstum des pornographischen Gewerbes hängen ohne Zweifel zusammen. Die Frage ist, wie dieser Zusammenhang ausgedrückt werden sollte. Sind sowohl die Sexualisierung unserer Welt als auch die Ausbreitung der Pornographie als Manifestationen einer einzigen, breiten historischen Strömung zu sehen oder ist Pornographie die Pionierkunst und sind die anderen Künste mit dem pornographischen Virus infiziert?

Auf diese Frage – im Grunde eine Frage nach der gesellschaftlichen Bedeutung der Pornographie – antworten Feministinnen auf verschiedene Weise. Carol Smart zum Beispiel findet Werbung, Seifenopern und Liebesromane einflussreicher als Pornographie, wenn es um die Fixierung und Vermittlung von Frauenbildern geht.[71] Rosalind Coward andererseits sieht Pornographie als eine alles durchdringende Kraft: »Mir scheint das heutige [84er] Erscheinungsbild, das in Frauenzeitschriften im Allgemeinen vorherrscht, direkt von der Pornographie herzukommen«; »Die eher routinemäßig verfügbaren Frauenbilder… beziehen sich alle auf die Konventionen, nach denen Frauen in der Pornographie dargestellt werden.« Für Coward ist es vor allem die Pornographie, die das System und die Chiffren für die Interpretation von Frauenbildern, und daher Frauenkörpern, geschaffen hat. Diese Art, Frauen anzuschauen, hat ihren Ursprung in dem aneignenden und beherrschenden Blick des Mannes, besonders des städtischen Flaneurs, doch heute ist es die Kamera, die Männern, und auch anderen Frauen, beibringt, wie man die Frau sehen soll.[72]

Die letztere Analyse, die in ausführlicher Form aus der Pornographie eine Art Testgebiet für Techniken der Sexualisierung und Vergegenständlichung macht, die dann in den Massenmedien, besonders in der Werbung, angewendet werden und von dort allmählich sowohl in das gesellschaftliche als auch in das private Leben eindringen, führt naturgemäß zu dem Schluss, dass Pornographie für Feministinnen das vorrangige Angriffsziel sein sollte.

Eine vorsichtigere alternative Analyse, eine, die der Pornographie eine nicht ganz so führende Rolle zuschreibt, würde sowohl die bildliche Pornographie als auch die Bild-Werbung als Ausdruck kommerzieller Kräfte sehen, die genauso damit befasst sind, das Begehren selbst zu bestimmen, anzustacheln, zur Ware zu machen, zu verpacken und zu verkaufen, wie damit, neue Muster, wie man begehrt (zum Beispiel mit den Augen), zu verbreiten oder alte zu stärken, oder Leitbilder zu verkaufen. Im Geschäft mit dem Begehren, wo sich der Modefotograf und der Pornograph in den gleichen Kreisen bewegen und vielleicht sogar ein und dieselbe Person sind, kann die Werbung sogar die führende Rolle übernehmen, nicht nur weil es hier um mehr Geld geht, sondern auch weil sie ein schlüssigeres theoretisches Programm hat. Die Werbung garantiert lediglich ein Versprechen, während die Pornographie auf einer gewissen Ebene garantiert, was keine Darstellung wirklich bieten kann: zu liefern, was versprochen wurde. Die Werbung bleibt vollständig in der Zeichenordnung: Sie ist etwas, das für etwas anderes steht; während die Pornographie dadurch, dass sie sich als die Sache selbst anbietet, ihre eigene Beschaffenheit verletzt. Daher ihre charakteristische Raserei und daher vielleicht ihre zunehmende Gewalttätigkeit, die als Gewalttätigkeit aus Frustration verstanden werden muss. Auch in ihrem Gebrauch des Tabus ist die Werbung gewitzter als die Pornographie. Da sie weiß, dass sie nicht halten kann, was versprochen wurde, verweist sie auf das Tabu: Wenn dies nicht wäre, könnte ich euch zeigen, was ihr wollt; im Moment müsst ihr euch mit weniger begnügen, mit einem nur flüchtigen Blick. Die Pornographie andererseits verletzt erst das Tabu und muss es dann, um selbst zu überleben, an anderer Stelle wieder einführen.

Wie Roland Barthes bemerkt, ist der flüchtige Anblick erotischer als das Entblößte.[73] Die Natur des Begehrens ist das Versprechen, nicht das Liefern des Versprochenen. Die Werbung *benutzt* das Begehren in einer Weise, wie das die Pornographie nicht tut (die Pornographie vergeudet das Begehren). Insoweit ist die Werbung für das Geschäft des Begehrens von wesentlicher Bedeutung, die Pornographie von peripherer.

Rede anlässlich der Entgegennahme des Jerusalem-
Preises (1987)

Es gibt bei dieser Preisvergabe von 1987 einen Widerspruch, mit dem ich
Schwierigkeiten habe: Wie kommt es, dass einer, der aus einem so bemerkenswert unfreien Land wie dem meinen stammt und dort auch
lebt, mit einem Freiheitspreis geehrt wird?
    In einer Gesellschaft von Herren und Sklaven ist keiner frei. Der
Sklave ist nicht frei, weil er nicht sein eigener Herr ist; der Herr ist nicht
frei, weil er ohne den Sklaven nicht auskommt. Jahrhundertelang war
Südafrika eine Gesellschaft von Herren und Knechten; jetzt ist es ein
Land, wo die Knechte in offener Rebellion sind und die Herren im Zustand der Verwirrung.
    In Südafrika bilden die Herren eine geschlossene Erbkaste. Jeder,
der mit einer weißen Haut geboren wird, wird in diese Kaste hineingeboren. Weil es unmöglich ist, die Haut, mit der man geboren ist, zu
wechseln (kann der Leopard seine Flecken ablegen?), kann man aus
dieser Kaste nicht ausscheiden. Es ist zwar als Phantasie vorstellbar,
man kann symbolisch ausscheiden, aber es gibt keine Möglichkeit, es
wirklich zu *tun*, wenn man nicht den Staub des Landes von den Füßen
schütteln will.
    Wie erleben die Herren Südafrikas heute ihre Unfreiheit? Absichtlich
lasse ich mich hier nicht darauf ein, von unruhigem Schlaf zu reden, von
Katastrophenahnung, von der Wiederkehr des Verdrängten in Gestalt
von Alpträumen. Ich lasse mich hier nicht darauf ein, weil die Menschen

heutzutage – und besonders hier in Israel, mit dem Schatten des Holocaust hinter sich – wissen, dass es das Böse gibt, das banal ist, kein Gewissen kennt, keine Phantasie und vielleicht keine Träume, das gut isst und schläft und mit sich selbst im Reinen ist.

Stattdessen möchte ich in aller Kürze etwas über die Unfreiheit der Herrenkaste sagen, wie man sie im heutigen gesellschaftlichen Leben erfährt.

Anfang der 50er Jahre, in den ungestümen Jahren, als der große Apartheid-Bau noch errichtet wurde, verabschiedete man ein Gesetz, das sexuelle Beziehungen zwischen Herren und Sklaven zu einer Straftat machte. Das war das drastischste in einer langen Reihe von Gesetzen, die alle Bereiche des gesellschaftlichen Lebens regelten. Mit ihm beabsichtigte man, Formen des horizontalen Verkehrs zwischen Weiß und Schwarz zu verhindern. Der einzig erlaubte Verkehr sollte zukünftig vertikal sein; das heißt, er sollte im Erteilen und Entgegennehmen von Befehlen bestehen.

Was war die Bedeutung dieses zutiefst symbolischen Gesetzes? Seine Ursprünge liegen, so scheint mir, in Furcht und Verleugnung: Man verleugnet eine Begierde, die man sich nicht eingesteht, die Begierde, Afrika, den Körper Afrikas zu umarmen; man fürchtet sich davor, von Afrika im Gegenzug umarmt zu werden.

Das Gesetz, das die Liebe zwischen den Rassen verbietet, ist vor kurzem mit einem weiteren zutiefst symbolischen Akt aufgehoben worden, als ob man anzeigen wolle, dass der Tag der Abrechnung, der von Alan Paton vor vierzig Jahren vorausgesagt wurde, da ist. »In meinem Herzen wohnt eine große Furcht«, sagt einer von Patons schwarzen Charakteren, »die Furcht, dass wir eines Tages, wenn sie auf Liebe aus sind, merken, dass wir auf Hass aus sind.«

Im Zentrum der Unfreiheit der Erbherren Südafrikas steht der Mangel an Liebe. Um es rundheraus zu sagen: Ihre Liebe reicht heute nicht aus, und sie hat seit ihrer Ankunft auf dem Kontinent nicht ausgereicht; außerdem ist ihr Gerede, ihr übertriebenes Gerede davon, wie sie Südafrika lieben, ständig auf *das Land* gerichtet gewesen, das heißt, auf das, was am wenigsten Liebe erwidern kann: auf Berge und Wüsten, auf Vögel und Tiere und Blumen.

Wer die Bedeutung dieses Redens über *Liebe* nicht versteht, kann das Wort Liebe durch das Wort *Brüderlichkeit* ersetzen. Die verdeckte Unfreiheit des weißen Mannes in Südafrika hat sich stets am deutlichsten gezeigt, wenn er einen Augenblick von seinem einsamen Thron herabgestiegen ist, um einem völlig menschlichen und verständlichen Verlangen nach Brüderlichkeit mit den Menschen, unter denen er lebt, nachzugeben, und dabei erschüttert festgestellt hat, dass Brüderlichkeit nicht isoliert zu haben ist, ganz gleich wie stark die Regung auf beiden Seiten empfunden wird. Brüderlichkeit geht immer mit Freiheit und Gleichheit einher. Das vergebliche und im Grunde sentimentale Verlangen, das sich heute in Südafrika in der Reformbewegung äußert, ist ein Verlangen nach Brüderlichkeit, ohne dafür bezahlen zu wollen.

Was ist der Preis, der bezahlt werden muss? Der allergeringste Preis ist die Zerstörung der unnatürlichen Machtstrukturen, die den südafrikanischen Staat bestimmen. Über diese Machtstrukturen gibt es eine Menge zu sagen. Ich werde mich auf eine Bemerkung beschränken. Die deformierten und verkümmerten zwischenmenschlichen Beziehungen, die unter dem Kolonialismus geschaffen und unter dem System, das ungenau Apartheid genannt wird, verschärft wurden, finden ihre psychische Entsprechung in einem deformierten und verkümmerten Seelenleben. Alle Äußerungen dieses Seelenlebens, gleichgültig wie intensiv, gleichgültig wie sehr von Jubel oder Verzweiflung durchdrungen, leiden an der gleichen Verkümmerung und Deformation. Ich mache diese Bemerkung wohl überlegt und in vollem Bewusstsein, dass sie auf mich selbst und mein eigenes Schreiben genauso zutrifft wie auf jeden anderen. Die südafrikanische Literatur ist eine Literatur in Fesseln, wie sogar an ihren Höhepunkten offenbar wird, die durchsetzt sind von Gefühlen der Heimatlosigkeit und der Sehnsucht nach einer nebulösen Befreiung. Es ist eine Literatur, die nicht das volle Menschsein spiegelt, unnatürlich beschäftigt mit der Macht und den Verrenkungen der Macht, unfähig, sich von den elementaren Beziehungen Streit, Beherrschung und Unterdrückung wegzubewegen, hin zu der gewaltigen und vielschichtigen menschlichen Welt, die dahinter liegt. Es ist genau die Literatur, die man aus einem Gefängnis erwarten würde. Und ich spreche hier nicht nur vom südafrikanischen *gulag*. Wie man das von einem Land von solcher Weite erwarten würde, gibt es eine südafrikanische Literatur der Weite. Aber sogar diese Literatur der Weite spiegelt, wenn man sie genau untersucht, Gefühle des Gefangenseins, des Gefangenseins in unendlichen Räumen.

Vor zwei Jahren stand Milan Kundera auf diesem Podium hier in Jerusalem und huldigte Miguel Cervantes, dem ersten aller Romanciers, auf dessen Riesenschultern wir Schriftsteller-Pygmäen eines späteren Zeitalters stehen. Wie gern würde ich mich dieser Huldigung anschließen, ich und so viele meiner Schriftstellerkollegen aus Südafrika! Wie sehr sehnen wir uns, eine Welt der pathologischen Bindungen und abstrakten Gewalten, eine Welt, geprägt von Zorn und Gewalt, zu verlassen und uns in einer Welt anzusiedeln, in der ein lebendiges Spiel der Gefühle und Ideen möglich ist, einer Welt, in der wir einen wahren Beruf haben.

Aber wie kommen wir von unserer Welt der gewalttätigen Trugbilder zu einer wahrhaft lebendigen Welt? Das ist ein Rätsel, das Cervantes' Don Quijote für sich ganz leicht löst. Er lässt das heiße, staubige, langweilige La Mancha hinter sich und betritt die Fabelwelt durch einen puren Willensakt der Phantasie. Was hindert den südafrikanischen Schriftsteller daran, einen ähnlichen Pfad einzuschlagen, sich aus einer Situation herauszuschreiben, wo seine Kunst, wie gut gemeint auch immer, zu langsam ist, zu altmodisch, zu indirekt – wir müssen hier ehrlich sein –, um mehr als eine äußerst geringfügige und verspätete Wirkung auf das Leben der Gemeinschaft oder den Gang der Geschichte zu haben?

Ihn hindert, was auch Don Quijote hindert: die *Macht* der Welt – in der sein Körper lebt –, sich ihm aufzudrängen, ihm und letztlich seiner Phantasie, die, ob ihm das nun gefällt oder nicht, seinem Körper innewohnt. Die *Rohheit* des Lebens in Südafrika, die nackte Gewalt, mit der uns Südafrika anzieht, nicht nur im körperlichen Sinn, sondern auch im moralischen, seine Fühllosigkeit und seine Brutalität, seine Begierden und Süchte, seine Habsucht und seine Lügen, machen es genauso unwiderstehlich wie unliebenswert. Die Geschichte von Alonso Quijana oder Don Quijote – obwohl nicht Cervantes' kluges und rätselhaftes Buch, füge ich an – endet mit der Kapitulation der Phantasie vor der Realität,

299

mit einer Rückkehr nach La Mancha und mit dem Tod. Wir haben die Kunst, sagte Nietzsche, damit wir nicht an der Wahrheit zugrunde gehen. In Südafrika gibt es jetzt zu viel Wahrheit, als dass die Kunst sie fassen könnte, kübelweise Wahrheit, Wahrheit, die jeden Akt der Phantasie überwältigt und erdrückt.

Anmerkungen

Was ist ein Klassiker?

1 »Was ist ein Klassiker?«, übers. von W. E. Süskind, in T. S. Eliot, *Ausgewählte Aufsätze, Vorträge und Essays* (Berlin: Volk und Welt, 1982). Im Folgenden als *WiK* zitiert.

2 »Le poète de la latinité tout entière«, zitiert bei Frank Kermode, *The Classic* (London: Faber 1975), S. 16. Sainte Beuves Vorträge wurden 1857 als *Etude sur Virgile* veröffentlicht.

3 In einem *Criterion*-Artikel von 1926 behauptet Eliot, dass Großbritannien zur »gemeinsamen Kultur Westeuropas« gehört. Die Frage ist: »Gibt es genug Menschen in Großbritannien, die an diese europäische Kultur glauben, an das römische Erbe, daran, dass Großbritannien zu dieser Kultur gehört?« Zwei Jahre später weist er Großbritannien eine Mittlerrolle zwischen Europa und dem Rest der Welt zu. »Es ist das einzige Mitglied der europäischen Gemeinschaft, das ein echtes Imperium errichtet hat – das heißt, ein Weltimperium, wie es das römische Imperium gewesen ist –, das nicht nur europäisch ist, sondern Europa mit dem Rest der Welt verbindet.« Zitiert in Gareth Reeves, *T. S. Eliot: A Virgilian Poet* (London: Macmillan, 1989), S. III, 85.

4 Eliot verließ Harvard, um in Deutschland zu studieren, ging dann bei Ausbruch des Krieges nach Oxford, heiratete eine Engländerin, versuchte später nach Harvard zurückzukehren, um seine Dissertation zu verteidigen (doch das Schiff, auf dem er eine Koje gebucht hatte, fuhr nicht), darauf versuchte er vergeblich, eine Anstellung in der US-Navy zu bekommen, dann – so scheint es – gab er den Versuch einfach auf, blieb in England und wurde schließlich britischer Staatsbürger. Wenn das Schicksal es gewollt hätte, wäre es ebenso möglich gewesen, dass er seinen Doktor gemacht, den Lehrstuhl, der auf ihn

in Harvard wartete, eingenommen und sein amerikanisches Leben wieder aufgenommen hätte.

5 Eliot äußerte sich nicht offiziell zu seinem Entschluss, aus den Vereinigten Staaten wegzugehen. Doch 1928 schilderte er in einem Brief an Herbert Read etwas wehleidig sein Gefühl der Wurzellosigkeit im Land seiner Geburt: »Eines Tages möchte ich einen Essay schreiben über die Perspektive eines Amerikaners, der kein Amerikaner war, weil er im Süden geboren wurde und als kleiner Junge mit breitem Nigger-Akzent in Neuengland zur Schule ging, der aber im Süden nicht als Südstaatler galt, weil seine Familie aus dem Norden in einen Grenzstaat gezogen war und auf alle Südstaatler und Virginier herabblickte, und der deshalb nirgendwo irgendwer war und sich deshalb eher als Franzose denn als Amerikaner fühlte, und eher als Engländer denn als Franzose, und doch spürte, dass die USA bis vor hundert Jahren irgendwie zur Familie gehört hatten.« »T. S. Eliot – A Memoir«, in *T. S. Eliot: The Man and His Work*, hg. von Allen Tate (New York: Delacorte, 1966), S. 15. Drei Jahre später sah er im *Criterion* das Dilemma des amerikanischen Intellektuellen so: »Der amerikanische Intellektuelle von heute hat fast keine Möglichkeit, sich auf seinem eigenen Boden und in der Umgebung, die seine Vorfahren, wie bescheiden auch immer, zu gestalten halfen, weiterzuentwickeln. Er muss im Exil leben: Entweder an einer Provinzuniversität dahinvegetieren oder im Ausland oder im äußersten Exil – in New York.« Zitiert in William M. Chace, *The Political Identities of Ezra Pound and T. S. Eliot* (Stanford: Stanford University Press, 1973), S. 155. Eliot gibt jedoch zu, dass diese erzwungene Entwurzelung eher ein Merkmal des modernen Lebens als etwas spezifisch Amerikanisches ist.

6 »East Coker«, in *Vier Quartette*, übers. von Nora Wydenbruck (Wien: Amandus-Edition, 1948), S. 23, 17, 21.

7 »Dichten heißt nicht, seiner Gefühlswelt freien Lauf zu lassen, wohl aber: sich von seinen Gefühlen befreien; Dichtung ist nicht Ausdruck der Persönlichkeit, sondern eine Art Befreiung von der Persönlichkeit.« »Tradition und individuelle Begabung« (Erstveröffentlichung 1919), übers. von Hans Hennecke (in *Ausgewählte Aufsätze, Vorträge und Essays*, hg. von Wolfgang Wicht, Berlin: Volk und Welt, 1982), S. 46.

8 Reeves zitiert die Ansprache der Cumäischen Sibylle an Äneas (Äneis VI: 93–94): »Ursache für so schweres Unglück wird wiederum ein fremdes Eheweib *[coniunx hospita]* sein ... und wieder das Brautbett in fremdem Land.« Die fremden Bräute, die schweres Unglück über Troja bringen, sind Menelaus' Frau Helena, die Phönizierin Dido und die Latinerin Lavinia. Reeves schreibt: »Resultiert nicht Eliots Unglück mindestens zum Teil aus seiner Ehe mit Vivien, einer Engländerin, einer *coniunx hospita*?« (S. 47)

Eliots Bewertung des Treffens von Dido und Äneas in der Unterwelt als in
erster Linie »kultiviert« ist schwer zu verstehen. Nachdem Äneas Dido angesprochen hat, heißt es: »Sie hielt abgewandt ihren Blick an den Boden gehef-
tet, und ihr Gesicht ließ sich von dieser Anrede nicht mehr bewegen, als
stünde da ein harter Stein oder ein marpesischer Marmorblock. Endlich rafft
sie sich auf *[sese corripuit]* und flüchtet abweisend *[inimica]* in den Schatten
spendenden Hain ...« (*Äneis* VI: 469–73) übers. von Volker Ebersbach (Leipzig: Philipp Reclam jun., 1982), S. 137.

9 In »Vergil und die christliche Welt« (1951) unterscheidet Eliot zwischen Vergils
»bewußtem Geist« und einem Aspekt seines Geistes, der diskret nicht benannt
wird, der aber vielleicht auf eine höhere Inspiration hört. *Dichter und Dichtung. Essays* (Frankfurt a. M.: Suhrkamp, 1958), S. 129.
Vgl. auch Reeves, S. 102.

10 *Notes Toward a Definition of Culture* (Beiträge zum Begriff der Kultur), vollendet 1948, ist in Wirklichkeit eine Erwiderung auf Karl Mannheim, der in
Mensch und Gesellschaft im Zeitalter des Umbaus die Ansicht vertrat, dass die
Probleme des industriellen Europa in Zukunft nur durch einen Wechsel zu bewusster gesellschaftlicher Planung gelöst werden können, und allgemeiner gesehen durch die Beförderung neuer Denkweisen. Die Richtung müsse dann von
einer Elite vorgegeben werden, die die Klassenschranken überwunden habe.
Eliot war gegen gesellschaftliches Projektieren und Planen und ganz allgemein
gegen Dirigismus. Er sah vorher, dass das Züchten von Eliten die Klassenmo-
bilität fördern und dadurch die Gesellschaft umwandeln würde. Er sagte, es
sei besser, »wenn die überwiegende Mehrheit der Menschen weiter an dem
Platz bliebe, wo ihre Geburt sie hingestellt hat«. Das Selbstbewusstsein, das
Mannheim sich vorstellte, sollte einer gewissen Aristokratie oder führenden
Klasse vorbehalten bleiben. (Zitiert nach Chace, S. 197)
Eliots Reaktion auf die Haager Konferenz im Jahre 1948 (auf der die Idee eines
europäischen Parlaments diskutiert wurde) und die dort vorgestellten Schritte
zu einer europäischen Einheit und seine Reaktion auf die Gründung des Euro-
parats im Jahre 1949 sind in einem öffentlichen Brief von 1951 enthalten, in
dem er kulturelle Fragen von politischen Entscheidungen trennt und eine
langfristige Überzeugungsarbeit befürwortet, die den Menschen Westeuropas
ihre gemeinsame Kultur näher bringen und Regionen, Rassen, Sprachen erhalten und pflegen soll, von denen jede eine »Berufung« in Bezug auf die anderen
habe. Vgl. auch Roger Kojecky, *T. S. Eliot's Social Criticism* (London: Faber,
1971), S. 202.

11 Bestimmte Musikstücke konnten ihren Platz in speziellen Repertoires behaupten – zum Beispiel blieben einige der Motetten im Repertoire der Thomaskirche zu Leipzig, wo Mozart 1789 »Singet dem Herrn« hörte.

12 Johann Adolph Scheibe, *Der Critische Musicus. Sechstes Stück. Dienstags den* 14 May, 1737. In *Bach-Dokumente*, hg. vom Bach-Archiv Leipzig, Bärenreiter: Kassel, 1969, S. 286–87.

13 Auch das historische Gespür von Bachs Musikersöhnen Wilhelm Friedemann, Carl Philipp Emmanuel und Johann Christian war richtig: Sie taten nach dem Tod ihres Vaters nicht nur nichts, um seine Musik zu fördern oder lebendig zu erhalten, sondern sie erarbeiteten sich schnell eine Position als führende Vertreter der neuen Musik der Vernunft und der Empfindsamkeit. In Bachs späten Leipziger Jahren sah man ihn nach Blume als »ein schwer zu behandelndes Curiosum, ein bissiges altes Original«. Die Leitung der Thomaskirche zu Leipzig, wo er Kantor war, war sichtlich erleichtert, als er starb und sie einen jüngeren Mann einstellen konnte, der mehr im Einklang mit der neuen Zeit war. Von seinen beiden berühmtesten musikalischen Zeitgenossen äußerte einer (Telemann) das vernichtende Urteil, Bachs Söhne, besonders Carl Philipp Emmanuel, seien sein größtes Geschenk an die Welt, während der andere (Händel) nicht die geringste Notiz von ihm nahm. Vgl. Friedrich Blume, *Johann Sebastian Bach im Wandel der Geschichte*, Kassel: Bärenreiter-Verlag, 1947, S. 11, 19, 21–22.

14 Der Verfasser war J. N. Forkel, Musikdirektor an der Universität Göttingen. Leipzig: Hoffmeister u. Kuehneli, 1802, S. 11, 92.

15 Blume, S. 23–25, 26.

Erinnerungen an Texas (Anmerkungen der Übersetzerin)

1 Hinman-Collator: Von Charlton Hinman konstruierte Kollationsmaschine für die so genannte »interne Kollation« – den Abgleich zweier Druckexemplare desselben Textes.

2 Chomsky sprach von einer genetisch prädisponierten Universalgrammatik und berief sich damit auf die Universalgrammatiker des 18. und 19. Jahrhunderts. Der britische Philosoph John Stuart Mill äußerte z. B. 1867 die Meinung, dass die grammatischen Strukturen der Sprache mit universalen Denkstrukturen korrespondieren.

3 Sprache von australischen Aborigines in der Gegend von Northern Queensland.

Müßiggang in Südafrika

1 In Übereinstimmung mit dem alten Sprachgebrauch, dem fast alle von mir in diesem Essay erwähnten Schriftsteller folgen, benutze ich die Wörter *Hotten-totte* und *Buschmann* statt des heute üblichen *Khoi* und *San*. Aus dem gleichen Grund benutze ich manchmal *Kaffer* für *Xhosa* und *Bure* für *Afrikaaner*.

2 Nur drei Reisende erwähnen Faulheit, und alle drei schließen die Faulheit der Hottentotten aus der Tatsache, dass sie keinen Ackerbau betreiben, statt aus Beobachtungen: Edward Terry, 1616; Augustin de Beaulieu, 1622; und Johan Wurffbain, 1646 (Raven-Hart, *BVR* 83, 101, 165).

3 Vgl. z. B. Grevenbroek, 1695, in Schapera 271–73.

4 François Bernier (1620–88) schlussfolgert, dass die Hottentotten eine von den Negern Afrikas »verschiedene Rasse« seien. John Locke (1632–1704) bringt jedoch vor, dass es nur Umwelteinflüsse seien, die den Geist des Hottentotten »vertiert« scheinen lassen. Buffon (1707–88) behauptet, dass der Hottentotte vom Affen viel weiter entfernt sei als vom Rest der Menschheit. Johann Blumenbach (1752–1840) vertritt die Ansicht, der Hottentotte scheine zwar zu »einer anderen Rasse« zu gehören, es gebe aber in Wirklichkeit nur »eine Sorte Mensch«. Vgl. Slotkin 95, 173, 184, 189.

5 Van Riebeeck erwähnt den Müßiggang der Hottentotten nur einmal, in einem Bericht an die Kammer vom 14. April 1653, in dem er darum bittet, aus der Mitte dieser »einfältigen, dummen, faulen, stinkenden Leute« nach Japan versetzt zu werden, wo seine Talente nützlicher sein könnten. Seine *Tagebücher* enthalten keinen Hinweis auf die Faulheit der Hottentotten. Obwohl seine Nachfolger, Wagenaar und Borghorst, mehr als genug über Müßiggang zu sagen haben, ist es der Müßiggang der Farmer, den sie verurteilen. Vgl. Van Riebeeck; D. Moodie 32, 270, 294, 304.

6 Zum klassischen Hintergrund des Begriffes Muße, vgl. De Grazia 11–25.

7 Als Ausnahme vom weit verbreiteten Kopfschütteln vgl. Simon de la Loubiére, 1687: »In solcher Armut sind [die Hottentotten] immer fröhlich, sie tanzen und singen immer und leben ohne Beschäftigung oder schwere Arbeit« (Raven-Hart, *CGH* 2: 269).

8 Weber: »… der Mensch will ›von Natur‹ nicht Geld und mehr Geld verdienen, sondern einfach leben wie er zu leben gewohnt ist und soviel erwerben, wie dazu erforderlich ist. Überall, wo der Kapitalismus sein Werk der Steigerung der Produktivität der menschlichen Arbeit durch Steigerung ihrer Intensität begann, stieß er auf den unendlich zähen Widerstand dieses Leitmotivs präkapitalistischer wirtschaftlicher Arbeit« (20). Vgl. auch Hutt, Kap. 5, »Bevorzugter Müßiggang«.

9 »Brutstätten des Müßiggangs« ist der Ausdruck, der von den Kolonialverwal-

tungen 1849 bei ihrer Denunziation der Missionsstationen gebraucht wird (Marais 197). Für die Kommentare von Pfarrer John Campbell, Inspektor der LMS-Stationen, zu »Müßiggang und Faulheit« der Hottentotten, die aus Krals und Farmen zu den Stationen kommen, vgl. Campbell, 92–93. Vgl. auch Burchells Bericht, dass die Missionare in Klaarwater ständig über »die Trägheit der Hottentotten« klagten (1: 246).

10 Le Vaillant 1: 59. Vgl. auch Paterson 84.

11 Degeneration wurde schon von Mentzel 1787 in Aussicht gestellt. Als er über jene Buren schreibt, die »es vorziehen, in der entlegensten Wildnis unter den Hottentotten zu leben«, äußert er seine Furcht, dass sie, falls sie sich nicht mit neuem europäischen Blut vermischen, »degenerieren und unzivilisiert werden« wie die Schotten oder Sorben oder Skythen: »ihr Wesen ist bereits wild, ihre Bildung schlecht, ihre Anschauungen niederträchtig und ihr Benehmen mangelhaft« (2: 120).

12 Eine typische Kapitelzusammenfassung: »Wesleyville – Seine angenehme Landschaft – Zweite und dritte Missionsstationen – Dolmetscher und Führer – Anekdoten von Elefanten – Seltsame Szenen – Beredsamkeit der Hottentotten – Ernsthafter Streit – Kriegslist – Kritik und Humor – Spiele – Abendliche Vergnügungen – Jagd auf Flusspferde – Der Kei-Fluss – Der Incagalo – Ein Kaffernhäuptling und seine Leute – Anekdoten« (Rose x).

13 Marschall Sahlins beschreibt »den charakteristischen Steinzeitrhythmus von ein oder zwei Tage arbeiten, ein oder zwei Tage arbeitsfrei« (23). Als Richard B. Lee über die Dobe-Buschmänner, Jäger und Sammler, schreibt, bemerkt er, dass ein erstaunlich hoher Anteil ihrer Nahrung aus den von Frauen gesammelten Pflanzen besteht (33). Richard Elphick bespricht die Rolle, die »radikal fremde« Bräuche bei der Bildung des europäischen Vorurteils gegen die Hottentotten gespielt haben (193–200).

Zitierte Literatur

Alexander, James Edward. *An Expedition of Discovery into the Interior of Africa.* 2 Bde. London, 1838.

Anthony, P. D. *The Ideology of Work.* London: Tavistock, 1977.

Barrow, John. *Travels into the Interior of Southern Africa.* 2 Bde. 2. Aufl. London, 1806.

Bataille, Georges. *Death and Sensuality.* New York: Arno, 1977.

Burchell, William J. *Travels in the Interior of Southern Africa* (1822). 2 Bde. London: Batchworth, 1953.

Campbell, John. *Travels in South Africa.* 3. Aufl. London, 1815.

Damberger, C. F. *Travels in the Interior of Africa… 1781–97.* London, 1801.

Davis, David Brion. *The Problem of Slavery in Western Culture.* Ihaca: Cornell Univ. Press, 1966.

De Grazia, Sebastian. *Of Time, Work and Leisure.* New York: Twentieth Century Fund, 1962.

Elphick, Richard. *Kraal and Castle: Khoikhoi and the Founding of White South Africa.* New Haven: Yale Univ. Press, 1977.

Foucault, Michel. *Wahnsinn und Gesellschaft.* Übers. von Ulrich Köppen. Frankfurt a. M.: Suhrkamp, 1989.

–. *Überwachen und Strafen.* Übers. von Walter Seitter. Frankfurt a. M.: Suhrkamp, 1989.

Fritsch, Gustav. *Drei Jahre in Süd-Afrika.* Breslau, 1868.

Hawthorne, Nathaniel. *Der Marmorfaun.* Übers. von Gisela Günther. Frankfurt a. M.: Insel, 1988.

Hondius, Jodocus. *A Clear Description of the Cape of Good Hope.* Übers. von L. C. van Oordt. Cape Town: Van Riebeeck Festival Book Exhibition Committee, 1952.

Hutt, W. H. *The Theory of Idle Resources.* London: Cape, 1939.

Kolb, Peter. *Beschreibung des Vorgebürges der Guten Hoffnung und derer darauf wohnenden Hottentotten.* Frankfurt a. M. u. Leipzig: Peter Conrad Monath, 1745.

Lecky, William. *History of European Morals.* 2 Bde. London, 1869.

Lee, Richard B. »What Hunters Do for a Living.« In *Man the Hunter,* hg. von Richard B. Lee und Irven DeVore, 30–48. Chicago: Aldine, 1968.

Le Vaillant, François. *New Travels in the Interior Parts of Africa.* 3 Bde. London, 1796.

L'Honoré Naber, S. P., Hg. *Reisebeschreibungen von deutschen Beamten und Kriegsleuten im Dienst der Niederländischen West- und Ost-Indischen Kompagnien,* 1602–1797. Bd. 7. Haag: Nijhoff, 1931.

Marais, J. S. *The Cape Coloured People, 1652–1937.* Johannesburg: Witwatersrand Univ. Press, 1957.

Marx, Karl. *Ökonomisch-philosophische Manuskripte.* Leipzig: Philipp Reclam jun., 1968.

Mentzel, O. F. *A Geographical and Topographical Description of the Cape of Good Hope.* Übers. von G. V. Marais und J. Hoge. Hg. von H. J. Mandelbrote. 2 Bde. Cape Town: Van Riebeeck Society, 1944.

Moodie, Donald, Hg. und Übers. *The Record; or a Series of Official Papers relative to the Condition and Treatment of the Native Tribes of South Africa.* Cape Town: Balkema, 1960.

Moodie, J. W. D. *Ten Years in South Africa.* 2 Bde. London, 1835.

Paterson, William. *Narrative of Four Journeys into the Country of the Hottentots, and Caffraria, 1777–79.* London, 1789.

Percival, Robert. *An Account of the Cape of Good Hope.* London, 1804.

Philip, John. *Researches in South Africa.* 2 Bde. London, 1828.

Raven-Hart, R. *Before Van Riebeeck: Callers at South Africa from 1488 to 1652.* Cape Town: Struik, 1967.

–. *Cape Good Hope 1652–1702: The First Fifty Years of Dutch Colonisation as Seen by Callers.* 2 Bde. Cape Town: Balkema, 1971.

Rose, Cowper. *Four Years in Southern Africa.* London, 1829.

Rousseau, Jean-Jacques. *Frühe Schriften.* Übers. von Winfried Schröder. Leipzig: Verlag Philipp Reclam jun., 1965.

Sahlins, Marshall. *Stone Age Economics.* London: Tavistock, 1974.

Schapera, Isaac, Hg. und Übers. *The Early Cape Hottentots.* Cape Town: Van Riebeeck Society, 1933.

Slotkin, J. S. *Readings in Early Anthropology.* London: Methuen, 1965.

Sparrman, Anders. *A Voyage to the Cape of Good Hope… 1772–76.* Hg. von V. S. Forbes. Übers. überarbeitet von J. und I. Rudner. Cape Town: Van Riebeeck Society, 1975.

Stavorinus, J. C. *Reise nach dem Vorgebürge der guten Hoffnung, Java und Bengalen in den Jahren 1768 bis 1771.* Übers. von Leuder. Berlin, 1796.

Valentijn, François. *Description of the Cape of Good Hope with the Matters Concerning It.* Bd. 2. Hg. von E. H. Raidt. Übers. von R. Raven-Hart. Cape Town: Van Riebeeck Society, 1975.

Van Riebeeck, Jan. *Journals.* Hg. von H. B. Thom, W. P. L. van Zyl, et al. 3 Bde. Cape Town: Balkema, 1952.

Vontobel, Klara. *Das Arbeitsethos des deutschen Protestantismus.* Bern: Francke, 1946.

Weber, Max. *Die Protestantische Ethik und der »Geist« des Kapitalismus.* Bodenheim: Athenäum, 1993.

Wilcocks, R. W., Hg. *Carnegie Commission of Investigation: The Poor White Problem in South Africa: A Report.* Bd. 2, *The Poor White.* Stellenbosch: Pro-Ecclesia, 1932.

Bekenntnis und Zwiespalt der Gedanken

1 Aurelius Augustinus, *Bekenntnisse (Confessiones)*, übers. von Kurt Flasch u. Burkhard Mojsisch (Stuttgart: Verlag Philipp Reclam jun., 1996), 2. Buch/IV/9,IX/17; S. 63,69; im Folgenden im Text zitiert.

2 In einem nützlichen Definitionsversuch beschreibt Francis R. Hart das Bekenntnis als »persönliche Geschichte, die das grundlegende Wesen, die Wahrheit, des Ich mitzuteilen oder auszudrücken versucht«, die Apologie als »per-

sönliche Geschichte, die die Integrität des Ich zu beweisen oder zu begreifen versucht«, und Memoiren als »persönliche Geschichte, die die Geschichtlichkeit des Ich darzulegen oder wiederzugewinnen versucht«. Daher ist »das Bekenntnis ontologisch, die Apologie ethisch, und Memoiren sind historisch oder kulturell«; »Notes for an Anatomy of Modern Autobiography« (Notizen für eine Anatomie der modernen Autobiographie), in *New Directions in Literary History*, hg. von Ralph Cohen (Baltimore: Johns Hopkins University Press, 1974), S. 227.

3 Zum Beispiel in den Essays »Über das Üben« (Buch II, Kap. 6) und »Über den Dünkel« (Buch II, Kap. 17). Montaigne spricht von sich, »der ich bis in mein Allerinnerstes schaue und es durchforsche«, in Buch III, Kap. 5. Michel de Montaigne, *Essais*, übers. von Hans Stilett (Frankfurt a. M. : Eichborn Verlag, 1998), S. 424.

4 Vgl. Peter M. Axthelm, *The Modern Confessional Novel* (New Haven: Yale University Press, 1967).

5 Interessant ist in diesem Zusammenhang, dass Oswald Spengler, als er Goethe zitiert, der sich über das Ende der Ohrenbeichte – herbeigeführt durch den Protestantismus – beklagt, die Überlegung anstellt, dass der Beichtimpuls nach der Reformation notwendigerweise in den Künsten ein Ventil finden musste, dass eine solche Beichte aber auch in Ermangelung eines Beichtvaters notwendigerweise zum »endlosen Wühlen im eigenen Innern« neigen müsse; *Der Untergang des Abendlandes* (München, 1998), S. 921.

6 Leo N. Tolstoj, »Die Kreutzersonate«, in *Herr und Knecht und andere Erzählungen*, übers. von Gisela Drohla (Frankfurt a. M.: Insel Verlag, 1990), S. 136. Wo ich den russischen Text wiedergebe, zitiere ich aus »Krejsserowa sonata«, in L. N. Tolstoi, *Sotschinenija*, IV (Berlin, 1921), S. 160–293. Die folgenden Verweise erscheinen im Text.

7 Leo Tolstoi, »Ein Nachwort zu *Die Kreutzersonate*«, in *Die Erzählungen. Band II*, übers. von Marie Stellzig, überarbeitet von Josef Hahn, Düsseldorf u. Zürich: Artemis & Winkler, 2001, S. 207, 209.

8 Donald Davie, »Tolstoy, Lermontov, and Others«, in *Russian Literature and Modern English Fiction*, hg. von Donald Davie (Chicago: University of Chicago Press, 1965), S. 164.

9 T. G. S. Cain, *Tolstoy* (London: Elek, 1977), S. 148–149.

10 Anlässlich seiner Verlobung überreicht Posdnyschew (wie Lewin in *Anna Karenina*) seiner zukünftigen Frau seine intimen Tagebücher, die sie mit Entsetzen liest. Tolstoi stützt sich in beiden Romanen auf eine selbst erlebte Episode, als er seiner Verlobten Sonja Bers seine intimen Tagebücher überreichte. Henri Troyat beschreibt die Rolle, die Tagebücher in der Tolstoi'schen Ehe spielten. Troyat zitiert einen Eintrag aus dem Jahr 1863 (»Alles, was in diesem Buch

geschrieben steht, ist nahezu gelogen – unecht. Der Gedanke, dass sie [Sonja] auch jetzt über meine Schultern mitliest, mindert und verdirbt meine Wahrheit«) und merkt an, dass die privaten Bekenntnisse, die das Paar in seinen Tagebüchern machte, sich unbewusst in Argumente für die Anklage und Verteidigung im Streit gegeneinander verwandelten. Als Tolstois Ruhm wuchs und es klar wurde, dass seine Tagebücher eines Tages veröffentlicht werden würden, entwickelte sich die Frage, was er in ihnen schreiben dürfe, zur Streitfrage. Seine Frau beschuldigte ihn gelegentlich in ihrem Tagebuch, dass er sie in seinem Tagebuch beleidige. Im letzten Jahr seines Lebens führte Tolstoi ein geheimes Tagebuch, das er im Stiefel versteckte (seine Frau stöberte es auf, während er schlief); Troyat, *Tolstoi. Widerspruch eines Lebens*, übers. von H. Wille u. B. Klau (München: Heyne, 1977); Tagebuchstelle aus: Leo N. Tolstoi, *Tagebücher 1847–1910*, übers. *von Günter Dalitz, (München: Winkler, 1979), S. 225.* Gräfin Tolstoi betrachtete *Die Kreutzersonate* weder als frei erfundene Erzählung noch als Moralpredigt, sondern als persönlichen Angriff. »Ich habe in meinem Inneren gespürt, dass dieses Buch gegen mich gerichtet ist, dass er mich furchtbar verletzt hat, dass er mich in den Augen der ganzen Welt demütigt …« (Troyat, S. 392). Sie schrieb als Antwort darauf einen Roman, in dem sie Tolstoi, den Prediger des Zölibats, als sexuellen Rohling brandmarkte, und war kaum davon abzuhalten, ihn zu veröffentlichen.

11 Rainer Maria Rilke, Brief an Hermann Pongs vom 21. Oktober 1924, in *Briefe,* 2. Band: 1919–1926, hg. von Horst Nalewski, Frankfurt u. Leipzig: Insel, 1991, S. 353.

12 William C. Spengemann, *The Forms of Autobiography* (New Haven: Yale University Press, 1980), S. 15.

13 Leo Tolstoi, *Meine Beichte*, übers. von Raphael Löwenfels, München: Diederichs, 1990, S. 79; im Folgenden im Text zitiert. Wo ich den russischen Text liefere, zitiere ich aus *Ispowed'* (Letchworth: Prideaux Press, 1963). Der Titel kann mit *Beichte* oder *Eine Beichte* wiedergegeben werden (im Russischen gibt es keinen Artikel).

14 Leo Tolstoi, *Anna Karenina*, übers. von Fred Ottow (München: Deutscher Taschenbuch Verlag, 1990), S. 947.

15 Der Mensch »*erkennt* sich also in Folge und Gemäßheit der Beschaffenheit seines Willens; statt dass er … *will* in Folge und Gemäßheit seines Erkennens«; Arthur Schopenhauer, *Die Welt als Wille und Vorstellung* (Zürich: Diogenes, 1977), I, 368.

16 Matthew Arnold, »Count Leo Tolstoi« in *Essays in Criticism*, Zweite Serie (London, 1888), S. 283.

17 Leo Tolstoi, *Das Leben*, übers. von Raphael Löwenfeld (München: Diederichs, 1992), S. 72.

18 V. V. Zenkovsky, *A History of Russian Philosophy*, übers. von George L. Kline (London: Routledge, 1953), I,391.

19 Zitiert bei Cain, *Tolstoy*, S. 9; *Maxim Gorky, Reminiscences of Tolstoy, Chekhov and Andeev*, übers. von Katherine Mansfield, S. S. Koteliansky und Leonard Woolf (London: Hogarth Press, 1968), S. 30.

20 Jean-Jacques Rousseau, *Die Bekenntnisse*, übers. von Alfred Semerau (Berlin: Propyläen-Verlag, 1920), S. 1; im Folgenden im Text zitiert. Wo ich den französischen Text liefere, zitiere ich aus *Œuvres complètes*, hg. von Bernard Gagnebin und Marcel Raymond (Paris: Gallimard, 1959), Band 1.

21 Paul de Man, *Allegories of Reading: Figural Language in Rousseau, Nietzsche, Rilke, and Proust* (New Haven: Yale University Press, 1979), S. 280.

22 Diese Strategie finden wir bei Rousseau häufig. Zum Beispiel: »Aber weit davon entfernt, dass ich etwas verschwiegen oder einen Umstand, der mich belastete, entstellt hätte, fühlte ich vielmehr eine Neigung in mir ..., im entgegengesetzten Sinne zu lügen, indem ich mich eher mit zuviel Strenge anklagte als mit zuviel Nachsicht entschuldigte; und mein Gewissen versichert mir, daß ich einst weniger streng gerichtet werde, als ich mich selbst verurteilt habe«; »Vierter Spaziergang«, in *Die Träumereien des einsamen Spaziergängers*, übers. von Dietrich Leube (Zürich u. München: Artemis Verlag, 1985), S. 72.

23 De Man, *Allegories of Reading*, S. 285–286.

24 Vgl. z. B. Wordsworth' zweiten »Essay upon Epitaphs« (Essay über Grabinschriften) (1810): »Wo der Zauber der Aufrichtigkeit in der Sprache eines Grabsteins verborgen ist und sie insgeheim durchdringt, gibt es keine Irrtümer in Stil- und Geschmacksfragen, für die er nicht in gewissem Maße entschädigt«; *Prose Works*, hg. von W. J. B. Owen und J. W. Smyser (Oxford: Clarendon Press, 1974), II,70.

25 Vgl. z. B. T. S. Eliot, »Die metaphysischen Dichter« (1921): »Eine philosophische Theorie, die in Dichtung eingegangen ist, ist außer Frage gestellt, denn in gewisser Hinsicht hört ihre Wahrheit oder Verkehrtheit auf, eine Rolle zu spielen, und in anderer Hinsicht ist ihre Wahrheit erwiesen«; *Ausgewählte Essays 1917–1947*, hg. von Hans Hennecke, übers. von H. H. Schaeder (Berlin u. Frankfurt a. M.: Suhrkamp, 1950), S. 290.

26 Jean Starobinski, *Rousseau. Eine Welt von Widerständen* (Frankfurt a. M.: Fischer TB, 1993), S. 257.

27 Ibd., S. 271, 285.

28 *Annales*, zitiert in ibd., S. 289–90.

29 Starobinski, *Rousseau*, S. 297.

30 Obwohl es die leichtfüßige Eloquenz ist, durch die sich Rousseau hier verrät, ist die fremde Sprache, von der er sich noch häufiger zu befreien versucht, die Sprache La Rochefoucaulds, La Bruyères und Pascals. »Die großen franzö-

sischen Prosaisten des siebzehnten Jahrhunderts«, schreibt Margery Sabin, »be-gründeten eine verbindliche Sprache der psychologischen Beschreibung, die eben aus dem öffentlichen Charakter der Sprache Kraft schöpfte.« Rousseau trägt seinen Protest gegen diese Sprache des Gefühls bis in »jede Ebene des Werks, sogar bis in die Syntax und die Bedeutung einzelner Wörter«, sagt Sabin. Sie liefert dann im Weiteren eine exemplarische Analyse des Rous-seau'schen Stils anhand der Beschreibung seiner Gefühle für Madame de Wa-rens, wo Phrasen das schwer fassbare Gefühl eher »umkreisen«, als es festzuna-geln. »Wenn sein Gefühl schwer zu fassen bleibt, verwirrend, widersprüchlich – dann ist das die wahre Natur seines Innenlebens, verrät der Stil; ...« *English Romanticism and the French Tradition* (Cambridge, Mass.: Harvard University Press, 1976), S. 19, 29.

31 Die Episode wird im Buch VII erzählt (308–313).

32 Starobinski bemerkt dazu, dass Rousseau zuerst »das Prinzip der Unmittelbar-keit« benutzt, um seine Mentalität zu erklären, aber dass fast unmittelbar dar-auf dieses Prinzip »den Wert einer höheren Rechtfertigung, eines moralischen Imperativs« annimmt, der mehr Gültigkeit besitzt als »die gewöhnlichen Maß-stäbe von Recht und Unrecht« (*Rousseau*, S. 161). Tatsächlich bekommt dieses Prinzip im von mir betrachteten Abschnitt keinen moralischen Anstrich.

33 Zum Beispiel in der Erörterung seines »Geizes« während seiner Zeit mit Madame de Warens oder seiner Abneigung, für Sex zu bezahlen (Bücher V, VII; I).

34 Jacques Derrida, *Grammatologie*, übers. von H.-J. Rheinberger und H. Zischler (Frankfurt a. M.: Suhrkamp, 1992), S. 244–282.

35 Man könnte einwenden, dass ich eine zu scharfe Trennung zwischen dem Ken-nen und dem Nicht-Kennen der »tieferen« Wahrheit ziehe und die Abstufun-gen und Feinheiten der Selbsttäuschung ignoriere, die sich zwischen den Po-len der Unschuld und der Verlogenheit bewegen. Aber wie unter anderem Michel Leiris feststellt, tritt der Verfasser einer Autobiographie gegen sich selbst an, wie der Torero gegen den Stier antritt: Für eine Niederlage gibt es keine Entschuldigung; *Mannesalter*, übers. von Kurt Leonhard (Frankfurt a. M.: Suhrkamp, 1994). S. 17.

36 Diese Darstellung des Selbsttäuschungsmechanismus verdanke ich Herbert Fingarette, *Self-Deception* (London: Routledge, 1969), S. 86–87.

37 David Hume, *Über den Verstand. Ein Traktat über die menschliche Natur*, übers. von Theodor Lipps (Hamburg: Felix Meiner Verlag, 1978), S. 327.

38 Fjodor Dostoevskij, *Erniedrigte und Beleidigte*, übers. von Hermann Röhl (Frankfurt a. M.: Insel, 1991), S. 341–355.

39 Das ist im Wesentlichen die von Alex de Jonge in *Dostoevsky and the Age of Intensity* (London: Secker and Warburg, 1975) vertretene Position. De Jonges

These ist, dass viele der Bekennenden bei Dostojewski – unter ihnen Walkowski, Marmeladow und Swidrigailow – Anhänger eines von Rousseau begründeten »Intensitätskults« sind, die den masochistischen Freuden der Selbsterniedrigung frönen. De Jonge begreift Dostojewski als Psychologen der Beichte, der erforscht, wie Menschen ohne Ichgefühl, ohne Schuldgefühl, ohne Interesse an der Wahrheit die Selbstoffenbarung als ein Instrument der Macht und des Vergnügens nutzen (S. 175–176, 181, 186–187).

40 Michail Bachtin behauptet, dass der Dostojewski'sche Roman so etwas wie eine Satire nach Art des Menippus darstellt, eine Mischung aus Erzählung, philosophischem Gespräch, Bekenntnis, Heiligengeschichte, Fantasie und anderen normalerweise unvereinbaren Elementen. Zusätzlich beute Dostojewski, meint Bachtin, die alte europäische Tradition des Karnevals aus, der es ermöglicht, dass sonst übliche gesellschaftliche Beschränkungen fallen gelassen werden und völlige Offenheit zwischen den Menschen herrscht; Michail Bachtin, *Probleme der Poetik Dostoewskijs* (Berlin: Ullstein, 1985), Kap. 4. Für Bachtin ist das Bekenntnis somit in erster Linie ein Strukturelement des Dostojewski'schen Erzählens, obwohl er im Weiteren bei Dostojewskis Ich-Erzählern eine »Dialoghaltung« dem eigenen Ich gegenüber untersucht, bei der das Ich zum eigenen Gesprächspartner wird (Kap. 5).

41 Fjodor Dostojewskij, *Aufzeichnungen aus dem Kellerloch*, übers. von Swetlana Geier (Frankfurt a. M.: Fischer TB, 2006), S. 13,11; im Folgenden im Text zitiert. (A. d. Ü.: Der in S. Geiers Übersetzung enthaltene Ausdruck »gesteigertes Bewusstsein« wurde aus inhaltlichen Gründen in »übersteigertes Bewusstsein« geändert.) Die Metapher der Selbsterkenntnis als Krankheit ist im Europa der sechziger Jahre des 19. Jahrhunderts ein Allgemeinplatz. »Nachdenken über sich selbst ... ist untrüglich das Symptom für Krankheit«, schrieb Carlyle 1831: Erst wenn sich »das Fieber des Skeptizismus« erschöpft hat, wird es »Klarheit, Gesundheit« geben; »Characteristics«, in *Critical and Miscellaneous Essays* (London, 1899), Band 3, S. 7, 40. Vgl. auch Geoffrey H. Hartmann, »Romanticism and ›Anti-Self-Consciousness‹«, in *Romanticism and Consciousness*, hg. von Harold Bloom (New York: Norton, 1970), S. 46–56.

42 Über Teil I von *Aufzeichnungen aus dem Kellerloch* als eine Kritik des Nihilismus der 60er Jahre des 19. Jahrhunderts vgl. Joseph Frank, »Nihilism and Notes from Underground«, *Sewanee Review* 69 (1961), 1–33.

43 »Ich ... erkläre hiermit ein für allemal: Wenn ich auch so schreibe, als wendete ich mich an Leser, so tue ich das doch nur zum Schein, weil es mir leichter fällt, so zu schreiben. ... Leser werde ich niemals haben.« (48)

44 »Metaphysische Beschäftigung mit dem Ende des Menschen wird in den formalsten Merkmalen der [Dostojewski'schen] Romanstruktur, in der Erzählform, verwirklicht. Und das ist so, weil er unter den Ersten war, die erkannt

haben, dass die Frage, was ein Mensch sein könnte, nicht von der Frage, was eine authentische Geschichte ausmachen könnte, getrennt werden kann«; Michael Holquist, *Dostoevsky and the Novel* (Princeton: Princeton University Press, 1977), S. 194.

45 Fjodor Dostojewskij, *Der Idiot*, übers. von S. Geier (Frankfurt a. M.: Fischer TB, 2005), S. 448–50; im Folgenden im Text zitiert. Wo ich den russischen Text liefere, zitiere ich aus *Idiot* (Kischinjow, UdSSR: Kartya Moldovenyaske, 1970).

46 Das Paradox des Samens stammt vielleicht von Johannes 12:24: »Wenn das Weizenkorn nicht in die Erde fällt und erstirbt, bleibt es allein; wenn es aber erstirbt, bringt es viel Frucht.« Der Vers wird in *Die Brüder Karamasow* zitiert.

47 »Volle Freiheit wird dann sein, wenn es egal ist, leben oder nicht leben ... Wer Schmerz und Angst überwindet, der wird selbst Gott sein ... Jeder, der die Hauptfreiheit will, muss den Mut haben, sich zu töten ... Wer den Mut hat, sich zu töten, der ist Gott«; *Böse Geister*, übers. von S. Geier (Frankfurt a. M.: Fischer TB, 2003), S. 151–52; im Folgenden im Text zitiert.

48 René Girard, *Figuren des Begehrens. Das Selbst und der Andere in der fiktionalen Realität*, übers. von Elisabeth Mainberger-Ruh (Münster: Lit Verlag, 1999), S. 282.

49 Das Paradox, das im Begriff des Selbstzwangs enthalten ist, bleibt jedoch bestehen. Und als Stawrogin unter Stress steht und »die ganze Wahrheit« gesteht, dass er sich nämlich verzeihen will und um »unermessliches Leid« bittet, kehrt Dostojewski zurück zu einer dualistischen Psychologie, bei der sich ein »inneres« Ich äußert: Stawrogin spricht, als ob die Worte wieder gegen seinen Willen aus seinem Mund gekommen wären.

50 Insoweit die Metaregel des Spiels darin besteht, dass die Regeln nicht ausgesprochen werden sollen – dass eigentlich nicht ausgesprochen werden soll, dass es irgendwelche Regeln oder irgendein Spiel gibt –, beschreibt der von Fingarette gelieferte Bericht über den Mechanismus der Selbsttäuschung das Spiel recht gut (s. Fußnote 36).

51 Fjodor Dostojewski, *Tagebuch eines Schriftstellers*, übers. von E. K. Rahsin (München, Zürich: Piper, 1992), S. 398–99.

Zeit, Tempus und Aktionsart in Kafkas »Der Bau«

1 Franz Kafka, *Nachgelassene Schriften und Fragmente II*, hg. Jost Schillemeit (Frankfurt a. M.: S. Fischer, 1992), S. 576. Der englische Text wird zitiert aus der amerikanischen Ausgabe: Franz Kafka, *The Complete Storys*, übers. von Willa Muir und Edwin Muir, hg. von Nathan Glatzer (New York: Schocken Books, 1946).

2 Vgl. Heinrich Henel,»Das Ende von Kafkas *Der Bau*«, *Germanisch-Romanische Monatsschrift* 22 (1972), S. 7.

3 Zum Beispiel:»Bei solchen Gelegenheiten ist es gewöhnlich das technische Problem [der Suche nach der Herkunft des Geräusches], das mich lockt« (608);»öfters bin ich schon für ein Weilchen … bei der Arbeit eingeschlafen« (614); (als es zu graben anfängt)»Diesmal aber wird es mir schwer« (617).

4 Dorrit Cohn,»Kafka's Eternal Present: Narrative Tense in ›Ein Landarzt‹ and other First-Person Storys«, *PMLA* 83 (1968), 144–50; dieselbe, *Transparent Minds* (Princeton: Princeton University Press, 1978).

5 Cohn, *Transparent Minds*, S. 195–97.

6 Henel,»Das Ende«, S. 6,5.

7 Ebenda, S. 5–6.

8 Die Fälle, die ich in FN 3 zitiere, reichen aus, um zu zeigen, dass Henels Schlussfolgerungen eher Verallgemeinerungen als Gesetze sind, in dem Sinn, wie ich die Begriffe verwende. Diese Verallgemeinerungen werden durch seine Angewohnheit, selektiv zu zitieren, weiter geschwächt. Er schreibt zum Beispiel von einem»völlig neuen, bisher nie gefassten Entschluss«, zu dem das Wesen kommt,»nämlich von dem Leben im Freien ›Abschied zu nehmen‹, ›niemals mehr zurückzukommen‹, und der ›sinnlosen Freiheit‹ auf immer den Rücken zu kehren« (S. 6). Das Paradox, dem sich Henel hier nicht stellt, ist, dass sogar dieser entschlossen klingende Vorsatz in einer Form geliefert wird, die völlig kompatibel mit einer iterativen Zeit ist, wie ein ausführlicheres Zitat offenbart:»Und ich habe Lust, Abschied zu nehmen … und niemals mehr zurückzukommen … Gewiss, ein solcher Entschluss wäre eine völlige Narrheit, hervorgerufen nur durch allzu langes Leben in der sinnlosen Freiheit« (S. 593, 595). Es ist der *Inhalt* der von Henel zitierten Satzteile, der ihn auf den Gedanken bringt, der Vorsatz stelle eine Unterbrechung des Zyklus dar; aber das Paradox ist eben gerade, dass in dieser Erzählung jedes Einbrechen in die Zeitzyklen so mehrdeutig in der Zeit*form* dargestellt wird, dass es den Anschein hat, als könne es in die Zyklen integriert werden.

9 Henel,»Das Ende«, S. 4.»Als eigentliches Präsens beschreibt es einen gegenwärtig sich vollziehenden Vorgang; als historisches Präsens einen früheren; als iteratives Präsens einen gegenwärtigen, der sich aber in gleicher oder ähnlicher Weise schon oft ereignet hat; als progressives Präsens gleichfalls einen gegenwärtigen, der sich jedoch in eine unbestimmte, vielleicht endlose Zukunft ausdehnt; und schließlich kann das Präsens als Form des inneren Monologs dienen« (ebenda).

10 Gustave Guillaume, *Temps et verbe* (Paris: Champion, 1929); ebenda, *Leçons de linguistique*, Bd. 1, hg. von Roch Valin (Quebec: Laval, 1975); W. H. Hirtle, *Time, Aspect, and the Verb* (Quebec: Laval, 1975). [Anmerkung der Überset-

zerin: Im Deutschen wird für den von Guillaume benutzten Terminus *Aspekte* (im hier gemeinten Sinn) überwiegend der Terminus *Aktionsarten* benutzt, weshalb in der Übersetzung durchgängig von Aktionsarten des Verbs die Rede ist.]

11 Zur Diskussion dieser Frage vgl. Bernard Comrie, *Aspect* (Cambridge: Cambridge University Press, 1976), S. 42–43.

12 Henry Sussman, »The All-Embracing Metaphor: Reflections on Kafka's ›The Burrow‹«, *Glyph* 1 (1977), 104, 106.

13 Im selben Abschnitt seines Essays, aus dem ich zitiere, charakterisiert Sussman jedoch die erzählte Zeit in der Geschichte so, dass die Vielschichtigkeit von Zeit und Aktionsart, die ich herauszuarbeiten versucht habe, negiert wird, besonders das »Auflösen« von (A,E) in (A$_i$, E$_i$), gefolgt von der Rückverwandlung. Deshalb ist folgende Behauptung Sussmans, die von zentraler Bedeutung für seine Interpretation der Erzählung ist, umso schwächer: »Weil die Stimme des Textes nur auf das Hier, das mit dem Bau umschrieben ist, zurückgreift, sowie auf das Jetzt, in dem das Werk des Baus geschieht oder wenigstens erwogen wird, schafft sie das ›Subjekt‹ ab, das vermutlich sein Ursprung und Meister ist. Obwohl die grüblerischen Gedankengänge des Tieres immer im ›Selbst‹-Interesse erfolgen, wird das Selbst, in Abwesenheit eines Subjekts, zum Selbst der Sprache, dessen Existenz, wie auch die Vorstellung vom Tier, die Negation des (menschlichen) Selbst kennzeichnet« (104–05). Im Moment ist es unerheblich, ob das Selbst »das Selbst der Sprache« ist (Sussmans These) oder das Selbst der Erzählung (wie ich es sehe): Mich interessiert hier nur, dass Sussmans Behauptung nicht fundiert ist.

14 Im Postscriptum zu seiner Edition der Erzählung schreibt Max Brod, sich auf Dora Dymant berufend, dass Kafka sein Werk »Der Bau« vollendet habe und dass in den verloren gegangenen Schlussseiten das Wesen in einem Kampf mit seinem Feind den Tod gefunden habe. Heinz Politzer führt dagegen stichhaltige Argumente ins Feld, sich nicht auf Dora Dymants Wort zu verlassen, und meint, es gebe überzeugendere Anhaltspunkte dafür, dass Kafka die Schlussseiten selbst vernichtet habe, weil sie ihn nicht befriedigten. Vgl. Max Brod »Nachwort«, in Kafka, *Gesammelte Schriften* (New York: Schocken, 1946), Bd. 5, S. 314; Heinz Politzer, Franz Kafka: *Parable and Paradox* (Ithaca: Cornell University Press, 1962), S. 330; Henel, »Das Ende«, S. 15–16. Kafka hat das Manuskript nicht zur Publikation vorgesehen. Wir können daher annehmen, dass es keine Endredaktion erfahren hat.

15 Vgl. den Notizbucheintrag für den 11. Dezember 1917, wo Kafka den Augenblick der Vertreibung aus dem Paradies als einen außerzeitlichen ewigen Vorgang beschreibt, der jedoch zu einer Zeit gehört, die »nicht in zeitlicher Beziehung« zur menschlichen Zeit existieren kann; *Nachgelassene Schriften und Fragmente II*, hg. von Jost Schillemeit (Frankfurt a. M.: S. Fischer, 1992), S. 62.

16 Ich übernehme die Beschreibung des Ableitungsverhältnisses der Vergangenheit zur Gegenwart von Roman Ingarden, *Time and Modes of Being*, übers.
von Helen R. Michejda (Springfield, Ill.: Thomas, 1964), S. 117.
Über das Erlebnis der Gegenwart bei Kafka vgl. des Weiteren Max Bense, *Die
Theorie Kafkas* (Köln und Berlin: Kiepenheuer & Witsch, 1952), S. 62; Jörg
Beat Honegger, *Das Phänomen der Angst bei Franz Kafka* (Berlin: Schmidt,
1975), S. 29–31.

17 Vgl. z.B. Roman Jakobson: »Es ist die Vorherrschaft der Metonymie, die dem
so genannten ›realistischen‹ Trend zugrunde liegt und ihn eigentlich im Voraus festlegt«; Roman Jakobson und Morris Halle, *Fundamentals of Language*
(The Hague: Mouton, 1956), S. 78. Vgl. auch Victor Erlich, *Russian Formalism*
(The Hague: Mouton, 1969), S. 195.

18 Cohn, *Transparent Minds*, S. 197.

19 Kafka, *Nachgelassene Schriften und Fragmente*, Apparatband, S. 201.
Ganz abgesehen von dem literarisch-biographischen Problem, den Tagebuch-
eintrag mit einer ungefähr sechs Jahre später geschriebenen Erzählung zu verbinden, sollten wir uns hüten, große Interpretationsgebäude auf Tagebucheintragungen zu errichten, die vielleicht nicht mehr als flüchtige, bruchstückhafte
Einsichten sind, die in den belletristischen Texten mit größerer Präzision entwickelt werden. Cohn verlässt sich bei ihrer Interpretation von »Der Bau«
möglicherweise zu sehr auf diesen speziellen Eintrag. Zur Warnung gegen das
Abstrahieren der von Kafka in seinen Tagebüchern gemachten Notizen von
der besonderen Dichte der Erlebnisse, aus denen sie entstehen, vgl. Maurice
Blanchots Essay »La Lecture de Kafka«, in *La Part du feu* (Paris: Gallimard,
1949), S. 9–19. Blanchot schreibt: »Das Tagebuch steckt voller Bemerkungen,
die mit theoretischem Wissen verbunden scheinen … Aber diese Gedanken …
fallen in eine zweideutige Form zurück, die es nicht gestattet, sie entweder als
Ausdruck eines einzigartigen Geschehens oder als die Erläuterung einer universellen Wahrheit zu verstehen« (S. 10).

20 Cohns Umschreibung würde besser zu Kafkas Überlegungen zur ewigen Wiederkehr der Vertreibung aus dem Paradies im selben Notizbuch passen (*Nachgelassene Schriften und Fragmente II*, S. 127); das heißt, sie beschreiben eine my-
thische Gegenwart. Beiläufig möchte ich bemerken, dass es Cohn vielleicht zum
Teil deshalb nicht gelingt, mit ihren Schlussfolgerungen zu überzeugen, weil sie
sich auf die Behandlung des Präsens in Harald Weinrichs *Tempus* stützt. Weinrich sieht im »historischen Präsens« ein »als ob« für eine Vergangenheit und eine
Komponente einer »Metaphorik der Tempora«. Doch ebendiese metaphorische
Beschaffenheit der Erzählgegenwart setzt Kafka in seiner Geschichte dem Zweifel aus. Vgl. Weinrich, *Tempus: Besprochene und erzählte Welt* (Stuttgart: Kohl-
hammer, 1964), S. 125–29; Cohn, »Kafka's Eternal Present«, S. 149.

Robert Walser, Geschichtenerzähler

1 Artikel in der *New York Review of Books,* 2. November 2000, anlässlich des
Erscheinens von: Robert Walser »The Robber«, übersetzt aus dem Deutschen
und mit einer Einleitung von Susan Bernofsky, University of Nebraska Press,
141 S., und von Robert Walser »Jakob von Gunten«, übersetzt aus dem Deutschen und mit einer Einleitung von Christopher Middleton, New York Review Books, 176 S.
2 Vgl. z. B. *Robert Walser: Leben und Werk,* hg. von Elio Fröhlich und Peter
Hamm (Frankfurt a. M.: Insel, 1980).
3 »Gelungene Einfälle«, in *Wärmende Fremde,* hg. von Peter Utz (Bern: Peter
Lang, 1994), S. 115–126.

Walter Benjamin, Passagen-Werk

1 Artikel in der *New York Review of Books,* 11. Januar 2001, anlässlich des Erschei-
nens von: Walter Benjamin »Selected Writings, Volume 1: 1913–1926«, hg. von
Marcus Bullock und Michael W. Jennings, übersetzt aus dem Deutschen von
Rodney Livingstone, Stanley Corngold, Edmund Jephcott, Harry Zohn u. a.
Belknap Press/Harvard University Press, 520 S.; Walter Benjamin »Selected
Writings, Volume 2: 1927–1934«, hg. von Michael W. Jennings, Howard Eiland
und Gary Smith, übersetzt aus dem Deutschen von Rodney Livingstone u.a.
Belknap Press/Harvard University Press, 870 S.; Walter Benjamin »The Arca-
des Project«, übersetzt aus dem Deutschen und Französischen von Howard Ei-
land und Kevin McLaughlin, Belknap Press/Harvard University Press, 1073 S.

Robert Musils Tagebücher

1 *Diaries 1899–1941,* Auswahl, Übersetzung und Anmerkungen von Philip Payne;
Vorwort von Philip Payne; hg. und mit einer Einführung von Mark Mirsky
(New York: Basic Books, 1998). Das Zitat stammt, wie alle folgenden, aus der
deutschen Ausgabe: *Tagebücher,* 2 Bde., hg. von A. Frisé (Reinbek: Rowohlt,
1983), S. 736.
2 *The Man Without Qualities,* übers. von Sophie Wilkins, mit zusätzlichem Material, hg. u. übers. von Burton Pike (New York: Knopf, 1995). Das Zitat
stammt aus der deutschen Ausgabe: *Der Mann ohne Eigenschaften,* 3 Bde., hg.
von A. Frisé (Berlin: Volk und Welt, 1975), Bd. 3, S. 714.
3 Werner Mittenzwei, *Exil in der Schweiz* (Leipzig: Reclam, 1978), S. 19, 22–23.

4 Ignazio Silone, »Begegnungen mit Musil«, in Karl Dinklage, Hg., *Robert Musil: Studien zu seinem Werk* (Reinbek: Rowohlt, 1981), S. 355.

5 Zitiert bei Karl Dinklage, »Musils Definition des Mannes ohne Eigenschaften«, in Dinklage, Hg., S. 114.

6 »Penthesileiade«, in »Der lose Vogel No 1«, Leipziger Monatsschrift, hg. von Franz Blei (Leipzig: K. Wolff, 1913), S. 24.

7 Tagebücher, a. a. O., Bd. 2, S. 1278, 1275.

8 Christian Rogowski, *Distinguished Outsider: Robert Musil and His Critics* (Columbia, S. C.: Camden House, 1994), S. 20, 23.

9 Sophie Wilkins, »Einige Notizen zum Fall der Übersetzerin der Knopf-Auflage des *MoE*: *The Man Without Qualities*«, in Annette Daigger und Gerti Milizer, Hg., *Die Übersetzung literarischer Texte am Beispiel Robert Musil* (Stuttgart: Akademischer Verlag, 1988), S. 222, 225.

Erasmus: Wahnsinn und Rivalität

1 Die Zitate von Erasmus und Luther stammen aus Roland H. Bainton, *Erasmus. Reformer zwischen den Fronten* (Göttingen: Vandenhoeck & Ruprecht, 1972), S. 169, 203; Richard L. DeMolen, *Erasmus* (London: Edwin Arnold, 1973), S. 131; und Bainton, S. 261. Duhamel wird zitiert in Walter Kaiser, *Praisers of Folly* (London: Gollancz, 1964), S. 39.
In Briefen aus dem Jahr 1519 verurteilt Erasmus die Angriffe der Theologen von Louvain auf ihn als »aberwitzig« und den sich anbahnenden Streit als »eine tödliche Pestilenz«. »Ich hätte nie gedacht, dass Theologen solche Irren sein können. Man könnte meinen, es sei eine verheerende Seuche. Und doch verbreitete sich das schädliche Virus, das von einem kleinen Kreis ausging, so dass ein großer Teil dieser Universität von dieser Paranoia-Epidemie ergriffen wurde.« Zitiert bei James McConica, »The Fate of Erasmian Humanism«, in Nicholas Phillipson, Hg., *Universities, Society, and the Future* (Edinburgh: Edinburgh University Press, 1983), S. 45.

2 Michel Foucault, *Wahnsinn und Gesellschaft*, übers. von Ulrich Köppen (Frankfurt a. M.: Suhrkamp, 1989), S. 8.

3 Jacques Derrida, »Cogito und die Geschichte des Wahnsinns«, in *Die Schrift und die Differenz*, übers. von Ulrich Köppen (Frankfurt a. M.: Suhrkamp, 1992), S. 57–58. Im Folgenden als *SD* zitiert.

4 *Wahnsinn und Gesellschaft*, S. 13

5 Shoshana Felman, *Writing and Madness*, übers. von Martha N. Evans und Shoshana Felman (Ithaca, N. Y.: Cornell University Press, 1985), S. 44. Im Folgenden als *WM* zitiert.

6 Ibd., S. 122, Lacan zitierend, »La méprise du sujet supposé savoir.«

7 Im Griechischen: *O gar logos emas erei*, ›*logos* fordert es‹ (*Republic*, S. 607). *Erei* kommt vom Verb *aireo*. *Logos airei* ist die Redewendung für ›die Vernunft beweist‹, aber in einem juristischen Kontext bedeutet *aireo* ›verurteilen‹. *Republic*, hg. von James Adam, 2. Aufl. (Cambridge: Cambridge University Press, 1963), Bd. 2, S. 418–19; »Der Staat«, übers. von Wilhelm Wiegand, in Platon, *Sämtliche Werke II* (Heidelberg: Lambert/Schneider, 1982), S. 386.

8 *Things Hidden since the Foundation of the World*, übers. von Stephen Bann und Michael Metteer (Stanford: Stanford University Press, 1987), S. 286, im Folgenden als *TH* zitiert. Für andere Werke Girards benutzte Abkürzungen: *FB* für *Figuren des Begehrens: das Selbst und der Andere in der fiktionalen Realität*, übers. von Elisabeth Mainberger-Ruh (Münster: Thaur, 1999); *HG* für *Das Heilige und die Gewalt*, übers. von E. Mainberger-Ruh (Frankfurt a. M.: S. Fischer, 1992); *DBB* für *To Double Business Bound*, übers. von Paisley N. Livingston und Tobin Siebers (Baltimore: Johns Hopkins University Press, 1978).

9 Der Doppelcharakter der Paranoia ist Beobachtern stets paradox vorgekommen. Einerseits äußert sie sich in einem Verhalten, dessen Gründe für den Außenstehenden unklar sind. Andererseits wirkt sie nach außen hoch intellektuell, rational oder pseudo-rational. Sie bewertet immer alles, obwohl ihren Bewertungen die Grundlage zu fehlen scheint. Aus diesem Grund macht Lacan in seiner 1932 erschienenen Studie der Paranoia und der vor-freudschen Psychiatrie, die ihr Hauptaugenmerk auf die Frage der Bewertung bei der Paranoia legt, den Vorschlag, die Paranoia als ein Phänomen zu behandeln, das dadurch gekennzeichnet ist, dass »[die Fähigkeit der] Bewertung pervertiert [wird]«. Jacques Lacan, *De la psychose paranoïaque dans ses rapports avec la personnalité* (Paris: Seuil, 1975), S. 293.

10 Vgl. *FB*, S. 110–12; Homer O. Brown, »Oedipus with the Sphinx«, *Modern Language Notes* 92 (1977), 1103.

11 *TH*, S. 299; Cesareo Bandera, »The Doubles Reconciled«, *Modern Language Notes* 93 (1978), 1010.

12 *HG*, S. 99, 86–87. In unserem Kontext ist eine Kritik des eschatologischen Tenors von Girards Anthropologie überflüssig. Die nahe liegendste Kritik ist die, dass Girards großartiger Theorie die empirische Basis fehlt und dass sie sogar unwiderlegbar sein könnte. Homer O. Brown weist darauf hin, dass die Universalität der gesellschaftlichen Praktiken, die Girard mit der Hypothese der mimetischen Gewalt, der Krise, der Sündenbocksuche und des Opfers erklärt, die Fragen aufwirft: Hat es ein einzelnes ursprüngliches »Ereignis« gegeben, das dann anderenorts nachgeahmt wurde? Wie wurde das ursprüngliche Ereignis verbreitet? Oder traten ursprüngliche Ereignisse spontan überall auf? Man wird unausweichlich dazu gebracht, eine einzige menschliche Natur zu

postulieren und kulturelle Unterschiede zu minimieren. »Oedipus with the Sphinx«, 1102–03.

Auf einer anderen Ebene ist Girards Anspruch, eine einzige, endgültige Wahrheit aufzudecken, genau die Art von Gewaltakt, den er als in Epochen, in denen der Glaube an universelle Wahrheiten bröckelt, vorkommend beschreibt, und liefert so ein Beispiel ebenjener Gewalt, die er transzendieren will, ja er verkörpert sie.

13 *Das Lob der Torheit*, übers. von Alfred Hartmann (Wiesbaden: Panorama Verlag, o. J.), S. 75/76. Seitenangaben beziehen sich auf diese Übersetzung; bei zwei Seitenangaben bezieht sich die zweite auf Erasmus' Latein in *Stultitiae laus*, hg. von I. B. Kan (The Hague: Nijhoff, 1898).

14 Auf der Grundlage von I. Korinther 1:25 macht Erasmus aus Paulus – *to moron tou theou* – einen *Irren/Wahnsinnigen* im Sinne Platons. Nach seiner Interpretation von Markus 3:21 wird Christus von seiner eigenen Familie verdächtigt, wahnsinnig zu sein. Vgl. M. A. Screech, »Good Madness in Christendom«, in W. F. Bynum et al., Hg., *The Anatomy of Madness* (London: Tavistock, 1985), Bd. 1, S. 26–27, 31, 34. Über die Verbindungen zwischen Erasmus' Torheit, der christlichen Theolepsie und dem neoplatonischen *furor divinus* – vgl. Kaiser, *Praisers of Folly*, S. 89–90.

15 Erasmus drückt das auf Griechisch so aus: *Oti ken epi glossa elthoi*, ›was auf die Zunge kommt‹. I. B. Kan merkt dazu aus den *Adages* an: *Quicquid verbi temere in linguam ... venerit*, welches Wort zufälligerweise auf die Zunge kommt (*Das Lob der Torheit*, S. 18/9).

16 Über die Sprache in Erasmus' Handbuch des Schreibens, *De copia*, schreibt Terence Cave: »Sein eigener analytischer Diskurs erweist sich als bilderreich, in der Bewegung der Metaphern gefangen; die Terminologie der Rhetorik wird einem Sinn für die im Prinzip unendlichen Möglichkeiten des Ersatzes, die einer natürlichen Sprache innewohnen, untergeordnet ... Die Zentrifugalbewegung, die sich ständig behauptet und wieder behauptet, ... [ist eine] Bewegung des Diskurses auf das Vergnügen zu, auf einen Ort der Feiern, der auch ein Ort der Fiktion ist.« *De copia*, in der ersten Fassung 1512 fertig gestellt, ist ungefähr zeitgleich mit dem *Lob der Torheit* entstanden; Cave führt überzeugend aus, dass dieses Werk, besonders als ein Nachdenken über das Wesen des Diskurses, einen herausgehobenen Platz in Erasmus' Werk verdient. *The Cornucopian Text* (Oxford: Clarendon Press, 1979), S. 24, 33, 9–10.

17 Erasmus spielt in seinem einleitenden Brief auf Horaz' Spruch an, dass ein geistreicher Schriftsteller einen Leser mit feiner Nase brauche, und vermutet, dass *Das Lob der Torheit* für Leser mit verstopften Nasen ein verschlossenes Buch bleiben wird. H. A. Mason übernimmt Erasmus' Metapher: Erasmus' Ironie hat, so sagt er, die Flüchtigkeit eines feinen Duftes und geht verloren,

wenn man sie zu umschreiben versucht; eine feine Nase für Nuancen der Ironie ist der »Schlüssel« zu dem Werk (»They Haven't Got No Noses!« *Cambridge Quarterly* 18 [1989]: 132–36). Ähnlich sieht Gerhard Schweppenhauser das Ziel der Kritik darin, die Paradoxe der Torheit »aufzuschließen« (»Narrenschelte und Pathos der Vernunft: Zum Narrenmotiv bei Sebastian Brant und Erasmus von Rotterdam«, *Neophilologus* 71 [1987]: 568). In der Vorstellung vom Schlüssel, der Erasmus' Ironie oder Paradoxie aufschließen wird, entdecke ich die Absicht, dieselbe in einer einzigen, starren Position einzufrieren. In dieser Hinsicht distanziere ich mich von beiden Kritikern.

18 Desiderius Erasmus, *Adages*, übers. von Margaret M. Phillips (Cambridge: Cambridge University Press, 1964), S. 357; in der deutschen Ausgabe (*Adagia*, Stuttgart: Reclam, 1983) ist diese Stelle nicht enthalten.

19 »Folly as Illusion«, in Ernesto Grassi und Maristella Lorch, *Folly and Insanity in Renaissance Literature* (Binghampton: Medieval and Renaissance Texts and Studys, 1986), S. 60–61.

20 »The Allegorical Fable«, in Grassi and Lorch, *Folly and Insanity*, S. 77–78.

21 Johan Huizinga, *Erasmus*, übers. von Werner Kaegi (Reinbek: Rowohlt, 1993), S. 99–100.

22 Elizabeth L. Eisenstein, *The Printing Revolution in Early Modern Europe* (Cambridge: Cambridge University Press, 1983), S. 247.
Erasmus kannte diesen Mechanismus der Aneignung sehr wohl. In einem Brief aus dem Jahr 1520 an Papst Leo X. warnt er, dass Angriffe auf Luthers Schriften nur bewirken, dass »die Welt herausgefordert wird, sie zu lesen« (De-Molen, *Erasmus*, S. 129).

23 Huizingas Buch war von einem amerikanischen Verleger in Auftrag gegeben worden und erschien 1924 zuerst in Englisch. Huizinga überarbeitete es später zweimal für eine Publikation in den Niederlanden. Die Zitate stammen aus der deutschen Ausgabe, a. a. O., S. 240, 195, 194.

24 Stefan Zweig, *Triumph und Tragik des Erasmus von Rotterdam* (Wien: Herbert Reichner, 1934), S. 19–20, 17–18. Vgl. auch Thomas J. Schlereth, *The Cosmopolitan Idea in Enlightenment Thought* (South Bend: Notre Dame University Press, 1978), S.xxii, 105; A. Bance, »The Idea of Europe: From Erasmus to ERASMUS«, *Journal of European Studies* 22 (1992):3.

25 Klaus Heydemann, »Das Beispiel des Erasmus: Stefan Zweigs Einstellung zur Politik«, *Literatur und Kritik*, Nr. 169–70 (1982): 27–28, 34–35. Heydemann zitiert einen Brief Zweigs an Hermann Hesse aus dem Jahr 1933: »Ich habe mir Erasmus von Rotterdam als Nothelfer gewählt, den Mann der Mitte und der Vernunft, der ebenso zwischen die Mühlsteine des Protestantismus und Katholizismus geriet, wie wir zwischen die großen Gegenbewegungen von heute.« (27–28).

26 Stefan Zweig, *Castellio gegen Calvin oder ein Gewissen gegen die Gewalt* (Wien: Herbert Reichner, 1936), S. 52.

Ossip Mandelstam und die Stalin-Ode

1 Ossip Mandelstam, *Mitternacht in Moskau. Die Moskauer Hefte. Gedichte 1930–1934*, übers. u. hg. von Ralph Dutli (Ammann Verlag: Zürich, 1986), S. 165

2 In einem Brief von Anfang Januar 1937 schreibt Mandelstam:»Man hat mir alles genommen: das Recht auf Leben, auf Arbeit, auf ärztliche Fürsorge. Ich bin in die Stellung eines Hundes, eines Köters versetzt ... Ich bin ein Schatten. Mich gibt es nicht. Ich habe nur das Recht zu sterben. Mich und meine Frau treibt man in den Selbstmord.« Ossip Mandelstam, *Das Rauschen der Zeit. Die ägyptische Briefmarke. Vierte Prosa*, übers. u. hg. von Ralph Dutli (Ammann Verlag: Zürich, 1985), S. 308–09.

3 Nadeschda Mandelstam, *Das Jahrhundert der Wölfe. Eine Autobiographie*, übers. von Elisabeth Mahler (Fischer Taschenbuch Verlag: Frankfurt a. M., 1991), S. 234; im weiteren Text zitiert als *JdW.*

4 »Mandelstam's ›Ode‹ to Stalin«, *Slavic Review* 34 (1975): 683–91.

5 Bengt Jangfeldt, »Osip Mandel'shtam's ›Ode to Stalin‹«, *Scando-Slavica* 22 (1976): 35–41; Gregory Freidin, »Mandel'shtam's *Ode to Stalin*: History and Myth«, *The Russian Review* 41 (1982): 401.

6 Nadeschda Mandelstam erzählt die folgende Anekdote: »In Woronesch kam plötzlich einmal einer dieser halbmilitärischen ›Adjutanten‹ ... zu uns. ... Er fragte uns, was sich hinter der Zeile ›Welle folgt auf Welle und bricht der vorangehenden Welle das Rückgrat‹ für ein Sinn verberge. ›Das bezieht sich doch wohl nicht auf die Fünfjahrespläne?‹ fragte er. O. M. ... fragte erstaunt: ›Meinen Sie?‹ Als er gegangen war, fragte ich O. M.: ›Was ist, wenn sie in allem nach einem verborgenen Sinn suchen?‹ ›Sie werden sich wundern‹, antwortete O. M. Ich verstand nicht immer den verborgenen Sinn seiner Gedichte, und da er fürchtete, ich könnte einmal verhaftet werden, erklärte er ihn mir auch nicht« (*JdW*, S. 199). Das soll nicht heißen, dass Mandelstam keine Äsop'schen Verse über Stalin schrieb. Peter Zeeman zitiert zahlreiche Beispiele von Gedichten der dreißiger Jahre, in denen ein »mächtiges und finsteres phantastisches Wesen« auftaucht, das Stalin »ist«, obwohl auf eine Weise, die bestritten werden kann. *The Later Poetry of Osip Mandelstam* (Amsterdam: Rodopi, 1988), S. 138–39, 150–51.

7 »Into the Heart of Darkness: Mandelstam's Ode to Stalin«, *Slavic Review* 26 (1967): 603.

8 Ibd.

9 Freidin, »Mandel'shtam's *Ode*«, 401.

Die Rehabilitierung Mandelstams in der Sowjetunion begann 1957 damit, dass der Schriftstellerverband ein Komitee berief, das Mandelstams Archiv aufarbeiten und zur Veröffentlichung vorbereiten sollte. Aber dazu wurde – wie Ronald Hingley berichtet – jemand gebraucht, der eine Einführung schrieb, die eine für die offizielle orthodoxe Lehre annehmbare Interpretation Mandelstams lieferte, eine Aufgabe, die keiner zu übernehmen bereit war. Also erschien erst 1973 eine Auswahl, in einer Auflage von 10.000 Exemplaren – klein für russische Verhältnisse –, von der das meiste exportiert wurde. Ronald Hingley, *Russian Writers and Soviet Society* 1917–78 (London: Methuen, 1979), S. 222–23; Igor Pomeranzev, »The Right to Read«, *Partisan Review* 49 (1982): 61.

10 *Mandelstam: The Later Poetry* (Cambridge: Cambridge University Press, 1976), S. 177.

11 »Mandel'shtam's *Ode*«, 403.

12 Vgl. besonders Abschnitt I des »Gesprächs« (*Gespräch über Dante. Gesammelte Essays II*, übers. u. hg. von Ralph Dutli, Ammann Verlag: Zürich, 1991, S. 113–17). Über Schklowski und *otstranenije* vgl. Victor Erlich, *Russischer Formalismus*, übers. von Marlene Lohner (Frankfurt a. M.: Suhrkamp, 1973), S. 194–96.

13 Es wurde darauf hingewiesen, dass Mandelstam sich Pindar zum Vorbild nahm: Gregory Freidin, *A Coat of Many Colors* (Berkeley and Los Angeles: University of California Press, 1987), S. 260; im Folgenden als *CMC* zitiert. Die pindarische Ode beginnt tatsächlich mit einer Anrufung, und diese Anrufung verrät manchmal, welche Position der Dichter selbst einnimmt und was er anstrebt (wie zum Beispiel in *Olympien* 3). Insoweit stellt die Anrufung eine Verfremdung oder Umrahmung der lyrischen Rede dar. Aber man sollte nicht vergessen, dass Pindar, wenn er wirklich das – für einen russischen Dichter ziemlich ungewöhnliche – Vorbild war, von Mandelstam selbst gewählt wurde, samt der verfremdenden Anrufung.

14 Zitiert wird durchgängig aus der Übersetzung Ralph Dutlis (Ossip Mandelstam, *Die Woronescher Hefte. Letzte Gedichte 1935–1937*, Zürich: Ammann Verlag, 1996, S. 231–37; im Folgenden als *WH* zitiert).

15 Katerina Clark zeigt, dass ab 1935 die Propagandaorgane sich bewusst daran machten, das frühere Ideal einer Nation von gleichberechtigten Brüdern und Schwestern zu ersetzen durch ein Modell von Söhnen und Töchtern unter der Führung eines allwissenden Vaters. »Utopian Anthropology as a Context for Stalinist Literature«, in Robert C. Tucker, Hg., *Stalinism: Essays in Historical Interpretation* (New York: Norton, 1977), S. 180–91.

16 Freidin, *CMC*, S. 262 *JdW*, S. 234; Brown, »Into the Heart of Darkness«, S. 594.

17 *JdW*, S. 171. Für Mandelstam bedeutete das russische Wort für *Meister* inzwischen einen Dichter, dessen Ruf und dessen Können unter das Joch des Staats-

dienstes gezwungen worden waren. Er verachtete es daher (Freidin, *CMC*, S. 379, FN 78). Michail Bulgakow versuchte den Begriff in seinem Roman *Der Meister und Margarita* zu rehabilitieren.

18 *Writers in Russia 1917–78*, hg. von Patricia Blake (New York: Harcourt, Brace, Jovanovich, 1983), S. 194. Andererseits starben annähernd eintausend weniger bekannte Schriftsteller während der Stalinzeit in Gefängnissen oder Lagern. Besonders gefährdet waren Schriftsteller kleinerer Nationalitäten. Vgl. die von Eduard Beltov gesammelten Zahlen, zusammengefasst in John und Carol Garrard, *Inside the Soviet Writers' Union* (New York: Free Press, 1990), S. 49.

19 D. M. Thomas bestätigt in der Einleitung zu seinen Übersetzungen der Gedichte Anna Achmatowas – zweifellos bewusst – die uralte Rivalität zwischen Dichter und Tyrann und verkündet den Triumph des Dichters: »In Bezug auf [Achmatowa] werden die Politiker, die Bürokraten, die staatlichen Folterknechte dasselbe Schicksal erleiden, das, in Achmatowas Worten, Puschkins selbstherrliche Zeitgenossen ereilte: ›Die ganze Epoche ... wurde mit der Zeit die Puschkin-Ära genannt.‹« Einleitung zu Anna Akhmatova, *Selected Poems*, hg. u. übers. von D. M. Thomas (Harmondsworth: Penguin, 1988), S. 8.

20 Ossip Mandelstam, *Das Rauschen der Zeit. Die ägyptische Briefmarke. Vierte Prosa*, hg. u. übers. von Ralph Dutli (Zürich: Ammann Verlag, 1985), S. 257–67.

21 »Zum Glück hatte O. M. nur selten solche Anfälle von dem, was wir hier Patriotismus nennen. Wenn er wieder zu sich kam, bezeichnete er sie selbst als Wahnsinn« (*JdW*, S. 149).

22 Die Memoiren von Nadeschda Mandelstam zeigen, dass sie sich der Gefahren der Entfremdung voll bewusst ist, die damit verbunden sind, wenn man der Sprache des Vaters seine Ehrerbietung erweist und sie benutzt. Sie berichtet, dass sie wie Millionen anderer Sowjetbürger Petitionen schrieb: »Wer hatte nicht schon einen Brief an die höchste Instanz, an den metallischen Namen geschrieben?« (D. h. Stalin von *stal*, Stahl.) Aber diese Petitionen »sprechen von den Kränkungen, Beleidigungen, Schlägen, von Gruben und Fallen«, und sie konnten nicht in der eigenen Sprache geschrieben werden: Sie mussten »in einem besonderen Stil geschrieben« werden, »mit raffinierter sowjetischer Höflichkeit«, einer *vorgeprägten* Sprache, in der nichts Eigenes sich ausdrücken kann (JdW, S. 111).

Zbigniew Herbert und die Figur des Zensors

1 Max Hayward, *Writers in Russia 1917–78*, hg. von Patricia Blake (New York: Harcourt, Brace, Jovanovich, 1983), S. 136.

2 Stanislaw Baranczak, »The Gag and the Word«, *Survey* 25/1 (1980): 58.

3 Miklos Haraszti, *The Velvet Prison: Artists under State Socialism*, übers. von Katalin und Stephen Landesmann (New York: Basic Books, 1987), S. 7, 97.

4 George Schöpflin, »The Black Book of Polish Censorship«, in George Schöpflin, Hg., *Censorship and Political Communication in Eastern Europe* (New York: St Martin's, 1983), S. 52–54; Jane Leftwich Curry, Hg. und Übers., *The Black Book of Polish Censorship* (New York: Random House, 1984), S. 8, 382–86. Über die Geschichte der Zensur in Polen zwischen 1949 und den frühen 80er Jahren vgl. Stanislaw Baranczak, »Poland: Literature and Censorship«, in *The Writer and Human Rights*, hg. Toronto Arts Group for Human Rights (New York: Anchor, 1983), S. 173–83; Chris Pszenicki, »Polish Publishing 1980–81«, *Index on Censorship* 11/1 (Februar 1982): 8–11; Chris Pszenicki, »Freedom of Expression in Jaruzelski's Poland«, *Index on Censorship* 12/6 (Dezember 1983): 19–24.

5 Zitiert bei Curry, *The Black Book*, S. 8.

6 Stanislaw Baranczak, »My Ten Uncensorable Years«, in Schöpflin, Hg., *Censorship and Political Communication in Eastern Europe*, S. 113–14.

7 Stanislaw Baranczak, »Poems and Tanks«, *TriQuarterly*, Nr. 57 (1983): 53.

8 Tadeusz Konwicki, »Interview: The Delights of Writing under Censorship«, *Index on Censorship* 15/3 (März 1986), 30.

9 Konwicki, zitiert in Jeffrey C. Goldfarb, *On Cultural Freedom* (Chicago: University of Chicago Press, 1982), S. 90.

10 Ibd., S. 90.

11 Zitiert bei Jacek Trznadel, »An Interview with Zbigniew Herbert«, *Partisan Review* 54 (1987): 567. Über Herberts Karriere vgl. auch A. Alvarez, »Noble Poet«, in *The Mature Laurel*, hg. von Adam Czerniawski (Chester Springs, Pa.: Dufour, 1991), S. 163–71; Marek Oramus und Maria Szmidt, »A Poet of Exact Meaning«, *PN Review* 8/6, Nr. 26 (1982): 8–12; Donald P. A. Pirie, »Engineering the People's Dreams: An Assessment of Socialist Realist Poetry in Poland 1949–1955«, in Czerniawski, Hg., *The Mature Laurel*, S. 135–59.

12 *Gedichte*, übers. von Karl Dedecius (Frankfurt a. M.: Suhrkamp, 1964), S. 79; später zitiert als *Gedichte*.

13 *Herrn Cogitos Vermächtnis* (Frankfurt a. M.: Suhrkamp, 2000), S. 52–53, übers. von Karl Dedecius.

14 *Bericht aus einer belagerten Stadt und andere Gedichte*, übers. von Oskar Jan Tauschinski (Frankfurt a. M.: Suhrkamp, 1985), S. 17; später als *Bericht* zitiert. Wie Stanisław Baranczak hervorhebt, ist der Stoizismus, an dem Herbert in diesen Gedichten und anderswo festhält, düsterer als der klassische Stoizismus. Der letztere identifiziert Tugend mit Natur und gründet seine Ethik auf Einklang mit der Natur; bei Herbert gibt es keinen solchen Glauben. *A*

Fugitive from Utopia (Cambridge, Mass.: Harvard University Press, 1987), S. 118.

15 Haraszti, *The Velvet Prison*, S. 145.

16 In seinem 1962 erschienen Buch mit Essays über Frankreich und Italien kommt Herbert von einem Besuch der Höhlen von Lascaux und ist in seinem Glauben bestätigt, dass er »ein Bürger dieser Erde« ist, »ein Erbe nicht nur der Griechen und Römer, sondern nahezu des Unendlichen«. Später zitiert er zustimmend T. S. Eliot:»Kein Dichter – und überhaupt kein Künstler – ist in seiner vollen Bedeutung für sich allein zu erfassen ... man muss ihn, der Gegenüberstellung und des Vergleiches halber, zusammen mit den Vorgängern betrachten.« *Ein Barbar in einem Garten*, übers. von Walter Tiel (Frankfurt a. M.: Suhrkamp, 1997), S. 29, 143.

17 *Gedichte*, S. 36–38.

18 Goldfarb, *On Cultural Freedom*, S. 92.

19 Vgl. *Inschrift, Gedichte aus zehn Jahren*, übers. von Karl Dedecius (Frankfurt a. M.: Suhrkamp, 1967), S. 74; *Gedichte* S. 86, 89; *Herrn Cogitos Vermächtnis*, S. 69. Dass eine so deutliche Interpretation im Bereich von Herberts Intention liegt, wird durch seine vorsichtige Zustimmung bestätigt, dass es in dem Gedicht »Damastes genannt Prokrustes spricht« (*Bericht*, S. 53) wirklich eine gewisse Ähnlichkeit zwischen Prokrustes und Lenin gibt. Vgl. John und Bogdana Carpenter, »Zbigniew Herbert: The Poet as Conscience«, *Slavic and East European Journal* 24 (1980): 46–47.

20 *Gedichte*, S. 7–8.

21 Übers. von Karl Dedecius, in Zbigniew Herbert, *Herr Cogito* (Frankfurt a. M.: Suhrkamp, 1974), S. 89–92.

22 *A Fugitive from Utopia*, S. 119.

23 *Herrn Cogitos Vermächtnis*, übers. von Karl Dedecius, S. 176–77.

24 In derselben Art zitiert Herbert in der Einführung, die er 1973 für eine Auswahl seiner Gedichte schrieb, Cyprian Norwid: »Lass die Worte nur das sagen, was sie sagen, und nicht, gegen wen sie benutzt wurden« (zitiert in Baranczak, *A Fugitive from Utopia*, S. 66). Ebenso kann man »Herr Cogito und die Phantasie« zitieren (*Bericht*, S. 24–26):

er verehrte Tautologien
die Erklärung
idem per idem

daß der Vogel ein Vogel sei
die Knechtschaft Knechtschaft
das Messer ein Messer
der Tod der Tod

25 *Herrn Cogitos Vermächtnis*, übers. von Dedecius, S. 34–36.
26 *A Fugitive from Utopia*, S. 12,64.
27 *Gedichte*, S. 97.
28 *Herrn Cogitos Vermächtnis*, übers. von Karl Dedecius, S. 33.
29 *Gedichte*, S. 44–46, 57–59.
30 *Gedichte*, S. 28–30, *Herrn Cogitos Vermächtnis*, übers. von Karl Dedecius, S. III.
31 *Bericht*, S. 37–39.
32 »Gardens of Stone: The Poetry of Zbigniew Herbert and Tadeusz Rozewicz«, in Czerniawski, Hg., *The Mature Laurel*, S. 178.

Anstoßnehmen

1 Kimberley W. Benston weist auf die Bedeutung dieses Prozesses des »Namenlosmachens« in der Mythologie hin, wo – als Teil einer Machtstrategie – ein Gott sich absichtlich nicht mit Namen nennen lässt: »Die Weigerung, sich bei einem Namen nennen zu lassen, beschwört die Macht des Erhabenen – ein transzendenter Impuls, alle Kategorien zu beseitigen ... und das Ich jenseits aller überlieferten Muster und Beziehungen in eine unanfechtbare Autoritätsposition zu bringen.« Benston entdeckt, dass diese Strategie der Selbstermächtigung heute von den Afroamerikanern, Abkömmlingen von Sklaven, benutzt wird, die sich namenlos machen oder umbenennen. »I Yam What I Am; The Topos of (Un)naming in Afro-American Literature«, *Black Literature and Literary Theory*, Hg. Henry Louis Gates (New York: Methuen, 1984), S. 153.

2 Andrew Altman schlägt einen alternativen Rahmen für die Analyse der Erscheinung vor, die im heutigen amerikanischen Sprachgebrauch »hate speech« (Sprache des Hasses) genannt wird und in Südafrika Ausdrücke wie *settler* (Siedler) einschließt. Er sagt, dass eine solche Sprache den illokutiven Sprechakt ausführt, ihr Objekt als moralisch unterlegen zu behandeln, als jemand, dessen Interessen weniger wichtig sind und dessen Leben weniger wert ist als die Interessen und das Leben des Sprechers. »Liberalism and Campus Hate Speech: A Philosophical Examination«, *Ethics* 103 (1993): 310.

3 »Toleration and Intellectual Responsibility«, in Susan Mendus und David Edwards, Hg., *On Toleration* (Oxford: Clarendon Press, 1987), S. 18.

4 »Andere zu respektieren bedeutet nicht, eine gute oder schlechte Meinung von ihnen zu haben, sondern bedeutet *zumindest*, sie nicht zu verletzen oder zu vernichten, ob nun physisch oder moralisch« (Hervorhebung von mir). Gabriele Taylor, *Pride, Shame, and Guilt* (Oxford: Clarendon Press, 1985), S. 81.

5 José Ortega y Gasset, *Meditationen über ›Don Quijote‹*, übers. von Ulrich Weber (Stuttgart: Deutsche Verlags-Anstalt, 1959), S. 163–64.

6 Vgl. Etienne van Heerden, »Seur en kleur: Oor neo-sensuur, kwets-woorde en lesers«, *Tydskrif vir Letterkunde* 24/4 (1986): 58–65. Van Heerden benutzt die Bezeichnung *suiwering* (Reinigung) für den Prozess.

7 David Saunders, »Copyright, Obscenity and Literary History«, ELH 57 (1990): 431.

8 Vgl. David Edwards, »Toleration and English Blasphemy Law«, in John Horton und Susan Mendus, Hg., *Aspects of Toleration* (London: Methuen, 1985), S. 94.

9 Das letztere Argument wird von Richard Webster vorgebracht, *A Brief History of Blasphemy* (London: Orwell Press, 1990), S. 95.

10 John Milton, *Areopagitica*, hg. von J. C. Suffolk (London: University Tutorial Press, 1968), S. 88.

11 Danilo Kis, »Censorship/Self-Censorship«, *Index on Censorship* 15/1 (January 1986), 44.

12 Dieses perverse Argument wird im Hinblick auf gewisse russische Schriftsteller von Lev Loseff angeführt, *On the Beneficence of Censorship* (München: Otto Sagner, 1984). Eugene Goodheart argumentiert, dass im Fall von D. H. Lawrence die Zensur ein Feind gewesen sein mag, aber trotzdem »ein nötiger und kräftigender Feind« gewesen ist. »Censorship and self-censorship in the fiction of D. H. Lawrence«, in George Bornstein, Hg., *Representing Modernist Texts* (Ann Arbor: University of Michigan Press, 1991), S. 230.

13 Dieses Argument verlässt sich zum Teil auf Freuds Vorschlag, dass die intellektuelle Neugier (»epistemophilia«) ihren Ursprung in der sexuellen Neugier hat, so dass die Frustration der sexuellen Erkundungen des Kindes dazu führen kann, dass der Wissensdrang erstickt wird. Freuds Theorie über die sexuelle Neugier scheint sich in den Jahren 1905 bis 1910, von den *Drei Abhandlungen zur Sexualtheorie* bis zum Essay über Leonardo, auf diese Schlussfolgerung zubewegt zu haben. Vgl. Toril Moi, »Patriarchal Thought and the Drive for Knowledge«, in *Between Feminism and Psychoanalysis*, hg. von Teresa Brennan (London: Routledge, 1989), S. 201–02.

14 Max Scheler, *Über Scham und Schamgefühl,* in *Gesammelte Werke,* Bd. 10, hg. von M. S. Frings (Bonn: Bouvier, 1986), S. 86–87.

15 *Vom Gottesstaat*, Buch 14, Kap. 16.
Übers. von Wilhelm Thimme (2 Bde.; Zürich: Artemis, 1978), Bd. 2, S. 190–91.

16 Mit der Unterscheidung zwischen »extremen« und »moderaten« konservativen Positionen folge ich H. L. A. Hart, *Law, Liberty and Morality,* rev. hg. (Oxford: Oxford University Press, 1981), S. 48–49, vii, 19. »Intoleranz, Entrüstung und Abscheu« sind Patrick Devlins Ausdrücke: »[das] sind die Kräfte hinter dem moralischen Gesetz«. *The Enforcement of Morals* (London: Oxford University Press, 1965), S. 17.

17 Hart, *Law, Liberty and Morality*, S. 12.
18 James Mill, zitiert bei John C. Rees, *John Stuart Mill's On Liberty* (Oxford: Clarendon Press, 1985), S. 32.
19 Ronald Dworkin, *Taking Rights Seriously* (Cambridge, Mass.: Harvard University Press, 1977), S. 242–43, 245.
20 Ibd., S. 253–54.
21 Ibd., S. 255, 258.
22 John Stuart Mill, *On Liberty*, hg. von Gertrude Himmelfarb (Harmondsworth: Penguin, 1974), S. 68,63.
23 Jeremy Bentham, *Principles of Morals*, Kap. 16, Abschn. 1; Kap. 1, Abschn. 3–4; Kap. 2, Abschn. 19; zitiert in Rees, *John Stuart Mill's »On Liberty«*, S. 30, 44.
24 Vgl. John Gray, *Mill on Liberty: A Defence* (London: Routledge, 1983), S. 29; Susan Mendus, *Toleration and the Limits of Liberalism* (London: Macmillan, 1989), S. 121.
25 Vgl. David Edwards, »Toleration and English Blasphemy Law«, S. 86. Vgl. auch Albert Weale, »Toleration, Individual Differences and Respect for Persons«, in Horton und Mendus, Hg., *Aspects of Toleration*, S. 22.
26 *Collected Works*, X: 179, zitiert in Rees, *John Stuart Mill's »On Liberty«*, S. 45.
27 Jeremy Waldron, »Mill and the Value of Moral Distress«, *Political Studies* 35 (1987): 413, 414, 417.
28 Wenn Tadel nicht nur verbal ausgedrückt, sondern auch zur Handlungsgrundlage von Gremien wird, die praktisch ein Monopol über bestimmte Meinungsmedien haben (zum Beispiel durch Distributions- oder Einzelhandelsnetze), kann das Recht auf Meinungsäußerung dadurch genauso effektiv unterdrückt werden wie durch ein direktes gesetzliches Verbot. Das ist ein bedeutsames Problem für jeden, der scharf zwischen Zensur und Tadel oder dem, was Frederick Schauer öffentliche und private Zensur nennt, zu unterscheiden versucht. Andererseits können Monopolinhaber argumentieren, dass sie mit ihrem Tadel nur ihr eigenes Recht auf freie Meinungsäußerung praktizieren und nicht das Recht eines anderen beschneiden. Die Frage wird ausführlich diskutiert bei Schauer, *Free Speech: A Philosophical Enquiry* (New York: Cambridge University Press, 1982), S. 119–25.
29 Bernard Williams, Hg., *Obscenity and Film Censorship* (Cambridge: Cambridge University Press, 1981), S. 55.
30 Dworkin, *A Matter of Principle* (Cambridge, Mass.: Harvard University Press, 1985), S. 336–37.
31 Herbert Marcuse, »Repressive Tolerance«, übers. von Alfred Schmidt, in Robert P. Wolff, Barrington Moore und Herbert Marcuse, *Kritik der reinen Toleranz* (Frankfurt a. M.: Suhrkamp, 1966), S. 93 ff.
32 Dworkin, *A Matter of Principle*, S. 352.

33 John Ellis, »On Pornography«, in Mandy Merck, Hg., *The Sexual Subject* (London: Routledge, 1992), S. 146.

34 Vgl. Joel Feinberg: »Es gibt keinen unglücklicheren Fehler in der Diskussion über Obszönität als den, sie der Bedeutung oder dem Geltungsbereich nach mit der Pornographie gleichzusetzen.« *The Moral Limits of the Criminal Law*, Bd. 2: *Offense to Others* (New York: Oxford University Press, 1985), S. 127.

35 Ibd., S. 1.

36 Ibd., S. 123.

37 Max Scheler, *Über Scham und Schamgefühl*, S. 95.
Vgl. Howard Poole, »Obscenity and Censorship«, *Ethics* 93 (1982): 40; Feinberg, *Offense to Others*, S. 2.

38 Auf den ersten Blick scheint diese kategorische Unterscheidung zwischen Beleidigung und Zufügung von Schaden im Widerspruch zur Klassifizierung von Schaden im Rechtssystem der USA zu stehen, wo Obszönität – gemeinsam mit »Beleidigungen der menschlichen Würde, wie zum Beispiel rassistische oder sexistische Sprache« – zu den »Verletzungen des Zartgefühls der Gemeinschaft« gehört, was wiederum unter der dritten Schadens-Kategorie, »Reaktive Schäden«, aufgeführt wird. Die Unterscheidung ist jedoch nur terminologisch relevant: wie Rodney A. Smolla zeigt, dürfen reaktive Schäden nach der Verfassung der USA nicht als Grundlage für eine Einschränkung der Redefreiheit benutzt werden. In dieser Hinsicht ist daher ein reaktiver Schaden mit einer »extremen Beleidigung« gleichzusetzen. »Academic freedom, Hate Speech, and the Idea of a University«, *Law and Contemporary Problems* 53 (1990): 204–05.
David Edwards ist der Meinung, dass »eine absolute Unterscheidung zwischen Beleidigung und Zufügung von Schaden nicht aufrechtzuerhalten ist«. Edwards subsumiert jedoch Scham, Schuld, Zorn und Demütigung unter die Kategorie Beleidigung, als »Schocks, die lang anhaltende oder permanente Desorientierungen oder Beeinträchtigungen verursachen können« (obwohl sie auf lange Sicht genauso gut heilsam sein können, gesteht er ein). »Toleration and English Blasphemy Law«, S. 86.

39 Vgl. Jacqueline MacGregor Davies, »Pornographic Harms« in Loraine Coda, Sheila Mullett and Christine Overall, Hg., *Feminist Perspectives* (Toronto: University of Toronto Press, 1988), S. 127–28; Carole Pateman, »Sex and Power« *Ethics* 100 (1990): 405; Steven Alan Childress, »Reel ›Rape Speech‹: Violent Pornography and the Politics of Harm«, *Law and Society Review* 25 (1991): 209; Richard B. Miller, »Violent Pornography: Mimetic Nihilism and the Eclipse of Differences«, *Soundings* 69 (1986): 345; Andrew Altman, »Liberalism and Campus Hate Speech«, 302–17. Ein vergleichbares Argument wird auf der Basis vorgetragen, dass Pornographie eher eine Masturbationshilfe als einen Kommunikationsakt darstellt und mehr Handlung als Rede ist. Frede-

rick Schauer, *Free Speech*, S. 182–85.

40 Die Privatsphäre ist nach Jacqueline Davies »historisch gesehen … für Frauen eine Sphäre der Unterdrückung«: Aus strategischen Gründen sollten Feministinnen deshalb das juristische Argument, dass Pornographie ihre Privatsphäre verletze, vermeiden (»Pornographic Harms«, S. 132). Das steht im Widerspruch zum klassisch-liberalen Argument, wie es von D. N. MacCormick vorgebracht wird, dass Personen, die unanständige Handlungen ausführen, eher »auf ihre eigene Privatsphäre verzichten« als in die Privatsphäre anderer eindringen. »Privacy and Obscenity«, in Rajeev Dhavan und Christie Davies, Hg., *Censorship and Obscenity* (London: Martin Robertson, 1978), S. 87.

41 Margaret Intons-Peterson und Beverly Roskos-Ewoldsen behaupten, dass »mit männlichen Subjekten durchgeführte Versuche durchweg gezeigt haben: Wenn man der aggressiven Sexualität gewalttätiger Pornographie ausgesetzt ist, dann hat man oft auch eine schlechtere Meinung über Frauen, neigt eher dazu, Gewalt gegen Frauen zu tolerieren, und unter Versuchsbedingungen wächst die Wahrscheinlichkeit einer tatsächlichen Aggression gegen Frauen«. »Mitigating the Effects of Violent Pornography«, in Susan Gubar und Joan Hoff, Hg., *For Adult Users Only* (Bloomington: Indiana University Press, 1989), S. 218. Diese Behauptung wird durch Verweise auf zahlreiche empirische Studien gestützt. Demgegenüber führt Marcia Pally eine ebenso lange Liste von Fallstudien auf und behauptet, dass »keine seriöse Forschung heute einen ursächlichen Zusammenhang zwischen sexuellen Darstellungen und Gewalt feststellen kann … Nirgendwo in der reichhaltigen wissenschaftlichen Literatur über das Thema wird die Behauptung gestützt, … dass sexuelle Darstellungen Aggressionen auslösen.« »Out of Sight and Out of Harm's Way«, *Index on Censorship* 22/1, Nr. 146 (January 1993): 5. Diese beiden Positionen sind nicht absolut unvereinbar; aber um sie miteinander auszusöhnen, braucht es eine außerordentlich logische Genauigkeit, vielleicht mehr davon, als eine im Wesentlichen politische Debatte verkraften kann. Die Frage, ob Pornographie tatsächlich sexuelle Gewalt verursacht, wird durch das Misstrauen einiger Feministinnen gegenüber den Regeln und Verfahrensweisen des empirischen Beweises selbst zusätzlich verkompliziert.

42 »Die Gesellschaft als Ganzes wird in ihrer moralischen Substanz beschädigt, wenn der moralische Status aller ihrer Mitglieder nicht von allen Mitgliedern der Gesellschaft als gleichrangig betrachtet wird.« Eva Feder Kittay, »Pornography and the Erotics of Domination«, in Carol Gould, Hg., *Beyond Domination* (Totowa, N. J.: Roman and Allanheld, 1984), S. 161. Ähnlich weist John Horton auf ein Unvermögen bei Liberalen (speziell den Mitgliedern des Williams-Komitees) hin, das Argument zu verstehen, das von Konservativen, aber auch von einigen Feministinnen ins Feld geführt wird, Pornographie an sich

könne ein Schaden *sein* – »der Schaden der Pornographie liege in ihrem Wesen und nicht in ihren Auswirkungen«. »Toleration, Morality and Harm«, in Horton und Mendus, Hg., *Aspects of Toleration*, S. 131.

43 »Weil besonders Frauen die männlichen Versionen ihrer Sexualität so lange verinnerlicht haben, ist es schwierig für sie, auch nur damit anzufangen, den Charakter ihres Leidens unter Pornographie kundzutun, geschweige denn, wie ihre Wahrnehmung der eigenen Sexualität sich von der beschränkten männlichen Sicht darauf unterscheidet.« Joan Hoff, »Why Is There No History of Pornography?« in Gubar und Hoff, Hg., *For Adult Users Only*, S. 33. Carol Smith bezeichnet diese Position mit »Standpunkt-Feminismus«. Der Standpunkt-Feminismus privilegiert die Ansichten von Frauen, »die ihre Erfahrungen durch Prozesse der Bewusstseinsschärfung oder durch ähnliche politische Aktivitäten kollektiviert und neu interpretiert haben.« »Unquestionably a Moral Issue: Rhetorical Devices and Regulatory Imperatives«, in Lynne Segal und Mary McIntosh, Hg., *Sex Exposed* (London: Virago, 1992), S. 197. Eine neue Version des Arguments, das mit einem falschen Bewusstsein operiert, liefert David Dyzenhaus. Dyzenhaus benutzt J. S. Mills *Die Hörigkeit der Frau* als den »autoritären Text«, der »mit *Über die Freiheit* eine Einheit bilden sollte«. In *Die Hörigkeit der Frau* behauptet Mill, dass Männer mehr von Frauen verlangen, als sie von Sklaven verlangen: Sie verlangen Bereitwilligkeit, eine Komplizenschaft bei ihrer eigenen Unterjochung – praktisch ein falsches Bewusstsein. Von einer Person, die nicht voll und ganz autonom ist, argumentiert Dyzenhaus, kann nicht erwartet werden, dass sie die Verletzungen, die ihr zugefügt wurden, auf die eine oder andere Weise kundtut. David Dyzenhaus, »John Stuart Mill and the Harm of Pornography«, *Ethics* 102 (1992): 540–43. Vgl. J. S. Mill: »Alle Männer, nur mit Ausnahme der tierisch rohesten, wollen in der mit ihnen auf das innigste verbundenen Frau keine gezwungene, sondern eine freiwillige Sklavin oder besser nicht eine Sklavin, sondern eine Favoritin haben. Zu diesem Zwecke ist alles angewendet worden, um den weiblichen Geist niederzuhalten.« »Bei keiner andern Klasse von Abhängigen ... ist der Charakter der Unterdrückten durch die Beziehung zu ihren Gebietern so gänzlich seiner ursprünglichen Anlage entfremdet worden, wie dies bei den Frauen der Fall ist.« *Die Hörigkeit der Frau*, übers. von Jenny Hirsch, hg. von Ulrike Helmer (Frankfurt a. M.: Helmer, 1991), S. 28, 38–39.

44 Jacqueline Davies, »Pornographic Harms«, S. 137, 135.

45 Vgl. z. B. Feinberg, *Offense to Others*, S. 69, 159–63.

46 Alasdair MacIntyre, *After Virtue* (London: Duckworth, 1981), S. 8. Vgl. auch Jeffrey Stout, *Ethics after Babel* (Boston: Beacon Press, 1988), S. 205.

47 Susan Mendus, »Harm, Offence and Censorship«, in Horton und Mendus, Hg., *Aspects of Toleration*, S. 110.

48 Zitiert bei Mendus, *Toleration and the Limits of Liberalism*, S. 125.
49 Catharine MacKinnon, *Feminism Unmodified* (Cambridge, Mass.: Harvard University Press, 1987), S. 149.
50 John Horton, »Toleration, Morality and Harm«, S. 132.
51 Mendus, *Toleration and the Limits of Liberalism*, S. 128.
52 Susan Sontag, *Kunst und Antikunst,* übers. von Mark W. Rien (München: Hanser, 1980), S. 70.
53 Kathleen Mahoney schlägt zum Beispiel vor, dass das Rechtssystem keine Bedenken haben sollte, »die Bedürfnisse der Verarmten, Machtlosen und Benachteiligten über die der Privilegierteren zu stellen«. »The Canadian Constitutional Approach to Freedom of Expression in Hate Propaganda and Pornography«, *Law and Contemporary Problems* 55 (1992): 103.
54 Carol Smart, *Feminism and the Power of Law* (London: Routledge, 1989), S. 12, 161.
55 Vgl. Carole Pateman, »Sex and Power«, *Ethics* 100 (1990): 404; Smart, *Feminism and the Power of Law*, S. 81, 130.
56 Pateman, »Sex and Power«, 407.
57 Bei einer Untersuchung von Urteilen in Pornographiefällen, die vom Obersten Gerichtshof der USA bis in die frühen 80er Jahre gefällt wurden, findet Joel Feinberg heraus, dass der Gerichtshof »hin und her gesprungen ist zwischen verschiedenen Rechtsprinzipien und hier ein liberales Beleidigungs-Prinzip angewandt hat, vermittelt durch abwägende Tests, später dann ein nur schwach verhülltes moralisches Prinzip, dass er hier mit Bevormundung geflirtet hat, dort diffizile Verletzungen der öffentlichen Interessen gewittert hat und nie klar zwischen alldem unterschieden hat.« *Offense to Others*, S. 166.
58 *Feminism and the Power of Law*, S. 114–16, 123–25.
Es ist aufschlussreich, dass Marcia Pally bei ihrem im Übrigen gut informierten Überblick über die feministische Anti-Pornographie-Bewegung von MacKinnon fälschlich als »Feministin vom rechten Flügel« spricht. »Out of Sight and Out of Harm's Way«, 4.
59 Luce Irigaray, *This Sex which is not One,* übers. von Catherine Porter und Carolyn Burke (Ithaca, N. Y.: Cornell University Press, 1985), S. 88, 129–30, 162.
60 *This Sex which is not One*, S. 162–63.
61 Feinberg, *Offense to Others*, S. 1–2. Das soll nicht heißen, dass Feinberg in *propria persona*, und nicht als Gesetzesinterpret, keine außerordentlich gute Analyse innerer Zustände liefern kann – siehe zum Beispiel sein Bericht über die Verlegenheit, die Menschen empfinden, wenn sie Gruppensex-Szenen beobachten (S. 19).
62 Weil Pornographie Tabus attackiert, die uns früh im psychosexuellen Leben aufgeprägt wurden, meint Richard S. Randall, müssen wir bei unseren Reak-

tionen auf einen gewissen rudimentären Charakter gefasst sein. Wenn wir aber diese rudimentären Regungen unter der Überschrift Anstoßnehmen zusammenfassen, dann lässt sich wohl kein besseres juristisches Kriterium für die Definierung von Pornographie finden als »offenkundige Anstößigkeit«. *Freedom and Taboo* (Berkeley and Los Angeles: University of California Press, 1989), S. 247.

63 Edward Westermarck, *The Origin and Development of the Moral Ideas* (2 Bde.; London: Macmillan, 1924), Bd. 1, S. 21,92–93.

64 Ibd., S. 9.

65 *Feminism and the Power of Law*, S. 118.

66 David Saunders weist auf einen ähnlichen Zug im Williams-Report von 1979 hin. Ohne die Unterscheidung von Erotik und Pornographie anzuwenden, um die Schafe von den Böcken zu trennen, benutzt das Komitee das Kriterium, ob sich bei der Herstellung des Materials ein »vermittelndes ästhetisches Bewusstsein« eingemischt hat. Der Test begünstigt eindeutig schriftliche Pornographie, die dadurch, wie Saunders anmerkt, praktisch dekriminalisiert wird, und lässt die photographische Pornographie im Regen stehen. »Copyright, Obscenity and Literary History«, 441.

67 Sontag, *Kunst und Antikunst*, S. 58–59.

68 Georges Bataille, »Sade«, in *Literature and Evil*, übers. von Alastair Hamilton (London: Calder and Boyars, 1973), S. 102–03.

69 »Das Anti-Obszönitäten-Gesetz hilft der Pornographie sexy zu erscheinen, indem es die Staatsmacht bemüht, um angeblich zu zensieren, was in sexueller Hinsicht erlaubt ist.« *Feminism Unmodified*, S. 162. Bataille schreibt: »Keiner kann *Les Cent Vingt Journées de Sodome* ohne Übelkeitsgefühl zu Ende lesen, es sei denn, er ist völlig unempfindlich.« »Sade«, S. 99.

70 Linda Williams, »Fetishism and Hard Core«, in Gubar und Hoff, Hg., *For Adult Users Only*, S. 215.

71 Smart, *Feminism and the Power of Law*, S. 136.

72 Rosalind Coward, *Female Desire* (London: Paladin, 1984), S. 59, 102, 75.

73 »Ist die erotischste Stelle eines Körpers nicht da, *wo die Kleidung auseinanderklafft?*« *Die Lust am Text*, übers. von Traugott König (Frankfurt a. M.: Suhrkamp, 1996), S. 16.

Die einzelnen Essays wurden folgenden Originalbänden entnommen:

»Müßiggang in Südafrika« (»Idleness in South Africa«) aus *White Writing. On the Culture of Letters in South Africa.* Yale University Press, New Haven and London, 1988

»Erinnerungen an Texas« (»Remembering Texas«), »Zeit, Tempus und Aktionsart in Kafkas ›Der Bau‹ (»Time, Tense, and Aspect in Kafka's ›The Burrow‹«), »Bekenntnis und Zweispalt der Gedanken: Tolstoi, Rousseau, Dostojewski« (»Confession and Double Thoughts: Tolstoy, Rousseau, Dostoevsky«), »Rede anlässlich der Entgegennahme des Jerusalem-Preises« (»Jerusalem Prize Acceptance Speech«) aus *Doubling the Point. Essays and Interviews,* ed. by David Attwell. Harvard University Press, Cambridge, Mass., London, 1992

»Erasmus: Wahnsinn und Rivalität« (»Erasmus: Madness and Rivalry«), »Ossip Mandelstam und die Stalin-Ode« (»Osip Mandelstam and the Stalin Ode«), »Zbigniew Herbert und die Figur des Zensors« (»Zbigniew Herbert and the Figure of the Censor«), »Anstoßnehmen« (»Taking Offense«) aus *Giving Offense. Essays on Censorship.* The University of Chicago Press, Chicago and London, 1996

»Was ist ein Klassiker?« (»What Is a Classic?: A Lecutre«), »Robert Musils Tagebücher« (»Robert Musil's Diaries«) aus *Stranger Shores. Literary Essays 1986–1999.* Viking Penguin, New York, 2001

»Robert Walser, Geschichtenerzähler« (»Two Novels by Robert Walser«) aus *The New York Review of Books,* 2. November 2000

»Walter Benjamin, Passagen-Werk« (Walter Benjamin's Passagenwerk) aus *The New York Review of Books,* 11. Januar 2001